O NEGRO E A TERRA NO BRASIL

RAYMUNDO LARANJEIRA

Desembargador Federal do Trabalho aposentado, ex-Professor Titular de Direito Agrário na Bahia, Membro da Academia Brasileira de Letras Agrárias, da Academia de Letras Jurídicas da Bahia, da Academia de Letras de Ilhéus-BA, da Unione Mondiale degli Agraristi Universitari (UMAU), do Instituto Iberoamericano de Derecho Agrario y Reforma Agraria, do Instituto de Direito Comparado Luso-Brasileiro, do Instituto Geográfico e Histórico e da Bahia.

O NEGRO E A TERRA NO BRASIL

EDITORA LTDA.

© Todos os direitos reservados

Rua Jaguaribe, 571
CEP 01224-003
São Paulo, SP — Brasil
Fone (11) 2167-1101
www.ltr.com.br
Novembro, 2018

Produção Gráfica e Editoração Eletrônica: PIETRA DIAGRAMAÇÃO
Projeto de capa: FABIO GIGLIO
Impressão: BOK2

Versão impressa — LTr 6071.7 — ISBN 978-85-361-9785-2
Versão digital —   LTr 9490.2 — ISBN 978-85-361-9900-9

Dados Internacionais de Catalogação na Publicação (CIP)
(Câmara Brasileira do Livro, SP, Brasil)

Laranjeira, Raymundo

O negro e a terra no Brasil/Raymundo Laranjeira. – São Paulo: LTr, 2018.

Bibliografia.

ISBN 978-85-361-9785-2

1. Abolição – Leis e legislação – Brasil 2. Direito agrário – Brasil 3. Escravidão Brasil – História 4. Escravos – Tráfico – Brasil – História 5. História social 6. Negros – Condições sociais 7. Posse de terra – Brasil – História 8. Quilombos – Brasil I. Título.

18-18878   CDU-347.243(81)

Índice para catálogo sistemático:

1. Brasil: Negro: Posse da terra: Direito agrário 347.243(81)
Cibele Maria Dias – Bibliotecária – CRB-8/9427

Para meus netos

Pedro Wilson Lima Laranjeira

Sofia Ferraz Laranjeira Mota

Beatriz Festa Laranjeira e

João Gustavo Curi Ferraz Laranjeira

— felicidade em minha vida

SUMÁRIO

CAPÍTULO V

CAPÍTULO VI

CAPÍTULO VII

PREFÁCIO

Quero mostrar ao leitor, neste Prefácio, não propriamente o resumo das matérias que recheiam o livro, porquanto isso já se acha metodicamente disposto no Índice Geral ou nos Sumários dos capítulos. O que logo decido, aqui, é aclarar os contornos de algumas ideias que se infletem na obra, mostrando elementos elucidativos de um dos pontos fundamentais dos quilombos contemporâneos, que é a territorialidade. Trarei, dessa maneira, ao conhecimento de quem se der ao trabalho de fazer esta leitura – neste tempo corrente de tergiversações e deliberações políticas que ofendem o povo e o seu sentimento de brasilidade – a minha posição pessoal sobre os dilemas econômicos e sociais brasileiros, *nos quais a questão negra em seu todo se põe*:

1. Como estudioso da questão agrária brasileira, especialmente preocupado com a nossa identidade nacional, aprendi que poderia atender a esse sentimento se pudesse difundi-lo pelas formas com que o julgo projetar-se em favor do Brasil: um país autônomo de fato, ao mesmo tempo que devotado a eliminar as distorções entre suas classes sociais.

Tenho buscado, assim – nos limites da minha formação acadêmica, talhada na seara jurídica – esquadrinhar as nossas leis, por meio de uma interpretação doutrinária que, deparando-se com seu intento de favorecer representantes do Poder econômico e político, em detrimento do povo, em geral, possa denunciá-las como malsãs. Quer apresentem elas benesses em proveito dos interesses internacionais, quer dos ricos grupos locais afastados daqueles ou em aliança com os mesmos – caso em que na maioria das vezes prevalece. Para o intérprete democrata que se remeta a evidenciar os reclamos das populações pobres, sempre haverá uma brecha para manter visíveis as somíticas providências legais favoráveis a elas, conquistadas a duras penas, mas cuja execução não se realiza; e, por igual, esse intérprete democrata encontrará outra brecha que o leve a sinalizar posturas legiferantes contrárias à nossa nacionalidade, como amiúde vem acontecendo.

2. Osny Duarte Pereira, há mais de quarenta anos, já demonstrava a prática legislativa e judiciária privilegiável dos poderosos[1]. Hoje em dia ela é agravada por uma escancarada corrupção dos governantes, que se utilizam abertamente da confecção de leis para escamotear e escalonar propósitos inescrupulosos; no que chegam, mesmo, ao saqueio do próprio Estado para a locupletação pessoal.

---

(1) Osny Duarte Pereira: Quem Faz as Leis no Brasil, Rio, Editora Civilização Brasileira, Coleção "Cadernos do Povo", 1960

Do ponto de vista econômico, negligenciam os nossos produtos naturais, que muito têm oferecido condições de produção variada, deixando de agregar neles maior valor, por meio da industrialização dentro do próprio território nacional. Eles têm preferido que a maioria desses recursos seja conduzida como matéria prima de exportação, encerrados em pacotes de baixa compensação financeira, ou têm tolerado as interferências do Exterior na dimensão intelectual, que se irradia na chamada propriedade intangível – uma das formas mais sub-reptícias de aproveitamento econômico a baixo custo, diante da grande permissividade na concessão de patentes, que permite proliferar, dentre outros exemplos, a fácil apropriação do conhecimento dos povos tradicionais pelas empresas forasteiras, gerando o monopólio da produção daí advinda, eliminando a concorrência e estimulando o *diktat* dos preços ao consumidor. Por esse e outros estranhos motivos, a Administração Pública tem desdenhado, também, da nossa linha de desenvolvimento técnico-científico, contribuindo para a dispersão de cientistas brasileiros que, sendo capazes de transformar o mundo, vão emprestar a sua inteligência ao progresso de outras nações.[2]

De um jeito ou de outro, assistimos os governos – notadamente na Amazônia, de alguns anos para cá, e no Brasil por inteiro, sempre – fazendo uma entrega submissa da sua variada riqueza. Ademais de, particularmente, sucatear nossas indústrias, ou aliená-las onde quer que se encontrem, incluindo até empresas estratégicas, setores de interesse público ou imensas áreas férteis, ou litorâneas, ou florestais, desabridamente, aos estrangeiros, num movimento incessante de abdicação do controle sobre nosso território e de desnacionalização da economia brasileira.

Em consequência, vemos acontecer uma piora nas condições sociais do país e o aumento do desequilíbrio entre a burguesia nacional e a massa dos vulneráveis, estes que se tornaram vítimas, com maior contundência, do descaso das autoridades com o setor público, que exibe uma Saúde indigente, uma Educação chula e uma Segurança capenga.

3. No contexto social da nação, particularmente tenho tomado uma atitude defensiva das populações empobrecidas do mundo rural, o que abrange os povos tradicionais, dentre eles os quilombolas – sobre os quais cuidamos aqui, com maior vagar – e sem esquecer as sociedades indígenas, cujas mazelas vêm desde a falta de assistência básica à falta de medidas efetivas contra a invasão de suas terras e contra o assassinato de índios, o que deriva de uma indiferença governamental que chega aos limites da concordância, acamando um verdadeiro etnocídio, a caminho do genocídio.

4. Acresço ao que já foi dito o esclarecimento que se relaciona, ainda, ao título da obra e, particularmente com o capítulo VIII, ao reportar-se este à circunstância de que a terra coube ao negro como objeto de conquista, não apenas devido ao

---

(2) V. a diminuição dos recursos para a pesquisa e desenvolvimento científico e outros maus-tratos contra a Ciência, Tecnologia e Inovação, em "Crise na Ciência Brasileira": Jornal da Ciência, publicação da Sociedade Brasileira para o Progresso da Ciência, n. 778, edição especial de dezembro de 2017.

apossamento de fato da mesma, senão, também, ao desempenho da advocacia em seu favor, aliando-se às pressões dos movimentos dos próprios negros, que fizeram por aflorar o reconhecimento de um direito fundiário definitivo. Assim, está posto, neste livro, que foi a Constituição do Brasil de 1988 que deu imanência legal ao fenômeno da conquista da propriedade fundiária, pelas comunidades de quilombos contemporâneos.

Isso deverá ser compreendido, porém, sob dois focos, adianto-me por dizer: (1) um, o de que os constituintes de 1987-1988 determinaram somente o término da discussão jurídica sobre a dominialidade das áreas comunitárias; (2) outro, o de que as medidas práticas que dariam exequibilidade à Carta Política, quanto à definição topográfica/georreferencial daquelas áreas, estão sendo escamoteadas.

Naquele primeiro enfoque deve ser aclarado que, ao longo dos séculos, as comunidades negras conquistaram seus territórios de vivência por via de uma ocupação de fato, que não excluía, peremptoriamente, a conquista de ordem legal, embora isso fosse mínimo. Em nosso livro vêm mencionados os casos de posse consagrada pelo velho Direito, de acordo com os títulos jurídicos da herança, da doação, da premiação governamental, da compra etc., os quais, no entanto, poucas vez tiveram o condão de ser respeitados. Daí que a nova Constituição de 1988 tivesse de pôr fim às dúvidas que poderiam existir sobre toda aquela realidade de aproveitamento do espaço pelos quilombolas e sobre todo o aparato legal-cartorário, que parecesse questionável. Até então, e em vista do desrespeito a essas situações fáticas ou de direito, tinham correspondido aos remanescentes dos quilombos apenas as reivindicações pontuais perante o Poder Judiciário, o qual raramente, em todo país, lhes dava amparo. Veio daí que os negros, em geral, uma vez inseridos no processo democrático de feitura de uma nova Carta Política no Brasil, ainda na década dos anos 80 do século XX, passaram a ter a compreensão de que também os seus problemas territoriais faziam parte da questão negra. E assim, no quadro da Constituinte, por meio da estratégia das mais oportunas, de se valerem de um ordenamento jurídico, principalmente de natureza constitucional, os negros passaram a ter uma segurança maior no seu patrimônio territorial, em caráter genérico e mais vigoroso para suas áreas rurais ou urbanas.

De referência ao segundo enfoque, de escamoteação dos direitos finalmente conquistados, ele se presta a demonstrar que a garantia advinda do artigo 68 do Ato das Disposições Constitucionais Transitórias, não tem passado de débil fraseologia. Isto porque, no passar de quase três decênios, o que se repara (exceto em pouquíssimos Estados brasileiros, e sob sua determinação responsável – quando assim seja), é uma inoperância dos órgãos oficiais, diante das tarefas que a todos incumbe, inclusive no aparelho federal, de concretizarem as providências administrativas que conduzem à titulação das áreas. Falamos, pois, de uma inação, que está na esfera do Poder Executivo, a quem se acha afeta, em nome do Estado brasileiro, a incumbência de conceder os títulos fundiários.

5. Pode ser lembrado ainda que o Poder Legislativo concorre para tais situações, posto que acata tanto as iniciativas do Executivo propondo leis injustas,

quanto as de seu próprio feitio, como ocorre mesmo com seus projetos de emenda constitucional, com vista a fulminar, em especial, o direito das comunidades de quilombo à titulação, a exemplo do que impõe desviar para sua órbita de autorização o processo titulatório. Isso significaria, na realidade dos fatos, neutralizar o próprio direito constitucional que se quer colocar em prática, pois que as expectativas de exequibilidade entrariam num reduto que, atualmente, é de voraz galvanização de interesses contrapostos aos fracos do povo.

6. O Poder Judiciário – em tese imune às influências – não colabora para que os poucos benefícios legais saiam do papel para o mundo real; e como outro braço do Estado, peca por inação em muitas ocasiões, a exemplo do vagaroso julgamento de um processo judicial, que assacou de inconstitucionalidade um Decreto do Executivo (n. 4.887/2003), o qual tinha visado ao cumprimento do dispositivo garantidor do direito coletivo das comunidades quilombolas às suas áreas. Esse documento, apesar de algumas imperfeições que não contaminavam a sua origem como decreto, vinha confeccionado por regras processuais que poderiam viabilizar maior celeridade a uma regularização fundiária administrativa, no plano federal, servindo de modelo ou fonte no âmbito dos Estados. Mas tendo sido questionado no Supremo Tribunal Federal, através de Ação Direta de Inconstitucionalidade (ADI n. 3239, de 28.08.2004), ficou pendendo de uma decisão por mais de uma década.

O processo, aforado em 2004, objetivava impedir ou conturbar a titulação das áreas quilombolas, convertendo-se num instrumento de tensão existencial para uma minoria social carente, inda mais azeitado pela demora no deslinde do caso; pois a persistente incerteza na solução de um processo *sub judice* influía no andamento normal, em outro setor público, o da administração federal, dos procedimentos para a regularização fundiária burocrática e a consequente expedição dos títulos estatais do domínio territorial comunitário. Afortunadamente, no entanto, o processo foi decidido pelo STF, no dia 8 de fevereiro de 2018, bem próximo de completar 14 anos de ajuizado, ficando marcada, contudo, a imagem do Poder Judiciário, como protagonista da justiça tardia do Estado brasileiro.

7. É este, pois, o outro lado da mesma medalha, que abriu o segundo olhar sobre um território de empobrecidos, que o próprio Estado deveria fazer por garantir, mas cuja segurança propiciada pelo texto da Constituição se vê alvo de métodos os mais ardilosos para a desconstrução de direitos.

8. Por outra forma, assinalo que eu havia programado um livro no qual contivessem todas as informações que me fossem possíveis fornecer sobre a propriedade das comunidades de quilombos contemporâneos. Porém o acúmulo de dados foi de tal ordem que a ideia primeira teve de ser reformulada; ou seja, o vasto material coligido demandou a feitura de três livros, ao invés de um único. Somente depois de acabado este meu trabalho, atinei sobre a conveniência de catalogar blocos de assuntos e separá-los para destacadas análises. E assim, também, a obra terminou perdendo a conotação jurídica simples, para igualmente expressar-se em termos históricos, econômicos, sociológicos, antropológicos, geográficos e geopolíticos.

O presente escrito é o primeiro da trilogia e põe em evidência os fatores acima assinalados, de ciências conjugadas, descrevendo, fundamentalmente, a história social do negro brasileiro em razão da sua pertinácia pela conquista da terra, de fato e de direito, como um bem de vida – imprescindível às necessidades físicas, sociais e culturais de um tipo comunidade que ele conseguiu criar no Brasil-Colônia, e feito subsistir até a atualidade.

No seu todo, este livro diz respeito aos quilombos brasileiros, a partir das fugas dos africanos escravizados e da legislação portuguesa pertinente aos seus esconderijos, mediante a qual realizo, inicialmente, um estudo comparativo com os *coutos*, estes como repositórios de malfeitores, antes que unidades territoriais do lazer da nobreza lusitana. Mostra os comportamentos da sociedade brasileira no trato do tráfico externo e interno, desde os primórdios, e a escravidão em si mesma, passando pelas tentativas de pessoas esforçadas em conjurá-la, do ponto de vista jurídico e político. Tudo levando em conta a prática da escravização, a maneira dos negros se livrarem dela por seus próprios meios, as vicissitudes deles antes e depois da Abolição. Ao fundo de tais circunstâncias, analiso os problemas que tangenciam a posse e o domínio da terra, até a ingente luta para alcançar-se a proteção jurídica do território. O que culmina, já se disse, com as medidas protecionistas da Constituição Federal de 1988, seja por meio de regras de caráter territorial, seja por intermédio de regras de caráter cultural.

Já os outros livros que consegui escrever ao mesmo tempo que este, serão objeto de mais duas publicações distintas: um cuidará da propriedade quilombola e suas características, essencialmente na perspectiva do Direito, e o outro abordará os seus costumes e tradições que ordinariamente têm curso nelas, numa tessitura cultural e também jurídica das práticas atuais jungidas ao "valor de memória".

9. Outro tema a ser tratado neste Prólogo atinge um dado que se tornou polêmico na questão do preconceito racial e que permeia a própria denominação do livro, que privilegia a palavra "negro". Esta se acha empregada como indicativo do elemento humano de raça e cor típicos, vinculado por modo genético a uma África etnicamente e culturalmente multifacetária.

No Brasil, sucedeu que certas expressões puderam configurar uma humilhação aos escravos africanos e seus descendentes, com uma sensação de caráter depreciativo — um desdouro que articulava o conceito de racismo. Isso consubstanciava uma situação intolerável num país dito democrata e pluralista, que a autoestima dos que nasceram de africanos começou a repelir. O fato teve o respaldo de leis que passaram a dilucidar as manifestações racistas e a combatê-las com uma penalidade, desde a pioneira Lei Afonso Arinos, de 1951, que proibiu a discriminação racial entre nós. As palavras, então, não só as atitudes, poderiam também conduzir a um estigma. Nesse sentido a expressão "negro", dentre outras, gerou em muitos grupos uma desconfiança de que teria conteúdo racista. E assim uma nova providência legal apareceu para recomendar a substituição das palavras consideradas ofensivas, sem, entretanto, declinar quais fossem, isto depois que a própria Constituição Federal de 1988, no § 1º do art. 215 disse que "O Estado protegerá as manifestações das culturas populares, indígenas e *afro-brasileiras*, e das de outros grupos participantes do processo civilizatório nacional."

E porque novos documentos passaram a invocar a palavra *"afrodescendente"*, imaginou-se que qualquer outra fosse indicativa de discriminação. Nesse ritmo, a Portaria n. 207, de 30.06.2015, da Advocacia Geral da União, aconselhou, no âmbito dela, pelo menos, "a utilização da linguagem inclusiva nas redações de atos normativos, editais e documentos oficiais", devendo-se entender como *linguagem inclusiva* "o uso de vocábulos não discriminatórios", de acordo com as regras de um Manual "a ser editado pelo Comitê Gestor de Gênero e Raça da AGU, instituído pela Portaria n. 280 de 24.4.2013". Passou a ter voga, assim, aquela nova denominação para os que possuíam origem africana.

De ver-se, no entanto, que trocar "negro" por "afrodescendente", reprimindo o uso do primeiro, é querer extirpar, por meio da palavra, a carga de racismo que continuou a existir no Brasil dos negros, dos pretos, dos "escurinhos", dos mulatos, dos crioulos e dos "moreninhos", isto é, das "moreninhas", das crioulas, das mulatas, das "escurinhas", das pretas e das negras. Uma linguagem com a veste de subterfúgio, dentro da qual se esconde um eufemismo também singularmente racista no avesso da dicção "afro-descendência" — camuflando apenas algo muito trivial na Natureza: a cor. E isso por isso, há que convir, não se conseguirá reduzir o preconceito. "Negro" já é lexia corriqueira do colóquio ordinário, que flui naturalmente, sem carga perversa. Tanto que é palavra aplicada por escritores do mais sério porte, inclusive pelo viés científico, sem nenhum intuito de rebaixar uma pessoa. O substitutivo "afrodescendente" é até mais denunciador da vergonha que se sente do que o "negro" como indicativo de aversão racial. Por essa maneira, se para muitos a condição de "negro" não é motivo de orgulho, por igual não deverá ser motivo de desonra.

Do ponto de vista dos negros, em geral, muitos passaram a adotar aquele novo termo, arguindo sua figuração nos atos legislativos e oficiais, como se a palavra pudesse modificar a raça ou alterar a cor, enquanto outros preferiram continuar chamando-se/chamando-os, indiferentemente, por aqueles outros termos, que se acham dicionarizados, a fim de não serem repetitivos num discurso qualquer. Inclusive usando o "afrodescendente", porém sem fazer-se a exclusão do "negro", por exemplo, que não traz razões para ser um anátema.

Estamos bem acompanhados, no particular, pelo modo como Joel Rufino dos Santos coloca a "afro-descendência" no reverso. Tal escriba, um intelectual negro naturalmente insuspeito de racismo, considera estranho o termo "afrodescendente", em detrimento da palavra "negro", a qual já era aplicada pela geração anterior à nossa, "rejeitando os apelativos de cor, preto, escuro, moreno etc.". Aí se entremeia uma reflexão de caráter histórico e gentílico, dentro de um imenso Continente, sobre se a palavra "afrodescendente" constitui fator de identidade. Na tentativa de ele próprio responder, Joel Rufino dos Santos explica antes: "Descobrimos que há muitas Áfricas dentro da África (...) Na África, há povos que nunca se cruzaram. A questão se repõe: somos afrodescendentes de quem?". Ele responde: "A África e o Brasil mudaram muito. E se ao invés de nos atermos a certos valores e hábitos, quisermos realçar o que mudou? Talvez, então, seja preferível a palavra da geração anterior: negros." [3]

Além do mais, tendo em vista raça e cor, há duas Áfricas: a África propriamente negra, cujos países ocupam a região subsaariana do Continente, e a África Branca, ao norte, que é constituída pela seguintes nações: Mauritânia, Saara Ocidental, Marrocos, Argélia, Tunísia, Líbia e Egito – quiçá também o Sudão, uma vez desincorporado do Sudão do Sul, ora independente, e ainda a Somália e a Etiópia, conforme alguns geógrafos acrescentam. Não seriam, também, afrodescendentes, na qualidade de povos situados na África?

Se se objetar, entretanto, que as populações de pele mais clara descendem do Oriente Médio, dos árabes e mulçumanos, ainda assim o problema semântico fica a aguardar resposta à nova pergunta: a outra África, caracterizada por pessoas que se assemelham pela cor (negra) não as faria afrodescendentes *negros*, para serem diferenciados dos demais africanos do norte/nordeste? E dessa forma se retorna à inquirição daquele notável historiador: "somos afrodescendentes de quem?" E a resposta, para mim, só pode ser uma: dos africanos que sejam *negros*!

Nada de censurável, portanto, em conservar o título do meu trabalho com a marca da expressão "negro", que pode funcionar até como um exemplo, embora modesto, de resgate do valor da "negritude". Mas reconheço que o reforço que tento imprimir à essência dessa palavra, ao caráter positivo de uma raça, por meio da minha cumplicidade nos seus reclamos territoriais, é manifestação de uma "defesa incompleta da negritude", diante de uma situação fundamental, que fez Joaci Góes verberar: "É imperioso que o discurso de defesa da negritude, além da demarcação dos quilombos e do financiamento de blocos afro, passe a incluir a exigência de acesso a educação de alta qualidade – da creche ao ensino universitário –, em nível mais amplo e eficaz do que a bitola estreita do sistema de cotas, como a mais importante de suas reivindicações."[4]

10. Finalmente, se penso em palavras minhas que sejam terminativas deste Prefácio, elas deveriam ser – como costumeiro entre os autores – dedicadas a agradecer a determinadas pessoas a contribuição dada para a realização do livro: a leitura dos originais, com oferecimento de sugestões, os conselhos quanto à redação, o ato de digitar os textos etc. Não os tive. Não trabalhei em equipe que pudesse me facilitar a pesquisa, formular outras propostas ou intervir na corporificação da obra. Por isso assumo a inteira responsabilidade pelo que foi escrito e como o foi,

---

(3) Joel Rufino dos Santos: artigo "Negros são afros?", *in* Revista Caros Amigos, São Paulo, abril de 2011, p.10.
(4) Joaci Góes. "A defesa incompleta da negritude", artigo na Tribuna da Bahia, Salvador, 23 de novembro de 2017, p. 4, coluna Ponto de Vista.

tendo sido meus, em consequência, os equívocos de toda ordem aqui encontrados. Entretanto, não deverei deixar sem registro o auxílio efetivo de Lúcia Andrade, antropóloga e coordenadora-executiva da Comissão Pró-Índio de São Paulo, (que desenvolve um admirável trabalho não só junto aos indígenas, mas, também, junto aos quilombolas), pelas informações e remessa de material para estudo, que ela sempre me proporcionou, na medida das minhas necessidades.

Raymundo Laranjeira

CAPÍTULO I

NAS ORIGENS DA ESCRAVIDÃO DO BRASIL

1.1. Colonização e Trabalho Escravo

Já antes do descobrimento do Brasil o reino de Portugal era um velho predador de negros. Ressentindo em seus campos da mão de obra dos próprios portugueses, na época das grandes navegações e conquistas ultramarinhas, o pequeno Estado ibérico deu-se a importar os africanos como escravos, a fim de compensar a evasão de sua força de trabalho autóctone.

Desde 1441, segundo Jaime Pinsky, tomou gosto pelo empreendimento, quando Antão Gonçalves voltou de uma expedição à África Ocidental, trazendo para o Infante D. Henrique alguns negros capturados na Costa do Saara.[1] A mesma data é tida por Luis Henrique Dias Tavares como a "mais recuada da inauguração de Portugal no comando de escravos africanos.[2] Afonso Taunay revela a opinião de Friederich, de que já em 1433 os portugueses "traficavam assaz ativamente"[3], enquanto João Dornas Fº assinala o mesmo ano como o da escravização realizada por Gil Eanes.[4] Para José Gonçalves Salvador e Mário Maestri, o aprisionamento dos primeiros negros, por Portugal, teria ocorrido no ano de 1444.[5]

Parece que, em 1441, a captura de negros teve o fito de simplesmente presentear D. Henrique, o grande articulador das navegações. Também não teria passado de ato isolado de aprisionamento aquele de 1433, praticado contra 80 negros, por Nuno Tristão.[6]

Somente a partir de 1444, teria começado, realmente, o tráfico sistemático para Portugal; primeiro, para suprir os campos lusitanos de gente que se lhes escapava para as aventuras marítimas; segundo, para abrir um comércio regular que iria trazer boas perspectivas de renda.

---

(1) PINSKY, Jaime. *Escravidão no Brasi*l. São Paulo: Global, 2ª ed., 1991, p. 14.

(2) TAVARES, Luis Henrique Dias. *Comércio Proibido de Escravos*. São Paulo: Ática, 1988. p. 101.

(3) Afonso D'Escragnole Taunay. Subsídios para a História do Tráfico Africano no Brasil Colonial. *In* Estudos sobre a Escravidão, vol. I, Org. Leonardo Dantas Silva. Fundação Joaquim Nabuco/ Editora Massagana, Recife, 1988, p. 89.

(4) DORNAS, João Filho. *A Escravidão no Brasil*. Rio: Civilização Brasileira, 1938. p. 45/46.

(5) José Gonçalves Salvador: Os Magnatas do Tráfico Negreiro. Ed. Pioneira/ Edusp, São Paulo, 1981, p. 13; Mário Maestri: O Escravismo no Brasil. Atual Editora, São Paulo, 6ª ed., 1997, p. 105.

(6) V. notícia em Afonso D. Taunay, *ob. cit.,* p. 89. Antes, em p. 88, já havia assinalado, genericamente, que "o tráfico escravista dos povos europeus meridionais antecedeu longamente a era das grandes navegações lusitanas".

Assim, à absorção do trabalho escravo africano em Portugal seguiu-se logo uma nova tarefa mercantil, contínua, persistente, desde Lisboa, que faria do tráfico negreiro um negócio proveitoso para todos os países que possuíam colônias.

Independente da atividade mercantil em geral, a que se dedicavam as principais nações européias, é de se ver que só as grandes potências da época se revesavam na dianteira do comércio de escravos, como Portugal, França e Inglaterra; até que esta se rebelou com a situação, por motivos econômicos de sua conveniência, proclamou a abolição de sua própria escravatura e passou a se opor, ostensivamente, ao tráfico mundial dos cativos africanos.

Qualquer drama de consciência porventura instalado nos senhores do mundo daquele então, especialmente após os contactos iniciais com o Continente americano, era contrabalançado pelas resoluções contemporizadoras da Igreja: os Papas ficavam brincando de tirar e de botar alma nos índios e nos negros,[7] com o que iam consolidando a escravidão imposta pelo branco devoto e colonizador, os quais faziam de conta que não tinham certeza se eles eram humanos, realmente, ou se realmente eram bestas, coisas semoventes.

Ademais, conforme se evidenciou posteriormente, não movia à Santa Sé intúito meramente espiritual, no sentido da escravidão dos africanos justificar-se pela inserção dos mesmos no cristianismo; interessava-lhe também o dinheiro proveniente do próprio tráfico.

No início do Brasil, ficou mais prático e mais barato impulsionar as incipientes atividades econômicas através da utilização do trabalho indígena. Seja no primeiro momento que antecedeu à colonização oficial, quando a exploração do pau-brasil era feita com o braço do índio ainda livre, seja nos anos iniciais das Capitanias, estabelecidas por Martim Afonso de Souza, a mando de D. João III, quando o índio passou a ser escravizado.

Com efeito, antes mesmo de ser decidida a colonização do Brasil — em função da monocultura da cana e do fabrico de açucar — já existia escravidão em nosso território, a dos índios, especialmente envolvida na exploração do pau-brasil. Ela firmava-se, por um lado, para os serviços internos, isto é, os que se ligavam ao corte, preparo das toras e transporte daquela madeira, realizados pelos concessionários da Coroa portuguesa ou por outros invasores (notadamente franceses) — quando a troca desse trabalho por miçangas, quinquilharias e pequenos artefatos dos brancos descambou para a escravidão pura e simples. Por outro lado, a escravidão indígena se destinava também aos serviços exteriores, como nas oportunidades em que se fazia o apresamento de índios para serem levados como escravos à Europa.

O início do tráfico de escravos indígenas, aliás, se deu em final de 1511, quando a nau Bretoa regressou a Portugal levando "pau-brasil e outros gêneros", e "trinta índios escravisados". Depois, a expedição de Nuno Manuel levou, em 1514, animais da terra, cinco mil tóras de pau-brasil e "quarenta selvagens escravisados".[8] São exemplos de que

---

(7) A controvérsia religiosa em relação aos índios estancou em 1536, quando o papa Paulo III reconheceu que eles eram portadores definitivos da alma!

(8) DORNAS, João Filho. *A Escravidão no Brasil*. Rio: Civilização Brasileira, 1939. p. 13.

anteriormente à própria colonização, como processo sistemático de ocupação do território e de seu desenvolvimento econômico, já se fazia, por parte dos conquistadores portugueses, a escravização dos índios e o seu tráfico transoceânico.[9]

Neste caso, o inusitado de uma situação escrava frente aos brancos[10], só poderia demandar a natural rebeldia dos autóctones, seguida das fugas, as quais eram estimuladas pelo milenar conhecimento do *habitat* brasileiro.

No entanto, não foi somente esse fato que motivou a posterior preferência pela mão de obra negra em relação à indígena. Tampouco a propalada preguiça dos índios para o trabalho manual a que os próprios colonos portugueses tinham ojeriza.

Estes necessitavam do índio de modo massivo para as plantações, por isso que ao lado de escravizá-los onde os encontrasse de pronto, ainda faziam suas incursões de busca terra-à-dentro, dando origem às "bandeiras". Assim, foram usando o índio até a exaustão, levando mesmo ao quase extermínio as comunidades indígenas que habitavam a costa brasileira, onde começou a atividade agroaçucareira. Acontece que vieram a enxergar na exploração do tráfico negreiro e na utilização da mão de obra negra um negócio bem mais rendoso. Não só porque o trabalho dos negros lhes seria útil, em face da produção material, mas porque o próprio ato de importação dos mesmos configuraria outro negócio, de âmbito mercantil, gerador de maiores lucros. Duplo negócio: a) a pessoa do escravo, tida como coisa, objeto de transação, para produzir rendimentos aos que se ocuparam em buscá-los na África, trazendo-os para o Brasil; b) o trabalho do escravo, em benefício de quem os comprasse para utilizá-lo em todo e qualquer tipo de serviço.

Mário Maestri aponta os fatores desse novo empreendimento, trinta e poucos anos após a Descoberta:

* "O principal motivo da substituição dos americanos pelos africanos foi a extinção das populações nativas, determinada pela ocupação colonial da costa e escravização de seus habitantes. Porém outros fatores contribuíram, de forma secundária, nesse processo.

* A venda de africanos para os colonos interessava à Coroa e aos comerciantes europeus. Os navios partiam da Europa carregados de mercadorias baratas. Elas eram trocadas, nas costas africanas, por multidões de cativos.

* Nas Américas, os africanos eram trocados por grandes quantidades de produtos coloniais. Os negreiros — traficantes de negros — pagavam pouco pelos cativos, na África, e os vendiam por preços elevados no Novo Mundo."[11]

---

(9) Apesar da Lei de 6.6.1755, de inspiração do Marquês de Pombal, ter concedido a liberdade aos índios, o hábito dos colonos e dos traficantes em relação à escravização e ao comércio deles perdurou por certo tempo. Lembre-se que D. João VI, instalando-se no Brasil, praticamente restaurou, por meio de autorizações para "guerras justas" contra os índios, a Carta Régia de D. Sebastião, de 20 de março de 1570, que proibia que se os fizessem cativos, ressalvando, porém, os casos dos que assaltavam colonos para os devorarem, e dos que fossem aprisionados "em guerra justa", com autorização do Rei ou do Governador.

(10) Era, porém, conhecida a prática da escravidão entre algumas tribos do nosso território.

(11) MAESTRI, Mário: *ob. cit.,* p. 29.

Apesar dos custos mais elevados, em relação à escravização indígena, por envolver a negociação dos negros capturados nas aldeias africanas e o transporte dos mesmos para o Brasil, a escravidão negra terminaria ficando mais em conta. Os lucros com o exercício do tráfico compensariam o empreendimento exógeno.

Por outro lado, historiadores dispostos a colocar a verdade em seu devido lugar, têm desmistificado os relatos de que a escravidão negra foi sucedânea da escravidão indígena por causa da ociosidade que seria peculiar aos índios. Uma tese que foi esposada, inclusive, por Gilberto Freire, ao escrever Casa Grande & Senzala em 1933, e que fôra fruto do crédito que deu ao Padre Antonio Vieira, que tem passado pela história como defensor daqueles índios e dos próprios negros, quando descreve os horrores que lhes eram infligidos.

Falando do grande orador sacro, um emérito jus-filósofo e professor da Universidade Autônoma de Lisboa diz que "O princípio fundamental em que se baseava o jus-naturalismo vieirino era o de que a natureza fez todos os homens iguais e a todos dotou de liberdade natural, daqui decorrendo a sua atitude de franca e decidida oposição à escravidão dos índios brasileiros, se bem que um tanto contraditoriamente admitisse a dos negros africanos para aqui trazidos."[12]

João Dornas Filho deu também a real dimensão do jesuíta em tal aspecto, ao reportar-se à "Resposta aos capítulos do Procurador do Maranhão", num documento produzido em 1661 por aquele padre, e que "mais tarde serviu de base para a fundação da Companhia do Grão Pará e Maranhão" – uma empresa também destinada "a abastecer a lavoura de escravos negros". Diz então que Vieira assim se expressou sobre uma das causas de pobreza e atraso da Colônia: 'a nona e ultima causa, que em parte vem de ser forçosa, é de ser todo o serviço dos moradores daquelle Estado com índios naturaes da terra, os quaes *por sua natural fraquesa e pelo ocio*, descaso e liberdade em que se criam, não são capazes de aturar por muito tempo o trabalho em que os portuguezes os fazem servir, principalmente os das cannas, engenhos e tabacos (...) "Esta mesma quebra e incertesa das fazendas se experimentou e padeceu em todas as partes do Brasil, emquanto nos principios de sua conquista se serviam somente com Indios, até que com este desengano se resolveram fabricar suas fazendas com escravos mandados vir de Angola, que é gente por sua natureza serviçal, dura e capaz de todo o trabalho, e que o atura, e vive por muitos annos, se a fome e o mau tratamento os não acaba..."[13] (g.n.)

Gilberto Freire, encampou a idéia: "... as grandes plantações foram obra não do Estado colonizador... mas da corajosa iniciativa particular. Esta é que nos trouxe pela mão de um Martim Afonso ao sul, e principalmente de um Duarte Coelho ao norte, os primeiros colonos sólidos, as primeiras mães de família, as primeiras sementes, o primeiro gado, os primeiros animais de transporte, plantas alimentares, instrumentos

(12) Antonio Braz Teixeira: "Rumos da filosofia jurídica luso-brasileira", artigo na Revista Brasileira de Direito Comparado, n. 34, 1º semestre de 2008, publicada em 2010 pelo Instituto de Direito Comparado Luso-Brasileiro, p. 124.

(13) *Apud* João Dornas Filho: *ob. cit.,* p. 50

agrícolas, mecânicos judeus para as fábricas de açucar, escravos africanos para o trabalho do eito e de bagaceira (*de que logo se mostrariam incapazes os indígenas molengos e inconstantes*)."[14] (g.n.)

José Bonifácio deve ter servido também como fonte inspiradora do sociólogo pernambucano, ao destacar, dentre vários de seus escritos, um que se intitulou "Os índios são preguiçosos e voluptuosos", e ao ter dito, em projeto apresentado à Assembléia Constituinte, em 1823, o seguinte: "(...) apesar de serem os índios bravos *uma raça de homens inconsiderada, preguiçosa e em grande parte desagradecida e desumana* para conosco, que reputam seus inimigos, são contudo capazes de civilização..."[15] (g.n.)

Em outro lugar da mesma obra Gilberto Freire repetiu a aleivosia: "O meio e as circunstancias exigiram o escravo. A principio o índio. *Quando este, por incapaz e molengo*, mostrou não corresponder às necessidades da agricultura colonial — o negro."[16] (g.n.)

Todavia, José Julio Chiavenatto, ademais de outros que vêm conseguindo rebater assertivas como essas, faz a reposição da história real: "O índio era um escravo mais barato que o negro (...) o índio custava 20% do valor de um negro, nos primeiros anos da colonização (...) No entanto, a escravidão indígena só interessava aos primeiros colonizadores. Contra ela estavam os jesuítas, a Coroa e o próprios traficantes de negros, que não queriam concorrência. E, justamente porque essas três forças eram contrárias ao aproveitamento do índio como escravo, surgiram as explicações falsas sobre a sua capacidade de trabalho. Entre elas, as informações dos jesuítas que diziam que o índio era indolente, não resistia às doenças e morria de saudades da selva. Na verdade, eram os maus-tratos que matavam os índios. Em cima dessas explicações falsas organizou-se um sólido preconceito contra o trabalho escravo indígena, que na verdade servia tão-só para garantir o tráfico da África, em que ganhavam a Igreja, a Coroa e obviamente os traficantes."[17]

O mesmo autor esclarece como tais parceiros do comércio com negros auferiam seus ganhos: "A Coroa ganhava 10% da renda do tráfico e a Órdem de Cristo lucrava 5%, pagos pela Casa dos Escravos. Harmonicamente, a posição dos padres defensores da escravidão negra — e condenando o trabalho servil dos índios — encaminhava-se na sustentação da Órdem de Cristo (...) O preconceito de que o negro não tinha alma, de que foi feito 'naturalmente' para a escravidão e outras deformações afins eram frequentes na Igreja do Brasil. Este triste papel desempenhado pelos padres brasileiros não era resultado de uma falta de ousadia para enfrentar uma situação social dura. Pelo contrário, eles tiveram ousadia demais algumas vezes. Como o padre Vieira, que foi acusado até de sublevar os índios escravos contra os seus senhores, para facilitar o fim da escravidão indígena. A ousadia dos padres, porém, ficou do lado dos interesses econômicos da Santa Sé, idênticos aos da

---

(14) FREIRE, Gilberto. *Casa Grande e Senzala*. Rio: José Olympio, 1954, 1º vol., p. 116
(15) José Bonifácio: "Os índios são preguiçosos e voluptuosos" e "Apontamentos para a civilização dos índios bravos do Império do Brasil", *in* Projetos para o Brasil — Org. Miriam Dolhnikoff. Companhia das Letras, São Paulo, 1998, respectivamente, p. 133 e p. 101/102.
(16) FREIRE, Gilberto. *Casa Grande e Senzala*. Rio: José Olympio, 1954, 1º vol., p. 436.
(17) CHIAVENATTO, José Julio. *O Negro no Brasil*. São Paulo: Brasiliense, 1980. p. 107.

Coroa e com firme apoio dos traficantes: são as três fontes que mais lucram com o mercado de negros africanos."[18]

Para o reino português, em particular, acostumado a isso lá em sua própria península européia e em outras áreas, a nova prática aplicada à Colônia americana teria todas as conveniências: ele ganharia com mais uma atividade comprovadamente auspiciosa; garantiria aos seus colonos, com o uso dos negros, um trabalho de maior constância, e ficaria ainda com a vantagem de ter como reserva os índios buscados pelos bandeirantes.

Mais tarde, ver-se-ia que, também por razões de temperamento, e debaixo da pretensa superioridade racial, o desamor ao trabalho estava, na verdade, ao lado dos portugueses. Pouco a pouco têm vindo à tona os fatos reais, no sentido de que o colono luso pôde aqui ter investido sua vida e seu cabedal, mas não o seu labor pessoal no campo. O desbravamento feito a seu benefício, sempre se realizou à custa do desforço do índio e do negro, sem o seu concurso na faina cotidiana. Segundo Kátia de Queiroz Matoso, se o português encontrasse "área suficiente a fazê-lo senhor de engenho", realizaria o empreendimento naturalmente com o uso do braço de outrem, os escravos, mas repugnava-lhe um trato de terra que lhe não guindasse àquela condição. Tal historiadora, que chegou a essa conclusão, ao iniciar estudos sobre os libertos rurais do século XIX, detectou no Recôncavo baiano que "encontram-se ao lado dos senhores de engenho várias categorias de agricultores: simples meeiros, pequenos proprietários rurais. Não resta qualquer dúvida: entre eles, o número de ex-escravos é muito grande...*sabemos muito bem que os brancos de orígem portuguesa se recusaram a cultivar a terra*: todos os relatos da época registram essa queixa."[19] (g.n.)

O próprio José Bonifácio, aliás, não escondia a preguiça lusitana: "Querer que os índios trabalhem com a enxada, e querer que sejam iguais aos brancos, quando só os negros trabalham com ela, é querer impossíveis; *comecemos por acostumar os portugueses aos trabalhos rurais da própria lavoura...*"[20] (g.n.)

1.2. As Orígens Negreiras

1.2.1. O início do tráfico para o Brasil

Em relação ao tempo em que se deu a adoção do escravismo negro no Brasil, os prognósticos históricos também não se aquietam.

Alguns autores supõem que a importação de escravos negros teria começado com Tomé de Souza, após o Alvará de 20 de março de 1549 ter permitido a entrada de 120 africanos por engenho apto a desenvolver a indústria açucareira. Outros referem-se a que eles vieram antes do Governo Geral, como é o caso de Afonso Toledo Bandeira de Melo, calcado em Damião de Goes, que "declara haver Martim Afonso de Souza trazido para o

---

(18) *Idem, ibidem*, p. 120.

(19) MATOSO, Kátia de Queiroz. *Ser Escravo no Brasil*. São Paulo: Brasiliense, 1990, 3. ed., p. 202.

(20) José Bonifácio: "Os índios são muito imaginativos", *in* Projetos para o Brasil, *ob. cit.*, p. 142/143.

Brasil as primeiras *peças* de Guiné."[21]. Outros afirmam que isso se dera anteriormente, em 1538, por meio de Jorge Lopes Bixorda, um arrendatário de áreas para exploração de pau-brasil. João Dornas Filho ainda recua, informando que em 1535 já havia em Pernambuco escravos que tinham trabalhado na indústria de açúcar em São Tomé e Príncipe.[22]E Fernando Pio mais antecipa, dizendo que o ano de 1559 é data oficial da chegada ao Brasil dos primeiros escravos negros; mas que isso já teria ocorrido "possivelmente em 1525, segundo nos informa Manuel Diegues Júnior, quando Diogo Leite ao vir para Itamaracá, como administrador da feitoria de Cristóvão Jacques, teve licença de D. João III para introduzir dez escravos africanos, destinados ao seu serviço agrícola."[23] Nina Rodrigues fala que "é escusado discutir sobre a data precisa em que começou a introdução de escravos negros no Brasil", afiançando, porém, que ela é "contemporânea da sua colonização" e que "o grande tráfico iniciou-se pouco menos de 50 anos após a descoberta" do país.[24]

Perdigão Malheiros também partilha da incerteza sobre tal data, embora noticie que uma caravela a serviço de Martim Afonso de Souza fez desembarcar escravos negros na Bahia, em 1531, e ainda consigne o boato de que a mesma embarcação, antes disso, já se empregava no comércio negreiro. Deixou, porém, aos estudiosos o balizamento em torno do fato, por meio da especulação quanto a dois marcos: a) dizendo que "das relações e notícias das primeiras expedições nada consta"— o que induz pensar-se no acontecimento só ao tempo em que D. João III resolveu colonizar o Brasil; b) afirmando que "Nas doações das capitanias, em que era dividido o Brasil por D João III (1532-1535) se conferiam aos donatários poderes extraordinários, mesmo de morte, também sobre os escravos; o que fez presumir a existencia destes na colonia portuguesa da América já em semelhante época". Por isso mesmo esse autor, arriscando uma opinião de todo plausível, manifestou que também "é de presumir que, embora os colonos achassem no país os seus naturais, de quem se apropriaram desde o começo para os misteres do serviço, reduzindo-os mesmo à escravidão, houvessem também trazido de Portugal escravos negros a seu serviço e de bordo; e que alguns ficassem no Brasil, quer em companhia dos senhores que aqui vinham estabelecer-se, quer por outra forma."[25]

O fato é que o tráfico negreiro fez com que viesse a ter em nosso território, enquanto durou a escravidão, cerca de 4 milhões de negros. Eles eram capturados diretamente por certas expedições de apresamento no Continente africano, ou comprados a intermediários brancos instalados ali, ou negociados mesmo com outros negros, comprometidos com a transação.

Na relação que se formava entre os prepostos do tráfico e os negros apresados na África, e entre estes e os compradores de cá, havia diferentes níveis de sujeição pessoal.

---

(21) Afonso Toledo Bandeira de Melo. O Trabalho Servil no Brasil, p. 42, *apud* Afonso D. Taynay, *ob. cit.,* p. 105

(22) João Dornas Filho, *ob. cit.,* p. 48

(23) "Fernando Pio, "Senhores de Engenho e Negros Cativos", *in* Estudos sobre a Escravidão Negra, 1 vol. Fundação Joaquim Nabuco/Ed. Massagana, 1988, p. 455.

(24) RODRIGUES, Nina. *Os Africanos no Brasil*, 6. ed., D.F.: Universidade de Brasília, 1982. p. 14.

(25) MALHEIROS, Perdigão. A Escravidão no Brasil, 3. ed., Petrópolis: Vozes, II vol., p. 25/26.

Desde a captura ou a partir da compra-e-venda nas aldeias de lá, passando pelos que faziam o transporte por terra e rios, pelos que os oprimiam nos barracões dos portos litorâneos, na travessia do oceano, os que os repassavam na negociação ao desembarque; até chegarem, com a venda, à permanente escravização pelo destinatário final. Aí, pois, juntava-se à simples dominação pessoal o componente do efetivo trabalho forçado, quando então, eles trocavam os senhores provisórios pelos senhores "definitivos" – "que os punham a trabalhar na lavoura, minas, manufaturas ou serviços domésticos".[26]

1.2.2. Regiões de abastecimento e recepção de negros

De atinência às localidades de onde vieram os escravos, podemos resumir que uma parte saiu da África Oriental, em territórios que, do seu interior em direção a Leste, iam à orelha do oceano Índico, acima e abaixo da ilha de Moçambique, que aqui se toma como expressão maior da zona referida. Pelo litoral atlântico escoavam também os escravos buscados na África Central, originários do Sudão e da vasta reentrância geográfica Centro--Ocidental, onde se achavam Angola, Congo e seus antigos sertões, que formavam o maior reduto de exportação de escravos para o Brasil; e os que vinham da África Ocidental, a noroeste entre o ponto extremo ocidental da região sub-saariana e o grande golfo Bengala--Guiné, com abrangência de ilhas como Cabo Verde, São Tomé, Príncipe, Bissau, Ano Bom e Fernando Pó. Nessa área da costa africana atlântica, por suas velhas denominações, como Costa do Ouro, Costa dos Escravos, Costa da Mina, Costa da Malagueta etc. — atualmente se distribuem pequenos países litorâneos ou interioranos[27], a exemplo de Guiné, Serra Leoa, Libéria, Costa do Marfim, Gana, Togo, Benín, Nigéria, Camarões e Burkina.

Estudiosos brasileiros e alguns brazilianistas, açulados por uma inteligência investigativa, que abre um amplo leque de pesquisa produtiva na História, na Geografia, na Antropologia e no Direito antigo, têm encontrado um arcabouço de estudo que envolve as peculiaridades dos rincões escravistas da própria África, as negociações estabelecidas lá e cá para o tráfico, a relação origem geográfica e/ou étnica dos escravos com os portos de embarque, as particularidades do transporte pelos navios negreiros e da travessia para o Brasil, a especificidade sobre a construção e espécies das embarcações, a chegada ao porto, a venda nos mercados, a distribuição dos escravos aos seus senhores, os locais de sua nova morada, as espécies de trabalho, e, a partir daí, as novas condições de vida.

Em nosso caso, que tomamos como veio central de análise a questão territorial dos escravos fugidos e formadores de quilombos, e a dos seus descendentes instituidores de comunidades autônomas, não há necessidade de termos, aqui, circunstanciadamente, uma

---

(26) RODRIGUES, Jaime. *De Costa a Costa* – Escravos, marinheiros e intermediários do tráfico negreiro, de Angola ao Rio de Janeiro (1780-1860). São Paulo: Companhia das Letras, 2005. p. 315 e 316.

(27) Repare-se, por exemplo, a propósito de fontes interioranas de escravos, o que José Gonçalves Salvador comenta sobre Guiné, que é um país litorâneo: "O centro comercial de Guiné acha-se instalado na feitoria de Cacheu, a razoável distancia do oceano (...) Do 'hinterland' vinham escravos negros, marfim, cera, minérios e outras espécies". (*ob. cit.*, p. 18). Em nota 8 da mesma página, diz: "A área dos escambos acabou limitando-se aos rios de Guiné e não à costa toda por causa da intromissão estrangeira. É daí a importância de Cacheu."
– Na mesma obra acima (já citada), em p. 77, nota 1, o autor dimensiona a distância do litoral, o que fixamos para se ter uma idéia daqueles sertões: "Cacheu situava-se a 18 léguas do mar".

visão ilustrativa complexa das seculares origens africanas deles, tanto pelo aspecto da linhagem quanto pelo aspecto geográfico do ponto de partida e do ponto de chegada.

Bastar-nos-á um recorte de conteúdo simplesmente étnico e geográfico, com meras referências de origem e destino dos escravos. Colhemos informes de viajantes do passado ou dos historiadores pioneiros nessa pesquisa no Brasil, que se fizeram mais próximos, no tempo, das lembranças mais vivas sobre os africanos entre nós. Tomamos também alguns dados de fontes mais recentes, as quais, no passar dos anos, puderam realizar uma triagem mais acurada das informações sobre a matéria.

Isso poderá atender à conveniência de mostrar aos próprios quilombolas brasileiros as informações que sabemos estar entre as de maior apego íntimo ao seu conhecimento: aquelas que especulam sobre de onde vieram, tanto do ponto de vista geográfico e/ou genético, quanto do ponto de vista étnico. Especialmente se levarmos em conta a posição de João Dornas Filho, para quem nos documentos sobre a escravidão, incinerados nos albores da República por determinação do então Ministro da Fazenda, Rui Barbosa, "constaria discriminadamente a procedência dos negros entrados no Brasil e detalhe de transcendente importância para a verificação de raças que concorreram para o nosso caldeamento..."[28]

Embora a indicação de etnias não coincida, necessariamente, com o referencial geográfico de origem, e apesar de muitas vezes os africanos terem adotado, identitariamente, designações que terceiros lhes deram, de modo especial os traficantes e/ou os sacerdotes que os batizavam, em função dos portos de seu embarque na África, e não do lugar de nascença ou de grupo de pertencimento — as duas coordenadas de estudo podem servir uma à outra, como pistas no rumo de uma eventual descoberta eficaz.

Avaliemos, portanto, numa sequência cronológica, posições que vêm desde Spix e Martius, no século XIX, até os estudos mais modernos, já no século XXI, sobre os dados (especulativos) da genética ou das áreas de origem dos escravos. A cronologia desses dados certamente evidencia a evolução do conhecimento sobre a matéria, ora sedimentando algumas informações, ora complementando-as, ora expungindo outras.

Spix e Martius

De referência à identificação dos escravos que por cá encontraram em sua viagem ao Brasil, em 1815-1817, os sábios alemães Spix e Martius, dizem o seguinte, em cinco trechos que procuramos selecionar de uma longa nota do livro que publicaram:

* [No continente africano] "muitos colonos portugueses, que cultivam em extensas plantações os gêneros de subsistência para os pretos capturados (...) moradores do interior, estendem, às vezes, suas incursões até o centro da África (...) Os escravos que eles capturaram pertencem às tribos dos *cacimbos*, *gegês* e *gingas*, homens altos, da mais característica raça etiópica (...) Eles são embarcados em São Felipe de Benguela e em Novo Redondo."

---

(28) João Dornas Filho, *ob. cit.*, p. 52, nota 12.

* "De igual modo, os portugueses de São Paulo de Loanda, a capital do reino de Angola (...) entretem animado comércio com as regiões orientais, entre 11º e 9º de latitude sul, até ao profundo interior do continente. Os escravos embarcados em Angola, e que são designados geralmente com o nome de *angolas*, são da raça dos *ausazes, pembas, gingas e tembas...*"

* "Ao norte dessas regiões, o reino do *Congo* é frequentemente procurado pelos traficantes de escravos, porém os portugueses alí não têm soberania, nem colonias independentes, mas ancoram os seus navios na enseada de Cabinda. Aí eles recebem os escravos que lhes são trazidos dos paizes ao norte, *Loango* e *Cacongo*, e os outros eles vão busca-los aos portos do rio *Zaire*, ou do *Congo* onde fazem transações com os chefes de lá. Os negros, que dalí são despachados para o Brasil, são em geral chamados *cabindas* e *congos* (...) que diferem extremamente do tipo etiópico. São especialmente apreciados como próprios para os trabalhos da lavoura."

* "Da costa oriental da África (contra-costa), trazem os portugueses muitos negros para o Brasil, sobretudo desde a restrição do tráfico de escravos em Guiné, ao norte. Em parte, são arrancados das profundezas da África Central para Moçambique, e pertencem principalmente às nações dos *macuas* e dos *angicos*(...) Eles dificilmente se adaptam no Brasil e são menos empregados no serviço do que na lavoura."

* "Das ilhas de *Cabo Verde*, de *Cachéu* e de *Bissau*, vinham antes negros para Pernambuco, Maranhão e Pará; esse tráfico, porém, quase cessou atualmente, e igualmente raros são os escravos trazidos da Ilha de *São-Tomé*, onde o número de negros livres é consideravel..." [29]

Nina Rodrigues

O cientista maranhense criticou Spix e Martius por "terem reduzido a procedência do tráfico para o Brasil às colonias portuguesas da África meridional e às ilhas do Golfo de Guiné", esquecendo-se dos sudaneses, dizendo o seguinte: "Para eles, dos congos, cabindas e angolas, na Costa Ocidental da África, dos macúas e anjicos na Oriental provieram todos os africanos brasileiros. Também se referiram às procedências de Cachéu e Bissau para os negros do Maranhão, Pernambuco e Pará, naturalmente mais conhecidos pela história da Companhia do Comércio do Grão Pará e Maranhão, com que foi feito o contacto da introdução desses negros. Mas nem desses nem dos procedentes das ilhas de Fernando Pó, Príncipe, São Tomé e Anno Bom, a que também aludem, convenientemente se ocuparam."[30]

Ora: do preciosíssimo trabalho do brasileiro (cujo racismo, entretanto, não honra seus estudos de extraordinário valor etnográfico, ademais do seu pioneirismo irrefutável nesse âmbito, em nosso País), são tiradas as indicações abaixo, a respeito da denominação dos negros e da maior parte de sua procedência no território africano.

---

(29) J.B.von Spix e C. F. P. von Martius: Viagem pelo Brasil, 2º vol., Imprensa Nacional Ed., Rio, 1938, nota V ao Cap. III, p. 313/314.
(30) RODRIGUES, Nina. *Os Africanos no Brasil*. Distrito Federal: Universidade de Brasília, 1982. p. 18/19.

* *Nagôs* - vindos do Centro da Costa dos Escravos (Costa que vai de Baigeda a Akraru), originários de Oyó (capital do Reino de Iorubá), de Ijesá, de Egbá (principalmente de sua capital Abeokutá), de Lagos, Ketú e Ibadan.

* *Jêjes* (*ewes* ou *evés*) - tidos como daomeanos (de Ajudá, do Grande e Pequeno Popó, de Agbomí e Konotú), efan (Daomé Central) e maís (Norte Daomé).

* *Minas* - os minas-popos (que atravessaram o Volta e se instalaram em território jêje), minas-achantís (de região que tinha Cumassi como capital) e minas-fantís.

* *Haussás* - "das vizinhanças ou domínios" de Sókotô, Katsena e Kano.

* *Tapas* (*nifés* ou *nupês*) - da região do Níger.

* *Gurunxís* (*grúncis* ou *gruncis*) - também conhecidos aqui como *galinhas*[31], habitavam "para além do país dos *kongs*, nos domínios dos *mossis*".

* *Fulos* - mestiços dos fulás com os mandingas, procedentes da Senegâmbia.

* *Filaníns*- estes os "verdadeiros *fulás*", das margens do Senegal.

* *Cassanges e Bángalas* - negros de Angola.

* *Congos ou Cabindas* - procedentes do estuário do Zaire.

* *Macúas e Anjicos* - negros de Moçambique.[32]

Independentemente desses elementos, fornecidos ao correr da pena, Nina Rodrigues procurou formar um quadro à parte, noutro capítulo do mesmo livro, condensando os dados sobre as raças e povos negros que vieram para o Brasil:

"1. Camitas africanos: *fulas* (*berberes* (?), *tuaregs* (?).

Mestiços camitas: *filanís, pretos-fulos*.

Mestiços camitas e semitas: *bantos orientais*.

2. Negros bantos:

---

(31) Enquanto Edison Carneiro cogita que o apelido tenha origem na falta de combatividade deles (Ladinos e Crioulos - Estudos sobre o Negro no Brasil. Editora Civilização Brasileira, Rio, 1964, p. 45), Nina Rodrigues chega a dizer que eram "intrépidos guerrilheiros", informando que tais escravos repeliam a designação, porque não eram os *gallinas* conhecidos dos europeus e que habitavam as margens do rio Galinas e o vale do Man (Serra Leoa). Este autor a atribui à procedência dos navios que os tomavam também no rio Galinhas, onde "os portugueses tiveram em tempo um forte ou um presídio", da mesma forma que se deu com a designação dos *minas*, que assim ficaram conhecidos pelo embarque em São Jorge da Mina. (*ob. cit.*, p. 110). Braz do Amaral diz que o nome provém de uma ilha, no arquipélago de Bássagos, ou então de um rio na Costa dos Grãos, também chamada Costa da Pimenta, na Guiné Superior: "As Tribos Negras Importadas", *in* Estudos sobre a Escravidão Negra: Leornado Dantas Silva (Org), Fundação Joaquim Nabuco/Editora Massangana, Recife, 1988, p. 66.
(32) Nina Rodriges, *ob. cit.*, p. 103, 104, 106-111, 114 e 117.

a) Ocidentais: *cazimbas, schéschés, xexys, auzazes, pximbas, tembos, congos* (Martius e Spix), *cameruns*.

b) Orientais: *macuas, anjicos* (Martius e Spix)

3. Negros sudaneses:

a) mandês: *mandingas, malinkas, sussus, solimas*

b) Negros da Senegâmbia: *yalofs, falupios, sêrêrês, kruscacheu*.

c) Negros da Costa do Ouro e dos Escravos: gás e tshis: *achantís, minas e fantís* (?) *jejes*ou *ewes, nagôs, beins*.

d) Sudaneses centrais: *nupês, haussás, adamauás, bornus, guruncis, mossis* (?).

4. Negros Insulani: *bassós, bissau, bixagós*."[33]

Braz do Amaral

Braz do Amaral foi um historiador baiano que, em 1914, incumbiu-se, num Congresso de História, da 6ª tese, relativa à escravidão "desde que foi estabelecida no Brasil". Disso resultou a publicação, na Revista do Instituto Geográfico e Histórico da Bahia (n. 410: 39-72), do importante ensaio etnográfico intitulado "As Tribos Negras Importadas".

Interessante é que, escrevendo após Nina Rodrigues haver morrido (1906), não teve conhecimento do seu "Procedências africanas dos negros brasileiros", estudo que faz parte do livro deste, Os Africanos no Brasil. Isso porque o conjunto de ensaios do autor maranhense, que compõem a obra referida, somente veio a público em 1933, por ingerência de Homero Pires, depois dos originais estarem dispersos e esquecidos em casa da viúva dele, ou na de Oscar Freire, ou no Instituto Médico Legal de Salvador.[34] Se Braz do Amaral tivesse tido ciência do mesmo, certamente que somaria as informações colhidas por Nina Rodrigues na Bahia e no Maranhão com a sua própria investigação de história oral em Salvador, e teria avançado mais.

Contudo, não se justifica que desconhecesse a obra de Spix-Martius, publicada quase um século antes, ou, pelo menos, que não tivesse feito referência à mesma, posto que esta fala da existência na Bahia de negros da Costa Oriental africana. E para Braz do Amaral os escravos "eram importados da Costa da África banhada pelo Atlântico", e, "desde que foi escasseando gente na costa", "foi progressivamente levada para o centro da África a aquisição de negros".[35] Assim os distribuiu:

* *Yorubas* e *egbás* ou *nagôs* - vindos do Golfo de Guiné, do País de Yoruba, especialmente de Akê, Egbado, Ilugo, Wassini e Abeokuta, esta a "chave das estradas que vão para o Sudão". Localizados na Bahia e Rio de Janeiro.

---

(33) Nina Rodrigues, *ob. cit.*, p. 261 — Os grifos e as interrogações são do original.
(34) Homero Pires. Prefácio ao livro Os Africanos no Brasil, *cit.*, p. IX-XIII.
(35) Braz do Amaral. *Ob. cit.*, p. 42/43.

* *Gêges ou egruns* - das vizinhanças de Porto Novo (Aguê) e da cidade de Ala.

* *Daomeanos* - O autor fala dos *daomeanos* como diferentes dos *jêjes*: "De Dahomey vieram muitos milhares" (...) "Este povo, entretanto, tem uma lingua muito igual a dos Gêgis, com os quais eles se parecem um pouco".[36]

* *Tapas* - "muito confundidos com os *ijexás* e com os *yjebus*, vieram de Ilesa e de Ifê. Localizados na Bahia e Rio de Janeiro.

* *Angolas* - Saídos de Porto Redondo, São Paulo de Loanda e Benguela. Localizados no Rio de Janeiro, Bahia e Pernanambuco.

* *Minas* ou *argíins* - divididos em um grupo que habitava o território de Popô e outro que se encontrava na Costa do Ouro, os *fantees*.

* *Bengas* - relacionados à ilha de Corisco e rio Anges.

* *Gallinhas* - da região de Bássagos ou da Costa dos Grãos.

* *Timinis*- de Serra Leoa e vizinhança.

* *Beníns, Ijós e Kekiris* - das margens do Golfo de Guiné.

Braz do Amaral refere-se ainda a várias "tribos", sem mostrar, no entanto, as suas orígens: *haussás, krumanos, filaníns* ou *fulas, effans, mandingas, yalofos, benguellas, balantos, vatuas, bechuanos, ba-cançados, barrocos, monganjas, moçambiques, ambaquetas, luisianis, gingas, monjolo, pepéis, biafaltas, mumorongos, bambas, hallos, maguixas, bananos, guinebandos, ba-bangos, ba-nharecas, ba-muncubis, yagos, naiús, baheus, nanjócos, yalôfos, mácuas, cangalhos, maranes, mesimbes, tarales, macuacos, mazazures, achantís, cabindas e gongos.*[37]

Artur Ramos

Artur Ramos, médico e antropólogo, afiança que foi Nina Rodrigues quem "lançou a primeira luz sobre a questão" da origem geográfica e étnica dos negros, embora reconheça que seus estudos, bem como os de Braz Amaral e de Affonso Claudio não estivessem completos. Explica porque: "A confusão reconhecia vários factores: inexistencia de documentos originaes, nomes vulgares que os negros se davam a elles próprios, de accordo com o logar de origem, às vezes simples cidades ou villas, movimentos migratórios secundarios dentro do próprio paiz — na África e no Brasil; absorpção socio-psychologica (e isso veremos como

---

(36) Afonso E. Taunay diz que "os gêges são os procedentes do Dahomey, importados em Ajudá, Grande e Pequeno Popo, etc.", e que a denominação "vem do nome da zona ou território da Costa dos Escravos, que vai de Bageida a Akraru...": "Subsídios para a história do tráfico africano no Brasil colonial", *in* Estudos sobre a Escravidão Negra, Leonardo Dantas Silva (Org), Fundação Joaquim Nabuco/Editora Massangana, Recife, 1988, p. 132/133. Pierre Verger confirma que os *jejes*, como tais chamados no Brasil, são daomeanos: Fluxo e Refluxo do Tráfico de Escravos entre o Golfo de Benín e a Bahia de Todos os Santos. Ed. Corrupio, São Paulo, 3ª ed., 1987, p. 9.

(37) Braz do Amaral, *ob. cit.*, p. 46 e 49-66.

foi evidente nas formas religiosas) das tribus mais atrazadas pelas mais adiantadas; formação de uma lingua geral ('nagô', na Bahia; 'quibundo'em outros pontos), pelo mesmo phenomeno de absorpção."[38]

É o próprio Artur Ramos, então, quem melhor encontra a síntese do assunto, esquematizando as origens territoriais dos povos negros, através dos dois grandes grupos que acorreram ao Brasil — os sudaneses e os bantos. Uma classificação geral que até parece aceita no Brasil, a qual foi produto, como ele disse, de "leituras existentes", do "largo inquérito que procedemos sobre as religiões negras":

"O primeiro grupo foi introduzido inicialmente nos mercados de escravos da Bahia, de lá espalhando-se pelas plantações do reconcavo e secundariamente por outros pontos do Brasil. Desses negros sudanezes, os mais importantes foram os *'yorubanos'* ou *'nagôs'* e os *'gêges'* (*'Ewes'* ou *'dahomeyanos'*) e em segundo logar os *'minas'* (*'Tshis'* e *'Gás'*), os *'haussás'*, os *'tapas'*, os *'bornus'* e os *'gruncis'* ou *'gallinhas'*. Com esses negros sudanezes entraram dois povos de origem bérbere-ethiopica e influencia mahometana: os *'fulahs'* e os *'mandês'*. Os *'bantus'* foram introduzidos em Pernambuco (estendendo-se a Alagoas), Rio de Janeiro (estendendo-se ao Estado do Rio, Minas e São Paulo) e Maranhão (estendendo-se ao litoral paraense), focos primitivos de onde se irradiaram posteriormente para varios pontos do territorio brasileiro. 'Bantus' foram os *'angolas'*, os *'congos'* ou *'cabindas'*, os *'benguellas'*, os negros de Moçambique (incluindo os 'macúas' e 'angicos' a que se referiram Spix e Martius). As demais denominações que tanta confusão originaram nada mais são do que províncias ou regiões do vasto território afro-austral, 'habitat' dos povos 'bantus'.

'Sudanezes' e *'bantus'* entrados no Brasil, aqui se fundiram uns com os outros, constituindo uma população escrava que progressivamente se foi amalgamando aos demais contingentes da população brasileira — em cruzamentos biologicos e inter-fluições de ordem psycho-sociologica'."[39]

Edison Carneiro

De Edison Carneiro, com uma pesquisa mais madura, identificando com maiores detalhes os pontos de origem, torna-se preciso tomar alguns trechos, na íntegra:

* "Os primeiros escravos que aportaram ao Brasil vinham da região da Guiné Portuguesa, então uma zona imprecisa que se estendia para o norte, até o Senegal, e para o sul, até a Serra Leoa — a Costa da Malagueta. As peças de Guiné, chegadas à área dos canaviais, principalmente Bahia e Pernambuco, eram na maioria *fulas* e *mandingas*, tribos alcançadas pela expansão africana do Islam, mas não inteiramente islamizadas. Quando Portugal iniciou a conquista e colonização da Amazônia, embora já dispusesse de novo centro fornecedor de escravos (Angola), trouxe para o extremo norte negros de Guiné..."

* "Angola foi, desde os primeiros anos do século XVII, a grande praça de escravos do Brasil." (...) "A colônia estendia-se mais para o norte do que atualmente, até a embocadura

---

(38) RAMOS, Artur. *O Negro Brasileiro*. Rio: Civilização Brasileira, 1934. p. 16/17.
(39) *Idem. Ibidem*, p. 17/18.

do rio Congo, mas o estabelecimento português na foz do grande rio foi progressivamente reduzido, constituindo, agora, o enclave de Cabinda. De Angola e do Congo vieram para o Brasil negros de língua banto, conhecidos por nomes geográficos e tribais, *caçanjes, banguelas, rebolos, cambindas, muxicongos*, utilizados nas culturas de cana-de-açucar e do tabaco, em toda a faixa litorânea."

* "A Costa da Mina (...) era uma região definida do continente africano. Estendia-se por todo o litoral do Golfo da Guiné, ao norte do Equador, compreendendo outras 'costas' menores — a do Marfim, a do Ouro e a dos Escravos – e as ilhas de São Tomé e Principe.

(...) "O forte da Mina, encravado em terras do soberano Fanti, deu nome, no Brasil, aos negros fantis e axantis (minas) das redondezas, alcançados pelo tráfico, e batizou toda a Costa."

* "A Costa da Mina — a linha setentrional do Golfo da Guiné – foi visitada pelos tumbeiros durante todo o século XVIII, e ainda depois, em busca de negros para os trabalhos da mineração: negros do litoral, *nagôs, jêjes, fantis e axantis (minas), gás* e negros do interior do Sudão islamizado, *hauçás, kanúris, tapas, grúncis*, e novamente *fulas e mandingas*."

* "Da Costa do Ouro vieram negros *fantis e axantis*, os primeiros moradores do litoral, os segundos do interior, e *negros gás*, que viviam também na costa, entre os *fantis* e os *fons* (jêjes). Estes negros, que falam, em geral, a língua *tshi*, receberam aqui o nome genérico de *minas*, do Castelo da Mina, e muitos dos chegados ao Brasil foram empregados na cata do ouro e dos diamantes nas Minas Gerais, via Bahia. Eram seus vizinhos os *jêjes ou ewês* da Costa dos Escravos, que, por ocasião do tráfico, já se haviam organizado nos poderosos reinos de Daomé[40], Arda (Allada) e Savi (Ajudá) (...) Os jêjes, pelo que revelam pesquisas etnográficas recentes, chegaram à Bahia, ao Recife e a São Luís do Maranhão, onde, embora em números não muito consideráveis, deixaram as suas práticas religiosas..."

* "Da Costa dos Escravos chegaram, igualmente, negros de Yôrubá, chamados aqui *nagôs*, do nome de uma das suas tribos, que pelo noroeste limita com os jêjes. Esses negros eram, em toda a região do Golfo de Guiné, os portadores de uma civilização mais adiantada. A sua influência estendia-se a todos os povos do litoral e alcançava o interior do Sudão."

O reino de Yôrubá dividia-se nas províncias de Óyó, Abeokutá, Lagos, Yêbu e Ondô e as cidades de Ifé e de Ibadan já eram famosas (...) Em fins do século XVII, o povo de Yôrubá estava repartido por seis reinos, incluive o de Benín, o de Kêtu ou Ala Kêtu, o mais poderoso de todos, o de Ijêxá e o de Egbá. Os nomes de Kêtu (Kêto) e Ijêxá continuam vivos, como designativos de ritos dos candomblés brasileiros."

* "Dos povos do Alto Sudão, o papel mais espetacular coube aos *hauçás*, que na Bahia comandaram nagôs e tapas, seus vizinhos na África, em algumas das insurreições *malês* do começo do século XIX (...) os hauçás tinham os seus Estados ao sul do povo *Kanúri*, do Bornu, habitante da região adjacente ao Lago Tchad, e ao norte dos peuls (*fulbê, fula,*

---

(40) Edison Carneiro, em Ladinos e Crioulos, *cit.*, p. 70, diz que o Daomé é "o país dos jêjes."

fulanim, fellata) — os fulas (...) De alguns desses povos ficaram apenas certos gentílicos e apelativos, *fula, mandinga, malê...*" .

* "Um pequeno povo da grande curva do Níger, os *gurúncis ou grúncis*, pacíficos agricultores chamados na Bahia de *galinhas*, talvez pela sua falta de combatividade, também vieram para nosso país".

* "Os tumbeiros alcançaram a Contra-Costa, na região de Moçambique, e de lá trouxeram, em números reduzidos, negros *macuas e anjicos*, encontrados aqui por Martius."

O Autor fala ainda na "zona banto do continente africano, especialmente Angola e Congo", dizendo haverem de Angola negros de Luanda, Mossâmedes, Benguela e do rio Ambriz. Do Congo, reporta-se a duas tribos, *samba*, do interior, e *moxicongo*. "Desta região vieram *cabindas, munjôlos, rebôlos, caçanjes...*" [41]

Pierre Verger

Pierre Verger dá a sua inestimável contribuição, ainda que (por fugir aos propósitos do seu livro) tivesse deixado de apreciar a documentação porventura existente no exterior, referente aos negros de Moçambique. Com efeito, escreve 718 páginas somente acerca do tráfico da costa africana do Atlântico, dividindo o mesmo em ciclos: Ciclo de Guiné, Ciclo de Angola e Congo, Ciclo da Costa da Mina e Ciclo de Benín.

Apesar desse enquadramento, o autor faz referência a moçambicanos, os quais encontrou registrados num Livro de Tutelas e Inventários da Vila de São Francisco do Conde, na Bahia. Essa fonte única de uma singela localidade do Recôncavo, lhe possibilitou um levantamento precário sobre a procedência dos escravos lá encontrados e das *nações* a que pertenciam, mas nem por isso um levantamento desimportante desses dados, que podem valer como exemplos em todo o país. O resultado é só uma pequena amostra diante do fluxo de cativos oriúndos de diferentes regiões e etnias; mas uma amostragem suficiente (e eficiente) para justificar a continuidade da pesquisa histórica sobre o mosaico das origens geográficas e étnicas da escravidão brasileira.

Quando ele, aí, menciona genericamente os *angolanos, congoleses* e *moçambicanos*, já deixa subentendida a zona geográfica donde provieram; mas ao falar, especificamente, de *jejes, mondobi, ladás, maís* e *savanus*, relaciona-os ao Daomé, atual Benín; ou ao referir-se aos *iorubás* ou *nagôs, baribás, tapás, ussás* e *corobani*, liga-os à Nigéria. Contudo, ainda em razão daquela fonte, ao verificar os *minas* e *guinés*, diz que estas são designações um tanto vagas, pois aqueles povos podem ser classificados tanto entre os daomeanos como entre os iorubás.[42]

Relativamente aos ciclos do tráfico, devem ser registradas as seguintes manifestações do historiador francês:

---

(41)   Edison Carneiro, *ob. cit.*, p. 37, 41, 43-46, 123 e 124.
(42)   VERGER, Pierre. *Fluxo e Refluxo do Tráfico de Escravos entre o Golfo de Benín e a Bahia de Todos os Santos*. São Paulo: Corrupio, 3· ed., 1987. p. 669.

* *Ciclo de Guiné* – o nome mostra o ciclo que se desenvolveu durante a 2ª metade do século XVI, da costa oeste da África ao norte do equador, quando o Brasil "nada mais era do que uma colonia de segunda importância, sendo as suas principais fontes de recurso a cana de açucar e a madeira de tintura chamada pau-brasil."

Ciclo de Angola e do Congo - vinculado ao século XVII, os dois nomes indicando as regiões.

Ciclo da Costa da Mina - cumprido nos "primeiros três quartos do século XVIII", com utilização dos portos de Uidá, Grande Popo, Jaquim e Apá, situados ao longo da costa do Daomé, ocupando parte do golfo ou baía de Benín, entre o rio Volta e Cotonu, "da parte chamada de Costa e Sotavento, a atual costa do Togo e da República Popular de Benín (antigo Daomé)".

* *Ciclo do Golfo ou Baía de Benín* - corresponde ao período de 1770 a 1850, "estando aí incluido o período do tráfico clandestino" (...) "A partir da última terça parte do século XVIII o tráfico tinha a tendência a fazer-se a leste de Uidá, nos novos portos de Porto Novo, Badagris e Lagos."

O autor traz ainda dois aportes esclarecedores: a) de que os *minas* vieram daquelas localidades situadas no Daomé ou Benín, durante o Ciclo da Costa da Mina, e não da Costa do Ouro [onde se acha Gana], local onde ficava o Castelo de São Jorge da Mina e que havia "escapado ao controle dos portugueses desde 1637"; b) da "quase completa ausência dos nagôs-iorubás até o começo do século XIX e sua maciça presença por volta de 1830", no Brasil.[43]

Luís Viana Filho

Escrevendo nos anos 40, o mencionado político e biógrafo baiano fez a narrativa do tráfico de escravos para a Bahia. O livro, na 4ª edição, comemorativa do centenário do autor, foi enriquecido com notas elucidativas do historiador Luís Henrique Dias Tavares, sobre os quatro períodos que Luis Viana havia caracterizado como de importação do elemento negro: "Ciclo de Guiné — século XVI; Ciclo de Angola — século XVII; Ciclo da Costa da Mina e Golfo de Benín —século XVIII até 1815; Última fase — ilegalidade: de 1816 a 1851".[44]

Já no Prefácio, Luis Henrique Dias Tavares bem sintetiza o que disse o autor em cada um dos ciclos. Assim:

1) "Começou com o de Guiné, por ele considerado o de 'menor importância, sobretudo numérica'. Era uma continuidade do tráfico para Portugal" (...) "Corresponde ao período imediatamente anterior à criação do Governo Geral inaugurado por Tomé de Souza. Desse período ficou a expressão 'negro da Guiné' — africano arrancado do Cabo Verde e das ilhas de São Tomé e Príncipe".

---

(43) Pierre Verger: *ob. cit.*, p. 9-15, 19 e 125.
(44) VIANA, Luís Fº. *O Negro na Bahia*, 4. ed., Salvador: EDUFBA/Prefeitura de Salvador, 2008. p. 38

2) "O segundo ciclo destacado por Luis Viana F⁰ foi o de Angola, no século XVII. Escreveu: 'A sua importância foi extraordinária e os marcos se conservam ainda hoje'. Havia uma vantagem básica: a pequena distância entre Angola e Bahia. Era responsável por viagens que duravam 40 dias, situação que facilitou o maior número de africanos para o trabalho de plantio, limpa e colheita da cana, exigidos pelos engenhos produtores de açúcar e para o trabalho doméstico" (...).[45]

3) "O terceiro ciclo foi o da Costa da Mina, no século XVIII. Luis Viana F⁰ destaca que os navios negreiros mudaram a linha do tráfico de escravos de Angola para a Costa da Mina por causa da descoberta do ciclo do ouro naquela área da África, em Minas Gerais e na Bahia, e da epidemia de varíola em Angola". (...) "Para resumir: a Costa da Mina foi no século XVIII o mercado de comerciantes instalados na Bahia. Por aí chegaram os negros sudaneses, os jurubas, mais conhecidos como *nagôs*, os *tapas*, os *bambarras*, os *haussás*, os *achantis*, os *jêjes*, os *barnus*, os *fulas*, os *mandingas*. Luis Viana F⁰ informa: 'Num século, já teriam chegado na Bahia uns 350 mil'. E continua: 'A Costa da Mina não nos mandou apenas negros escravos. Com esses, exportaram uma fé'."[46]

4) "O quarto ciclo exposto por Luis Viana F⁰ é o do comércio proibido de escravos" (...) "Luis Viana F⁰ classificou como a última fase: a da ilegalidade. O seu início corresponde ao tratado que Portugal assinou com a Inglaterra em 1815. Daí em diante foram inúmeros os episódios de quebra dos compromissos assumidos, sobretudo depois da Inglaterra reconhecer a independência do Brasil e da lei brasileira de 1831 que proibiu o comércio de escravos".[47]

Luis Felipe de Alencastro

O autor, apesar de mostrar em obra sobre a "formação do Brasil no Atlântico Sul" as peculiaridades do tráfico negreiro, evita sistematizar, em capítulo isolado, ou em capítulos especiais, o fluxo e os pormenores a respeito das origens étnicas e culturais dos escravos trazidos para cá. Todavia, no vai-e-vem do seu relato, com *flashbacks* saltitando pela História, ele entrecruza os portos de embarque no continente africano, as regiões por onde os negros eram apresados, no litoral e no interior. E faz menção também aos pontos geográficos aonde os navios iam despejar os cativos em nosso país.

O gráfico que no livro se contém, sob a epígrafe de "Tratos portugueses e brasileiros nos séculos XVII e XVIII", aponta três deles em tal espaço de tempo:

Trato da Alta Guiné — vindo de Bissau para o Maranhão (São Luís) e Pará.

Trato da Costa de Mina — vindo da Costa de Mina e São Tomé para Belém, Salvador e Rio de Janeiro.

---

(45) Luis Henrique Dias Tavares, itens 1 e 2 acima no Prefácio à obra de Luis Viana F⁰, *cit.*, ambos em p. 27
(46) *Idem, ibidem*, loc. *cit.*, p. 28
(47) *Idem, ibidem*: ob. loc. *cit.*, p. 28/29.

Trato de Angola — vindo do Reino de Loango, Luanda e Benguela para Recife, Salvador e Rio de Janeiro/Santos.[48]

O período anterior à época dos Setecentos e o período posterior à era dos Oitocentos também podem ser preenchidos pelo mesmo autor, se tomadas páginas alternadas, duas delas para o século XVI e uma para o século XIX, conforme as anotacões seguintes que fizemos:

* "Nos anos de 1526-50, antes do deslanche do tráfico para o Brasil, saía de Guiné Bissau e da Senegâmbia uma média de cem cativos por ano."

* "Nas últimas décadas dos Quinhentos, quando o mercado americano afirma sua preeminência na demanda negreira, o grosso do tráfico se desloca para a bacia do Congo e para Angola..."

* [A partir do] "começo do século XIX (...) os negreiros brasileiros operam a atlantização de Moçambique, enganchando as trocas marítimas daquela conquista aos carreiros que demandavam o Rio de Janeiro e, mais tarde, ainda, quando as companhias missionárias estrangeiras reviram a região."[49]

José Gonçalves Salvador

Nos trechos que serão citados, esse autor faz um importante esclarecimento histórico mais remoto, e, a seguir, resumidamente, nomeia as localidades de onde procediam a captura e a exportação dos negros, mencionando ainda três grandes áreas que, na lógica dos traficantes, melhor nortearam a condução marítima dos cativos para o Brasil.

Assinalou, primeiro: "Assim que os portugueses chegaram à África Ocidental, o velho tráfico negreiro que se efetuava através do Mediterrâneo, deslocou-se para o Atlântico Sul e adquiriu maior incremento. Começando por Arguim, na Senegâmbia (1444), em breve os resgates se foram estendendo a quase toda a costa meridional e dando origem a feitorias na Guiné, Loango, Cabinda (Congo), Pinda, Luanda, Benguela e Quicombo."

Depois, disse: "Em cem anos o tráfico negreiro ganhou técnica adequada, incluindo-se na mesma o sistema de resgate e os transportes.

Três grandes áreas se definiram ao longo da extrema margem afroatlântica, graças às suas riquezas naturais, mas, sobretudo, ao valioso 'ouro negro' que encerravam: a da Guiné, a do Congo e a de Angola."[50]

Manolo Florentino

Florentino consegue uma síntese — também estampada em gráficos — do componente "exportação" dos cativos africanos, tendo classificando três macrorregiões da África, nas quais agrupa os principais portos de embarque.

---

(48) ALENCASTRO, Luís Felipe de. *Trato dos Viventes*. São Paulo: Companhia das Letras, 2000. p. 150.
(49) Luis Felipe de Alencastro: *ob. cit.*, p. 48, 77 e 19.
(50) SALVADOR, José Gonçalves. *Os Magnatas do Tráfico Negreiro*. São Paulo: Pioneira/EDUSP, 1981. p. 77

Como rótulo do quadro que nos parece mais condizente com os objetivos do nosso enfoque, qual seja o "Apendice n. 13" do seu livro, ele revela dois pressupostos da informação: o da referência ao período de 1790-1830 e o dos pontos de saída das embarcações transportadoras. [51]

O quadro das fontes abastecedoras que tomamos de Manolo Florentino como parâmetro, mostra as seguintes situações:

"*Africa Ocidental* — Costa da Mina, Baía de Benín, Rio dos Camarões, Ilha do Príncipe, Ilha de São Tomé, Calabar.

África Central Atlântica — Ilha de Moçambique, Quilimane, Inhambane, Lourenço Marques, Mocambo."[52]

Captamos, pela sua grande importância no estudo do fluxo de escravos, as marcas do tempo nas zonas assinaladas, com as observações:

a) de que "a participação da África Ocidental, já pequena entre 1795 e 1830 (3% do total) decresceu em termos relativos, desaparecendo por completo a partir de 1816."[53]

Tal região, comenta depois Florentino, "embora insignificante para o Rio de Janeiro, exportava a maior parte dos africanos que entravam no porto de Salvador."[54]

b) de que na África Central Atlântica "o volume de negreiros provenientes desta região triplicou em termos absolutos, depois de 1811" – o que justifica a consequente afirmativa do autor de que o Congo e Angola foram as maiores fontes de escravos.[55]

c) de que "A África Oriental se consolidou como grande fonte abastecedora do porto do Rio depois de 1811", motivada pela "abertura dos portos brasileiros que determinou o crescimento das exportações da área do Indico."[56]

Relativamente aos portos de desembarque, compreende-se que se o curso do navio de transporte acabava em dado trecho da costa brasileira (quer mais meridionalmente, quer mais setentrionalmente), o mesmo não ocorria, de modo necessário, com a destinação final dos negros. Eles poderiam ficar em área da província litorânea de chegada, mas poderiam também ser deslocados para além da nossa costa atlântica ou em direção ao interior do país.

Os negros, de onde quer que fossem trazidos, e em aportando no Rio de Janeiro, por exemplo, estariam suscetíveis de permanecer ali ou em outras localidades da mesma Província, como "o norte fluminense", ou seriam então redirecionados a paragens mais

---

(51) Confrontar o Apêndice 13 com o Apêndice 7 – Manolo Florentino: Em Costas Negras, São Paulo, Companhia das Letras, 2010, pp. 234 e 222.
(52) Manolo Florentino, *ob. cit.*, p. 234.
(53) Manolo Florentino: *ob. cit.*, p. 79
(54) *Idem, ibidem*, pp. 82/83
(55) *Idem, ibidem*, pp. 79 e 78
(56) *Idem, ibidem*, p. 80

distantes. Como as situadas, hoje, nos Estados de São Paulo, Paraná, Santa Catarina, Rio Grande do Sul, Minas Gerais ou Espírito Santo[57], que atualmente compõem as macrorregiões Sudeste/Sul do Brasil. Segundo ainda Manolo Florentino havia, igualmente, no Brasil "as importações realizadas por Salvador e pelos portos do Norte/Nordeste (Pará, Maranhão, Pernambuco e Ceará)"[58] – o que também servia, por redistribuição, ao abastecimento da Amazônia, em geral, e particularmente do atual Centro-Oeste, de acordo com outros estudiosos.[59]

Procedências, Rotas e Irradiações do Tráfico Negreiro no Brasil

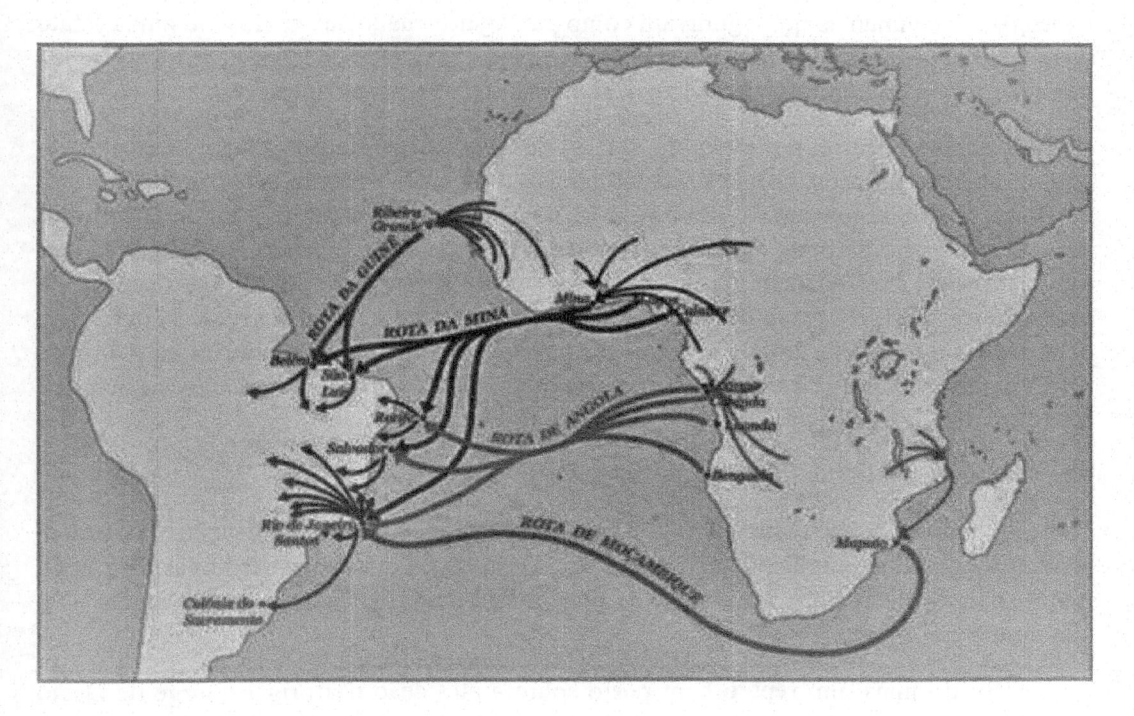

Fonte: UNESCO [60]

1.2.3. Insuficiência/Deficiência Documentais

Algumas das notícias que trouxemos chegam a mostrar, de certa maneira, um encadeamento de pesquisas de campo, feitas por estudiosos pioneiros, que estiveram mais próximos da era escravista, vivenciando um denso manancial de dados orais dos próprios escravos e traficantes ou dos mais imediatos descendentes destes — como por exemplo

---

(57) *Idem, ibidem*, pp. 38 e 41.

(58) *Idem, ibidem*, p. 64

(59) V.Mary Kranach, José Maia Bezerra Neto e Luis Rios Volpato, conforme nosso capítulo VI, adiante.

(60) O mapa da UNESCO a que atribuímos a denominação que o encima foi colhido em 1.9.2017 no *sitio* da Internet <eportuguese.blogspot.com.br/2014/10/rota-dos-escravos-iniciativa-da-unesco-html>. Note-se a irradiação do Rio de Janeiro para a Colônia do Sacramento, que pertenceu ao Brasil até o 1º Império, e hoje é território uruguaio.

Spix&Martius, Nina Rodrigues e Braz do Amaral. Por outro lado, evidenciam também que, somente a partir da segunda metade do século XX ou já em pleno século XXI, com o domínio da informática, os historiadores conseguiram enveredar por uma documentação reveladora, mas que ainda não foi desvendada a contento, em torno das origens dos escravos do Brasil. Quer se tendo como fontes os arquivos brasileiros e os da África, quer os dos demais países por onde circulavam os navios negreiros.

Afora o problema da queima de documentos da escravidão, no início da República, outros de grande envergadura também despontam na História do tráfico, como a falta de anotações dos viajantes que figuravam como passageiros naqueles navios, ou ainda o fato dos registros de escravos neles não corresponderem à realidade da identificação, como sua verdadeira origem no território africano, sua etnia, faces de sua cultura etc.

Lembra Alencatro, por exemplo, que 1) nos navios que transportavam negros viajavam também religiosos, colonos, comerciantes, traficantes e marinheiros que iam saltar no Brasil ou que seguiriam caminho para Lisboa, "e que viram ou ouviram o martírio dos deportados, muito de perto, durante seis semanas ou mais tempo ainda..."; 2) que "Aproximadamente 12 mil viagens foram feitas dos portos africanos ao Brasil, para vender, ao longo de três séculos, cerca de 4 milhões de escravos aqui chegados vivos; 3) que, "não obstante, as referências diretas sobre as travessias seiscentistas se contavam na palma da mão", e que, "Ao todo, os testemunhos conhecidas sobre os tumbeiros brasílicos e brasileiros (durante o Império) não devem passar de três dezenas."[61]

Daí, pergunta: "Por quê?"

Ele mesmo tenta responder: "Porque existiam, certamente, instruções da ordem [ordem religiosa, acumpliciada à Inquisição] no sentido de evitar tais narrativas. É o único motivo para explicar o aberrante silêncio que o drama do tráfico atlântico se desmedia" (...) "Sabiam e escondiam."[62]

Além do mais, um reparo bem posto sobre a atestação das origens surge de Décio Freitas, com um tino tão grande de prudência histórica que justifica a longa citação a seguir. O historiador gaúcho alerta para a dúvida que os próprios documentos, quando existentes, podem dar ensejo:

"Apenas porque os documentos aludem a negros 'da Guiné', 'Ardras', 'Congos', 'Angolanos', 'Minas', 'Cafres', de Cabo Verde ou São Tomé, não devemos supor que eles possuíam uma origem étnica ou cultural comum. Estas indicações identificam tão-somente as feitorias africanas por onde os negros haviam sido exportados para o Brasil. Exemplificando, um negro 'mina' não era mais que um negro embarcado no porto do célebre Castelo de São Jorge da Mina, na Costa do Ouro, região que se estendia até o rio Volta e mais ou menos correspondia à atual República de Gana. Jamais houve uma raça 'mina' e o próprio

---

(61) Luis Felipe de Alencastro: *ob. cit.*, p. 85
(62) *Idem, ibidem*, p. 86.

nome da feitoria se originou apenas na crença lusitana de que naquela região se escondiam ricas minas de ouro. Um 'guinéu' seria um negro procedente da costa do golfo de Guiné, mas isso nos deixa na mesma, já que naquela vasta região habitavam povos os mais diversos. Mais importante, os escravos foram extraidos ao longo da costa africana numa extensão de cerca de três mil quilôme-tros. Houve escravos vendidos em feitorias da costa ocidental, mas oriundos de lugares distantes centenas de quilômetros." (...) "Os escravos amiúde chegaram à América com nomes que lhes haviam sido arbitrariamente atribuidos pelos captores, os quais, a seu turno, tudo ignoravam a respeito deles. Os traficantes casavam frequentemente estes nomes supostos com o nome do porto de embarque." (...) "Os 'minas-popos' eram cativos da Costa do Marfim exportados pelo Castelo da Mina. Com demasiada frequência, os traficantes atribuiam uma falsa procedência à sua carga a fim de iludir o pagamento de tributos, que podiam variar conforme o porto de origem".

Nada mais errôneo, pois, que imaginar a massa de escravos negros como unida--des étnicas ou lingüísticas. Como assinala a africanista Denise Paulme, os especialistas trabalham ainda hoje para fixar as diferenças étnicas dos povos africanos. Os critérios antropológicos, etnográfico e lingüísticos brigam entre si. As fronteiras demarcadas pelo antropólogo não correspondem precisamente às que descobre o lingüista e nem uma nem outra se sobrepõe às divisões etnográficas."[63]

1.3. As últimas investigações sobre as origens dos escravos

1) Pode-se dizer que as primeiras manifestações do item 1.2.2. vistas por estudiosos de hoje, contemplam tentativas dos mais antigos abrirem caminhos para uma verdade histórica. E se bem tenham os mais novos se aproximado desta, principalmente na questão dos trajetos marítimos para os portos brasileiros ou no descortino de alguns grupos étnicos, linguísticos ou religiosos, tal conhecimento ainda é muito genérico, não tendo resolvido, até agora, o problema mais interessante, talvez, para cada descendente dos africanos, vinculado às suas origens geográficas e de identidade étnica. O item 2.1. é revelador das dúvidas que cercam o assunto.

Porém, quando mais não seja, o relato dos naturalistas, historiadores, sociólogos, antropólogos e outros, tanto os que tomaram a iniciativa de expor o resultado das suas pesquisas, quanto aqueles que estabeleceram um contraditório a respeito, ele é precioso sob todos os aspectos, pois coloca em evidência uma construção cultural que, dia-a-dia, vem esclarecendo os problemas da escravidão no Brasil, numa competente escalada de aprimoramento de informações. O que obriga, inclusive, a que se renda uma homenagem a todos os que se esforçaram, num passado remoto ou mais recente, vindo até à atualidade, alimentando acertos e corrigindo equívocos, teimando em dar um rumo mais compatível com a veracidade dos acontecimentos pretéritos.

---

(63) FREITAS, Décio. *Palmares* – A Guerra dos Escravos. Rio: Graal, 4. ed., 1982. p. 48/49.

Alberto da Costa e Silva, apesar de ter cuidado, em A Manilha e o Libambo, de fluxos pontuais de escravos desde a África, abarcando dois séculos[64], registra também noutro trabalho, as ligações dos principais povos africanos com as regiões brasileiras de chegada. Mas a simples menção dele quanto a terem aportado no Brasil mais de cem *povos diferentes*, chama a atenção para a dificuldade em se constatar a naturalidade dos cativos africanos:[65]

"Os vários grupos iorubás e, ainda mais, os ambundos, tiveram grande importância na formação do Brasil. Mas foram apenas parte de um grande coro, composto de gente de quase toda a África subsaariana. De certas regiões vieram números enormes; de outras, pouquíssimos. Houve quem fosse obrigado a longuíssimas viagens, do centro do continente até os portos litorâneos, e se conhecem casos de cativos feitos a oeste do Rio Cuanza e embarcados em Moçambique."

Enriquece o quadro saber-se que havia ligações preferenciais entre portos brasileiros e africanos. O Rio de Janeiro, por exemplo, vinculava-se sobretudo aos portos de Angola, Congo e Moçambique, e recebia, por isso, não só pessoas dos diferentes grupos ambundos, mas também, entre muitos outros, congos, sossos, iacas, vilis, huambos, lubas, galangues, bailundos, luenas, macuas e tongas. Salvador comerciava intensamente com o Golfo de Benín, e em seus portos embarcavam fons, iorubas, mahis, ibos, ijós e efiques, além de indivíduos das savanas mais ao norte, hauçás, nupes (ou tapas), baribas e bornus. De São Luís do Maranhão ia-se com facilidade à Alta Guiné, e de Cacheu e Bissau lhe chegavam mandingas, banhuns, pepeis, felupes, balatas, nalus e bijagós.

Para o Brasil — arremata o grande historiador e diplomata —*foram trazidos africanos de mais de uma centena de povos diferentes*". (g.n.)[66]

2) Um tipo de investigação, de cunho altamente científico-biológico, propõe-se a demonstrar que a "análise de DNA revela as regiões que mais alimentaram o tráfico de escravos para o país".

Ricardo Zorzetto, que dá notícia disso, em artigo específico, cuida também de informar não só a utilização desse método por geneticistas brasileiros a propósito da escravidão, mas, também, o da obtenção, já, de uma "novidade": a maior participação — mais do que se supunha, pelas fontes históricas — da África Ocidental no carregamento dos escravos para o Brasil.Tal região africana aproximou-se muito significativamente do índice estatístico que ainda norteia a África Central ou Centro-Oeste, como o principal abastecedor dos nossos escravos.

---

(64) SILVA, Alberto da Costa e. *A Manilha e o Libambo* – A África e a Escravidão de 1500 a 1700. Rio: Nova Fronteira/MinC, 2002.
(65) Ao lado de outras dificuldades, note-se, por exemplo, que a Lei do Ventre Livre (28/09/1871), no art. 8º, exigia que os escravos fossem matriculados, mas não se referiu à obrigatoriedade de dizer sobre aquela naturalidade em África.
(66) SILVA, Alberto da Costa e. "Um Brasil, muitas Áfricas", artigo *in Revista de História da Biblioteca Nacional*, n. 78, março de 2012. p. 21.

Diz ainda o articulista que "a proporção de escravos oriundos do Oeste da África — entre o Senegal e a Nigéria — pode ter sido de duas a quatro vezes maior do que o contabilizado até o momento, bem mais próximo dos números exportados por Angola." Esse dado remete também a um fato novo, por via de conseqüência, que é o aumento do percentual de negros vindos para o Brasil (10%) calculado pelos historiadores norte-americanos dentro do total de escravos que a África exportou para o mundo, nos séculos da colonização.

Dos demonstrativos de Zorzetto depreendem-se mais conclusões, a saber a) que a "assinatura genética" das regiões permite superar os elementos históricos contidos nos registros de viagens africanos, de que se valeram Herbert Klein e David Elis; b) que a análise genética pode corroborar informações históricas, como por exemplo de que "o Brasil foi um dos poucos (senão o único) países das Américas a receber africanos de todas as origens"; c) que "as diferenças genéticas entre populações de continentes distintos podem ser úteis na área médica, segundo o geneticista Marcelo Nóbrega, por indicar capacidades diferentes de metabolizar medicamentos."[67]

1.4. As restrições à liberdade. O homizio de condenados e o homizio de escravos

A liberdade sempre foi o princípio natural adverso do aprisionamento e, a depender das condições culturais e jurídicas de antigamente, esse jogo humano de ser aprisionado e de escapar possuía um referencial direto com o local de estar cativo de alguém e o local de esconder-se dele. Da prática portuguesa, com seus próprios prisioneiros lusitanos, e da prática dos seus escravos negros, instalados no Brasil, vemos como interessante um tópico para o estudo sobre a escravatura, o qual servirá de elemento básico de informação para a categoria social mais conspícua deste ensaio — os quilombolas.

No caso dos esconderijos, em seu sentido amplo, estes contaram com um duplo tratamento legislativo, nas suas origens: a) o esconderijo-couto, dos vassalos lusitanos, seria local para aonde iam malfeitores, em função de uma pena, ou ainda lugar onde eles poderiam contar com o privilégio de não adentrar a Justiça na área; b) o esconderijo-quilombo, dos negros escravos, que seria sempre um *locus* de perseguição no Brasil.

As terras para aonde se remetiam os que cometeram crimes, com vista à sua reparação, eram os Coutos-Reais; e aquelas de verdadeiro refúgio oficialmente consentido eram Coutos-Privados, de jurisdição particular, nas quais certos criminosos ficavam protegidos pelas pessoas que tinham honras das terras, de bairros, casas, mosteiros, igrejas, e em virtude do que as Justiças do Reino não os alcançavam.

As Ordenações do Reino traziam as disposições legais sobre a matéria, adiante examinadas. Vamos, pois, aos começos da questão, com incursões também adiante no tempo, para mostrar a variação conceitual dos institutos jurídicos de antanho, incluindo o das "zonas coutadas", isto é, áreas reservadas ao lazer do rei e apaniguados da Corte (coutos de caça) ou que se impunham para a preservação de madeiras, que se destinariam, principalmente, ao uso pela Marinha (coutos de mata).

---

(67) ZORZETTO, Ricardo. "A África nos genes do povo brasileiro": artigo publicado na Revista "Pesquisa FAPESP *on line*", edição n. 34, abril de 2007, colhido na Internet em 7 de abril de 2009.

Nesses últimos sentidos, de acordo com Daniel Alves, "o regime de coutada atribuía o uso exclusivo da propriedade das espécies cinegéticas e também da exploração dos recursos florestais, no caso das coutadas de mata, ao proprietário da base fundiária, excluindo moradores, rendeiros e foreiros. Era, assim, um sistema de privilégio, que competia em exclusivo ao monarca gerir, uma vez que só ele, desde o tempo de D. João I e até o final do Antigo Regime [sec. XVI-XIX] tinha o direito de instituir uma coutada."[68]

O assunto exige, entretanto, uma referência particular, devendo-se dizer, como já foi dito, que havendo no Reino coutos de caça[69], eles eram também denominados "coutos reais", mas diferiam dos que, com essa mesma designação, apresentavam outros objetivos, consoante veremos no item subsequente. Ali, nossa ideia maior é de fazer vir à tona a questão das restrições à liberdade aos habitantes do Reino ibérico, por meio de um exame comparativo entre os indivíduos comuns, a quem se atribuía uma sanção penal e os escravizados, a quem era afeta uma subjugação pessoal em virtude do trabalho. Exame que tem em vista, sobretudo, os locais onde se cumpria a pena e os que se fechavam como esconderijos, o que era inerente a ambos os protagonistas: aos criminosos do Reino, em geral, e os escravos do Brasil, em particular.

Sem embargo de se reconhecer a aridez com que se expõe o tema na legislação portuguesa da época reinol, o estudo atual do mesmo se torna importante pelas conotações histórico-jurídicas de um passado legiferante que demanda uma tarefa de verdadeira arqueologia do Direito.[70]

1.5. Coutos portugueses: esconderijos de criminosos, velhacos e inimigos do Rei e da Igreja

1.5.1. Coutos-Reais: Coutos Penais ou Coutos-Degredo

O que por nossa conta nominamos de coutos-penais ou também coutos-degredo são os coutos previstos no Liv. V, Tit. 123, pr. das Ordenações, impostos pela autoridade do reino (Coutos-Reais), como local de cumprimento dalguma pena ou do capricho do Rei. Foram concebidos "para se coutarem os homiziados"; não, propriamente, os homiziados por risco próprio, e sim os desterrados por *vis compulsiva*, constituindo-se tais coutos, assim, lugar de degredo.

Dizia o seguinte a letra da Ordenação, em escrita arcaica, como que dando o motivo da existência desses coutos: "Por se evitarem os danos, que se seguião de os Naturaes

---

(68) ALVES, Daniel. "As Coutadas Reais nos séculos XVIII-XIX" – artigo *on line*, colhido em 20.08.2017, em <http://naturlink.pt/article.aspx?menuid=7&cid=14400&bl=1>

(69) No Brasil, D. João VI chegou a apartar para si e seus prosélitos, em 1811, no Rio de Janeiro, o couto real da Ilha do Governador – Cfr. Cibelle Monteiro de Ipanema: História da Ilha do Governador. Rio: Mauad Ed., capítulo sobre "A Real Coutada da Ilha do Governador".

(70) Para saber sobre as pregações conceituais dos tipos de ciência investigativa do Direito, no tempo, v. Angel Sanchez de la Torre e Rachel Lopez Molero: Estudios de Arqueologia Jurídica. Madrid, Editorial Dickinson, 1988.Também Alain Supiot: *Homo Juridicus*: Ensaio sobre a função antropológica do Direito. Tradução de Maria Ermantina de Almeida Prado Galvão. São Paulo: Martins Fontes, 2007.

destes Reinos andarem homiziados nelles, ou fora delles, e por se povoarem os lugares dos estremos, forão per os Reys nossos antecessores alguns lugares feitos Coutos e privilegiados, segundo em seus privilegios se contem.

Por tanto, havemos por bem, que todos os homiziados, de quaesquer maleficios que forem (tirando os que abaixo são declarados), possão seguramente ir povoar, e morar ema cada hum dos ditos lugares, e Coutos ordenados e privilegiados: com tanto que morem dentro no lugar do Couto, ou seus arrabaldes, e não nos termos dos taes Coutos, para nelles não serem presos".

Para nós, esses Coutos deverão ser entendidos como lugares de *degredo*, tendo em vista a expressão 'coutos ordenados' e não aquel'outros coutos simplesmente permitidos, como benésse d'El Rei a terceiros. Na sua origem poderiam ter até esta conotação, mas aqui o conceito de couto-do-Reino difere da espécie dos coutos consentidos a apaniguados da Corte, conforme adiante se verá.

Postos os indivíduos nesses coutos, o que, penalmente, já consistia restrição de liberdade, eles só poderiam de novo ser apenados pela prática de determinados tipos de crime. As hipóteses eram as previstas no § 9 do mesmo tit. 123 do Livro V: "E as Justiças não prendão os homiziados, que nos Coutos estiverem acoutados na sobredita maneira: salvo se forem culpados em heresia, traição, aleive, sodomia, morte de proposito, moeda falsa, ou em falsarem scripturas ou sinais nossos, ou de nossos Officiais, no que a seus Officios tocar, ou em levarem mulheres à seus maridos, e as terem comsigo no Couto, ou em ferir a algum nosso Official de Justiça, ou em lhe resistir sobre seu Officio".

Em face de disposição legal, o Brasil terminou sendo, também, um daqueles coutos, como se repara no § 11: "E todo o que dito he nos Coutos do Reino, mandamos que haja lugar nos que se acoutarem a cada hum dos nossos lugares de Africa, ou Capitanias, e terras do Brasil".

A respeito dessa norma, Cândido Mendes de Almeida transcreve um comentário do seguinte teor, o qual comprova o conceito de couto, esposado na presente análise, quanto a local de degredo: 'As palavras — *ou Capitanias e Terras do Brazil* — diz Monsenhor Gordo, forão accrescentadas pela mesma rasão que o Senhor Rey D. Manoel teve para declarar *Coutos* os lugares da Africa, isto he augmentar a povoação destes Lugares, a qual servio também de fundamento ao Senhor Rey D. João III para ordenar em 1535, que o degredo de S. Thomé se mudasse para o Brazil, e em 1549, que para a mesma Colonia se mudasse o da ilha do Principe, e em 1577 ao Senhor Rey D. Sebastião, que as Capitanias do Brazil valessem como *Coutos aos homisiados* deste Reyno".[71]

No mesmo Liv. V, tit. 140, pr. das Ordenações, que trata dos degredos e degredados, se diz : "Mandamos, que os delinquentes, que por suas culpas houverem de ser degredados para lugares certos, em que hajão de cumprir seus degredos, se degradem para o Brazil, ou

---

(71) ALMEIDA, Cândido Mendes de. *Codigo Philipino ou Ordenações e Leis do Reino de Portugal*. 14. ed., Typografia do Instituto Philomathico, Rio de Janeiro, 1870, nota 7 da p. 1288.

para os lugares de Africa, ou para o Couto de Castro Mirim, ou para as partes da India nos casos, em que per nossas Ordenações he posto certo degredo para as ditas partes".

Em 1667, um decreto do Reino particularizava regiões brasileiras a serem povoadas também por intermédio de degredados. Determinava ainda que todo criminoso que tivesse a pena do degredo fosse servir como soldado no Pará e no Maranhão. Cumprir-se-iam, assim, um tríplice objetivo da Justiça portuguesa: a penalidade imposta ao criminoso; o povoamento do Brasil e um reforço interno contra as ameaças de nações estrangeiras.

O Brasil logrou ser, por isso, até certa época, um *couto* imenso, como terra de degredo. E, a bem da verdade, não só um couto oficial, que se destinasse a degredados punidos pela Justiça Comum por homicídio, falsificação de moedas e outros crimes, ou aos deportados em virtude das decisões dos Tribunais do Santo Ofício[72]; mas, às vezes também reservado, injustamente, aos perseguidos pelo Rei e outros poderosos da Corte, que não os queria perto de si, na Metrópole.

1.5.2. Coutos privados

Além dos coutos oficiais, havia também os Coutos particulares, com privilégio de jurisdição penal, que a legislação procurou depois vedar aos criminosos, consoante o Liv. V, tit. 104, pr., das Ordenações: "Que os Prelados, e Fidalgos não acoutem malfeitores em seus Coutos, Honras, Bairros, ou Cazas: E os devedores, que se acolhem a ellas". Também, semelhantemente, a regra do Liv. II, tit. 48 das mesmas Ordenações, tanto pela origem como pela proibição posterior. O tít. 48 trazia como epígrafe o seguinte: "Que os Prelados e Fidalgos não façam novamente Coutos, nem Honras em seus herdamentos; e como nellas usarão de suas jurisdições".

Isso significava que se proibia a criação de outros coutos, tolerando-se, porém, até certa época, os já existentes.

Veja-se, primeiro, a ordenação do tit. 104, pr., do Liv. V: "Defendemos, que nenhum Senhor de terras, Prelado, Fidalgo, nem outra pessoa, de qualquer stado e condição que seja, não faça novamente Coutos, nem Bairros coutados, nem acolha, nem coute nelles, nem outros antigos e honras, posto que approvadas pelos os Reys nossos antecesssores, nenhuns malfeitores, nem degradados."

Em outra regra do tit. 48, pr., do Liv. II, se diz: "Prelado algum, ou Fidalgo, de qualquer stado e condição que seja, não faça Honra nem Couto algum novamente, em suas quintas, ou casaes, nem accrescente nas *Honras* e *Coutos* velhos, além do que antigamente soiam usar seus antecessores."[73]

---

(72) Provenientes das "faltas contra a religião e a moral católica", a exemplo do criptojudaismo, dos cristãos-novos, o falso sacerdócio, o falso testemunho, a blasfêmia, a bigamia, sodomia, os delitos próprios dos padres-sedutores, dos visionários, das feiticeiras, dos curandeiros etc. – Geraldo Pieroni: Os Excluídos do Reino, Brasília, Ed. UnB, 2000, p. 18.

(73) Coelho Sampaio: Preleções, t. 48 § 179, nota (a). *Apud* Cândido Mendes de Almeida, *ob. cit.*, p. 478, nota 1.

A diferença — por assim dizer, geofísica — entre honras e coutos, segundo Coelho Sampaio, estaria em que, "... as Honras são as terras em que os Senhores dellas tem as suas casas ou solares; e os Coutos são certos povos distantes da villas e cidades, concedidos por mercê Régia (...) em que os Senhores não tinhão solares...".[74]

Pelo enfoque político-administrativo, a lição é de Carneiro de Moura:

"As mais importantes prerrogativas da nobreza e do clero estavam na posse dos coutos, honras e behetrias, que eram terras dadas aos nobres e ao clero e n'elles só os donatários e senhores tinham directo de cobrar impostos, e de estabelecer juízes do cível e do crime, sem recurso. Se estas terras pertenciam a concelhos, dioceses, egrejas ou mosteiros chamavam-se coutos; se pertenciam aos nobres, chamavam-se em regra honras, as quaes às vezes abusivamente chegavam a ser estabelecidas até pelos bispos, nobres e mosteiros. Os coutos e as honras eram hereditarias a família dos senhores donatários; as behetrias, essas podiam mudar de senhor. Os coutos dos homisiados em locaes onde os reis permitiam que os criminosos se refugiassem, para os povoarem; eram colônias penais (1)."[75]

De mais a mais, pelo ponto de vista institucional, não existia diferença. Por isso mesmo Cândido Mendes de Almeida, definindo ambas as figuras, deixa extrair a essência que lhes é comum: o privilegio de jurisdição, pela não ingerência da Justiça Real nos acontecimentos delas:

"Honras. Assim se chamavão as terras onde alguns Senhores tinhão as suas cazas, ou solares, e por Vassalos os vizinhos dellas, as quaes eram isentas de tributos Reaes, governadas por Juizes postos pôr elles, dos quaes havia appellação para a Chancellaria: nellas não entravam Juizes d'El Rey, ou Alçadas."[76]

"Couto, i.é., lugar de algum Senhor de Terras, onde não podião entrar as Justiças do Rey; tendo juizes próprios e outros privilegios."[77]

Porém, a intocabilidade dessas áreas, à conta de favor do Reino, permitiu que criminosos de toda órdem pudessem homiziar-se impunemente nelas, devido àquela garantia de ficarem à margem da jurisdição reinol. O que levou depois o próprio Rei a dispor o seguinte, no § 2 do tit.104 do Liv. V: "E por quanto alguns malfeitores, que notoriamente são culpados em alguns maleficios, andão per nossos reinos, e por serem chegados a alguns poderosos, as Justiças os não podem facilmente prender: mandamos a todos os corregedores, Juizes e Justiças, que façam toda a diligencia, que poderem, para saberem

---

(74) Coelho Sampaio, *ob. loc. cits.*, baseado na 'Descripcão de Portugal', de Vasconcellos, p. 238.
(75) MOURA, Carneiro de. *Historia Administrartiva, Colonial e Política de Portugal*, Lisboa: Typografia do Anuário Commercial, 1913. p. 32.
— A remissão que o próprio autor fez à nota (1) de rodapé é afeta a José Anastácio de Figueirêdo, Memória 4ª do vol. I das Memorias da A.R. das Sciencias.
(76) Cândido Mendes de Almeida: Código Filipino, nota 3 à p. 1250 do tit. 104 do mesmo Quinto Livro. Contudo, em a nota 1 da p. 478 do Liv. II das Ordenações, de referência ao tit. 48, por evidente equívoco de impressão, se diz que nas referidas terras tinham entrada – na afirmativa – as autoridades judiciais.
(77) Cândido Mendes, nota 2 ao tit. 48 do Liv. II das Ordenações, p. 478.

os lugares, onde stão, e onde se acolhem, e fação de maneira, que os prendão em quaisquer cazas e lugares, onde forem achados, tirando os lugares, que per nossas Ordenações se mandão guardar".

Por isso os coutos passaram a ser devassados, isto é, a terem o privilegio jurisdicional quebrado, pela ativa participação das autoridades públicas, e terminaram sendo extintos. O que aconteceu, também, com os Coutos do Reino, através do Alvará de 10 de janeiro de 1692, que atingiu ambas as espécies.

Informa, todavia, Geraldo Pieroni que a medida foi depois modificada em 20 de agosto de 1703, "a qual decidiu que a política dos coutos continuaria inserida no sistema jurídico português. A abolição definitiva só se deu muito mais tarde, no ano de 1790".[78]

1. 6. Quilombos: esconderijos de oprimidos

1.6.1. Etimologia

Para o entendimento primário da palavra, seu sentido original, o recurso ao dicionário ou obra análoga é bem elucidativo, sendo importante perceber agora, ou por quantas vezes intentarmos uma explicação vocabular, esta lição de Marilene Chauí: "minha última observação preliminar é um convite para irmos, rapidamente, aos dicionários, pois eles nos fornecem sempre duas contribuições preciosas: em primeiro lugar, oferecem os vários modos pelos quais uma cultura e uma sociedade usam certos conceitos, tanto no nível do senso-comum ideológico, quanto no nível de pretensão filosófico-científica; em segundo lugar, porque nos trazem a surpresa de ver famílias de palavras que, à primeira vista, não veríamos."[79]

Antonio Geraldo da Cunha diz que mocambo, conhecido desde 1535, e com variação para mocano (1541), vem do quimbundo *mu'kamu*, significando esconderijo, passando ao português com o mesmo significado, além do de "refúgio dos negros (escravos) fugidos". Quilombo era também 'valhacouto de escravos fugidos', [século] XVI. Mas derivava do quimbundo *ki'lomo*, com o significado de 'povoação'." [80]

Moraes e Silva consigna o seguinte, em velha edição do seu Diccionario da Lingua Portugueza:

> "Quilòmbo, s.m. (t. do Brazil). A habitação clandestina, sita no matto, ou ermo, onde viviam refugiados os quilombolas ou escravos fugidos. *Ord. Coll. Ao L 4. T. 47. nº 1*. Também lhe chamavam *Mocambo*."

"Mocàmbo, s.m. (t. do Brazil). Habitação que faziam nos mattos os escravos fugidos no Brazil; quilombo. *Manuscrito da razão de Estado do Brazil, por Diogo de Menezes, em*

---

(78) Geraldo Pieroni: *ob. loc. cit.,* p. 28.
(79) CHAUÍ, Marilena. *Cultura e Racismo*, Aula Inaugural na FFLCH-USP, 10 de março de 1993.
(80) CUNHA, Antonio Geraldo da. *Dicionário Etimológico da Lingua Portuguesa*. Rio: Nova Fronteira, 1982. p. 525 e 655, respectivamente.

1612. Qualquer choça ou palhoçazinha no Brazil, para habitação ou para se recolherem os que vigiam lavouras. *&Mocambo;* era um antigo bairro em Lisboa. *Blut.*"

Pródigo na dicionarização de termos brasileiros, Moraes e Silva ainda falou nas pessoas originárias dos quilombos ou dos mocambos, mais que os outros:

"Quilombóla, s.m. e f. (t. do Brazil) Escravo ou escrava que vivia em quilombo".

"Mocamáus, s.m. pl. (de Mocambo) Negros fugidos no Brazil, que viviam pelos mattos em quilombos, aliás *calhambolas, fugiões.*

"Mocambeiro, s. m. (t. do Brazil) Assim se chamava ao escravo ou malfeitor fugido ou refugiado em mocambo."

"Calhambola, s. 2 g. (de *calhembora*, voc. da língua brazilica, o costumado a fugir. (t. do Brazil) Escravo ou escrava que fugia e andava amontado, vivendo em quilombos. *Ord. Coll. L 4. 47.1.* " [81]

A palavra calhambola, para ele derivada de vocábulo brasílico, é realmente oriúnda do tupí *kañe 'mora*, que deu canhembora, com o significado de 'escravo fugido', segundo atesta Antonio Geraldo da Cunha. Este especula também que o termo análogo quilombola, como "designação comum aos escravos refugiados em quilombos", "parece tratar-se de cruzamento de quilombo com canhembora". [82]

Silveira Bueno – outro dicionarista – confirma essa primeira parte, nela enquadrando o adjetivo tupí-guaraní 'canhembara', "atualmente canhambora, o negro fugido."[83]

O interessante, assinale-se de passagem, é que aí se fixou mais uma influência indígena, em mistura com termos africanos, ou vice-versa, o que mostra influxo enriquecedoramente mestiço.

Por outra forma, Nei Lopes explica que mocambo é "o mesmo que quilombo: esconderijo de escravos no meio do mato." O termo deriva, segundo ele, "do quicongo *mukambu*, cumeeira, telhado, e a acepção de quilombo decorre do primeiro significado que é o de cabana, palhoça, habitação miserável", sendo que em quibundo (uma das línguas bantas) a palavra *kilombo* "corresponde às portuguesas 'união', 'acampamento', 'exército', 'senzala de trabalhadores".[84]

À sua vez, "Schwartz (1992:122-123) examinou a etimologia da palavra quilombo, na qual vê 'codificada uma história não escrita'. Baseando-se na descrição do imbangala feita por Joseph C. Miller, Schwartz traça seu movimento até a Angola dos dias de hoje, o contato e a adaptação a suas próprias necessidades da instituição *m'bundu* do *ki-lombo*

---

(81) SILVA, Moraes e. *Diccionário da Lingua Portugueza*, 9. ed. Lisboa, Ed. Literária Fluminense, s/d, II vol., p. 641, 364 e 387.
(82) Antonio Geraldo da Cunha: *ob. cit.,* p. 655 e 147.
(83) BUENO, Silveira. *Vocabulário Tupí-Guaraní-Português*. São Paulo: Brasilivros, 1982. p. 87.
(84) LOPES, Nei. "Onomástica Palmarina". In: *Revista Carta*, n. 13/1994, p. 59/60 e 56/57, respectivamente.

como organização social cujo chefe era o *ngança a nzumbi*, que fornecia organização militar e era um instrumento para a integração de povos desiguais sem laços de parentesco."[85]

Também teria os seguintes significados, de acordo com a documentação sobre Angola, colhida por Adriano Parreiras: a) "arraial militar jaga/Mbangala; b) instituição supratribal, capaz de aglomerar indivíduos de várias orígens étnicas; c) instituição Jaga; d) feira, na Matamba, no Kongo, em Mpungu-a-Ndongo e em Ksanji..."[86]

Alencastro poderia concordar com alguns desses significados, já que entede *quilombo* como campo militar e confraria de iniciação dos guerreiros jagas" (...) "dos reinos de Matanga e Caçange" – palavra que substituiu no Brasil, segundo ele, a *mukambo*, esta originária de *quimbundo* ("cumeeira", ou, mais precisamente, "a forquilha de encaixe no teto da casa"), "caracterizando a morada fixa da família ou da comunidade", e que, a partir de 1545, "passa a designar o refúgio dos rebeldes de São Tomé".[87]

Mas não podia ajustar-se a nenhuma dessas espécies na opinião de Décio Freitas, que nega a adoção, entre nós, do conceito angolano de quilombo. Primeiro, porque seria de outro teor na própria Angola, indicando local onde eram colocados os cativos postos à venda. Segundo, porque no Brasil queria dizer lugar de refúgio de escravos, de sobrevivência em liberdade e de treino para os combates. Eis a sua explicação, *ipsis litteris*:

"...O quilombo angolano desempenhava o papel da base e instrumento do tráfico negreiro. O "quilombo" dos negros brasileiros, enquanto isso, foi um baluarte na luta e resistência contra a escravidão" (...) "Não é verossímel que batizassem de quilombo [no sentido angolano] os seus bastiões livres [no Brasil]".[88]

Surjam como surgirem as explanações e as divergências doutrinárias acerca do termo com aplicação nas bandas da África, o que parece mais importante é fixar que, por aqui, houve um reconhecimento do plano jurídico sobre o que vinha a ser a palavra *quilombo*, tanto quanto a palavra *mocambo*, preponderando mais tarde o uso da primeira, consoante veremos no item a seguir.

1.7. A legislação antiga sobre os quilombos e sua tipologia segundo as atividades desenvolvidas

Enquanto os autores apontam alternativamente como fonte de definição legal, ora um pronunciamento do Conselho Ultramarino de Portugal, de 12 de dezembro de 1740, em resposta a uma consulta, ora uma Provisão Real de 6 de março de 1741, fica a essência conceitual de quilombo, nos seguintes termos, que são os mesmos nas duas indicações legislativas: *"toda habitação de negros fugidos que passem de cinco, em parte desprovida, ainda que não tenham ranchos levantados nem se achem pilões neles"*.

---

(85) RUSSELL-WOOD, J.R. *Escravos e Libertos no Brasil Colonial*, Rio: Civilização Brasileira, 2005. p. 314.
(86) PARREIRAS, Adriano. Dicionário Glossográfico e Toponímico da Documentação sobre Angola. *Apud* Nei Lopes: *ob. cit.,* p. 56.
(87) Luis Felipe de Alencastro: *ob. cit.,* p. 66 e 90.
(88) FREITAS, Décio. *Escravos e Senhores de Escravos*, Porto Alegre: Mercado Aberto, 1983. p. 82.

Perdigão Malheiros[89], José Alípio Goulart[90] e Kátia de Queiroz Matoso[91] consideram a definição oriúnda da Provisão Real de 6 de março de 1741, enquanto Lúcia Andrade & GirolamoTreccani[92] e Pedro Tomás Pedreira[93] apontam-no como resultante do ato do Conselho Ultramarino de Portugal, datado de 2 de dezembro de 1740.

Colocando o diploma legal definidor de quilombo no contexto da "legislação desencadeada por Palmares", Ademir Gebara afirma: "O Alvará de 10 de março de 1682 foi especialmente elaborado tendo em vista Palmares. Posteriormente foi complementado pela Provisão de 12 de janeiro de 1719 e pelas *Provisões* de 3 e 6 de março de 1741. Em 1721 foi também criado (...) o cargo de capitão-do-mato".[94]

Em sendo esse ato de meados dos Setecentos uma referência comum a todos os estudiosos, certamente trata-se de um marco legislativo para o enfrentamento de uma definição, dado que a repressão lusitana não havia deixado de expedir, nos anos anteriores, de séculos passados, uma série de documentos que já se reportavam a esconderijos de escravos fugidos, inclusive apenando os que lhes dessem coutos, inclusive denominando-os mocambos e quilombos; inclusive designando aqueles escravos como escravos acoutados ou escravos aquilombados ou escravos amocambados.

Interessante também o Alvará da mesma época, datado de 3 de março de 1741, instituindo pena cruel para os escravos que fossem encontrados em quilombos: antes de entrarem na cadeia, seriam marcados a fogo com a letra "F", numa espádua; e em caso de reincidência teriam uma orelha cortada.[95]

Da *mens legislatoris* se repara que a idéia de quilombo é, antes de tudo, a de um ajuntamento de escravos fugidos, pura e simplesmente – a partir de determinada quantidade e refugiados num lugar qualquer. O documento legal mostra que o grupo poderia nem estar firmado ainda em habitações que induzissem maior permanência no local, ainda que das

---

(89) Perdigão Malheiros, *ob. cit.,* 1º vol. p. 50, nota 123.

(90) GOULART, José Alípio. *Da Fuga ao Suicídio.* Rio: Conquista, 1972, citando (p. 187) Perdigão Malheiros e optando pela data e diploma informados por ele.

(91) MATOSO, Kátia de Queiroz. *Ser Escravo no Brasil,* São Paulo: Brasiliense, 1982. p. 159.

(92) ANDRADE, Lúcia; TRECCANI, Girolamo, "Terra de Quilombos", In: *Direito Agrário Brasileiro* (Org.: Raymundo Laranjeira), São Paulo: LTr, 2000. p. 599.

(93) PEDREIRA, Pedro Tomaz. *Os Quilombos Brasileiros.* Prefeitura de Salvador, 1953, p. 7. Uma de suas fontes é o Arquivo de Marinha e Ultramar de Lisboa.

(94) GEBARA, Ademir. *O Mercado de Trabalho Livre no Brasil.* São Paulo: Brasiliense, 1986, p. 141, nota 30.

(95) "Eu, El Rei faço saber aos que este Alvará em forma de lei virem, que, sendo-me presentes os insultos que no Brasil cometem os escravos fugidos, a que vulgarmente chamam Calhambolas, passando a fazer o excesso de se juntarem em Quilombos, e sendo preciso acudir com remédios, que evitem esta desordem: Hei por bem, que a todos os negros, que forem achados em Quilombos, estando neles voluntariamente, se lhes ponha com fogo uma marca em uma espádua com a letra F, que para esse efeito haverá nas Câmaras; e se, quando se for a executar esta pena, já for achado com a mesma marca, se lhe cortará uma orelha, tudo pelo simples mandado do Juiz de Fora, ou do Ordinario da Terra, ou do Ouvidor da Comarca, sem processo algum, e só pela notoriedade do fato, logo que o Quilombo for trazido, antes de entrar para a cadeia (...) Dado em Lisboa Ocidental a 3 de março de 1741. Rei." — *Apud* Mª de Fátima Rodrigues das Neves. Documentos sobre a Escravidão no Brasil. Ed. Contexto, São Paulo, 1996, p. 121/122.

mais singelas — choças ou palhoças. Daí a expressão do opressor colonial: "ainda que não tenham ranchos levantados nem pilões...".

Isso significa que a primeira concepção legal sobre o assunto não tinha o quilombo como um *locus*, propriamente; mas como um estado de simples reunião de escravos. Porém o fato de juntarem-se escravos, não prescindindo de uma situação no espaço, terminou descambando, mesmo, como não poderia deixar de ser, para a ideia de "local". Era o óbvio.

Com o tempo, o conceito legal poderia ir-se modificando, que foi o que aconteceu, como atesta Kátia de Queiroz Mattoso, diante da prática legiferante das nossas províncias, que feria, no particular, a legislação básica. Ela oferece, por exemplo, a seguinte notícia histórico-legislativa: "A provisão real de 6 de março de 1741 considera quilombo todo grupo escondido de mais de 5 escravos fugidos, *mas no século XIX leis provinciais ordenam ações punitivas contra quilombos de 2 e 3 escravos*."[96] (g.n.)

Entretanto, antes de 1740 ou 1741 (retirando-se estas datas que vêm do Pronunciamento do Conselho Ultramarino ou da Provisão Real, respectivamente), outros documentos oficiais já se reportavam a uma definição de quilombos, levando em consideração, muito especialmente, a quantidade mínima de negros fugidos e associados em determinado território.

Tomem-se três exemplos: O Regimento de Capitão do Mato em Minas Gerais, de 17 de dezembro de 1722 e dois contratos de capitão do mato, um do mesmo ano de 1722 e outro de 1735. O Regimento tratava quilombo como lugar "onde estejam acima de *quatro* (...) negros com ranchos, pilões e modo de ali se conservarem (...)" (g.n.).[97] O primeiro daqueles contratos mancionava quilombo como constituído "por mais de *quatro* fugitivos" e o segundo "por mais *de sete*".[98]

Avançando seu estudo no tempo, Donald Ramos constatou que, em 1741, a Provisão Real modificou a caracterização de quilombo: "o critério de possuir rancho e pilão aparentemente foi retirado" (...) "A definição veio a ser: "toda habitação de negros fugidos que passem de *cinco* em parte despovoada."[99]

Já no Império, mais de cem anos depois da referida Provisão, as Posturas Policiais da Câmara Municipal de Porto Alegre, de 1846, ao definirem o pagamento dos capitães do mato, fizeram-no com base no local da apreensão do escravo fugido — se dentro, ainda da cidade ou das povoações; se fora das mesmas, ou, ainda, já "em quilombo, em que se acharem reunidos três" [escravos], ou então "havendo maior número", correndo a responsabilidade da paga pelos proprietários (art. art. 39).[100]

---

(96)   MATOSO, Katia de Queirós. *Ser Escravo no Brasil*. São Paulo: Brasiliense, 3· ed., 1982. p. 159.

(97)   Registrado em 22 de fevereiro de 1749, Cod. 57 APM (CMOP — Câmara Municipal de Ouro Preto), fls. 24. Cf. Donald Ramos: "O quilombo e o sistema escravista em Minas Gerais no século XVIII, *in* Liberdade por um Fio (Org. João José Reis e Flávio dos Santos Gomes), p.90, nota 37.

(98)   Registro do Senado da Câmara de Vila Rica de Ouro Preto — APM (CMOP), vol. 6, fls. 60-62 e no vol. 28, fls. 155-8, respectivamente. Cf. Russell-Wood, *ob. cit.*, p. 71 e nota 42 na p. 377.

(99)   Respectivamente em "Bando do governador", 12 jul. de 1741, cod. 43 (CMOP), fls. 80v., e "Bando do governador, 14 jun. 1741, cód. 43 (CMOP), fls. 82v. — Donald Ramos: ob. loc. cits.

(100)   V. transcrição de alguns artigos dessas Posturas em Fernando Henrique Cardoso: Capitalismo e Escravidão no Brasil Meridional, 5. ed., Rio de Janeiro, Ed. Civilização Brasileira, 2003, p. 195.

A lei provincial do Maranhão, de n. 236, de 20 de agosto de 1847, reduziu a quantidade de negros que delinearia o quilombo em si, quando conceituou o quilombola: "Reputa-se-lhe escravo quilombado logo que esteja no interior das matas, vizinho ou distante de qualquer estabelecimento, em reunião de *dois ou* mais, com casa ou rancho".[101]

Devido aos sucessos que os escravos iam obtendo, no seu intuito de liberdade, podiam estabilizar-se nas suas moradias – mesmo que, em razão da caçada que sempre se seguia imediatamente ao ato de fugir, ou que se retomava quando reapareciam novas pistas de sua localização, tivessem eles de mudar-se. Construiriam novas habitações, plantariam outros roçados, faiscariam noutros rios, reabririam mais áreas de assalto etc.

Outro elemento, que ainda se adéqua à idéia oficial de quilombo, é de que a habita-ção deveria estar posta "em parte desprovida", isto é, em área despovoada, o que veio a significar que os quilombos, a princípio, não constituíram fenômeno urbano. Com o tempo, a expansão da zona urbana, nas cidades, puderam ficar no entorno destas, sendo até abar-cados pelas mesmas, no decorrer dos anos; mas não foram, *por origem* no Brasil, de marca citadina. Juridicamente, se se formassem esconderijos nas habitações de zona urbana (usando o avesso do palavreado legal: sendo os mesmos instalados em "parte *povoada*", ao contrário do quilombo), eles estariam mais perto da natureza do couto do que da natureza do quilombo propriamente dito. Donde descaber, *data venia*, a interpretação de Russell--Wood de que a rua Argel, em Vila Rica, então sede do Governo em Minas Gerais, era um quilombo — "pela presença de escravos fugidos que tinham escolhido especificamente aquela rua, devido à facilidade que oferecia por ter saídas pela frente e pelos fundos das casas"[102]. É de se supor que, em plena área urbana, onde sempre foi mais forte a presença das autoridades, estas não permitissem a edificação de casas de arruamento sob posse de escravos. A conclusão é a de que essas casas teriam sido feitas mediante responsabilidade e para uso de terceiros, os quais, mesmo abrigando negros fugidos e facilitando o entra e sai deles pela frente e pelos fundos, faziam configurar o ato legalmente no conceito de couto, como abrigo circunstancial, e não no conceito de quilombo.

Meio urbano era, exatamente, a parte povoada que ía formando as circunscrições político-administrativas no Brasil, com os arruados, as vilas e as cidades. Fóra das divisas marcadas ou dos limites imediatos estimados para uma expansão demográfica, ficava a periferia; nas partes despovoadas próximas ou mais distantes, a zona rural com as áreas dos engenhos ou as fazendas de gado, ou a região minerária dos garimpos; e, para adiante, os vastos sertões, com seus êrmos, os devolutos e as terras dos índios ainda livres.

Em volta, pois, desses terrenos que extravasavam do núcleo urbano, poderiam surgir os grupamentos dos escravos, chamados, também, mocambos. Ou mais fixamente quilom-bos, conforme caiu em voga, na medida em que as áreas nas quais os negros se homiziavam iam abrigando mais fugitivos, e cresciam com seus pretos nascidos em liberdade, ou com trabalhadores empobrecidos que eram alí socorridos, ou com os criminosos e pessoas ditas de maus costumes, aos quais também se abriam.

---

(101) Cf. Mathias R. Assunção: "Quilombos maranhenses", *in* Liberdade por um fio, *ob. cit.,* p. 436.
(102) Russell-Wood: *ob. cit.,* p. 72.

Tais estropiados formavam os quilombos de periferia das cidades, os quilombos das matas, os quilombos dos engenhos, os quilombos dos garimpos, os quilombos das serras, os quilombos dos sertões. E constituíam, assim, pólos de resistência, que poderíamos denominar rurais, em contraposição, *mais tarde*, aos pólos urbanos que, com maiores cautelas, também se organizavam clandestinamente, com o mesmo objetivo de lutar contra a escravidão.[103]

O quilombo em geral, a despeito de absorver escravos urbanos ou rurais, indiferentemente, veio a representar uma nova unidade econômico-social, ao lado das atividades tradicionais, já estabelecidas na Colônia.

José Alípio Goulart dá, também, os seus motivos sobre terem tido os quilombos uma conotação rural: "Se como disse Joaquim Ribeiro o quilombo foi, como realmente foi, um fenômeno rural, deveu-o a razões tais como: a) maiores concentrações de escravos nas áreas rurais; b) rigorismo desenfreado na aplicação de castigos, graças à ausência de policiamento; c) condições desumanas de trabalho; d) maiores ofertas naturais de esconderijos; e) conjunto de condições que proporcionavam maior quantidade de fugitivos."[104]

Deve-se realçar, entretanto, que a conotação rural dada a um quilombo não advém, tão só, da circunstância de ter origem fora do mundo urbano, através de uma designação aplicada em oposição à outra — como o "rural" vindo da palavra latina *rus*, confrontando o "urbano", ainda do latim *urb*. E sim, também, porque mesmo os quilombos que não eram agrícolas por natureza, isto é, não tendo a agricultura como prática preponderante, desenvolviam alguma produção de alimentos. Assim, havia quilombos que, diante da necessidade de reforçar a subsistência, faziam a pequena lavoura ou a caça, pesca, coleta ou o criatório miúdo, sem embargo das atividades de outra órdem, que melhor distinguiam sua organização econômico-social.

Mas há que se perguntar, por outro lado: de que modo se dava, em especial, a sobrevivência nesses quilombos?[105]

Décio Freitas mostra os sete tipos de quilombos comumente encontrados no Brasil, "segundo a *forma de subsistência*": "os *agrícolas*, que prevaleceram por toda a parte do Brasil; os *extrativistas,* característicos da Amazônia, onde viviam das drogas do sertão; os *mercantís*, também na Amazônia, que adquiriam diretamente de tribos indígenas as drogas

---

(103)   Diferençando componentes dos dois polos, quando se referiu à falta de entrosamento mais profundo das lutas negras, propriamente ditas, com o movimento abolicionista, Moura fala, separadamente, em *quilombolas* e em *insurrectos urbanos*. Da mesma forma que destaca, no levante negro de 1756, em Minas, as facções em aliança, compostas de *escravos urbanos* e de *quilombolas*, estes *"que atuavam nas matas"* ("escravos aquilombados"). Clóvis Moura, Os Quilombos e a Rebelião Negra. Ed. Brasiliense, São Paulo, 1987, p. 79 e 20, respectivamente.

(104)   GOULART, José Alípio. *Da Fuga ao suicídio*. Rio: Ed. Conquista, 1972. p. 192.

(105)   Eugene Genovese chama a atenção para o fato de que os quilombolas quase nunca atingiam suficiência em manufaturas, ficando na dependência de intercâmbios externos para a obtenção de tecidos, implementos agrícolas e principalmente armas de fogo" — Eugene Genovese: Da Rebelião à Revolução, São Paulo, Global Editora, 1983, p. 64, *apud* Mary Kranach, *ob. cit.,* p. 298, nota 42.

para mercadejá-las com os regatões; os *mineradores*, em Minas Gerais, Bahia, Goiás e Mato Grosso; os *pastorís*, no Rio Grande do Sul, que criavam gado nas campanhas ainda não apropriadas e ocupadas pelos estancieiros; os de *serviços*, que saiam dos quilombos suburbanos para trabalhar nos centro urbanos, fazendo-se passar por negros forros; os *predatórios*, que existiam um pouco por toda a parte e viviam dos saques praticados contra os brancos. Nos seis últimos tipos, a agricultura não estava ausente, mas desempenhava um papel subsidiário".[106]

Ora; esses dados são fundamentais para o estudo das áreas remanecentes dos quilombos, ou terras-de-preto, em geral, na medida em que a atividade agrária estava presente em todos os tipos de quilombo, embora preponderante, como é óbvio, nos quilombos essencialmente agrícolas. E também revela elemento importantíssimo para o pronto protegimento dessas terras, recomendado na Constituição Federal, haja vista que também em todas as espécies de quilombo, agrícolas ou não-agrícolas, eles operavam como fonte de subsistência das comunidades negras – a cujos remanecentes, hoje, se pretende, exatamente, conduzir o sentido de proteção sócio-econômico e cultural mínimo, que seria o patamar da sobrevivência física e cultural comunitária.

Por essa forma, o quilombo, em geral, que inicialmente era uma simples área de esconderijo dos negros fugitivos (núcleo libertário), passou a configurar-se em foco de enfrentamento ao sistema escravista (núcleo ideológico de resistência), ao mesmo tempo que meio de sobrevivência de seus componentes (núcleo econômico), dotando-se de estrutura e organização com base étnica (núcleo social), podendo alçar-se, também, num espaço de peculiar organização estatal (núcleo político), como sucedeu em Palmares.

1.8. A plasticidade da significação de couto e de quilombo

No seu sentido punitivo, o conceito de *couto* estava ligado ao ato de esconder alguém; no caso do asilo dado ao escravo, bem como a ajuda na sua fuga, importavam em punição, conforme as Ordenações, Liv. V, Tit. LXIII: sendo o indiciado "judeu ou mouro captivo será açoutado"; sendo "judeu ou mouro forro será captivo do senhor do escravo"; sendo christão será degradado para o Brazil para sempre."[107] Era no que se transformava também a terra de degredo: um *couto* oficial – e, nesse sentido, lugar de cumprimento de uma pena.

---

(106) Décio Freitas: Escravos e Senhores de Escravos, *cit.*, p. 63.

– Sob outro ponto de vista, atendidas as "transformações e crise do sistema escravista", Flávio dos Santos Gomes enxergou uma reelaboração do sistema de quilombos, no sentido de irem adquirindo "variados conteúdos políticos": "No Brasil, especialmente no século XIX, o protesto social dos escravos sob a forma de aquilombamento ampliava seus significados: aqueles que procuravam constituir comunidades independentes com atividades camponesas integradas à economia local; o aquilombamento caracterizado pelo protesto reivindicatório dos escravos para com os seus senhores e os pequenos grupos de quilombolas que se dedicavam a razias e assaltos às fazendas próximas" – "Quilombos: Sonhando com a terra, construindo a cidadania", *in* História da Cidadania (Org. Jaime Pinsky e Carla Bassanezi Pinski), São Paulo, Ed. Contexto, 2003, p. 459 e 460.

(107) Liv. V, Tit. LXIII das Ordenações Filipinas: "Dos que dão ajuda aos escravos captivos para fugirem ou os encobrem". De acordo, também, com o Liv. V, Tit. V: "Das Irmandades da Igreja", houve expressa proibição para que esta não acoutasse escravos fugidos.

Porém não era aberto ao escravo africano como um couto penal, propriamente dito, e sim local de prestação de trabalho forçado para terceiros e em benefício desses. Vem à tona, com perfeito ajuste, o esclarecimento de José Alípio Goulart: "Posto *sem jamais se estender oficialmente ao escravo*, fosse este criminoso ou fugitivo, no Brasil até certa época as Capitanias se constituiram em lugares de couto e homizio".[108] (g.n.)

Entretanto, uma vez aqui, e tendo empreendido um processo de fuga, como aconteceu frequentemente, o escravo podia gerar tanto o conceito de couto, em sentido punitivo, quanto o conceito de quilombo. Ou seja, estaria acoitado, se escondido nalgum lugar por alguém que lhe tivesse dado guarida, especialmente no curso de uma perseguição, ou estaria aquilombado, se o ato de esconder-se em determinado local já envolvesse outros companheiros que se reuniam para compartilhar resistência aos perseguidores, ao mesmo tempo que desenvolver uma atividade ou atividades que lhes dessem margem a uma convivência solidária para as ações vitais.

Vê-se, então, na realidade do Brasil antigo, a grande diferença entre o *couto* e o *quilombo*. No processo de fuga, enquanto o negro não encontrasse o pouso comunitário (mocambo, quilombo), a palavra *couto* poderia ser empregada para mostrar lugar de escravo escondido — esconderijo circunstancial. A noção ainda seria de *couto*, não de *quilombo*. Caso, por exemplo, das fazendas cujos proprietários abrigavam escravos que pertenciam a outrem. O antigo proprietário sofria o prejuizo do investimento, o escravo teria em troca apenas um "melhor" cativeiro, dado que os seus serviços continuavam gratúitos, e o novo senhor lucrava em triplo: com a aquisição sem dispêndio; com o trabalho do negro por quanto tempo não lhe causasse risco o acoutamento; e ainda com o preço da venda clandestina para outras praças.[109] Uma Carta do Presidente da Província do Espírito Santo à sua Assembleia Legislativa, por exemplo, ao queixar-se dos acontecimentos e pedir punição, diz, esclarecedoramente, sobre a matéria: "E desgraçadamente além dos quilombos, existem também indivíduos que lavram pequenos sítios com auxílio de escravos fugidos."[110]

No Brasil, foi decerto por influência da ideia dos coutos-penais portugueses, indicativa de refúgio de ladrões, assassinos e malfeitores em geral, sem nenhum favorecimento expresso, que a palavra "couto" tomou o significado final e simples de esconderijo; como quando se aplica, por exemplo, o verbo acoitar para deixar entendido o ato de acolher a quem quer esconder-se, geralmente em função de perseguição policial. Veja-se a época de Lampião, (e ainda hoje) quando era muito comum falar-se em coutos ou coitos, estar

---

(108) GOULART, José Alípio. *Da Fuga ao Suicídio*. Ed. Rio: Conquista, 1972, p. 56.

(109) Afonso E. Taunay fala de pedidos de indenização dos proprietários, em ações judiciais contra os receptadores que, "depois de homiziarem os fujões e os obrigarem a trabalhar algum tempo, em suas fazendas, vendiam-nos para longe, e ao Tribunal de Defuntos e Ausentes imediatamente comunicavam que haviam falecido." — História da Cidade de São Paulo - Sec XVIII (Anais do Museu Paulista, Tomo IV, p. 132), *apud* José Alípio Goulart: Da Fuga ao Suicídio. Ed. Conquista, Rio, 1972, p. 63.

(110) *Apud* José Alípio Goulart. Da Fuga ao Suicídio. Ed. Conquista, Rio, 1972, p. 60.

— O mesmo autor, ob. loc. acima, assinala que "quando do Brasil Império, medidas de âmbito nacional foram expedidas visando a punir couteiros de escravos; assim foi o disposto no art. 26 do Código Criminal; na Lei de 15 de outubro de 1837; e o Aviso n. 307, de 8 de julho de 1863."

acoitado, coiteiro, acoitar – do latim *cautus*, vindo do verbo *cavere*, com a noção básica de acautelar, a qual pressupõe local onde alguém está escondido e sujeito a penalidades. Ao tempo em que se fixava por cá tal entendimento, ficou perdida, outrossim, em face de uma diferente realidade, aquel'outra definição lusitana de couto consentido, pela qual se proibia nele qualquer estorvo oficial a quem se ocultava, e se colocava à margem a própria Justiça.

Mas no próprio território português, após certas fases de aceitação e de não aceitação das duas espécies de coutos, eles terminaram abolidos completamente, em 1790, conforme vimos há pouco, restando entre nós a palavra couto, significante do esconderijo não-consentido pelo Estado, isto é, sem tolerância a particulares ou instituições como coiteiros, e, também, por outro lado, sem nenhuma implicação mais com área para a qual o mesmo Estado pudesse encaminhar alguém para o cumprimento de uma pena.

Machado de Assis descreveu as conseqüências imediatas da fuga e do acoutamento: "Quem perdia escravo para a fuga dava algum dinheiro a quem lho levasse. Punha anúncios nas folhas públicas, com os sinais do fugido, o nome, a roupa, o defeito físico, se o tinha, o bairro por onde andava e a quantia de gratificação. Quando não vinha a garantia, vinha a promessa: 'gratificar-se-á generosamente', ou 'receberá uma boa gratificação'. Muita vez o anúncio trazia em cima ou ao lado uma vinheta, figura de preto, descalço, correndo, vara ao ombro, e na ponta uma trouxa. Protestava-se com todo o rigor da lei contra quem o acoutasse."[111]

As Posturas Municipais atinentes à organização local, reproduziam as penalidades de lei e chegavam até a inovar sobre a matéria, o que, não raro, provocavam confrontos jurídicos. Vejam-se dois exemplos de como elas atuavam repressivamente contra quem desse guarida ao escravo fugido e até a liberto desocupado:

1) Posturas de Bananal, São Paulo, 1875:

"Art. 131. Ocultar escravos, sabendo ou devendo saber que o são; multa de 30$ e prisão de 8 dias."[112]

2) Posturas de Limeira (aditamento) São Paulo, 1888:

"Art. 5º. Ninguém poderá conservar em sua casa, por mais de três dias, liberto algum sem que dê parte à polícia, para obrigá-lo a tomar uma ocupação."[113]

A designação lusitana referente a *coutos* continuou como expressão afeta a bandidos ou bandoleiros. Isso se contrapunha à noção de quilombo, que para os escravos tinha uma conotação maior. Para eles, os escravos, os termos vindos da África iriam operar como linguagem mais apropriada, o que terminou influindo no uso corrente das próprias autoridades portuguesas, que as aplicavam nos seus documentos: *mocambos* e *quilombos*. Estas palavras vieram a significar, por influência da etimologia africana típica, os

_____

(111) Machado de Assis: conto "Pai contra Mãe" – Além das penalidades pelo acoutamento, vistas na legislação especial da nota precedente, as Posturas Municipais escravistas repetiam-nas em função da organização local.

(112) *Apud* Ademir Gebara. O Mercado de Trabalho Livre no Brasil (1871-1888). Ed. Brasiliense, São Paulo, 1986, p. 150.

(113) *Idem. Ibidem*, p. 118.

esconderijos dos escravos que escapavam do cativeiro, e, mais que isso, localidade em que era também objetivo manterem a vida segundo uma organização social própria.

Mesmo com a abolição da escravatura negra em 1888, quando perdeu sentido a ocupação territorial pela clandestinidade da luta, a designação *quilombo* permaneceu, em sentido figurado, como indicativo de qualquer terra em posse de pessoas negras vivendo em conjunto, e, inclusive, como símbolo de uma nova luta em defesa da terra apossada. O que era resistência à escravidão, de início, passou a ser, a final, móvel de sobrevivência autônoma, que teria de ser mantida, física e culturalmente. Assim, por extensão, o termo qualifica outras áreas – com variadas designações – cuja origem não pode ser encontrada, apenas, nos núcleos de homizio que se tivessem constituídos até a Abolição, e sim, também, em qualquer outra espécie de apossamento feito por uma comunidade negra no campo; antes ou depois de 1888.

À parte da tipologia tradicional, retratada por Décio Freitas, encontra-se outra espécie de quilombo que, sendo habitada por remanescentes de comunidades negras, já não apresente área com atividade econômica, agrícola ou não. Nem por isso fugiria do conceito de quilombo, na sua acepção atual. Se por acaso a subsistência é buscada fora, pela necessidade dos membros do grupo que lá residem, e se a área está classificada, hoje, pela legislação como urbana, já tendo tido implicações agrárias, isso não desnatura, por si só, a tipificação de quilombo; apenas lhe carimba a qualidade de urbano. Está claro que essa é uma tentativa de construção teórica moderna, embasada na ressemantização do conceito de quilombo, resultando no estudo dos chamados Quilombos Urbanos. O que apreciaremos em livro próximo.

CAPÍTULO II

OS NEGROS E A PROPRIEDADE ANTES DA ABOLIÇÃO

2. 1. Os escravos e o direito à terra

O fato de os escravos estarem submetidos a um trabalho forçado, sujeitos a uma férrea disciplina do senhor, e deles dependendo para sobreviver, não significava, a rigor, que jamais deixariam de juntar algum dinheiro. Faziam, pois, as suas economias.

Independentemente de uma categoria de escravos, comum nas cidades, com a denominação de 'escravos-de-ganho', que conseguiam amealhar, talvez, mais que os outros, havia também escravos rurais que possuíam rendimento em virtude da venda de produtos agrícolas obtidos na terra do senhor. Portanto, não pode surpreender qualquer afirmativa no sentido de que seria viável aos escravos adquirirem certos bens, em concreto, mesmo que a lei dissesse o contrário.

Mas a verdade é que a própria condição servil subsumia a impossibilidade de terem eles propriedade, e por isso o Estado escravocrata usava do artifício legal de não lhes conferir capacidade civil. Tome-se como exemplo um trecho de Alvará do mês de janeiro de 1733, que atesta a incapacidade dos vassalos do Rei só à vista da escravidão em si mesma, dizendo: "(...) considerando a grande incidência que as ditas *escravidões* inferem aos meus vassalos, as confusões e ódios que entre eles causam e os prejuízos que resultam ao Estado de ter tantos vassalos baldados e inúteis *quanto o são aqueles miseráveis que a sua infeliz condição faz incapazes para os ofícios públicos, para o comércio, para a agricultura, e para os tratos e contratos de todas as espécies...*"[1] (g.n.)

Tais "miseráveis", que estavam sendo comparados por El Rey aos seus vassalos, e cuja inutilidade causava prejuízo ao Estado, eram os que tinham sido subjugados pelas "escravidões". Nessa percepção, o esforço pessoal do escravo não resultava valorado, mas só a sua condição social. Por causa disso, atribuía-se-lhe uma incapacidade que só poderia ser de feitio exclusivamente jurídico, dado que a prática do trabalho físico, se levada em conta, bastaria para consolidar qualquer outra qualificação de capacidade. Por essa ficção do Direito antigo dizia-se, pois, que os escravos eram incapazes do exercício das atividades mencionadas no Alvará, incluindo as tratativas negociais. Tal incapacidade para o exercício das tarefas

---

(1)   *Apud* Perdigão Malheiros: *ob. cit.,* I, p. 35, nota 5.

comuns ao desenvolvimento da sociedade – salvo a de fornecer trabalho ao senhor – trazia uma consequência compatível com a lógica do sistema: a inaptidão jurídica do escravo para haver bens. Veja-se tal negação, por exemplo, através de uma máxima firme e sintética sobre direitos dos escravos, colhida nos "Axiomas e Brocardos de Direito, Extrahidos da Legislação Brazileira Antiga e Moderna", no verbete *escravo*:

"Escravo — Não pode adquirir, *ex-vi* da Ord. do liv. 4, tit. 92 princípio, e Av. de 18 de fevereiro de 1850 (Diário do Rio, n. 8.333)."[2]

Fazendo uma apreciação sobre a sucessão testamentária e a legítima (*ab intestato*), no século XIX, Kátia M. de Queiroz Matoso relacionou diversos casos de pessoas legalmente incapazes de suceder, até o advento da Constituição de 1824, aí incluídos os escravos. Apesar de alterada por Ato Adicional de 1834, dita Constituição manteve "essa interdição no caso dos escravos, dos bastardos e dos 'mortos civis'."[3]

Perdigão Malheiros dá os motivos jurídicos daquela incapacidade, em relação ao escravo: "O escravo, subordinado ao poder (*potestas*) do senhor, e além disto equiparado às coisas por uma ficção de lei, enquanto sujeito ao domínio de outrem, constituindo assim objeto de propriedade, não tem personalidade, estado. É, pois, privado de toda capacidade civil".[4]

Por isso as Ordenações impediam o escravo de ser testemunha (liv. 3, tit. 56 e liv. 4, tit. 85 pr.), fazer testamento (liv. 4, tit. 81 § 4º), realizar contratos (Alv. de 16.01.1773), herdar (liv. 4, tit. 92 pr.), ser tutor (liv. 4, tit. 102, § 1º) etc.[5] Não estava apto, por exemplo, à celebração de contratos ou ao recebimento de legado, que poderiam ser as formas ordinárias pelas quais, em tese, iriam auferir os bens, por títulos *inter vivos* ou *causa mortis*, respectivamente.

Teixeira de Freitas esclarece, já ao tempo da Consolidação das Leis Civis: "Na classe dos bens móveis estão os semoventes, e na classe dos semoventes então os escravos. Posto que os escravos, como artigos de propriedade, devão ser considerados *cousas*, não se equiparão em tudo aos outros semoventes, e muito menos aos objetos inanimados; e por isso têm legislação peculiar."[6]

A razão primordial de tal exclusão do mundo civil, a par do próprio preconceito racial e social, que não levaria uma sociedade de senhores a abrir mão do brutal desnível em que colocaram os escravos, pode ser buscada no propósito de ficar dispondo da mão de obra permanentemente garantida. Assim, embutia-se na própria instituição da escravatura este fato ambíguo da própria exploração: compelir os escravos ao trabalho, e deixá-los ciosos de que estavam a depender apenas do seu labor. Por outro lado, impossibilitando-se aos

---

(2) Verbete no Livro "Auxiliar Jurídico" — Apêndice das Ordenações Filipinas, em edição fac-similar publicada pela Fundação Calouste Gulbenkian, Lisboa, 1985, vol. II, p. 541.
(3) Kátia M. de Queiroz Matoso: Bahia - Século XIX, Uma Província no Império, 2ª ed. Ed. Nova Fronteira, Rio, 1992, p. 137.
(4) Perdigão Malheiros: *ob. cit.*, I, p. 58
(5) Perdigão Malheiros, *ob. cit.*, I, p. 58, nota 178.
(6) Consolidação das Leis Civis, 3. ed., Rio de Janeiro, Garnier Livreiro Editor, 1896, p. 35, nota I.

escravos o apossamento de bens, mais sedimentado poderia ficar o trabalho forçado, uma vez que ficariam os negros adstritos à subsistência só pela atividade laboral prestada a outras pessoas. De toda maneira, tudo aquilo que, por alguma forma, viesse a pertencer ao escravo, não o seria para si, e sim para o senhor, embora houvesse casos em que também o senhor não poderia adquirir por intermédio do escravo; "*v. g.* a herança, o legado, se deixados a escravos não os adquire o senhor, tem-se por não escritos ou nulos."[7]

Contudo, quando se tratava de ver os escravos como "insurrectos", ao manifestarem suas formas de resistência ao opressor, ou quando se tratava de observá-los como agentes das costumeiras arruaças que ocorrem em toda sociedade, prontamente eles ficavam equiparados à pessoa, suscetíveis de serem objeto das leis penais, como homens comuns.

Poderiam ser guindados também, imediatamente, à condição de gente, quando, para atender às conveniências do Estado, ganhavam a alforria – uma alforria de riscos – participando, por exemplo, de batalhas que não eram suas. Deixavam de ser "coisas", mas passavam a viver na perspectiva da morte mais rápida, como aconteceu na Guerra do Paraguai (1864 -1870).[8]

Doutra sorte, os escravos eram objeto das disposições de última vontade alheia, pela sua condição de propriedade de alguém[9]; mas eles mesmos estavam impedidos de fazer testamento (Ord., liv. 4º, tit. 80, § 4º c/c Aviso de 16 de fevereiro de 1850), e não tinham direito à sucessão (Ord., liv. 4º, tit. 92 pr. c/c Aviso de 6 de junho de 1866).

No entanto, o transcorrer da economia colonial permitiu que imperassem certos costumes, pelos quais os escravos iam adquirindo bens, à margem do direito escrito. Por exemplo, o "legado de alimentos e pecúlio", como exceção de ordem prática àquelas normas legais.[10]

Para Perdigão Malheiros, pecúlio era "tudo aquilo que ao escravo era permitido, de consentimento expresso ou tácito do senhor, administrar, usufruir, e ganhar, ainda que sobre parte do patrimônio do próprio senhor".[11] O que veio a ser sintetizado por Jacob Gorender como "uma propriedade individual do escravo, por consentimento expresso ou tácito do senhor".[12]

Tal constatação, todavia, vinha do direito costumeiro — o respeito, pelos senhores, ao cotidiano de certos atos e fatos que tangenciassem a economia dos escravos.

---

(7) Perdigão Malheiros: *ob. cit.,* I, p. 61, nota 202.

(8) Esse exemplo extremo de não ser mais escravo pelo fato de ter morrido demonstra que a alforria, ao lado de certas formas de resistência à escravidão, era também uma *causa de liberdade,* ou por ocasiões de lutas no País, ou por via da compra, ou pelo beneplácito dos senhores. V. Kátia de Queiroz Mattoso: Ser Escravo no Brasil. Ed. Brasiliense, S.P., 3ª ed., 1982, p. 176.

(9) Os senhores pagavam uma taxa pelos escravos, constituíam-no em penhor e hipoteca. Ademais, dentre outras possibilidades, em decorrência do direito de propriedade, os escravos estavam sujeitos às figuras jurídico-processuais do sequestro, embargo, arresto, penhora, depósito, arrematação, adjudicação etc. – Perdigão Malheiros, *ob. cit.,* I, p. 70/71, 73 e 75.

(10) Perdigão Malheiros, *ob.cit.,* p. 62 e notas 203 e 210.

(11) *Idem, Ibidem,* p. 62.

(12) GORENDER, Jacob. *O Escravismo Colonial.* São Paulo, Ática, 6. ed., 1992. p. 65.

Koster deu seu testemunho (1816) sobre isso: "Confesso que não recordo um só exemplo de um amo tentar apossar-se desses proveitos tão penosamente adquiridos. Um escravo pode obrigar seu senhor a alforria-lo, oferecendo a soma pela qual fora comprado ou o preço pelo que seria vendido, se esse for mais elevado que aquele pago quando o escravo fora primitivamente adquirido." (...) "...a alforria depende muito do caráter do amo, às vezes extremamente cauteloso na recusa de uma manumissão devido a conheci-díssima opinião de cada padre em favor dessa medida, do sentimento das pessoas de sua classe na sociedade e mesmo dos indivíduos das baixas camadas populares, e também temer perder seu escravo." (...) "Uma razão da mais alta importância que as demais intima o senhor a ceder: é o pavor da atitude contra a opinião geral, incorrendo na vergonha que seguiria a esse gesto."[13]

A prática já existia, certamente, muito antes do primeiro quartel do século XIX, período em que o autor escreveu. Uma conclusão a que se chega não só pelo argumento que se deve levantar sobre a necessidade de existir um lapso de tempo razoavelmente longo para que a prática reiterada de atos se transforme em costume com positividade reconhecida, e sim também porque há documentos comprobatórios de como deveria ser levada a sério a preten-são do escravo em comprar a sua liberdade, quando tivesse condições para fazê-lo.

Pierre Verger, embora cuidando de outro assunto, em passagem do seu livro sobre fluxo e refluxo de escravos, traz, circunstancialmente, uma informação sobre queixa enviada à rainha, no século XVIII, a respeito de uma autoridade local não haver concedido alforria a um escravo: "O R.P. João Alz de Carvalho escrevia à Rainha de Portugal, em 25 de março de 1784:

'O diretor Francisco Antonio comportou-se mal recusando a um escravo, mulato de nome Antonio, resgatar sua liberdade, de acordo com a lei'."[14]

Na realidade, ainda não havia lei, como produto de direito chancelado pelos canais oficiais, que autorizasse a formação do pecúlio e, com ele, a compra da liberdade. Mas, simplesmente, o direito costumeiro, com uma dose de interpretação condescendente das Ordenações[15]. Entretanto, ao fim e ao cabo, o que prevalecia mesmo era a vontade do senhor, que poderia fazer ou deixar de fazer o que seria mera concessão ao escravo. Prova está naquele trecho da carta acima, quando fala na recusa como algo negativo ou mesmo ilegal — para o missivista — e até no fenômeno jurídico de que para o pecúlio constituir uma garantia mais eficaz, foi preciso editar-se a Lei 2.040 de 1871 (Lei do Ventre Livre), cujo art. 4º é que veio proclamá-lo como direito.

No meio rural, formavam pecúlio, por exemplo, a oferta de prêmios aos escravos, garapa nos engenhos, ou os estímulos, como a permissão de troca de produtos entre eles, a cessão do uso da terra para suas roças e a própria comercialização da safra, segundo

(13) Koster, Henry. *Viagem ao Nordeste do Brasil*. Companhia Editora Nacional, 1942. p. 495.
(14) Verger, Pierre. *Fluxo e Refluxo do Tráfico de Escravos entre o Golfo de Benin e a Bahia de Todos os Santos*. São Paulo: Corrupio, 3. ed., 1987. p. 21.
(15) V. o capítulo III, no item sobre as ações judiciais de liberdade.

Gorender, o qual também o enxerga nas economias dos negros-de-ganho e nos resultados das doação e legado.[16]

Décio Freitas, em comentários acerca da lei que instituiu o pecúlio, viu nela motivos de "estimular à produtividade ao trabalho escravo". Nesse sentido — diz ele — "estipulou o direito do escravo à formação do pecúlio, com o que lhe proviesse de doações, legados e heranças, e com o que, por consentimento do senhor, obtivesse de seu trabalho e economias; a família podia sucedê-lo no pecúlio".[17]

Em resumo: lei expressa terminou dando respaldo ao costume, quanto à formação do patrimônio do escravo, porém sem mencionar a tipologia dos bens que adentrariam naquele patrimônio. Donde ficar depreendido que, seguindo o que era de costume, a constituição do pecúlio (acúmulo patrimonial) abrangesse de ordinário os bens móveis e semoventes; mas não também imóveis. Quando muito, a propriedade de uma *pequena casa de morada*, ou o "direito de transferir" o simples uso de um lote agrícola, se o senhor o permitisse.

No entanto, se nada havia que ensejasse ao escravo a propriedade dum imóvel rural, quer pelas normas costumeiras, quer pelas normas legais que passaram a existir em redor da formação do seu patrimônio, cremos que depois da Lei de 1871 nada impediria, em tese, que bens imóveis pudessem formar conteúdo das doações, legados e heranças para os escravos.

Os autores que vimos citando não levam seus exemplos a esse ponto, falando apenas da praxe do escravo fazer uso da terra do senhor, com lavouras e criatório, ou, por virtude de concessão maior da sua faculdade de transferir esse uso ao morrer ou ao libertar-se. Henry Koster assinalou: "Os monges não guardam interferência alguma quanto às roçarias dadas aos escravos, e quando um desses morre ou obtém sua alforria, permitem que legue seu pedaço de terra a qualquer companheiro de sua escolha."[18]

Trata-se de um típico *legado de uso*, inserido no Direito costumeiro, o qual, frente ao Direito positivo, corresponderia, em tese, à transferência da posse exercida em nome do proprietário da terra, por consentimento seu ("detenção")[19]. E não importava, como é óbvio, em abdicação do domínio do imóvel, pelo senhor, ou aquisição da propriedade imobiliária por parte do escravo.

Além daí, as menções existentes chegam a apontar no máximo, como de escravos, imóveis destinados à habitação, certamente construídos com o esforço deles próprios, para morada de suas famílias. Por exemplo, uma Decisão (218) de 11 de junho de 1866, "declara não sujeita à *siza* a transferência de uma casa, feita por um escravo a seu senhor, em pagamento de sua liberdade"[20].

---

(16) GORENDER, Jacob. *O Escravismo Colonial*. São Paulo: Ática, 6. ed., 1992. p. 66

(17) FREITAS, Décio. *Escravos e Senhores de Escravos*. Porto Alegre: Mercado Aberto, 1983. p. 144.

(18) KOSTER, Henry. *Viagem ao Nordeste*. São Paulo: Companhia Editora Nacional, 1942. p. 512

(19) "Detenção" — uma fórmula jurídico-agrária, que nada tem a ver com o significado de palavra homóloga do Direito Penal, indicativa da pena de privação temporária da liberdade.

(20) V. Documentação Jurídica sobre o Negro. Francisco Sérgio Mota Soares, Henriette Ferreira Gomes e Jeane dos Reis Passos. Empresa Gráfica da Bahia, 1989, n. 0844.

Diana Galizza também observou que "a participação do escravo em atividades na zona criatória fez com que ele formasse um pecúlio em dinheiro, gado ou *imóvel*, e o utilizasse na aquisição de sua liberdade." A historiadora paraibana constatou que, "Em cartórios de municípios sertanejos e agrestinos (...) cativos possuíam bens móveis e imóveis"(...): "Embora no sertão os escravos comprassem mais freqüentemente sua liberdade com moeda corrente, houve casos em que as manumissões foram adquiridas com gado" (...) "Alguns cativos conseguiram sua manumissão *dando em troca imóveis,* como Daniel, mulato de 37 anos, que entregando à sua senhora uma casa de tijolo, livrou-se do 'seu cativeiro de uma banda que ainda estava sujeito'."[21] (g.n.)

Embora não se visse empecilho legal explícito, após a Lei de 1871, para imóvel rural constituir pecúlio, não há notícias seguras de que compusesse patrimônio de escravo, em sendo ainda escravo.

O art. 4º, *caput*, daquela lei, falava sobre o pecúlio como uma qualidade daquilo que o escravo "por consentimento do senhor, obtiver do trabalho e economias". Nessa categoria entrava a hipótese prevista no par. 3º do referido artigo, decorrente da "prestação de futuros serviços por tempo", contratados com terceiros, a renda da utilização das suas terras, e ainda o que fosse oriundo de doações, legados e heranças. O que, teoricamente, poderia comportar evidências de uma pequena constituição de posse, em decorrência de *ocupação territorial de fato.*

Mas Perdigão Malheiros relacionou os casos de pecúlio dos escravos, 'compendiados em o Universo Jurídico do Pe Brameu', podendo-se verificar, perfeitamente, que nada permitia supor a hipótese jurídica de *aquisição* de terras. A eventual poupança dos escravos, detectada pelo referido autor, na relação que detalhadamente reproduziu, vinha a ser constituída por 'alguma coisa', 'uma importância', 'certo jornal', 'salários', 'alguma indenização', 'valores', enfim, algo que não tinha a mesma expressão econômica e social *da terra*, como parte do patrimônio do escravo. Até mesmo os 'bens', a que o autor alude, de maneira genérica, como uma outra possibilidade de pecúlio, só poderiam ser *bens de pequena monta*, dado que a sua referência está ligada à conversão de alimentos do próprio escravo: "se o escravo, poupando os seus alimentos, os converte em valores ou bens".[22]

O que o mesmo autor também observa é o fato de que "não é raro, sobretudo no campo, ver entre nós cultivarem os escravos para si, terras nas fazendas dos senhores, de consentimento destes; fazem seus todos os frutos, que são seu pecúlio."[23]

Usufruir algo de uma atividade agrária em terra alheia seria factível, mas não em terra própria, que a apropriação juridicamente formalizada não se concebia. Interesses do

---

(21)   Diana Soares de Galizza. O Declínio da Escravidão na Paraíba (1850-1888). Ed. Universitária/UFPB, João Pessoa, 1979, p. 150.

— A mesma autora, em nota 23 da p. 160, explica que havia uma 'banda livre' do escravo, quando ele pagava a metade do seu valor, enquanto "a outra parte permanecia sujeita ao cativeiro até que ele constituísse poupança para comprar a sua liberdade total" , adquirindo, naturalmente, a "banda presa".

(22)   MALHEIROS, Perdigão. *ob. cit.,* I, p. 63.

(23)   Perdigão Malheiros, *ob. loc. cit.,* p. 63.

sistema econômico colonial não só recomendavam concessão de terras apenas às pessoas que tinham posses para sustentar o empreendimento (Regimento de Tomé de Souza, 1548) como determinava não concedê-las a quem não tivesse número suficiente de escravos para manter a produção (Lei da Boa Razão, 1695).

Nem os escravos tinham os recursos para enfrentar o empreendimento nas sesmarias ou outras concessões, nem teriam condições financeiras e de tempo para proverem número suficiente de outros escravos em sua hipotética produção em imóvel particular, enquanto trabalhassem duramente na produção dos próprios senhores. Frente a tal questão, seu destino se traçava como objeto de propriedade de terceiros, não como titulares de propriedade, notadamente de bem imóvel agrário.

Se a aquisição da terra pelos escravos fosse um fenômeno aceito pela sociedade escravocrata – cujo poder se manifestava notadamente na apropriação do território e na propriedade do escravo – isso teria sido dito e muitas vezes revelado na literatura especializada. Assim, pode-se afiançar que o pecúlio não abrangeu a propriedade imobiliária agrária (repete-se), quer fosse ao tempo em que ele se expunha como costume, quer já estivesse sobre a letra da Lei n. 2.040/1871, que atribuiu reconhecimento oficial ao mesmo.

Teixeira de Freitas, mais uma vez, em nota (1) da 3ª edição da Consolidação das Leis Civis, publicada em 1875, após a vigência da Lei n. 2.040/1871, disse o seguinte, em razão do art. 42: "Os escravos (Av. n. 16 de 13 de fevereiro de 1850) são inhabeis para adquirir por argumento da órdem Ord. 1. 4º , t. 92, pr." (...) "Tolera-se, todavia, em nossos costumes, que nossos escravos possuam dinheiro e bens móveis"[24]

Manuela Carneiro da Cunha, depois de lembrar que o escravo era só parcialmente destituído do direito de propriedade, em vista dos costumes, diz, entretanto, o seguinte, de modo a não deixar dúvida: "Mas não consta que pudesse ter a propriedade da terra".[25]

Em frente à própria realidade das coisas no escravismo, se o escravo, como tal, não podia dispor de si mesmo, imagine-se ter ele a propriedade de um imóvel rural, no qual pudesse operar com seu trabalho e pequenas economias, um investimento econômico apartado do senhor.Dessa maneira, a terra como *fundus* patrimonial jamais teria sido do *domínio* do escravo como escravo. Somente com a perda dessa condição ele poderia vir a adquirir.

---

(24) Teixeira de Freitas: *ob. cit.,* p. 35/36.

– De acordo com a lei imperial de 20/10/1823 deveriam continuar em vigor no Brasil as Ordenações do Reino (no momento denominadas "Filipinas"), bem como a legislação promulgada pelos reis de Portugal até o dia 25/04/1821. Isso enquanto não fossem alteradas as leis portuguesas e não surgisse a nossa própria codificação. O que foi lembrado, a seguir, pela Constituição do Brasil de 1824, a primeira que tivemos, a qual determinou que se elaborasse, "quanto antes, um código civil e criminal, fundado nas sólidas base da justiça e equidade" (art. 179-18)

Do complexo legiferante das leis antigas emprestadas e das que passaram a se produzir no próprio Império, brotou a Consolidação das Leis Civis, organizada por Teixeira de Freitas e aprovada pelo Governo Imperial, pelo Decreto n. 2.318, de 24/12/1858, a qual teve vigência até a data em que começou a vigorar o Código Civil Brasileiro de 1916.

(25) CUNHA, Manuela Carneiro da. *Negros, Estrangeiros,* São Paulo: Brasiliense, 1985. p. 53, nota 34.

O que não impedia, entretanto, que em alguns casos de morte do senhor, sem sucessores — em cujas terras houvesse escravos com permissão de utilizá-las, permanecessem eles nas mesmas, em *estado de ocupação de fato*, com posse legitimada pelo trabalho deles, não por uma regra de lei.

A aquisição de bens de raiz teria respaldo do Direito apenas a partir do momento em que o escravo passasse a ter reconhecida a capacidade civil. Sendo, pois, essa capacidade a causa eficiente para a formação do patrimônio territorial, e considerando que o escravo era civilmente incapaz, vem daí o raciocínio de que somente deixando a condição servil conseguiria, em tese, possuir a terra legalmente.

Por isso o escravo buscava ter a carta de alforria, que era um atestado de liberdade, sendo também a prova para a aquisição da capacidade civil, com o evidente condão de também tornar induvidosos quaisquer bens que conseguisse reunir. E algumas vezes o senhor justapunha a vontade de alforriar escravos com a de institui-los seus sucessores — o que legitimava a propriedade rural no rol "das doações, dos legados e das heranças", sendo mais freqüente os casos envolvendo os filhos naturais ou de escravos a que os amos devotavam um sentimento afetivo mais arraigado.

As mais das vezes, a alforria se dava de maneira pura e simples; isto é, a concessão de liberdade ao escravo desacompanhada da oferta de bens. Ou, mais comumente, através da fórmula que implicava o escravo comprar sua liberdade, mas cujos recursos nisso empregados seriam insuficientes para ainda adquirir bens ao próprio senhor ou a outrem – pelo menos nesse primeiro momento.

Ora: se aquelas concessões de liberdade eram já dificultosas em si mesmas (notadamente as gratuitas), exigindo condições a fim de evitar o escravo perder o elo com o amo, suponha-se retirar ainda do senhor, além do escravo, parte de sua terra para este!

Maria Inês Cortes de Oliveira, baseada em elementos de Kátia de Queiroz Matoso, relativamente à Bahia, admite que se se pudesse generalizar para todo o século XIX o que ela colheu no biênio 1815-1816, "onde entre 363 alforrias concedidas gratuitamente 315 comportavam 'condições' para que a liberdade fosse efetivada, encontraremos um percentual altíssimo de 86,8% de alforrias gratuitas condicionais." "Isso reflete – conclui – provavelmente um dos mecanismos de controle dos proprietários: acenar com a liberdade ao escravo, mas não concedê-la de imediato e plenamente, o que significava extrair dele melhores serviços e comportamentos desejáveis".[26]

Ademais, o senhor também possuía um outro artifício para manter ao seu redor o negro mesmo alforriado, sem que lhe acarretasse despesas, ao mesmo tempo em que poderia canalizar para ele o gosto da ilusão de possuir o seu próprio plantio e pequeno criatório. Uma situação análoga à da faculdade do escravo obter recursos na terra do senhor, para a sua subsistência, com a diferença, agora, de que a utilização das áreas do proprietário dar-se-ia numa condição de liberdade – nem sempre mais proveitosa, necessariamente, do que nos anos de escravidão.

---

(26) OLIVEIRA, Maria Inês Cortes de. *O Liberto*: seu mundo e os outros. São Paulo: Corrupio, 1988. p. 25.

Tal fenômeno verificava-se quando admitia nas fazendas e nos engenhos os negros forros, na qualidade de agregados, "moradores de condição", com a incumbência de vigiar trechos mais recônditos ou áreas de maior tensão entre eventuais vizinhos ou ocupantes, prontos a realizar serviços que os escravos não iriam fazer, e colocados à disposição do dono da terra nos períodos de intensificação de trabalho, a troco de poderem aventurar uma subsistência autônoma com os produtos daquele solo[27].

2. 2. A falácia da "brecha camponesa"

A formação do patrimônio ou pecúlio do escravo rural, anteriormente referida, através do ato de amealhar rendimentos do seu trabalho extra, nos lotes cedidos pelos engenhos e fazendas, é só um dos aspectos da questão propiciada pela economia colonial. Esse costume enseja, também, um outro ângulo de enfoque – como o modo de produção – bastando que se observe, antes de tudo, a prática da atividade agrária realizada pelo escravo nas folgas semanais, visando a obtenção de gêneros, nas terras do senhor, para seu próprio consumo.

A questão que, até certo tempo, suscitou mais dúvidas acadêmicas girava em torno do fato de o escravo ser ou não ser um camponês, quando cultivava o lote para si, cuidava da sua criação e fazia a extração autorizada de produtos, na propriedade.

O modo de produção camponês também fluía no Brasil secundariamente, na medida em que certos imóveis rurais não desempenhavam a função escravista, ou em que trabalhadores não escravos se estabeleciam nas fazendas e engenhos (tivessem essas escravos ou não) para repartirem o fruto do seu trabalho com o proprietário da terra.

Porém a lavoura pouco expressiva, o criatório de pequeno porte, o simples extrativismo que o senhor consentia que o escravo desenvolvesse em sua propriedade, faziam parte da mesma estrutura fundiária e social em que tinha curso a exploração agro-mercantil da plantágem. O escravo, por causa da sua situação pessoal visceralmente ligada a essa estrutura, como alimentador do trabalho ali desenvolvido, não deixava de fazer parte do interesse do proprietário escravista, ainda que a destinação dos produtos de suas particulares atividades fosse diferente da atividade promovida pelo senhor. A produção desta rumava para o comércio "de fora", enquanto os produtos da chamada "atividade autônoma" do escravo, dentro das terras senhoriais, reservava-se ao consumo do escravo ou se esgotava internamente, através das trocas, da venda nas feiras, ou por compra do proprietário da terra. De toda sorte, a condição de escravo-produtor como produtor-escravo, evidenciava que a sua atividade era inafastável da engrenagem do modo de produção escravista, que foi característica dominante no país até a abolição da escravatura.

A idéia da "brecha camponesa", concebida por Tadeusz Lepkowsky[28], era designativa do que ele entendia, genericamente, como "atividades de tipo camponês em

(27) V. item 2.3.: "As conseqüências da emancipação e os obstáculos para o liberto frente a várias atividades."
(28) LEPKOWSKY, Tadeusz. Haiti, tomo I, Ed. Casa de las Americas, La Habana, 1968, p. 59-60, *apud* Ciro Flamarion Cardoso: *Escravo ou Camponês?* – O Protocampesinato Negro nas Américas. São Paulo: Brasiliense, 1987. p. 54.

regimes escravistas na América"[29]; ou "atividades econômicas que nas colônias escravistas escaparam ao sistema de *plantation*, entendido em sentido estrito"[30] , ou ainda, particularmente, "para designar quer um tipo de exploração agrícola individual ou familiar do escravo em terra do seu senhor, para o seu sustento e da sua família", quer para mostrar a atividade do escravo na comercialização ou acumulação de excedentes, "dependendo de autorização implícita ou explícita do seu senhor."[31]

Ciro Cardoso entende que na estrutura da plantágem brasileira articulavam-se "pelo menos dois sistemas agrícolas", sendo dominante o escravista, produtor de mercadorias para a Europa; outro o camponês, "subordinado ao primeiro", produtor de alimentos, "exercido pelos próprios escravos através do seu trabalho autônomo em lotes dados em usufruto, e eventualmente por outros tipos de trabalhadores."[32]

O que queremos significar – diz o referido autor, noutra obra esclarecedora da questão, reiterando também a percepção de Lepkowsky – "é uma brecha para o escravo, como se diria hoje, 'um espaço', situado sem dúvida dentro do sistema, mas abrindo possibilidades inéditas para atividades autônomas dos cativos".[33]

Historicamente, entre nós, Manuel Diegues Júnior foi dos primeiros a ver naquela prática um aparato singular, observando que fora implantado inclusive nas Antilhas, sob a denominação de "sistema Brasil."[34] Aliás, um sistema aqui implementado por inspiração portuguesa, advindo da ilha de São Tomé[35], o qual, segundo Manuel Correia de Andrade, trazia vantagem para o senhor e não para o escravo, uma vez que o "produto deste trabalho era empregado na alimentação do próprio negro".[36]

Todavia, foi com Ciro Flamarion Cardoso que o estudo daquele sistema teve realce entre nós, justo pela celeuma que provocou entre historiadores, sociólogos e economistas.

Contudo, a teoria da "brecha camponesa", em que pese a notabilidade do seu construtor brasileiro frente às condições do Brasil e à existência de alguns prosélitos expressivos[37], vem sofrendo duras objeções; notadamente depois que dois outros dos maiores estudiosos da escravidão fizeram sua anatomia.

Jacob Gorender criticou a dicotomia de sistemas ou de modos de produção dentro da plantágem escravista, tanto pelo aspecto genérico — as formas camponesas não constituiriam uma brecha no modo de produção escravista "uma vez que não faziam parte de

---

(29) GORENDER, Jacob. *A Escravidão Reabilitada*. São Paulo: Ática, 1990, p. 222
(30) Ciro Flamarion Cardoso: Escravo ou Camponês?... *ob. cit.*, p. 54.
(31) MOURA, Clovis. *Dialética Radical do Brasil Negro*. São Paulo: Anita Ltda. 1994. p. 28
(32) CARDOSO, Ciro Flamarion. *Agricultura, Escravidão e Capitalismo*. Petrópolis: Vozes, 1979. p. 136/7.
(33) Ciro Flamarion Cardoso: Escravo ou Camponês?...,*cit.*, p. 122.
(34) DIEGUES, Manuel Junior. *População e Açúcar no Nordeste do Brasil*. Rio: Comissão Nacional de Alimentação, 1952. p. 60.
(35) Cf. Jacob Gorender: A Escravidão Reabilitada, *cit.*, p. 225.
(36) Manuel Correia de Andrade. O Homem e a Terra no Nordeste, *cit.*, p. 81
(37) SILVA, Eduardo. "Zumbi ou Pai João?", In: Negociação e Conflito – a resistência negra no Brasil escravista; livro em co-autoria com João José Reis, São Paulo: Companhia das Letras, 1989.

sua estrutura" — quanto pelo aspecto específico do escravo que cultivava "seu minúsculo trato de terra", cedido pelo seu senhor. Neste caso, segundo ele, o escravo "permanecia tão escravo como quando trabalhava no eito ou no engenho, subordinado ao mesmo tipo de relações de produção e ao mesmo proprietário. Ou seja, o lote estava organicamente entrosado na estrutura do modo de produção escravista colonial, não se tratando de dois sistemas, porém de um único."[38]

O historiador mencionado ainda explica, noutro livro, que essa economia do escravo "nunca deixou de constituir concessão do senhor, sujeito ao seu arbítrio", e que "constitui elemento integrado com caráter orgânico na estrutura da plantágem". Era, portanto, apenas "um dos segmentos desta, pela sua faceta de economia natural ou de auto-subsistência", vigendo ao lado da "economia mercantil ou da produção de bens de exportação". A isso Gorender chama de "estrutura bissegmentada da plantágem escravista colonial", sendo essa bissegmentação uma "necessidade estrutural" para a mesma. [39]

Clóvis Moura resume assim a questão: "O conceito de brecha camponesa é sociologicamente insustentável porque deseja transferir o tipo de atividade produtiva de uma categoria (o escravo) para outra (o camponês), através de uma interpretação analógica. O escravo jamais poderá ser qualificado ou confundido com o camponês simplesmente porque o trabalho do camponês exige a existência de um trabalhador livre, o que não acontece com o trabalho escravo, que exige um trabalhador sem a posse do seu ser".[40] Salientou também que, do que era produzido pelo escravo como sobre-trabalho, surgia "mais uma forma de subordinação e coerção extra-econômica", e não uma posição de independência camponesa".[41]

Por isso a atividade do escravo rural "por conta própria", exercitada nos dias destinados ao repouso, cumpria condições escravistas. Tanto assim que na ocasião das safras, quando a exigência de trabalho na produção do senhor era mais intensa, os serviços enveredavam pelos dias de descanso, restando escassas chances para o repouso, e, portanto, para os cuidados com a economia do próprio escravo, que era desenvolvida nas folgas. Os cuidados preferenciais eram, naturalmente, em prol das fazendas e dos engenhos. Por outro lado, ainda que os resultados específicos do escravo passassem a fazer parte do seu acervo — quer para dar-lhe subsistência, quer para complementá-la, quando já lhe eram fornecidos alimentos básicos e se consentia no deságue do excedente da produção — a atividade agrária do escravo resolvia os problemas do senhor; isto é, fazer sobreviver o escravo, mas à sua própria custa, nas "suas" roças, posto que, nas demais, já era exclusiva sua dedicação aos produtos do proprietário da terra.

Contudo, há outro aspecto que toca a expressão "brecha camponesa" e que pode compatibilizar-se com uma situação *sui generis* de escravo —, a que implica se veja no escravo o homem não juridicamente livre e ao mesmo tempo o homem livre de fato, que

---

(38) GORENDER, Jacob. A Escravidão Reabilitada, *cit.,* p. 222/230
(39) GORENDER, Jacob. *O Escravismo Colonial.* São Paulo: Ática, 6ª ed., 1992, p. 263, 264, 253 e 254
(40) MOURA, Clovis. *Dialética Radical do Brasil Negro.* São Paulo: Anita Ltda. , 1994. p. 31.
(41) *Idem. Ibidem*, p. 28/29.

não se encontra, de modo concreto, sofrendo a coerção senhorial. Esse tipo é o escravo fugido que passou a sobreviver da produção agrícola individual ou familiar, ou, ainda da produção comunitária dos quantos podiam se reunir, indistintamente, em quilombos, fossem os que carregavam a pecha legal de escravos, fossem os forros, brancos pobres, índios, e toda qualidade de mestiços.

O mesmo Clovis Moura, a princípio seguro de ser a produção quilombola, de modo geral, mera "economia de resistência destinada à sobrevivência dos quilombos", que "não se configurou em um protocampesinato", termina admitindo que "não se pode negar que os quilombos criaram áreas de atividade agrícola de subsistência, proporcionando uma economia alternativa, *protocampesinal*, durante o período em que existiram". (g.n.) E apresenta as hipóteses de tal vertente, ditos "focos que possivelmente podem significar a existência de uma economia quilombola independente": "a) a República de Palmares; b) os *papaméis* de Alagoas; c) os quilombos de Goiana e Catucá, em Pernambuco; d) os Calungas, de Goiás; e) os quilombos da região amazonense".[42]

É claro que o apontamento dessas áreas é simplesmente exemplificativo, e não exaustivo. Em nosso entendimento, no entanto, podemos afirmar que, na generalidade das áreas rurais individuais ocupadas pelos negros trânsfugas, e nos casos dos quilombos agrícolas, enquanto subsistiram no passado ou quando tiveram continuidade no tempo pós abolição, na qualidade de comunidades negras rurais, remanescentes deles, firmaram-se como amostras do modo de produção camponês. Constituíram-se, portanto (aí sim), numa brecha camponesa, no sentido de uma fissura que se abria no sistema de produção escravista como aparato dominante, algo que poderia viger ao lado dele, vale dizer, sem se confundir com a sua estrutura.

Em outras palavras, os "escravos" aquilombados, libertos, pois, do jugo do senhor, e produtores em áreas "sem dono", de que se apossavam, estavam mais próximos das regras econômicas dos camponeses típicos, trabalhadores livres por conta própria, do que dos escravos que permaneciam na terra do senhor, sob seu comando, cultivando simplesmente áreas cedidas, e por isso de reconhecido pertencimento alheio.

Embora formado por trabalhadores juridicamente servis, segundo a visão da sociedade comum, que não enxergava no escravo fugido um homem propriamente liberto, as posses individuais e familiares, ou as posses comunitárias de exploração agrária (quilombolas), apresentavam dois aspectos, que marcavam uma autonomia de vida social e econômica extremada das peculiaridades existentes nos núcleos produtores escravistas: uma, a condição objetiva do escravo fugido não mais estar sendo coagido, diuturnamente, pelo senhor; outra, a condição subjetiva, relativa à convicção do escravo de que, no reduto de seus iguais, e ali sobrevivendo, a sua liberdade era efetiva.

A economia do negro fugido que se estabelecesse na terra, de modo individual, com sua família ou de modo associativo – resolvida, portanto, sem o ferrete senhorial, e inspirada na subjetividade libertária do negro – é diferente da "economia do escravo", praticada nas roças

---

(42) *Idem. Ibidem*, p. 32

dadas em concessão aos que se mantinham sob ordens do amo. E de certa maneira diversa, também, da economia dos camponeses, propriamente ditos, por uma sutileza de caráter legal. Aquela economia quilombola se encontrava como um terceiro caso, entre dois polos: o polo da atividade do escravo como tal, ainda sob coerção, de direito e de fato, e que podia retirar rendimentos e sobreviver dos produtos na terra do senhor; e o polo da atividade de subsistência dos camponeses por excelência, que a desenvolviam como trabalhadores plenamente livres, tanto do ponto de vista fático quanto jurídico.

Em frente à primeira hipótese, a dos escravos que tinham direito de cultivar a terra alheia permanecendo submissos, havia uma superação qualitativa pessoal e social do contingente dos fugidos, dado o fortalecimento de sua posição no processo da luta de classe, com a libertação fática do senhor.

Em face do segundo caso, o dos típicos camponeses (homens livres), os fugidos conduziam sua atividade econômica de modo idêntico aos mesmos — a produção alimentar e de obtenção de gêneros de primeira necessidade, aliada à troca e comercialização nas proximidades — porém com uma diferença social, e todavia de origem meramente formal: os agentes da economia camponesa comum eram juridicamente livres, e os outros não no eram, ainda que faticamente o fossem.

Por isso que eles se posicionam num meio-termo das duas realidades: por um lado, exerciam a tarefa agroeconômica independente das ordens senhoriais e dentro do território devoluto, "sem dono", ou abandonado pelos sesmeiros ou posseiros anteriores, ou imbricados nas áreas indígenas – de toda sorte um território ainda concebido como não-apropriado pelos engenhos e fazendas, onde se manifestava a coerção; e por outro lado exprimiam uma posição social em que a liberdade concreta de que desfrutavam não estava articulada com a liberdade formal, do reconhecimento pela ordem jurídica dominante.

Vai daí que, para fixar a sutil diferenciação, quanto a este caso comparativo, pode-se adotar para a atividade agrícola do negro escapo e sua família, ou para a atividade agrícola quilombola, o designativo de *protocampesinato*, certamente. Tome-se este termo (*proto= primeiro*), como uma categoria primeva de atividade camponesa, a qual, em relação ao escravo fugido somente não se fechava conceitualmente, por completo, como camponês típico, porque, como já foi dito, faltava o elemento da liberdade formal. Entenda-se, pois, o protocampesinato como o estado larvar, caminho em direção ao campesinato. A noção de protocampesinato, nesta hipótese, é dum modelo primeiro de uma economia fora da coerção senhorial, mas que passou pela barreira desta, criada por escravos que se fizeram livres, e que por sua auto-liberação *começaram* a ser camponeses.

Não se trata de aplicação do termo com a mesma conotação de Ciro Flamarion Cardoso, ou de Sidney Mintz, o qual, referido pelo outro, havia distinguindo como "atividades camponesas sob o regime escravista" as seguintes: "1) camponeses não proprietários; 2) camponeses proprietários; 3) atividades camponesas dos quilombolas; 4) o protocampesinato escravo".[43]

---

(43)   Sidney Mintz: *The origens of reconstituted peasanties*; *in* Sidney Mintz: *Caribbean Transformations*. Aldine, Chicago, 1974, p. 146-156, *apud* Ciro Flamarion Cardoso: Escravo ou Camponês?..., *cit.*, p. 54.

Ao que se vê por último (n. 4), a expressão protocampesinato está ligada, visceralmente, ao sistema escravista, como se houvesse camponês/escravo ou escravo/camponês Por isso que na classificação acima fica em separado de outro tipo de atividade considerada (n. 3), a atividade camponesa atinente aos quilombos. Conforme o próprio Ciro Cardoso explica, "o termo protocampesinato se refere às atividades agrícolas realizadas por escravos nas parcelas e no tempo para trabalhá-las, *concedidas no interior das fazendas*, e à eventual comercialização dos excedentes obtidos".[44]

Para nós, o termo somente é concebível numa estrutura da qual não participem escravos submissos, como, especialmente, nas comunidades quilombolas, já virtualmente livres e, portanto, mais articuladas com a economia camponesa típica, de homens independentes. No caso dos quilombolas do Brasil, acreditamos que sua feição camponesa delineava-se tanto em termos de uma economia mais fechada, que ainda permanecia esconsa às relações com a sociedade comum, quanto de uma economia que já aceitava maiores contactos, formando postos de intercâmbio. De qualquer modo, os quilombolas eram pessoas de lavor autônomo, não submetidas ao senhorinato.

Portanto, estamos muito mais próximos de Jerzy Tepicht[45], interpretado por Henry Mendras, o qual adverte que "pouca atenção é proporcionada ao 'protocamponês' da palavra de Tepicht, que compreendia com ele as sociedades onde a economia camponesa não pode desenvolver-se senão parcialmente, por exemplo tomando uma forma de exploração familiar sem haver ainda estabelecido contactos seguidos com o mercado. O prefixo 'proto' presume uma evolução posterior em direção ao modelo camponês."[46]

Em nossa compreensão, o protocampesinato aplicado ao quilombola está ajustado à função daquele prefixo, como indicativo das primícias de um campesinato que não podia ser compatível com o escravo, enquanto escravo subordinado ao senhor; mas que podia acoplar-se perfeitamente ao quilombola, como exemplo de escravo de fato livre, que subsistia por conta própria, com sua família ou em grupo. Um fenômeno, aliás, também exterior às fazendas de mão de obra escrava, e não produzido no interior delas.

De resto, a autonomia que impregnava o desenvolvimento das unidades negras produtivas, especialmente as quilombolas, é de fácil constatação histórica.

Lúcia Andrade e Girolamo Treccani, com base em Flávio dos Santos Gomes[47], escrevem que "na nova conceituação de quilombo (...) devemos substituir fuga e isolamento por resistência e autonomia. Neste conceito encontram-se as diversas situações engendradas pelos negros para escapar do jugo dos senhores e garantir sua autonomia econômica – uma autonomia que possibilitou a *formação de um campesinato negro ainda durante a escravidão*." (g.n.) E sentenciam, a seguir: "A transição da condição de escravo para camponês livre é o que caracteriza o quilombo, independentemente

---

(44) Ciro Flamarion Cardoso: Escravo ou Camponês?..., *cit.*, p. 55.
(45) TEPICHT, V. Jerzy. *Marxisme et agriculture*. Paris: Cahir, 1973. 251 p.
(46) MENDRAS, Henry. *Sociedades Camponesas*. Rio: Zahar Editores, 1978. p. 17.
(47) Flávio dos Santos Gomes. "Protesto Negro e História", O Liberal, Belém, ed. 13 de maio de 1997.

das estratégias utilizadas para alcançar esta condição (fuga, negociação com os senhores, herança, entre outras)." [48]

A noção de autonomia da atividade quilombola também se colhe em Mário Maestri — ademais de sua "forma específica de luta de classes em uma organização escravista", bem como de superioridade, frente ao escravismo, "do nível de consumo e a esperança de vida."[49]

2.3. As consequências da emancipação e os obstáculos para o liberto em frente a várias atividades

Antes do advento da lei de 13 de maio de 1888, já havia fórmulas pelas quais a escravidão específica de cada negro poderia ter um fim – malgrado permanecesse o próprio regime escravista como característica genérica marcante.

A escravidão de um negro determinado poderia terminar através de dois fenômenos: a) pela ocorrência de sua morte; b) pela emancipação.

Acabando-se a servidão do escravo, ele poderia, *em tese*, adquirir quaisquer bens, incluso os imóveis; aquisição esta que, como é óbvio, está afastada da modalidade em que o estado servil acaba com a morte: defunto não adquire bens.

A outra modalidade implicava no escravo ficar livre para, só então, poder adquirir todo e qualquer bem. A emancipação conferia ao mesmo plena capacidade civil, tornando-o suscetível, portanto, de adquirir bens móveis, semoventes ou imóveis. A emancipação, ou manumissão, era a alforria, a concessão de liberdade ao negro.[50]

Por um capricho da língua portuguesa, que tem base latina, mas é aberta, naturalmente, a outras influências, terminou predominando entre nós, como equivalente à emancipação, não a palavra manumissão, derivada do latim (*manumissio, onis*), e sim a expressão árabe *al-horruâ* (alforria), que significa 'liberdade concedida ao escravo'.[51]

---

(48) Lúcia Andrade & Girolamo Treccani. "Terras de Quilombo", *in* Direito Agrário Brasileiro, Raymundo Laranjeira (org.), Ed. LTr, São Paulo, 2000, p. 602.

(49) MAESTRI, Mário. *A Servidão Negra*. Ed. Porto Alegre: Mercado Aberto, 1988. p. 127

(50) Russell – Wood descreve uma carta de alforria e algumas de suas circunstâncias: "A carta de alforria trazia as seguintes informações: identidade do dono, seu representante ou executor, local de moradia e estado civil; identidade da pessoa a ser libertada, com nome, sexo, idade, cor, local de nascimento, ocupação e etnia e como o escravo chegara à posse do dono. Estipulavam-se as condições para a concessão da liberdade assim como a quantia correspondente à manumissão. Às vezes declarava-se a razão de se conceder a liberdade (Eisemberg, 1982, 1987). Uma carta de manumissão podia ser rescindida, tomando-se o escravo, mesmo libertado, dependente para sempre. Havia também a palavra coarctado para referir-se ao escravo que parcelava durante certo número de anos os pagamentos da quantia mutuamente combinada para compra de sua carta de alforria. Este escravo recebia um documento (carta de corte) que lhe permitia circular perto ou longe do local de residência do proprietário, de modo a buscar os meios financeiros para cumprir a sua obrigação de fazer os pagamentos periódicos ao dono. Uma variante era impor condições ao coarctado. Só quando a quantia combinada fosse totalmente quitada, o recravo receberia sua carta de alforria." — JJ Russell – Wood, *ob. cit.,* p. 294.

(51) Antonio Geraldo da Cunha: Dicionário Etimológico. Ed. Nova Fronteira, São Paulo, 1982, p. 30, verbete *alforria*.

Tal liberdade provinha de duas fontes: a vontade do senhor e a determinação da lei.

A alforria por vontade do senhor instrumentalizava-se através a) da carta de liberdade — em função da qual muitos amealharam para obtê-la; b) do testamento ou codicilo — disposições de última vontade; c) da declaração em registro de batismo.[52]

A alforria por determinação legal poderia ocorrer até mesmo contra a vontade do senhor (*invito domine*), e produzir casos em que correspondesse um pagamento de indenização a ele, ou nenhum.

No presente item de estudo, não se torna importante perquirir quais eram as causas de uma alforria[53], e sim as suas conseqüências últimas, a partir do pressuposto de que, fossem quais fossem os motivos da liberdade, a própria condição de liberto iria dar ao escravo, pelo advento de sua capacidade civil, tudo aquilo que fosse apto a obter. Nasceria, pois, o ensejo de o liberto conseguir a propriedade da terra, *por fas ou por nefas*, tanto ao ser alforriado pelo senhor, quanto ao tornar-se forro em virtude da lei.

Ao exame das repercussões da aquisição da capacidade civil, pelo negro em geral, seriam percebidos casos, naturalmente, em que ele passou a ter o patrimônio da terra, com perfil individual/familiar ou em grupo. Na primeira hipótese, através da sucessão hereditária, quando a alforria se articulava à concessão do bem, em ato de última vontade do senhor; ou depois de dada a alforria, pela utilização de contratos. Na segunda hipótese, através também da sucessão hereditária, quando a alforria aliada à disposição do bem, em ato de última vontade do senhor, contemplava um grupo de emancipados; ou através dos contratos, pós emancipação, com a celebração de atos *inter-vivos* (doação, compra e venda etc.) com qualquer pessoa.

O mais interessante, todavia, estava em que o liberto podia vir a ser, também, um agricultor em quilombo, portanto figurante de comunidade formada por escravos fugidos. O liberto não supunha o escravo que se fazia livre porque tivesse fugido do senhor; e sim o escravo tornando livre, por consentimento deste ou por determinação oficial.

O quilombo constituía uma organização estruturada não pelos libertos de base legal, mas pelos escravos que fugiam e por isso se punham fora da lei — e admitiam também em suas hostes os brancos pobres, os escapos da Justiça, os salteadores ou os injustiçados perseguidos; os índios mansos e os obreiros de toda estirpe, e, com maior razão, acolhia o próprio negro, ainda escravo, ou mesmo um liberto oficial, quando o querer deste era movido, em regra, por falta de perspectivas na sociedade comum.

Mas não era fácil ser liberto numa sociedade que lhe retirava o estado de escravo (oferecendo-lhe, em tese, as chances de igualar-se aos quantos conseguiram melhor acesso social), mas que, de fato – e até por artifícios legais – também lhe tirava as possibilidades de efetivar conquistas socioeconômicas.

---

(52) Perdigão Malheiros fala nisso por outra forma: "1º a *carta*, ainda que assinada somente pelo senhor ou por outrem a seu rogo, independente de testemunhas; 2º o *testamento* ou *codicilo*; 3º a *pia batismal*." (*ob. cit.*, I, p. 85).

(53) A tal propósito, vejam-se determinados motivos no capítulo III, item 3.7.

Vejam–se, a princípio, as referências de JJ Russell-Wood sobre algumas atividades do "negro e do mulato" livres – sem que esteja esgotado o rol, evidentemente: a descaída para a vagabundagem e os biscates; um pequeno comércio independente de comidas, bebidas, roupas, utensílios domésticos, ferramentas agrícolas, bateias, facas; prática de agricultura, como "rendeiros de uma área modesta" ou "roceiros" ou pequenos fazendeiros na criação de porcos; exercício de tarefas também realizadas por escravos; intermediários na venda de alimentos, como a revenda de farinha, feijão, hortaliças e aves; pescadores, fornecedores de lenha; feitores na mineração, no criatório de gado (feitores curraleiros) e na agricultura dos engenhos (feitores-mor, feitores de partidas ou encarregados de pessoal, banqueiros, mestres de açúcar).[54]

Os que possuíam essas ocupações podiam ficar com certa expectativa de melhoria ou continuarem vivendo em situação precária nalgumas delas. Doutro modo, havia os que corriam riscos, não somente econômicos, mas de penalização pelas autoridades, a exemplo daqueles "que desenvolviam atividade clandestina, que incluía oferecer abrigo a escravos fugidos, promover a prostituição e fornecer ilegalmente armas e alimentos aos quilombos".[55] Tais práticas consubstanciavam modelo diverso de dificuldades para os libertos, ao nível dos que transgrediam "regulamento sobre porte de armas e códigos de vestimenta".[56]

Ele ainda escreve: "Com certeza alguns libertos de cor conquistaram certo grau de autonomia financeira e até algum grau de aceitação da parte dos indivíduos brancos; mas deve-se enfatizar que essa autonomia e esta aceitação foram conquistadas em esferas limitadíssimas. Ser dono de uma taverna ou vendinha representava o sucesso para uma pessoa desse grupo. No setor comercial há boa base para acreditar que a economia local era bastante dominada por indivíduos de ascendência africana. A produção, o fornecimento e a comercialização eram dominadas por escravos e libertos, mas as autoridades pouco atuaram para fazer concessões a esse setor."[57]

O mesmo historiador, falando ainda sobre os "libertos e os não-brancos livres" no Brasil, diz que "Alguns se tornaram proprietários de terras, outros cultivavam roças e outros ainda se envolveram lucrativamente na extração do ouro. Alguns possuíam lojas, armazéns ou tabernas, foram registrados legalmente como artesãos e exerceram suas ocupações de sapateiros, alfaiates e pedreiros; alguns se tornaram pintores e escultores famosos em pedra e madeira" (...) "Alguns pouquíssimos ficaram muito ricos e tornaram-se famosos bem além do seu local de residência. Essas histórias de sucesso foram raras"[58] (...) "E houve

---

(54)   JJ Russell-Wood: Escravos e Libertos do Brasil Colônia, Rio, Ed. Civilização Brasileira, 2005, pp. 86,90, 95, 89, 98, 90, 91, 99.
(55)   *Idem. Ibidem*, p. 90.
(56)   *Idem. Ibidem*, p. 107.
(57)   *Idem. Ibidem*, p. 288.
— Ademir Gebara menciona também posturas municipais que proibiam casas de negócios admitir escravos como caixeiros ou administradores, sob pena de multa aos proprietários, podendo-se afirmar, com isso, "que o seu objetivo teria sido bloquear o acesso dos escravos aos empregos urbanos, forçando-os, dessa maneira, a permanecer nas fazendas." — O Mercado de Trabalho Livre no Brasil, São Paulo, Ed. Brasiliense, 1986, p. 107/108.
(58)   Um dos exemplos bem sucedidos encontra-se na Bahia, com a história de João Gonçalves da Costa,

muitos a quem a condição legal de ser livre não poupou de uma vida cotidiana precária de pobreza e até de miséria" — como aqueles que o autor mencionou alhures, buscados como exemplo no Recôncavo baiano, no final do século XVIII, de pequenos arrendatários que pagavam uma "renda anual de duas galinhas e um galo no dia de São João", ou que "arrendavam terrenos minúsculos por tostões", nas fazendas em que viviam, os quais eram denominados por Vilhena de 'mendigos rurais'."[59]

No particular da propriedade da terra e da vocação do ex-escravo para a vida do campo, hão que se ver as relações de estrito âmbito privado, quanto as relações dependentes da concessão pelo Estado, portanto dentro da esfera pública.

No primeiro caso, as situações mais prováveis podem ser destacadas da seguinte maneira:

a) sendo a alforria gratuita, e contando o liberto com o seu pecúlio, poderia despendê-lo em eventual compra de terras, segundo o figurino legal para tornar-se proprietário, ou simplesmente poderia "comprar uma posse" fora desse figurino, passando a "ter" a terra por ocupação.

b) sendo gratuita a alforria e não contando o liberto com recursos, uma das soluções para sua sobrevivência seria agregar-se à terra do ex-senhor ou de outros proprietários; ou, se alforriado por disposição de última vontade, permanecer junto aos herdeiros da terra, como morador-de-condição.

c) sendo a alforria onerosa, pela qual as economias do escravo esvaiam-se, seria difícil continuar dispondo de recursos para adquirir terras de terceiros, formalmente. O apoucamento da poupança pessoal do liberto ou hipotéticos empréstimos que poderia ter das irmandades ou das sociedades emancipadoras, estariam envolvidos em tal dificuldade. Em todo caso, restaria também que ele se agregasse às terras das fazendas e dos engenhos, se sua vocação estivesse voltada para o trabalho rural.

d) a situação mais rara estaria em o liberto vir a ser proprietário reconhecido pela ordem jurídica, numa alforria que, além da liberdade, implicasse a transferência do bem territorial. Algo, porém, que, historicamente era factível, por disposições testamentárias.

Maria Inês Cortes de Oliveira transcreve trecho dum testador, que dava como seus duas filhas e um filho, tidos com três escravas, e que assim decidiu: "...os reconheço por meus filhos naturaes e por conseguinte os instituo por meus únicos herdeiros."[60]

---

negro português que veio para o Brasil aos 16 anos, aqui tornando-se liberto, "preto forro" segundo a sua documentação, e que foi feito oficial do Terço de Henrique Dias, para acompanhar "como capitão da gente preta" e ajudante de João da Silva Guimarães, a bandeira deste ao norte de Minas Gerais, por volta de 1744.
Prossegue então o texto de Maria Aparecida Silva de Souza sobre o mesmo, dizendo que tendo ele chegado ao centro-sul da Bahia, em fins do século XVIII, na região conhecida por Sertão de Ressaca, João Gonçalves da Costa dizimou os índios e fundou a cidade hoje nomeada Vitória da Conquista, a partir da qual estabeleceu para si inúmeras fazendas de gado e abriu estradas para abastecer de carnes e couros as cidades do litoral baiano, entre Porto Seguro e Ilhéus, até o Recôncavo baiano" — Maria Aparecida Silva de Souza: A Conquista do Sertão de Ressaca – povoamento e posse da terra no interior da Bahia, Vitória da Conquista, Ed. UESB, 2001.
(59) JJ Russell-Wood, *ob. cit.*, pp. 346 e 97.
(60) Maria Inês Cortes de Oliveira: *ob. cit.*, p. 68

Outrossim, Russell-Wood mostra as dificuldades para os libertos gozarem certas "dádivas". Anotamos, pelo menos, duas:

1) Uma, diretamente ligada aos filhos ditos bastardos, de cor, ou acolhidos por determinadas famílias, pelo que as autoridades mostram oposição à herança cabível aos mesmos. Assim, afirma: "Os negros e mulatos livres com mais chances de desempenhar um papel relevante como indivíduos na sociedade do Brasil colonial eram as crias da casa, filhos ilegítimos de um branco, ou crianças adotadas criadas como membros de famílias brancas" (...) "...estas crianças às vezes herdavam fazendas de gado, plantações de cana de açúcar e outras propriedades. Isto despertava a ira dos governadores, que viam as pessoas de cor com posses como ameaças à segurança nacional".[61]

2) Outra, referente ao fato do governador de Minas Gerais, em 1719, haver promulgado éditos que visavam a impossibilitar uma revolta negra, consistentes eles em "punir severamente os fugidos; reduzir o número de cartas de alforrias concedidas; *impedir que os libertos de cor tivessem escravos ou terras*; e prevenir qualquer situação em que algum negro pudesse exercer autoridade sobre algum outro negro, escravo ou liberto."[62] (g.n.)

Já naquela hipótese em que a propriedade da terra podia ser cogitada para o liberto propenso às lidas agrárias, mas dependendo dos favores oficiais para concessão de terras públicas, deve-se considerar a situação que se formou em 1822, e que se definiu contra os negros e os pobres em geral, no ano de 1850.

Apesar das sugestões de José Bonifácio para que se instituíssem colônias de libertos, o regime de concessões de sesmarias foi suspenso em julho de 1822 e jamais restabelecido. A despeito disso, o território público foi sendo ocupado sem grandes embaraços, mesmo as terras particulares ou supostamente privadas iam sendo adquiridas ou repassadas sem instrumentos severos de controle. Quase trinta anos depois, quando adveio a Lei 601, de 1850, o Estado brasileiro criou obstáculos ao acesso à terra pelos pobres do povo – que adiante serão examinados – tornando a terra devoluta objeto de compra e armando labirintos burocráticos para a legitimação das posses.

Em tese, se o liberto dispusesse de recursos para tal compra e conhecesse os meandros governamentais para aquisição de alguma área, sem objeção prática dos latifundiários que manobravam os canais oficiais, decerto que poderia, segundo a lei, tornar-se proprietário.

– Segundo a própria autora, não se pense que o reconhecimento da paternidade, pura e simples, seria suficiente para tornar livre o filho escravo, e assim torná-lo herdeiro de bens. Somente o senhor e a disposição de lei poderiam liberar o escravo. Dessa forma, a vontade de algum pai desescravizar o filho somente surtiria efeito se ele próprio fosse o senhor, dono também da mãe do escravo. O pai de um escravo, que era filho de escrava pertencente a outrem – não sendo, portanto, o senhor – não poderia libertá-lo com o perfilhamento.

De acordo com o princípio do *partus sequitur ventrem*, a condição de escravo era dada pela linha materna, de modo que o filho da escrava pertencente a alguém era escravo deste, mesmo que filho seu não fosse, obviamente. Apenas se dele também fosse filho, ademais de escravo, haveria a possibilidade da alforria, em virtude do testamento característico: o de senhor e pai. – *Idem. Ibidem.*

(61) JJ Russell-Wood, *ob. cit.,* p. 123.
(62) JJ Russell-Wood, *ob. cit.,* p. 270.

Entretanto, a História mostrou que para ele ficaria mais prático, quando não mais justo, fosse diante do segmento da territorialidade pública, fosse até em frente ao latifúndio particular, continuar com as suas ocupações e conformando-se em ser posseiro.

De novo Maria Inês Cortes de Oliveira, fala, igualmente, das dificuldades do liberto, em geral, depois da pesquisa em testamentos, levada a cabo em Salvador e seu entorno, a qual pode ser tomada, de certo modo, como paradigma a muitas localidades brasileiras, no período de um século, analisado entre 1790 e 1890. Ela apurou que, dos libertos que declararam sua profissão, quase todos exerciam as mesmas atividades dos escravos; excetuavam-se "um oficial de milícia, um feitor-mor e dois fazendeiros (que possuíam terras com limites bem superiores a uma roça comum)". [63]

Quer nos afazeres urbanos, quer nas tarefas rurais, as atividades eram as mesmas desenvolvidas pelo escravo, a igual, também, das ocupações existentes para os próprios trabalhadores livres, originalmente livres, mas pobres. Ou seja: "Continuar como estivador, abarrotando os navios de gêneros de exportação e os armazéns de produtos importados, aos quais nunca teria acesso. Continuar carregando homens e mulheres livres em 'cadeirinhas de arruar', tal qual besta humana. Continuar como 'negro de ganho', a viver de expedientes ou de pequeno comércio ambulante, comprando aqui, vendendo ali, para um mercado de baixo poder aquisitivo. Continuar como barbeiro e, nas horas vagas, músico. Continuar com roças na periferia da cidade, a plantar gêneros de subsistência para vender os minguados excedentes para um mercado sempre mais carente de alimentos." [64]

Grave problema, ainda, o detectado por Manuela Carneiro da Cunha, consistente em não serem os libertos reconhecidos como tais, de modo especial se tivessem deixado o local da servidão anterior. As autoridades consideravam que "os libertos eram os fomentadores e os organizadores das insurreições. Fomentadores, porque se supunha, sem muita razão aparente, que eles fizessem aliança com os escravos" (...) "como organizadores, considerava-se que tinham a possibilidade de circular livremente e que podiam mais facilmente servir de agentes de ligação dos engenhos".[65] Por isso as nossas Províncias não se esforçavam por distinguir, na sua prática policial, os libertos dos escravos, havendo casos em que "vários provimentos e leis municipais os assimilavam". E "Isto provavelmente resolvia para a polícia o embaraço de averiguar a condição de livre ou escravo...".[66]

Além do mais, de acordo com a mesma antropóloga, "os libertos sofriam uma série de restrições legais à sua plena liberdade", havendo variados exemplos de como permaneciam compelidos ao trabalho, por via de sua fixação em determinadas regiões agrícolas; ou impedidos de sair da mesma região em que se deu a alforria, durante algum tempo, ou obrigados à celebração de contratos de emprego etc.[67]

---

(63) Maria Inês Cortes de Oliveira: *ob. cit.,* p. 31 e 32.
(64) *Idem. Ibidem*, p. 32.
(65) Manuela Carneiro da Cunha: *ob. cit.,* p. 73.
(66) *Idem. Ibidem*, p. 69.
(67) *Idem. Ibidem*, p. 69/70.

Tal intercalação de trabalho que se queria livre, porém contido por determinadas condições dos contratos, também conduz a esclarecimentos sobre a mobilidade do liberto, como o fez Gebara, à luz da Lei do Ventre Livre:

"Diferente do imigrante, o liberto não necessita ser atraído, eis porque a legislação era tão explicitamente repressiva. O liberto com contrato de trabalho tinha de permanecer sob a autoridade de seu antigo dono, autoridade sustentada pela possibilidade de prisão a uma simples suspeita de fuga. Não havia qualquer outra alternativa para a mão de obra, a não ser a docilidade e a obediência. A existência do liberto criou um novo e complexo problema no que se relaciona ao controle dos próprios escravos, ou seja, com o término dos contratos compulsórios de trabalho dos libertos eles tornavam-se legalmente capazes de se mudarem."[68]

Outrossim, e sem embargo da comprovação sobre os forros que se assentaram longe da região em que eram cativos, formando sua propriedade ou a simples posse individual da terra, ou com localização mais longínqua ainda, nas posses coletivas dos quilombos – a tônica terá sido a instalação dos libertos no eixo de influência do antigo senhor. Desse eixo irradiavam-se seus mútuos interesses: da parte dos forros, a possibilidade de proteção a troco de subserviência; da parte do senhor, a garantia de mão de obra de reserva, a câmbio da absorção dos produtos dos negros, por compra direta ou intermediação favorável no mercado, precedida da cessão de terras, que lhes assegurassem os frutos da sobrevivência.

Todavia, a maior parte radicava-se na antiga zona de seu cativeiro, assimilando as condições do modo de produção camponês, assegurador de alimentos para os forros e para terceiros, ao mesmo tempo que garantidor de trabalho barato ou a nenhum custo para o antigo patrão escravista.

Embora uma parte de libertos, consoante já vimos, tivesse ficado rica ou ao menos independente do ponto de vista financeiro, e até adepta do sistema escravista[69] a grande maioria vivia em grande pobreza, mesmo que contassem com recursos próprios da terra, no meio rural ou na periferia das cidades. "Os casos bem divulgados de indivíduos de ascendência africana que possuíram minas ou fazendas são exceções fulgurantes à regra geral." [70]

2.4. Empecilhos legais ao acesso dos negros à propriedade da terra

As situações aqui relatadas denotam a interferência da própria legislação brasileira na vida e no trabalho dos libertos, africanos ou crioulos, e até, incidentalmente, dos brancos pobres do campo.

---

(68) Ademir Gebara: *ob. cit.*, p. 148.
(69) Na atividade mineradora de Minas Gerais, autores constataram nalgumas localidades, por exemplo, a "presença altamente relevante do elemento forro no conjunto dos proprietários de escravos" — Francisco Vidal Luna e Iraci Nero da Costa: "A presença do elemento forro no conjunto dos proprietários de escravos", *in* Revista Ciência e Cultura, vol. 32 (7), julho de 1980 – Separata.
(70) JJ Russell-Wood, *ob. cit.*, p. 288

Num primeiro instante, veremos as restrições legais que alcançaram os africanos libertos (2.4.1.), enquanto participantes dos dois mais destacados grupos não nascidos no Brasil, que, a nosso ver, sofreram fortes barreiras nas suas perspectivas territoriais e na própria mobilidade pessoal: de um lado, o dos africanos livrados do tráfico oceânico (2.4.1.1.) e de outro, o dos africanos insurgentes (2.4.1.2.).

Num segundo momento, focalizaremos o caso dos pretos forros, em geral (2.4.2.), quanto às dificuldades legais que os atingiram (e aos pobres de todo o gênero, brancos ou livres), principalmente à vista da Lei de Terras e Imigração.

2.4.1. O casos específicos do africano liberto

2.4.1.1. Os africanos "livres" resgatados ao tráfico internacional

Tomada, comumente, como ponto de partida para o estudo das dissimulações do Brasil ao combate ao tráfico externo de escravos, a lei de 7 de novembro de 1831 não trouxe os resultados esperados pela Inglaterra e quedou-se por cá em vazio total, diante da força dominadora dos traficantes, da influência dos fazendeiros sobre as autoridades fiscalizadoras e do próprio descaso do Governo.

Embora a lei não tivesse acabado com o comércio de escravos, o qual até recrudesceu pouco depois, dela se pode dizer que ao menos foi útil para, em combinação com os anteriores entendimentos entre a Inglaterra e Portugal, e a seguir, com o próprio Brasil, tornar mais visível um novo grupo social de africanos, a quem se passou a dispensar um trato jurídico diferenciado: o dos chamados "africanos livres".

Eles eram oficialmente considerados como tais não pelo simples fato de terem sido carga clandestina chegada ao Brasil – afinal, os demais africanos que logo desembarcavam aqui, a despeito das proibições que se sabia antigas, também eram produtos de um negócio ilícito. Foram reputados livres porque assim constava do entendimento das nações, bem como da severa vigilância da Inglaterra a partir de determinado instante, quando eram retirados, então, das embarcações abordadas pelos navios que fiscalizavam o tráfico, ou, se desembarcados já, quando eram desviados do mercadejo pelas autoridades, as autoridades que se queriam sérias e que se dispunham a alguma constatação de ilicitude.

Em razão dos tratados e convenções havia Comissões Mistas sediadas em Serra Leoa, Rio de Janeiro e Londres que julgavam o caráter da origem das embarcações negreiras capturadas, e, em caso de condenação, os negros deveriam ser encaminhados e entregues ao governo em que se situava a Comissão que prolatara a decisão.[71]

No caso do Brasil, pois, os negros postos aos cuidados do Governo passaram a ter uma sistemática própria, eram considerados "livres", em respeito à sentença da Comissão em tal sentido. A diferença básica entre eles e os africanos escravos radicava exatamente no estado da liberdade (teórica e na prática). Enquanto os africanos escravos, propriamente ditos, embarcavam na África, desembarcavam no Brasil, e iam trabalhar em condição servil

---

(71) Cf. Pierre Verger, *ob. cit.,* p. 308. – V. ainda nosso Capítulo III.

(apesar da Lei de 1831 e dos acordos internacionais), os "africanos livres" saíam do continente negro também escravizados, porém a interceptação do seu transporte ou o apresamento deles também em terra, como mercadoria proibida, dava-lhes *status* de livres" (por causa da Lei de 1831 e das Convenções).

Em decorrência, ficava patente outra diferenciação: a liberdade desse segmento de africanos antecedia, em princípio, a qualquer tipo de trabalho que viesse a lhes ser atribuído no país, sob "tutela do Governo", ao passo que, na categoria dos escravizados "comuns" a condição de liberdade acontecia apenas a *posteriori* da prestação de serviços a seu senhor, quando, por vontade deste, ou por determinação judicial, poderiam ser emancipados. Todavia, era o dito por não dito, relativamente aos africanos subtraídos aos tumbeiros, os quais, não sendo reexportados para a África, permaneciam no Brasil, formando um contingente especial[72], que, não obstante, incorporava, na prática, idêntica situação dos cativos.

Na verdade, não teriam deixado de ser escravos, *de fato* – estivessem empregados em obras ou serviços públicos e de caridade (fábricas do Estado, estradas e ruas, arsenais militares, hospitais, casas pias, hospícios etc.) ou fossem alugados "*a particulares de probidade, sob a condição de sustental-os e de ensinar-lhes officios*".

Estas eram as situações em que se dava o aproveitamento da mão de obra dos que por cá permaneceram. Os africanos ditos "livres" ficavam assim compelidos a algum tipo de trabalho por certo período, como se estabelecia na legislação imperial. Com efeito, antigo Alvará de 26 de janeiro de 1818 (art. 5º), expedido para atender a Convenção de 1817, inspirou o Aviso de 29 de outubro de 1834, que traçava o destino desses africanos por aquela maneira[73], sobrelevando-se esta incongruência: de serem eles concebidos como "livres", tanto que até podiam portar uma "carta declaratória" dessa condição numa "pequena lata"[74], ao tempo em que, por determinação legal contraposta à sua liberdade, eram *destinados a servir* por 14 anos *como libertos.*" (g.n.)

Poderíamos chamá-los de escravos por prazo determinado, não o fossem, também, por indeterminação de tempo, diante das situações de descaso e desrespeito na contagem dos anos. De toda forma, "ainda que juridicamente livres — como disse Beatriz Mamigonian — eles não entravam no mercado de trabalho enquanto pessoas livres, mas antes enquanto escravos novos".[75]

É que, apesar da legislação referir-se ao africano livre do tráfico como "liberto" (corroborando, portanto, tratado, convenção e a lei de 1831 que livre o consideravam como

---

(72) Os autores calculam-nos em, aproximadamente, 11 mil indivíduos, dentre milhões de escravizados. V. Beatriz Gallotti Mamigonian: "Revisitando a 'transição para o trabalho livre': a experiência dos africanos livres", *in* Tráfico, Cativeiro e Liberdade – Rio de Janeiro, séculos XVII–XIX (Org. Manolo Florentino), Rio, Ed. Civilização Brasileira, 2005, p. 391.

(73) V. Tavares Bastos: Cartas do Solitário, São Paulo, Cia. Editora Nacional, 1938, p. 134 (edição calcada na 2ª de 1863, ao passo que a 1ª tinha sido de 1862).

(74) Ana Flávia Cicchelli Pires: "A abolição do comércio atlântico de escravos e os africanos livres do Brasil", artigo colhido na Internet, em 2 de novembro de 2011, no *sítio* www.cea.unc.edu.ar/africa-orientemedio/librobahia/07pire.pdf

(75) Beatriz Mamigonian, *ob. cit.*, p. 399.

pessoa), ela também dispõe, contraditoriamente, sobre a necessidade de uma petição para fins de emancipação dele, ao cabo dos 14 anos de trabalho, vale dizer, para fins de libertação de quem já era legalmente livre.

A repercussão patrimonial desse dado seria suscetível de levar ao argumento de que sendo os "africanos livres" escravos de fato, nada podiam adquirir materialmente. Por outro lado, seria possível contrapor a tese de que, sendo eles "livres" perante o Direito, tidos como "livres" e "libertos" em documentos legais, tal condição lhes conferia a capacidade aquisitiva e a aptidão para gozar de todos os direitos inerentes à vida privada, equiparando-se a todos os demais emancipados.

Entretanto – para além dos percalços naturais da pobreza e da exegese legal com o fito de obter-se uma propriedade, por exemplo – veio adensar as dificuldades o Decreto n. 1.303, de 28 de dezembro de 1853, que regulamentou a nova lei de abolição do tráfico, de n. 581, de 4 de setembro de 1850 (Lei Eusébio de Queiroz).

Essa lei, pelo art. 6º, extinguiu a concessão dos serviços dos africanos livres aos particulares, porém o decreto acima mencionado, ao considerar aqueles "que tiverem prestado serviços a particulares pelo espaço de 14 annos, *sejam emancipados quando o requeiram*; com a obrigação porém de residirem no logar que for pelo Governo designado..." (g.n.)

O quadro então modelado foi de africanos "livres" (portanto já "libertos"), que ainda precisavam de outra emancipação formal para angariarem uma liberdade, que não seria definitiva, senão postiça – porque após a emancipação por requerimento viria ainda o desterro, ou seja, a obrigatoriedade de morar em local predeterminado.

Certamente por virtude desse estado de coisas tenha dito Mamigonian: "Ser livre para escolher onde viver, e quando e onde trabalhar, e ainda poder acumular os frutos do seu trabalho, eram as aspirações da maioria dos africanos livres, *uma vez que tivesse completado seu termo de serviço. Que eles tenham tido que esperar por sua segunda emancipação para poder gozar dessa liberdade,* denota a peculiaridade de sua situação."[76] (g.n.)

Ana Flávia Chiccelli Pires concorda que "Vários foram os impedimentos colocados no caminho dos africanos livres para conseguirem a emancipação. Entre eles podemos citar as dificuldades oferecidas pelas formalidades da petição requerida pelo decreto e as complicações colocadas no caminho dos africanos pelos arrematantes. Além disso, o decreto de 28 de dezembro de 1853 continha uma medida complementar destinada a restringir a liberdade dos africanos. Os emancipados que conseguissem obter sua libertação através das petições feitas ao governo seriam obrigados a aceitar emprego assalariado onde quer que fosse ordenado pelo governo, provavelmente até mesmo nas propriedades de seus antigos tutores se tal solução parecesse apropriada. Nesse sentido, vale ressaltar que milhares de africanos empregados no serviço governamental estavam excluídos dos benefícios do decreto."[77]

---

(76)   Beatriz Mamigonian: *ob. cit.,* p. 398.
(77)   Ana Flávia C. Pires: *ob. cit.,* p. 103

E mesmo depois da emancipação total de todos eles, pelo Decreto n. 3.310, de 24 de dezembro de 1864, havia atribulações. De acordo com a mesma historiadora citada, existiam "africanos livres trabalhando em estabelecimentos governamentais, sem contar os que haviam sido absorvidos pela população escrava. Certamente muitos africanos livres e seus descendentes não conseguiram suas cartas de emancipação, tendo que esperar mais de vinte anos pela lei de 13 de maio de 1888".[78]

Imaginem-se, pois, as chances para essa categoria conquistar, no Brasil, o domínio formal da terra!

2.4.1.2. Os africanos insurgentes

O relato dos casos de proibição específica para aquisição de bens imóveis, por parte de *determinado grupo* de africanos não escravos, é a exata e óbvia linha divisória de que, antes, havia a possibilidade jurídica disso.

Essa conclusão alcança, a nosso ver, a todos e quaisquer libertos, crioulos ou africanos, mesmo os chamados "livres" que não se encaixavam na expressa vedação legal de possuir um "bem de raiz". Se a nenhum "africano livre" (liberto que sempre foi na essência da lei, a despeito das formalidades procrastinatórias para livrar-se das amarras fáticas) ficava vedado, legalmente, possuir bens, nada impedia, pois, que os tivesse. No entanto, se porventura ele veio a enquadrar-se no conceito de insurrecto, em dado momento histórico, nele recaiu a proibição, como agora será contextualizado.

Apesar de parecer, hoje, o contrário, pois a velha cidade de Salvador era dos principais portos de recepção de escravos, muito se verberava na Bahia das primeiras décadas do século XIX contra o tráfico transoceânico, seguindo na esteira da lei de 1831. A razão era a suspeita de os africanos importados liderarem as insurreições negras, que vinham acontecendo em Salvador e no Recôncavo baiano, culminando com a que seria, talvez, a maior delas, a frustrada revolta dos malês, em 1835.

O exemplo da revolução escrava do Haiti, em 1791, os repetidos levantes na capital da Bahia e seu entorno, e, afinal, essa revolta capitaneada pelos africanos libertos adeptos do islamismo, botaram as autoridades e a população da Província em situação de defesa frente aos mesmos, melhor dizendo, em posição de virtual ataque, que se seguiu ao ataque efetivo que acabou com a revolta. Teriam de ser vencidos mais a fundo, não só por serem coibidos de certas práticas, ou por ficar restringida sua mobilidade ou em face de se lhes atribuir penalidades, mas até por se lhes cercear a oportunidade – que evidentemente tinham como libertos – de adquirirem bens imóveis no Brasil.

E assim adveio uma lei mais drástica do que outras, a lei provincial da Bahia n. 9, de 13 de maio de 1835 – aqui buscada como parâmetro às limitações afetas aos africanos libertos, notadamente aqueles tidos como insurgentes. O objetivo fundamental dela, estampado na sua própria ementa, era de *"autorisar ao governo a deportar os africanos forros, assim como os estrangeiros, contra os quaes houver suspeita de insurreição"*.

---

(78) *Idem. Ibidem*, p. 104.

Contudo, afora as normas ameaçadoras da liberdade dos africanos, o que traz maior atenção ao objetivo de nosso estudo é o específico tratamento de direito imobiliário da referida lei, utilizado como um dos mecanismos no processo de desarticulação de qualquer levante a partir daquela data. Isto é, tolher-se a possibilidade dos africanos continuarem a ser proprietários de imóveis. Disse, pois, o art. 17, *verbis*: *"Fica prohybida ao Africano liberto a acquisição de bens de raiz, por qualquer titulo que seja, e os contratos a respeito celebrados serão nullos."*[79]

A lei, como um todo, era de aplicação local, cingindo-se à Província da Bahia[80], a nosso ver excepcionalmente, e, de toda maneira, posta para arrefecer as repercussões de uma insurreição escrava em determinado território. Porém, de acordo com alguns, a medida teria extravasado dos lindes provinciais, pelo menos para despertar noutras localidades o desejo de que fossem tomadas providências oficiais contra o tráfico e contra o comportamento dos africanos.

Dá-nos notícia disso, por exemplo, Luciana da Cruz Brito, ao comentar que, tendo a insurreição dos malês levado a Salvador e Recôncavo baiano uma "sensação de insegurança" e a formação de um "ambiente anti-africano", acirrou os ânimos de tal sorte que, "no debate nacional já em curso acerca da *gestão do controle social da população negra no Brasil*", se pensou "na "repressão à rebeldia africana" sem sair "do controle do Estado", e, para tanto, podendo-se até suspender "direitos constitucionais, como o artigo 179 da Constituição do Império."[81] (g.n.)

Manuela Carneiro da Cunha corrobora o alastramento dos temores e das providências restritivas aos libertos em todo o país, as quais não se teriam contido apenas na legislação provincial, senão também, "após 1835, na legislação imperial". Diz que "O espantalho da revolta dos malês é realmente de âmbito nacional" (...) "Criam-se assim, em 1835" — continua a ilustre antropóloga — "disposições legais draconianas, na maioria mas não unicamente provinciais" O desfecho mais cruel resultou na Lei n. 4, de 10.6.1835 *a nível nacional e em resposta à tentativa de insurreição".*[82](g.n.)

Essa lei prevê na segunda parte do seu art. 1º a pena de açoite para delitos considerados leves, sendo que a primeira parte, a de impacto mais duro, impõe a pena de morte aos escravos e escravas que matarem, ministrarem veneno, ferirem gravemente ou fizerem qualquer grave ofensa física ao senhor, sua esposa e descendentes ou ascendentes que morarem em sua companhia, e ainda ao administrador, feitor e suas mulheres que com eles viverem. A sentença de condenação à morte teria de ser executada de plano, nos termos do art. 4º.[83]

---

(79) Lei n. 9, de 13/05/1835: Arquivo Público do Estado da Bahia - Coleção das Leis do Império do Brasil – Assembleia Provincial Legislativa da Bahia, Série Registro de Leis, Livro 1-2.

(80) O Ato Adicional à Constituição de 1824 autorizou, em 1834, que as Províncias legislassem sobre justiça, economia, educação, dentre outros temas.

(81) Luciana da Cruz Brito: "Sob o rigor da lei – os africanos e a legislação baiana no século XIX", artigo colhido na Internet, em 25 de dezembro de 2010, no sítio WWW.sities.google.com/site/revistasankofa/sankofa2/sob-o-rigor-da-lei, p. 3 do impresso que se faz.

(82) Manuela Carneiro da Cunha: *ob. cit.*, p. 72, 73, 75 e 77.

(83) Mário Maestri comenta que "Esta verdadeira legalização de assassinato de escravos, até 1837, não contou

Mas ainda na Lei baiana n. 9/1835 avulta a particularidade quanto à utilização e à apropriação dos bens imóveis, que exibe duas proibições: a) uma atinente ao aluguel das habitações a escravos e libertos africanos; b) outra relativa à aquisição, propriamente dita, de um "bem de raiz", que diz respeito ao patrimônio pessoal imobiliário – porém, neste caso, sem referência à natureza do bem imóvel. Entende-se, pois, terem sido alcançadas tanto a propriedade urbana quanto a rural.

A pesquisa de Maria Inês Corte de Oliveira sobre disposições testamentárias, nos períodos de 1790/1850 e de 1851/1890, leva nosso interesse ao primeiro deles. Aí se situa, no tempo, o nosso enfoque, que se atém ao ano de 1835 e próximos seguintes, pelo raio de ação que se pode estimar das influências da Lei n. 9.

Os dados com que ela descortina a natureza dos imóveis estão contidos, natural-mente, nas exemplificações dos que os possuíam: a) como imóveis urbanos, "uma grande maioria descrita como 'morada de casas de palha', de 'bofetão', de taipa, de 'pedra e cal', geralmente térreas, de porta e janela, quase sempre em terrenos foreiros e conventos ou grande proprietários urbanos"[84]; b) como imóveis rurais, destinados "a produção de gêneros, frutas, legumes etc." (...) "São propriedades constituídas por pequenas roças, que possuem construções de palha, bofetão, ou quando muito, taipa e mais raramente uma casa de farinha ou outras pequenas benfeitorias."[85]

Se, então, proibições legais havia, existiam também os modos de contorná-las. Uma delas, aliás, incrustava-se na própria lei, pois o art. 18 permitia ao juiz local autorizar aluguel com os proprietários. Caso mais complexo, todavia, era o do art. 17, que vedava a aquisição da propriedade imóvel, anulando os contratos avençados com esse objetivo. Mas a citada historiadora deixa ver também, em face das disposições testamentárias que analisou, o feito inventivo dos próprios africanos limitados pela Lei, qual seja, o uso de um expediente que neutralizava o impedimento de ser dono de um "bem de raiz". Que era adquiri-lo em nome de outrem, preferencialmente – pelo que se deduz do relato da pesquisa – em nome de parentes.

Ela chegou ao que consideramos a tríade das conclusões mais importantes, para o período analisado: a) a de que 52,1% dos testadores não declararam possuir aquele tipo de bem material "porque nada tinham de seu"; b) a de que "Três testadores originários da Costa da África, ex-escravos, revelavam haver adquirido bens em nome de terceiros, para escaparem à determinação da lei" [86]; c) a de que nenhum outro testador de origem

---

com o direito de apelo": A Servidão Negra, Porto Alegre, Ed. Mercado Aberto, 1988, p. 109.

— Manuela Carneiro da Cunha, com base em Luiz Vidal (Repertório de Legislação Servil, Rio de Janeiro, Ed. Laemmert, 1886) informa, quanto a datas, que "as medidas tomadas contra os africanos, na cauda da insurreição de 1835, perduraram cerca de 40 anos, já que só foram revogadas na Resolução 1.250, de 28.6.1872".: ob. cit., p. 76.

— A pena de açoite foi abolida em 1886, pela Lei 3.310, de 15 de outubro.

(84) Maria Inês Cortes de Oliveira, ob. cit., p. 37.

(85) Idem. Ibidem, p. 38.

(86) Idem. Ibidem, tabela de p. 36 e comentário de p. 39

africana e possuidor de propriedade fez qualquer alusão a essa Lei, sendo que o primeiro testamento a fazê-lo data de 1846, onze anos após sua publicação, portanto. Ou os bens da maioria dos africanos que fizeram testamento foram adquiridos antes de 1835 (o que vem de encontro à tese do empobrecimento geral que tomou conta de Salvador, nos anos 30), ou a tal Lei caiu em desuso".[87]

2.4.2. O caso genérico dos pretos forros

2.4.2.1. As dificuldades legais dos libertos em geral (e dos brancos/mestiços livres e pobres) quanto à aquisição da propriedade da terra

Assinada por Pedro I, pouco antes da Independência, a Resolução n. 76 de 17 de julho de 1822 acabou com o sistema sesmarial, ou seja, o velho regime jurídico de terras que liberava as terras do patrimônio da Coroa para constituir a propriedade privada no Brasil. Tal liberação se fazia através de concessão de áreas, ditas sesmarias, em favor dos particulares (sesmeiros) que desejassem enfrentar a exploração da terra virgem. Embora já houvesse casos de doação antes mesmo da chegada da expedição de Martim Afonso de Souza, como o de Fernando Noronha, ligado ao abate de pau-brasil, sem dúvida que aquele regime sesmarial de terras tomou rumo sistemático com a colonização.

Na verdade, aquela Resolução[88] de julho de 1822 apenas suspendia as concessões de sesmarias, até a convocação da Assembléia Geral Constituinte, em 1823, na qual o assunto poderia ser revisto e melhor definido. Mas como essa assembléia, iniciada a 3 de março de 1823, também foi dissolvida em 13 de novembro do mesmo ano, por ato do já Imperador Pedro I, que preferiu outorgar a Constituição de 1824, ficou em aberto a questão de terras do Estado sujeitas à privatização. O novo disciplinamento jurídico em redor da questão somente ocorreria em 1850, não se falando mais em sesmarias e sim de outros tipos de aproveitamento territorial (1822-1850).

Esse hiato de tempo sem regulamentação fez com que proliferasse a ocupação das terras em geral, sendo tal fenômeno de posses indiscriminadas um temor dos latifundiários. Na avaliação de Manuel Correia de Andrade, estes necessitavam de mão de obra e se preocupavam que os trabalhadores estrangeiros vindos para seus grandes projetos de colonização, terminassem se valendo do "direito de posse" e se estabelecessem nas terras públicas abertas ao apossamento, e fugindo assim "da prestação de serviços" a eles.[89]

Até lá, grande massa de ocupantes se apossavam dessas terras: dos pequenos ocupantes empobrecidos, que as utilizavam para sobreviver, inclusive escravos fugidos ou negros

---

(87) *Idem. Ibidem*, p. 40.

(88) O jurista português Nuno J. Espinosa Gomes da Silva, falando historicamente sobre a "Lei e suas espécies", nos ensina que, em Portugal, "até o advento do liberalismo, a fonte principal do direito continua a ser a vontade do monarca. No entanto, nem sempre a vontade do rei se exprime do mesmo modo, da mesma forma, e daí que, dentro das leis, se distingam várias espécies – Cartas, Alvarás, Provisões, Decretos, Cartas Régias, Resoluções, Avisos e Portarias." V. História do Direito Português, 1º vol. Fontes do Direito – Lisboa, Fundação Calouste Gulbenkian, 1985, p.224.

(89) ANDRADE, Manuel Correia de. *A Questão do Território no Brasil*", São Paulo/Recife, Ed. IPESP/ HUCITEC, 1995. p. 5.

forros de vocação camponesa, aos ocupantes "de grande cabedal", que já intuíam formar seus futuros latifúndios, até os sucessores dos antigos sesmeiros, que as invadiam para aumentar o tamanho das áreas primitivamente concedidas.

Permitimo-nos ter, mesmo, a prática oficial irregular de atribuição de sesmarias, que já haviam perdido a sua configuração jurídica em julho de 1822. Neste particular, Muraro-Silva explica os acontecimentos no tempo que medeia o término do regime de sesmarias e o do advento da Lei de 1850, *verbis*: "Para enfrentar o vácuo jurídico, os presidentes das províncias, à ausência de qualquer regramento, continuam a emitir...Cartas de Sesmarias! Apesar de tal permissão estar suspensa e de nunca ter sido retomada em nosso ordenamento jurídico. Na ausência, retorna-se aos existentes no passado, na eterna busca do paletó dos mortos."[90]

Noutro contexto, o dos negócios com as terras particulares em si mesmas, os interessados continuavam agindo de acordo com as leis civis então em vigor (ou as transgredindo), tendo como instrumentos os títulos tradicionais relativos à transmissão da propriedade *inter-vivos*, ou aqueles vinculados à transmissão à causa de morte. A Lei de 20 de outubro de 1823 havia determinado que continuasse sendo aplicada a legislação portuguesa de até 29.04.1821, e as Ordenações do Reino[91]. E a Constituição outorgada por Pedro I em 1824, reconheceu, expressamente, que a propriedade é um dos fundamentos da "inviolabilidade dos direitos civis e políticos dos cidadãos brasileiros" (art. 179, *caput*) e que "é garantido o direito de propriedade em toda sua plenitude" (art.179-22).

Nesses âmbitos, os negócios jurídicos não estavam ao alcance dos escravos, mas encontravam-se à disposição dos negros libertos, que eram suscetíveis, a princípio, de adquirir a propriedade, por meio dos instrumentos previstos. Até mesmo o liberto sob condição ainda não implementada – segundo uma vertente de interpretação jurídica – o seria porque apesar de as Ordenações proclamarem a revogação da alforria condicional, tornava-se implausível desfazer uma alforria pela qual, em si, ele já adquirira os direitos de uma cidadania cujo conceito envolvia benesses patrimoniais.

De toda sorte, a Lei n. 2.040, de 28.09.1871 acabaria com a revogabilidade da alforria condicional, e, em decorrência, com o obstáculo à aquisição de bens pelos libertos, antes de resolvida a condição. E embora não tivesse suprimido "a restrição aos seus direitos políticos" (...), "conferiu a todos os libertos a mais completa independência jurídica."[92]

Assim, eles também podiam, em tese, explorar e se fazerem remediados na atividade rural; e nesse quadro não faltaria, decerto, aquele ingrediente de disputas pela terra e na

---

(90) O autor abre nesse parágrafo uma nota referente a Marx para complementar o sentido da expressão "paletó dos mortos", citando-o assim, naturalmente, de 'O 18 Brumário de Luís Bonaparte', Lisboa, Ed. Avante, 1982: "...para com este disfarce de velhice venerável, e esta linguagem emprestada, representar a nova cena da história universal..." – Muraro-Silva: Legislações Agrárias do Estado de Mato Grosso. Cuiabá, Ed. Jurídica Matogrossense, 1. ed., 2001, p. 20.

(91) Tais Ordenações foram revogadas expressamente pelo Código Civil de 1916 (art. 1807). "Deve, no entanto dizer-se que as Ordenações Filipinas só tinham sobrevivido na parte respeitante ao Livro IV (Direito Civil)", cf. Nuno Espinosa Gomes da Silva (*ob. cit.,* p. 224, nota 3), desta vez valendo-se de Orlando Gomes, *in* 'Raizes Históricas e Sociológicas do Código Civil Brasileiro', Baía, 1958, 14, nota (9)".

(92) Décio Freitas: Escravos e Senhores de Escravos, *ob. cit.,* p. 73.

terra, até o recurso à Justiça, de acordo com a seguinte observação histórica: "Estudos posteriores dos registros cartoriais revelaram que os negros e mulatos livres se envolveram frequentemente em litígios de terra e propriedades..." [93]

Levando-se em conta o grande contingente de libertos empobrecidos e até perseguidos por serem confundidos com escravos[94], e enquanto tal assimilação resolvia o "embaraço" policial de verificar se o negro era mesmo forro ou ainda escravo, como disse antes Manuela Carneiro da Cunha, "certamente reforçava no liberto a consciência da precariedade da sua condição de livre ou escravo. Consciência que ele claramente tinha: um preto, a menos de prova em contrário, era um escravo. Talvez por isso muitos forros tivessem ido se estabelecer em quilombos." [95]

Diga-se também que o fenômeno da instalação de muitos negros e mestiços libertos nas terras brasileiras, quer em território considerado público, quer em áreas reputadas particulares (clandestinamente ou sob "condição"), foi o mesmo que também abrangeu outros trabalhadores livres, mestiços e brancos, que achavam na agricultura uma forma de sobreviver, autonomamente ou não, formando comunidades negras rurais, após a Abolição.

2.4.2.2. Influência da Lei de Terras e Imigração

Entretanto, veio a Lei n. 601, de 18 de setembro de 1850, a uma quinzena da publicação da Lei n. 581, de 4 de setembro de 1850 (esta que extinguiu, pela segunda vez, o tráfico negreiro), e a dois anos, da Lei n. 514, de 20 de outubro de 1848, cujo art. 16 mandou apartar terras devolutas nas províncias, para colonos, impedindo escravos de trabalharem para eles.

Seu escopo foi de transformar a posse da terra em domínio particular, coonestando situações irregulares anteriores. Num primeiro momento, criou mecanismos para revalidar sesmarias e outras concessões – bem como para legitimar as ocupações em si mesmas, ditas de posse mansa e pacífica (art. 1º). Em ambos os casos, a terra estaria alçada à condição de propriedade.

Como delineou Muraro-Silva, a "dualidade então existente (a emissão de Cartas de Sesmarias sem amparo legal e a ocupação de terras sem qualquer titulação) será enfrentada pela Lei de Terras do Império em 1850, com a revalidação das Cartas e concessões emitidas nas províncias perante a Repartição Geral de Terras do Império criada pela citada lei e a

---

(93)   JJ Russell-Wood, *ob. cit.*, p. 312.

(94)   Rachel de Queiroz romanceia: "Até que um dia — pelas contas dele fazia cinco anos — de repente apareceu ali uma volante que andava caçando uns escravos fugidos, mas que não eram da fazenda do Sinhô deles. Assim mesmo o capitão do mato prendeu a todos, para não perder a viagem. Não se importou quando eles protestaram que eram forros, estariam ali por ordem do Sinhô que queria situar aquela garra de terra fresca. O capitão não acreditava na invenção daquela alforria:

— Vocês nem podem negar! É tudo quilombola, conheço até pelo cheiro!

Mas resolveram levar com a volante só dois negros novos, eram força de trabalho, e as duas mulheres, também boas de produção." — Rachel de Queiroz, Memorial de Maria Moura, São Paulo, Ed. Siciliano, 1992, p. 115.

(95)   Manuela Carneiro da Cunha, *ob. cit.*, p. 69.

obrigação da declaração de posses sem nenhum título perante os Registros de Freguesia (posteriormente Registros do Vigário). Daí que, a partir de 1850, tanto a propriedade como a posse passam a ser tituladas perante a Administração Imperial, situação que se arrastará até a criação dos Registros Gerais de Imóveis pelo Código Civil de 1917".[96]

Em certo sentido, teria havido uma democratização no processo de privatização das terras de domínio público, pois, em tese, colocou-se o pequeno posseiro no patamar de igualdade do sesmeiro, que obtinha sua área (geralmente um latifúndio) graças ao prestígio perante às autoridades, coisa que faltava ao primeiro. Este, agora, seria capaz de ter a área legalmente em seu domínio, pelo simples fato de tê-la ocupado, de modo manso e pacífico. Porém tal prescrição de nada lhe valeria (salvo a posseiros de cabedal) uma vez que, mesmo sabendo da benesse da lei, encontraria as dificuldades burocráticas para legitimar sua posse. Isso porque a própria lei, num segundo momento, criara um obstáculo ao ocupante, na prática atingindo o ocupante sem recursos, ao tornar *regra geral* que o acesso às terras devolutas dar-se-ia, apenas, mediante compra (art. 1º).[97]

Ademais de ficar vedada a ocupação pura e simples da terra, passou a vigorar um reforço legal obstativo, consistente na aplicação das penas de prisão e multa, afora o despejo, aos "que se apossarem de terras devolutas ou de alheias, e nelas derribarem matos ou lhes puserem fogo..." (art. 2º).[98]

Repare-se agora como continuam — ou se repetem com minudência — as dificuldades legais criadas no Regulamento da lei, o Decreto n. 1.318, de 31.1.1854: os artigos 87, 88, 89 e 90 do regulamento remetem-se ao procedimento de apuração dos delitos, *ex-officio* ou a requerimento dos proprietários, compondo todo o capítulo VIII do Decreto n. 1.318, de 31.01.1854, intitulado "Da conservação das Terras Devolutas ou Alheias".

Diante de tal designação, à primeira vista — e porque suas normas cuidaram também de coibir desmatamentos e queimadas — podia parecer que a proteção ao meio ambiente fosse a principal finalidade da regulamentação, encampando e fazendo processar as medidas do art. 2º da Lei 601/1850. Porém a derruba de matos (matas) e o atear fogo nas áreas referidas pela legislação, são delitos conseqüentes a um outro ato que o legislador também reputou delituoso: o apossamento de terras devolutas ou alheias.

A rigor, a interpretação literal levaria a admitir que o apossamento ilícito seria apenas aquele em que nas terras ("nelas") os posseiros "derrubarem matos ou lhes puserem fogo". Donde a ilação possível de que ficaria fora de punição o exercício da posse pura e simples, sem tais atitudes depredatórias. Mas isso foi apenas um disfarce com que se acobertava a verdadeira intenção do legislador, que era evitar, de fato, as ocupações. Tanto assim que a realidade da época caracterizava uma agricultura que ainda abria caminhos na sua expansão,

---

(96) Muraro-Silva, *ob. cit.*, p. 21.
(97) Exceção de gratuidade nas terras situadas nos limites do Império com países estrangeiros, em uma zona de 10 léguas.
(98) Exceção nos casos possessórios entre herdeiros ("heréus") confinantes.

havendo um mundo de terras a conquistar, não sendo factível, pois, que o desbravamento de pequenas roças ou de grandes fazendas pudesse se dar sem desmate ou queima — ao contrário, seguramente, do que se exara, hoje, com os aparatos da moderna tecnologia e os conhecimentos sobre a sustentabilidade dos recursos naturais. Naquele tempo, a época era também de uma agricultura que estava e estaria norteada pelos privilegiados da fortuna e da Corte, em face do principal objetivo ao seu redor, que era a exportação dos produtos agrícolas. Assim, o rumo tomado pelo legislador daquele então foi evitar que os pobres em geral, incluindo os libertos, entrassem na classe dos "donos" da terra, considerando a teimosia das elites em se afunilarem, para que somente entre elas se desse o fluxo da riqueza, não deixando expandir os seus proveitos. Seria conveniente, pois, deixar as terras devolutas como um banco de reserva territorial para si, ou reavivar defesas de toda ordem contra as ocupações em "terras alheias".

Além do mais, o expediente da compra, que passou a ser uma regra legal para aquisição das áreas públicas, dependia das manobras do Governo: levar as terras em hasta pública ou não. Aqui, a última alternativa favoreceria a oferta de melhores terras aos fazendeiros ou pretensos fazendeiros de maiores recursos, pois que estes compunham o rol dos que ficavam mais próximos do Poder (art. 14). Por isso, inclusive, as terras devolutas continuaram a ser apropriadas pelos latifundiários, na sua mor parte. Aliás, o respaldo dessa lei ao latifúndio não emerge apenas de tal circunstância, senão, ainda, do fato de permitir a compra de terras do tamanho de uma antiga sesmaria (art. 5º, § 1º).

A Lei n. 601/1850 rompeu, também, com a diretriz (teórica, pelo menos) da legislação de sesmarias ou da legislação extravagante que possuía um senso pioneiro de função social da terra, na oportunidade do repasse desta aos particulares. Pois que era tradição do sistema sesmarial determinar, dentre outros requisitos a cumprir, que o sesmeiro encetasse a exploração da área, sob pena de ser esta revertida ao patrimônio público. Também a Lei 514, de 28 de outubro de 1848, tão próxima à Lei 601/1850, destinava, no art. 16, terras devolutas às Províncias, com o fito de colonização, disse na segunda parte do dispositivo legal citado que *"Estas terras não poderão ser transferidas pelos colonos em quanto não estiverem effetivamente roteadas e aproveitadas, e reverterão ao domínio Provincial se dentro de cinco annos os colonos respectivos não tiverem cumprido esta condição."*

Em resumo, e fundamentalmente, o patrimônio disponível do Estado não sofreria mais o desfalque por modo gratuito, e, diante das circunstâncias já esclarecidas, resultou óbvio que ficaram à margem do acesso à terra os trabalhadores livres que não possuíam lastro de conhecimento para enfrentar a burocracia necessária à sua aquisição, muito menos lastro financeiro para, realmente, havê-la. E como os negros alforriados faziam parte desse contingente, encontraram, mais uma vez, um óbice da lei à conquista do imóvel rural, na sua concepção jurídica de propriedade.

No entanto, Alberto Passos Guimarães viu pontos positivos na Lei de Terras: "A legitimação das posses, quando, por essa mesma época, a invasão das terras por ocupantes sem títulos não pode mais ser contida, constitui a abertura de uma brecha no antes inatingível direito latifundiário de propriedade; e a subsequente legalização da pequena propriedade, com a distribuição de lotes a colonos estrangeiros no sul do país, foi outro golpe decisivo contra o domínio privilegiado da terra, garantido aos grandes proprietários."[99]

Outrossim, há autores que procuram sublinhar que a Lei 601/1850 transformou a terra em mercadoria. Tal referência dever estar, necessariamente, ligada às terras devolutas, do patrimônio estatal, que até então adentravam, grátis, no patrimônio privado. A exigência daquele diploma legal quanto ao pagamento por elas (concessão onerosa) leva à idéia da terra-mercadoria enquanto saindo do estoque das terras públicas. Porque desde velhos tempos os particulares submetiam à alienação aquelas terras que receberam a título de sesmarias e de outras concessões gratuitas, não sendo nenhuma novidade a compra-e--venda na esfera privada. Tanto as terras que estavam regularizadas, quanto aquelas que não cumpriram os requisitos de sua legitimação, ou mesmo as terras objeto de simples ocupação entravam no circuito fático da negociação fundiária. Assim, a terra sempre esteve inserida nessa concepção de mercancia — com maior realce, evidentemente, depois da Lei 601 – ainda que não pudesse estar enquadrada num mercado propriamente capitalista nessa época, sendo antes objeto de acumulação de capital.[100]

É que "mercadoria e dinheiro, formas elementares sob as quais se apresenta o capital, não são capital *em si* e *para si*". De acordo com Álvaro Bianchi, que faz essa advertência, "Só a partir de determinadas premissas se transformam em capital, assim como só sob determinadas premissas o possuidor de mercadorias e de dinheiro se transforma em um capitalista. A economia clássica incorreu frequentemente no erro de considerar essas formas elementares como capital". (g.o.).[101]

Assim, quando surgiu a Lei 601/1850, o mercado de terras já existia, não tendo começado a existir somente com a mesma, em face da exigência da compra de terras devolutas. Esse mercado tinha antes uma existência de fato, quer em torno das áreas oriundas das sesmarias já regularizadas, e, portanto, em disponibilidade legal, ou mesmo de sesmarias irregulares, e como tais indisponíveis para alienação de direito, mas, de toda sorte, passadas adiante; ou quer, ainda, em derredor das áreas ainda não concedidas, oficialmente, mas ocupadas, efetivamente, pelos posseiros.

Um dos efeitos da Lei 601, sim, foi tentar organizar o sistema de privatização das terras do patrimônio público, através da legitimação das posses ou da revalidação das concessões territoriais, a troco de um pagamento, o que, ao mesmo tempo, tirou dos empobrecidos a possibilidade de compra. O novo regime jurídico, que tinha as terras públicas como plataforma de tratamento, e sua destinação ao uso pelos particulares, gerou duas consequências importantes: de um lado, o aumento das ocupações, pela dificuldade que criou para

---

(99) GUIMARÃES, Alberto Passos. *Quatro Séculos de Latifúndio*. Rio: Ed. Paz e Terra, 1968. p. 159.

(100) Gorender reconhece a existência da especulação fundiária em nosso passado, dado o caráter de alienabilidade da terra, tendo mesmo classificado aquela especulação como fonte de acumulação original – Jacob Gorender: "Gênese e Deenvolvimento do Capitalismo no Campo Brasileiro". Ed. Mercado Aberto, Porto Alegre, 1987, p. 53.

(101) Álvaro Bianchi: Arqueomarxismo: comentários sobre o pensamento socialista. São Paulo, Ed. Alameda, 2013, p. 130 (particularmente no comentário sobre a "análise marxista da queda tendencial da taxa de lucro").

a grande maioria dos posseiros na transmudação da posse em propriedade, conforme já explicado; de outro modo, como objetivo principal do Império, a elitização que promoveu no procedimento de acesso à propriedade rural.

Para adequar situações a um ordenamento jurídico pretensamente regular, o Império brasileiro preparou o seu aparelho burocrático. E, na engrenagem dele, a Lei n. 601 terminou isentando muitos da obrigatoriedade de *legitimar* as posses ou de *revalidar* sesmarias ou outras concessões "caídas em comisso".

A princípio, no caso das posses, deveriam procurar o expediente da legitimação os que não possuíam título nenhum; e, no caso da serventia da revalidação das aquisições oficiais que se tornaram irregulares, aqueles que as comprovassem por títulos que eram legítimos. Na primeira hipótese, havia o pressuposto de títulos inexistentes; na segunda hipótese, o pressuposto era de títulos inválidos.

Os "títulos legítimos" tinham a sua definição no art. 25 do Regulamento da Lei, datado de 1854, como os que fossem "aptos a transferir o domínio segundo o Direito vigente"– e que não eram só os oriundos, diretamente, do sistema sesmarial.

Os títulos que tinham aptidão para "transferir o domínio segundo o direito vigente", de acordo com o que esclarece Marcelo Solaroli de Oliveira, submeteram-se a uma ampliação de conceito, sendo acolhida a sua legitimidade, ainda que, no histórico da transação com a terra, o "antecessor, o alienante, não ostentasse título legítimo, como mero possuidor ou sesmeiro caído em comisso (Decreto n. 1.3189/1854, art. 22)." O que traduz uma relação "operada entre o particular que ocupou a terra pública sem título hábil para tanto, e outro particular que adquiriu conforme o direito vigente, desde que antes de 1850."[102]

O autor dessa interpretação adverte, até, que "Tendo em vista esse conceito amplo de título legítimo, atribuindo o caráter de proprietário pleno ao seu titular, independentemente de qualquer procedimento junto aos órgãos públicos, desmistifica-se a afirmação de que toda a cadeia de títulos dominiais tem por origem um título de transferência do Poder Público para o particular"[103]. Muito ocorreu assim com a compra-e-venda, a doação, as disposições testamentárias etc., que demandavam aquisições segundo institutos jurídicos paralelos aos preconizados pelo regime de sesmarias.

As medidas liberatórias favoreciam as transações privadas, e o comércio de terras; afinal, se intensificou, mormente com o Regulamento da Lei Hipotecária, em 1864, que normatizou a garantia para crédito concedido/dívida feita, promovendo a circulação de capital. Opinando ainda sobre isso, e considerando uma época em que a acumulação de capitais era realmente necessária ao desenvolvimento econômico do País, Solaroli de Oliveira não deixa dúvida de que a Lei 1.237/1864 também teria contribuído para que aquele comércio se tornasse mais seguro, eis que abrangeu não só o registro de hipotecas, como o direito de garantia sobre imóveis particulares, beneficiando credores, mas o próprio registro desses imóveis, para

---

(102) OLIVEIRA, Marcelo Solaroli de. *Publicidade Registral Imobiliária*. São Paulo: Saraiva, 2010. p. 102.
(103) *Idem. Ibidem*. p. 103.

maior "eficácia perante terceiros", em face de uma descrição mais circunstanciada dos mesmos, beneficiando compradores.[104]

Aquele jurista e registrador em São Paulo, justificando historicamente o propósito da lei hipotecária, buscou-o até na Fala do Trono de 1858, pela qual o Imperador havia alertado a Nação que 'a propriedade imóvel precisa de uma lei que lhe assegure o valor e facilite a sua circulação, inspirando confiança aos capitais'."[105]

Também ele, finalmente, destaca que Caio Prado Jr., ao tomar aquela época para dissertar "sobre o desenvolvimento da vida financeira do País, representada em bancos, companhias de seguro e negócios de bolsa", concluiu pela existência de um "processo de acumulação capitalista, oriundo principalmente da rentabilidade agrícola". Para ele, "curiosamente, essa era a contradição da economia brasileira, pois suas forças advinham justamente do que era uma fraqueza de sua estrutura: a grande lavoura de exportação."[106]

A Lei 601, de 18.09.1850, era também uma lei que cogitava da imigração e, por isso, pretendeu atender à perspectiva de diminuição da reposição da mão de obra escrava, em face da lei de abolição do tráfico negreiro (Lei 581, de 4. 09. 1850), e, em conseqüência, à necessidade de maior número de trabalhadores; especialmente nas províncias meridionais, dinamizadas com o cultivo de café. Trabalhadores estrangeiros seriam atraídos, fosse por serem eles dotados de um conhecimento de tecnologia nova, fosse por serem propícios ao branqueamento da população, pelo que muitos já alvitravam.

E bom número dos colonos de café estrangeiros que tiveram concessões – segundo Alberto Passos Guimarães – aproveitaram-se das mesmas "e, valendo-se das fases de altos preços do café, conseguiram tornar-se pequenos proprietários de terra. Uma porção deles iria, até, afazendar-se, transformando-se em tão poderosos latifundiários quanto os antigos fazendeiros escravocratas. Entretanto, aos pobres trabalhadores nacionais, o acesso à terra, ainda por essa época, era uma proeza extraordinária."[107]

Mas não bastaria a idéia de que, com os mesmos colonos, ficaria compensada a diminuição do braço escravo, garantindo o trabalho de que necessitavam os proprietários rurais; seria preciso que essa garantia se alongasse no tempo, e por isso a aquisição de terras devolutas pelo processo de compra, com aumentos sucessivos no preço, também visou a dificultar propositadamente o acesso à terra aos imigrantes pobres. Tanto assim que um outro mecanismo oficial, estampado mais tarde na Lei de Locação de Serviços de 1879, seduziu imigrantes frustrados para o patamar das relações de trabalho prestado a outrem (os fazendeiros), através de certas garantias da própria lei.

Portanto, na medida em que o abundante estoque de terras devolutas poderia estar disponível com facilidade para os fazendeiros de recursos (privilegiando-se, assim, o capital

---

(104) *Idem. Ibidem*, p. 61 e 66/67.

(105) *Idem. Ibidem*, p. 53.

(106) Caio Prado Jr: História Econômica do Brasil, 34. ed., São Paulo, Ed. Brasiliense, 1086, p. 195-199, *apud* Marcelo Solaroli de Oliveira, *ob. cit.*, p. 83.

(107) GUIMARÃES, Alberto Passos. *Quatro Séculos de Latifúndio*. Rio: Paz e Terra, 1968. p. 148/9.

— a bem de ver o capital pré-capitalista), aquele acervo se tornava formalmente difícil para quem não tinha fundos; e isso fez deflagrar três caminhos (um não excludente do outro), não só para os negros forros, mas para os trabalhadores livres de todos os matizes: (a) o reforço do trabalho rural remunerado (a bem de ver o salário pré-capitalista), mal retribuído ou até gratuito, dependente do dono da terra; (b) a ocupação clandestina de áreas de terceiros; (c) e a conquista fática da terra devoluta, transgredindo a proibição legal, para os que tinham a vocação para a produção agrária independente.

Essa destinação ao campo deveu-se também – quiçá minimamente, em casos isolados – ao preconceito que atingiu os negros livres, crioulos forros ou africanos emancipados, nas grandes cidades e em suas cercanias, como por exemplo no Rio, em dado caso, exposto por Pierre Verger: relatório do cônsul britânico no Rio de Janeiro, datado de 31 de março de 1851, conta que "um certo número de colonos brancos, trabalhadores braçais", que ali haviam chegado, *não queriam trabalhar indistintamente ao meio das pessoas de cor, escravas"* (g.n.). Nessa época, os números do recenseamento efetuado em 1848 indicavam que existiam no Rio "8.449 africanos livres e 5.012 crioulos de cor, livres, contra 110.512 escravos. Havia ali 142.403 brancos, entre os quais 37.924 eram estrangeiros (26.749 portugueses); mais ou menos 8.000 *colonos brancos*, entre os quais agricultores e artesãos estabelecidos nas cidades e nas imediações". De fato — comenta, então, o autor mencionado — "estes últimos eram *suficientemente numerosos para afetar as possibilidades de emprego dos trabalhadores de cor livres* que, descontentes com a redução de seus ganhos, conseqüência da concorrência com os brancos, estavam desejosos de retornar para a África."[108] (g.n.)

Como a grande maioria não teria condições de voltar, o destino de grupos negros como esses seria a agricultura ou o trabalho desqualificado nas zonas urbanas ou o nenhum trabalho lícito, ou, por fim, a mendicância.

De toda forma, continuando a existir o trabalho servil e sua contrapartida da fuga, restaria ainda como conseqüência da Lei 601/1850, a continuidade da construção de quilombos — ainda que, na segunda metade do século XIX, conforme admite João Reis, "a expansão da economia cafeeira para o oeste" acabou "diminuindo as possibilidades da formação de quilombos rurais".[109]

A referida lei, consoante já se disse, constituiu um obstáculo à aquisição de terras pelos ex-escravos e pelos pobres em geral. E uma barreira à legalização da ocupação da terra demandaria caminhos consentâneos com as oportunidades concretas oferecidas pelo Império escravocrata. Por isso que os quilombos continuaram configurando, em maior ou menor profusão, uma alternativa "ilegal", embora legítima de ocupação do solo. Uma legitimidade calcada nas condições irresistíveis de sobrevivência, já porque os escravos fugidos tinham tolhidas as chances de prestar serviços nas cidades, já porque preferiam atender aos impulsos de uma vida associativa voltada para o trabalho na terra.

---

(108)   VERGER, Pierre. *Fluxo e Refluxo do Tráfico de Escravos entre o Golfo de Benin e a Bahia de Todos os Santos*. São Paulo: Ed. Corrupio, 3º ed., 1987. p. 533.

(109)   João José Reis: "Abolicionismo e resistência escrava", *in* Revista da Bahia, n. 14, set/Nov 1989, p. 18.

A corrida para o mundo rural terminou sendo coonestada pelo Código Civil, no século XX, o qual, malgrado seu peso favorável às elites, configurou juridicamente a posse, dando azo não só às defesas necessárias à sua garantia, mas até reconhecendo-a como direito capaz de conduzir ao domínio da terra (usucapião).

Inobstante, viria a se formar um contexto diverso ao redor disso: o Poder Judiciário passou a ser óbice, também, a essa estreita via capaz de beneficiar os pobres e os negros pobres, industriado que ele era pelas mesmas elites dominantes. Estas, através do controle da Justiça, perpetrado sorrateiramente à parte, preservavam-se como símbolo de acumpliciamento com outro Poder, o Poder Governante, após terem perdido, com a Abolição, a condição senhorial.

2.5. O complexo social-trabalhista dos libertos na agricultura de comando alheio e as comunidades negras rurais

Outra espécie de trabalhador rural, na interface do liberto como camponês, a fazer parte da categoria de *trabalhador autônomo*, podia ser encontrado no alforriado que recebia, propriamente, o salário monetário. Evidentemente por tarefas desenvolvidas fora das condições escravistas (porque em mira a figura do liberto), porém ainda em estágio pré-capitalista do país. Destoando da grande massa que auferia o pagamento de trabalho em função do uso e/ou da moradia na terra do proprietário, havia, decerto, esse pequeno contingente, que tinha a paga somente através de dinheiro ou complementado com dinheiro.

José Bonifácio, num prenúncio de que os aspectos capitalistas, já na primeira metade do século XIX, começavam a aflorar, para ganharem maior progressão na segunda metade, depois da abolição do tráfico, falava na prioridade a ser dada ao "trabalho de aluguel", vale dizer, serviço remunerado em dinheiro. Pierre Verger, reportando-se à mesma época, oferece amostra de caso concreto — dentre os muitos exibidos pelos historiadores — de um assalariado agrícola não morador em engenho, quando transcreve carta do cônsul britânico, datada de 9 de janeiro de 1827, na qual faz observações a propósito de um pagamento monetário, num então lugarejo da Bahia, hoje o bairro do Rio Vermelho, em Salvador. Dizia, dentre outras coisas, que ali "trabalhadores livres podiam ser obtidos à razão de 200 réis por dia, para a agricultura, excetuando-se a cultura da cana de açúcar". [110]

Demais destes, existia a categoria dos *empregados*, que gozavam dessa forma de pagamento, mais diretamente ligados aos engenhos, como os feitores, os mestres, os caixeiros do açúcar etc.[111]

É preciso não esquecer que, a partir do segundo quartel do século XIX, já havia leis regendo as relações de trabalho livre, como as de 1830 e de 1837, e, mais adiante, a legislação de trabalho rural de 1879, que veio a ser revogada em 1890. No momento oportuno, veremos a que veio cada uma delas; porém torna-se importante logo dizer aqui que os

---

(110) Pierre Verger: *ob. cit.*, p. 526.
(111) V. Manuel Correia de Andrade. O Homem e a Terra no Nordeste, *cit.*, 1964, p. 80.

contratos por elas regulados poderiam comportar tanto uma remuneração *in natura* quanto um pagamento monetário, fixo ou variável, de acordo com a produção. Se a sério tivessem sido levadas.

Na parte meridional do país, especialmente em função dos cafezais de São Paulo, a perspectiva de abolição do tráfico oceânico e sua própria concreção, em 1850, demandaram a emigração dos europeus e criaram a experiência, entre nós, de um trabalho agrícola peculiar, para obreiros livres, o qual, passando pela parceria, resultou no *colonato*. Porém uma experiência praticamente fechada aos negros forros, tendo em vista a preferência dos fazendeiros pelo trabalhador branco estrangeiro.

Conforme também detectou Kátia M. de Queiroz Matoso a respeito do liberto quando "posto em concorrência" com "os colonos europeus vindos para o cultivo de café", ele "acaba perdendo a ocasião de encontrar trabalho. Se ganhou um pedaço de terra é incapaz de explorá-lo como 'capitalista'. Não demora, é obrigado a vendê-lo. E vai engrossar nas cidades os efetivos de uma população flutuante, que vive de pequenos serviços ocasionais..."[112]

Ora: enquanto dono de uma área na região cafeeira, se o fôra, o negro pôde ter participado ocasionalmente da condição de *sitiante*, como tantos pequenos proprietários que se dedicaram à produção de mantimentos e que viveram também a conquista do Vale da Ribeira e do Oeste do Estado. Mas, contido nas amarras da pobreza, as quais romperia para cair nas camadas que iam sendo expropriadas com o tempo, transformava-se ou em *agregado*, com uma condição de permanência mais ou menos duradoura com o fazendeiro, ou em *camarada*, na condição de trabalhador temporário, livre para prestar serviços volantes para um e pra outro, nas redondezas.[113]

Mais ainda difícil foi encontrar, no Sul, possibilidades de sucesso para os alforriados, na condição de proprietários ou possuidores de terras, eis que pressionados, em geral, ou (a) pela incapacidade financeira ao investimento na agricultura, ou (b) pela força de agro--deglutição dos vizinhos de área, quando a tinham conseguido. Especialmente quando se defrontavam com outro tipo de colono estrangeiro, que tinha sido atraído, inclusive, pela oferta oficial de terras nos Estados do Paraná, Santa Catarina e Rio Grande do Sul; uma experiência que, deslocando seu eixo daí para mais ao norte, num salto geográfico, também se realizaria no Estado do Espírito Santo, à base da propriedade familiar.

As levas da chamada 'colonização de povoamento', de origem européia, conseguiram expressivos empreendimentos com o trabalho familiar em pequenas propriedades rurais e constituíram, em certa medida, obstáculo ao desenvolvimento do espaço negro. Por lá já se configurava uma peculiaridade: a consolidação, segundo Gorender, "de uma economia não escravista no Sul, a partir da economia de pequenos camponeses e artesãos livres, estabelecidos nas zonas de colonização alemã e italiana."[114]

---

(112) MATOSO, Kátia M. de Queiroz. *Ser Escravo no Brasil*. São Paulo, Brasiliense, 1990, 3. ed., p. 203.
(113) V. Tamás Szmrecsányi: Pequena História da Agricultura no Brasil, Ed. Contexto, S.P., 1990, p. 43, e Maria Sylvia de Carvalho Franco: Homens Livres na Ordem Escravocrata. Ed. Unesp, S.P., 4ª ed., 1997, p. 84-111.
(114) GORENDER, Jacob. *A Burguesia Brasileira*. São Paulo: Ed. Brasiliense,1981. p. 31.

Em outra banda do país, o Nordeste (do Maranhão à Bahia) e parte do Sudeste (Minas Gerais) – que ainda se distinguiam economicamente como pólos de dinamismo, se comparados às regiões restantes do Brasil – aí sim, puderam os negros alforriados desenvolver melhor, e massivamente, uma prática singular de agricultura. A agricultura camponesa, portanto de base familiar, de produção de mantimentos, porém realizada, as mais das vezes, em terras que não eram suas. Tal era o sistema de agrêgo ou agregação – o "encosto" ao proprietário da terra.

Os negros forros engrossavam o contingente dos lavradores pobres, em geral, que se estabeleciam nos terrenos dos engenhos ou dos demais donos de terra, transformando-se nos chamados *agregados*. Vale dizer, pessoas que se acercavam dos proprietários, implantando-se autorizadamente em suas terras, com a segurança de poderem construir sua morada, a qual lhes evitaria a vida nômade, ao lado de poderem dar vasão aos seus produtos, os quais lhes proveriam as necessidades básicas.

Esse tipo de proteção que os trabalhadores livres, e os negros forros dentre eles, buscavam na agricultura, tinha a sua *condição*, ou seja, uma contrapartida de compromisso dos mesmos, frente aos donos das fazendas e dos engenhos. Daí o agregado ser também designado, genericamente, como *morador-de-condição*.

Essa *condição* adveio, inicialmente, de dever o trabalhador ao proprietário um fôro anual, o que equivalia para este à *renda-em-dinheiro* (pré-capitalista), correspondente ao direito do outro usar a terra. Assim encontra-se a espécie dos *foreiros*, protótipos de arrendatários paupérrimos, que também podiam se alinhar a uma outra espécie de trabalhador rural, que retiravam da terra a sua subsistência, pagando ao proprietário uma *renda-em-trabalho*, o *cambão*. Este entranhava outra modalidade pré-capitalista de renda, que tinha no seu reverso um tipo de trabalho coercitivo em certos dias da semana, especialmente durante o plantio ou colheita, para cumprir-se a *condição*, vale dizer, a obrigação do agregado prestar serviço, a fim de permanecer na terra como morador. A retribuição monetária do proprietário era de ínfimo valor, ou nenhuma, quando então, neste caso, o trabalho era simplesmente gratuito.

Além de tais categorias, havia ainda os que figuravam como *empreiteiros,* ou então como *parceiros*, em suas variadas formas, e que dividiam sua produção com o proprietário, da maneira por este imposta: a meação, de ordinário empregada na lavoura, ou certos percentuais na apartação das crias, comuns na parceria pecuária. Isso fazia com que aflorasse outra modalidade de renda pré-capitalista, a *renda-em-produto*.

Por fim, a outra vertente do destino do negro alforriado, de vocação rural, foi a posse comum da terra, em zonas escondidas ou não, onde desenvolviam a exploração coletiva nos quilombos agrícolas — e que vem sendo o objeto central do presente estudo.

Na Amazônia, por exemplo, foi muito significativa a sua participação quilombola – uma região que compõe mais da metade do país, e onde existiam também, à parte das comunidades indígenas, outro povos da floresta que praticavam a atividade agrária da espécie extrativa (portanto, homens rurais), como *ribeirinhos, castanheiros* e *seringueiros*, os quais mantinham, por sua vez, uma relação de dominação com os que se auto-proclamavam proprietários de trechos e usufruíam de sua mão de obra. Aí sobressaiam-se o seringalista, que na visão dos costumes informados pela professora acreana Nazira Correia Camely, era conhecido como "Coronel do Barranco", bem como o seringueiro, cujo trabalho foi por ela enquadrado no conceito de "renda-da-borracha".[115]

Em situação diversa, apartada do comando de terceiros sobre o seu labor, o preto forro muitas vezes não desejava, sozinho, tocar qualquer empreendimento minguado para sobreviver em alguma terra, até ser expulso dela; nem lhe apetecia a aventura em lugares desconhecidos, com os riscos inerentes. Mas não os recusava se a sua perspectiva de vida se comprazia com a facilidade de fazer amigos que o ajudassem, e, mesmo que mais distante da área costumeira, se o aceno de trabalho individual ou em grupo, fosse entremeado, nos momentos de lazer, com as práticas culturais oriundas dos antepassados, que sabia existirem. E se a opção recaísse sobre a vida comunitária, isto significava que podia contar com a solidariedade natural do grupo negro, cujos membros dependiam um do outro, ou que serviam um ao outro. Esta era uma preferência por subsistir numa economia autárquica, etno-camponesa, e, assim, o liberto iria formar ou adensar com sua presença, se aceito, uma comunidade negra rural.

Comunidades desse tipo encontravam-se mais isoladas ou menos isoladas, com seus membros efetuando incursões mais freqüentes ou menos freqüentes ao mercado mais próximo da sociedade comum, enquanto outros membros mais visíveis procuravam até prestar serviços fora da sua comunidade, as mais das vezes pela precisão de fazê-lo.

Tais comunidades negras rurais já se revelavam desde antes da Abolição, ou como conseqüência da mesma, e apresentavam características básicas, as quais perduram até hoje, de alguma maneira. Elas se configuram, por exemplo: (a) no pertencimento da terra, isto é, a posse dela como se fosse área própria, respaldada por seu grupo; (b) no trabalho desenvolvido por cada um, individualmente ou coletivamente; (c) no exercício de trabalho de feição livre, usando os libertos/quilombolas sua mão de obra como lhe aprouvesse ou fosse determinado (com o seu consentimento) pelo grupo; (d) na realização do trabalho sem a participação de estranhos ao grupo, na medida do possível, eis que a tônica dos serviços está no conjunto de familiares.

Em suma, cada comunidade dessas era um nicho de trabalho livre, em relação aos componentes do grupo, desde antes da extinção da escravatura, com os produtos obtidos para o próprio grupo social que lhe dava substrato (inclusive com seus hábitos, costumes, religiosidade etc.) — uma unidade econômica e social, produtiva e consumidora ao mesmo tempo.

É evidente que tal fenômeno vigia à parte de outro fato de conteúdo agro-social, quando também o negro forro, como indivíduo não vinculado a um grupo, podia particularizar os resultados, se e quando agisse *per se*, como muitos o fizeram na condição de camponês individual possuidor de terra, sem auxílio múltiplo, a não ser de modo eventual, quando ocorria um mutirão.

---

(115) Nazira Correia Camely: "Cooperativas e trabalhadores da pós-modernidade – o estudo de caso das quebradoras de castanha da Usina Chico Mendes". Dissertação de mestrado na Universidade de Niterói, Rio de Janeiro, 2001, p. 14/15.

CAPÍTULO III

FATORES DA ABOLIÇÃO DA ESCRAVATURA

3. 1. A libertação dos escravos: processo de várias causas

Quando se evoca a abolição da escravatura negra na história do Brasil, logo vem à tona o pensamento repassado pela historiografia oficial, no sentido de que a libertação dos escravos fôra fruto das verberações dos intelectuais, políticos e jornalistas, bem como da magnanimidade do Império, por via do ato de sua Princesa. O que, decerto, chegou a ter respaldo simbólico do próprio negro, quando, por exemplo, José do Patrocínio ajoelhou-se aos pés de D. Isabel, para agradecer-lhe pela sanção da lei.

A imagem que dela brotou como heroína e que foi sendo transmitida no ensino/ aprendizagem brasileiro, fixou-se como tal, na média das opiniões; porém não resiste ao exame mais detido dos fatos históricos. O ato oficial do abolicionismo foi induvidosamente relevante e necessário para a sociedade brasileira, devendo ser visto, no entanto, apenas como efeito de provocações antigas, que vieram desaguar na assinatura principesca de um documento, e não como causa contida no punho nobre. Isso foi o ponto culminante do processo de transformação do país, no século XIX, ao qual o Império não poderia mais resistir, nem do ponto de vista econômico e social, nem do ponto de vista político, como se viu um ano depois, com a proclamação da República. Há quem diga, mesmo, que "...a promulgação da lei, independentemente dos sentimentos generosos da princesa, era uma manobra tática, visando a atrair para o Trono as simpatias populares, que se voltavam decididamente para a República."[1]

Mesmo o chamado "abolicionismo", que reuniu uma série de aspectos tendentes a acuar o Império, não pode ser reputado também como móvel exclusivo da Abolição. Deve ser concebido como um *movimento, ao lado de outros, dentro do processo* de libertação dos escravos. Não se podem esquecer as pressões internacionais, especialmente a posição da Inglaterra, desde o início do século XIX, a começar pela questão da proibição do tráfico; ou também as ações judiciais de liberdade; a retórica tribunícia do Parlamento; o papel da imprensa e da literatura e a edição de leis "condescendentes" – tudo se somando, mas deixando perceber que cada setor desses poderia ter tido seu papel em épocas diversas, não só nas últimas décadas que antecederam o ato abolicionista formal. Acrescentem-se

---

(1) CARNEIRO, Edison. *Ladinos e Crioulos*. Rio: Civilização Brasileira, 1964. p. 96.

ainda as contradições que as próprias classes dominantes geraram com os empreendimentos de acumulação primitiva de capital e com a contratação de trabalhadores livres estrangeiros, bem assim a própria atuação dos escravos, que, motivados ou não por abolicionistas, conscientizaram-se de que era chegada a hora deles mesmos romperem o cativeiro, massivamente.

Questões de metodologia impõem o estudo dos motivos que explicam a Abolição; mas a eles, de per si, não deve ser creditada uma influência isolada, sem nenhuma interação uma com as outras. Na verdade, fizeram parte de uma só rede de propósitos que, período por período, exibiam diferentes nuances no mesmo processo, inclusive o de marchas e contra-marchas, avanços e recuos.

Fica evidente ainda que, mesmo realizando uma análise segmentada da matéria, não temos em mira o esgotamento do assunto, senão, apenas, o objetivo de apontar as ocorrências significativas para melhor entendimento de um todo.

3.2. Pressões colonialistas e anti-escravagistas das Cortes lusas

O presente item se remete a um momento histórico que, embora fugaz, revela um anseio de libertação dos escravos por obra de lei, envolto em notável importância política, dado à expressividade da sua fonte de iniciativa.

Tanto assim que poder-se-á dizer que nossas contradições, até o fim do Império, que terminaram na abolição total do tráfico externo e do tráfico interno de escravos, e na própria abolição da escravatura, começaram a aguçar-se por um fator primeira ordem. A Revolução do Porto, de 1820, em Portugal, acabou a dominação política inglesa, que havia substituído a dominação francesa em 1814 e restabeleceu as Cortes lusas, que constituíam "o Parlamento português que não se reunia desde 1689"[2]. Estas quebraram o princípio da monarquia absoluta, votaram uma nova Constituição e fizeram D. João VI retornar à sua terra, em 24 de abril de 1821. E também ensaiaram estabelecer aqui, novamente, a condição de Colônia, acabando com o Reino Unido de Portugal, Brasil e Algarves, instituído por aquele rei, em 1815.

Conta Joaquim Felício do Santos que, "Em 10 de março de 1820 os espanhóis, proclamando o regime constitucional, obrigaram a Fernando VII a jurar a Constituição de 1812. Em 21 de agosto irrompeu no Porto uma revolução semelhante: aceita por Lisboa em 15 de outubro, propagou-se logo por todo o reino. Assim, Portugal revolucionava-se, mas não tanto por amor à liberdade, como por se ver pungido de inveja pela perspectiva do Brasil

---

(2) Brás Brandão: José Bonifácio e o sábio por trás do príncipe", *in* Revista "História Viva", ed. out/ 2004, p. 24.

— Em Portugal de então, diz também outra historiadora: "A ação dos revolucionários voltava-se contra a monarquia absoluta e, na ânsia de criar formas de controle do poder real e seus ministros, promoveu a instalação de uma *Assembleia de eleição popular, então chamada de 'Cortes Constituintes'*, que deveria elaborar uma Constituição em moldes liberais" (g.n.) — Andréa Slemian: "O senso de dever da Imperatriz do Brasil", *in* Revista História Viva, n. 13, nov/2004, p. 90.

que deixou de ser colônia depois da vinda da Corte, e cujo comércio se engrandecia com o franqueio de seus portos aos estrangeiros, em prejuízo da indústria portuguesa, que não mais nos tinha por consumidores forçados dos seus produtos. Pedir-se o regresso do Rei a Lisboa: era o principal, quase único fim da revolução."[3]

Uma série de atos em tal sentido foi tendo curso, sendo a "promulgação em Lisboa da Constituição de 10 de março de 1821", segundo Ana Rosa Cloclet da Silva, a "expressão máxima da postura colonialista dos deputados portugueses".[4]

Os políticos lusitanos arreganhavam descontentamentos para minimizar a importância do Brasil, como parte de Reino. De acordo com Paulo Rezzutti, "As Cortes portuguesas ficaram descontentes ao notar que d. Pedro, os filhos e d. Leopoldina não haviam partido com o restante da família real. Menos ainda alegrou-os o fato de d. João ter deixado o filho como príncipe regente do Brasil, cujo governo eles esperavam caber apenas às Juntas, em comunicação direta com Lisboa."

(...) "Foi nessa época que as Cortes resolveram acabar com tudo o que d. João construíra no Brasil de 1808 até então. Eles extinguiram a figura jurídica internacional do Reino do Brasil e não recriaram o vice-reino; todas as províncias brasileiras passavam a ser territórios ultramarinos portugueses; além disso, como os governos da Bahia, Pernambuco e Maranhão já faziam, os demais não deveriam reconhecer a autoridade de d. Pedro como príncipe regente do Brasil. Todas as províncias deveriam se reportar diretamente ao governo português na Europa. Foi decretado o fechamento de todos os tribunais, agências e repartições públicas criadas após 1807 no Brasil, o que transformou milhares de juízes, advogados, meirinhos e burocratas automaticamente desempregados em patriotas brasileiros pró-independência. Quanto ao príncipe d. Pedro, este deveria retornar à Europa com a família e realizar uma viagem pelo velho continente a fim de completar sua educação."[5]

Aquelas entidades, ditas Cortes Gerais Extraordinárias e Constituintes, reservaram cadeiras para deputados brasileiros, e, a despeito da tentativa de recolonização do Brasil, também tentaram resolver a questão da escravidão entre nós. Esse fato, conforme notícia abaixo, teria sido, inclusive, uma das razões do rompimento entre Brasil e Portugal. Veja-se o que diz Mário Barata, que, após criticar as Cortes pela "direção retrógrada, no tocante ao domínio sobre o Brasil, que elas intentaram dividir e recolonizar", conta que "Somente em relação à abolição da escravatura e outros princípios liberais, o poder constituinte e legislativo da Metrópole estava avançando em relação ao *status quo* existente na América Portuguesa".[6] E continua o historiador paraense: " Sabe-se que o futuro Visconde de Goiânia protestara (...) contra o projeto e a discussão, em Portugal, da liberdade para os escravos.

---

(3) SANTOS, Joaquim Felício dos. *Memórias do Distrito Diamantino*, 5. ed., Petrópolis: Vozes, 1978. p. 333, cf. publicação original de 1862.
(4) SILVA, Ana Rosa Cloclet da. *Construção da Nação e Escravidão no Pensamento de José Bonifácio*. Campinas: Ed. Unicamp/Fapesp, 1999. p. 33.
(5) REZZUTTI, Paulo. *D. Pedro – A História não contada*, 1. ed., São Paulo: Leya, 2015. p. 131.
(6) BARATA, Mário. *Poder e Independência no Grão Pará* – 1820/1823. Belém: Conselho Estadual de Cultura, 1975. p. 138.

Para Bernardo José da Gama esse era um dos pontos que mais encaminhava o Brasil a separar-se da antiga Metrópole. Nossos deputados às Cortes haviam ficado radicalmente contra a medida libertadora, uma das contradições da complexa situação da época da Independência".[7]

Mas com o "Fico" de D. Pedro, às instâncias de José Bonifácio para desobedecer as Cortes, e tendo prevalecido os ânimos brasileiros adversos aos da elite portuguesa, foi rechaçada a pretensão de restaurar-se o poder lusitano. Poucos meses depois veio a libertação política, travando-se, então, as lutas para a expulsão definitiva dos militares portugueses.

A própria Independência resultou das contradições de interesses dos comerciantes portugueses e de interesses da elite brasileira no comando do nosso processo econômico: proprietários rurais, traficantes de escravos ou negociantes que, de fato, não tinham o mesmo tratamento privilegiado dos lusitanos.

Quanto à situação dos escravos, somente alguns intelectuais e um pequeno segmento urbano localizado próximo à Corte Imperial brasileira, bem como certos jornais da época procuraram tomar partido ostensivo deles, consoante observação de Emília Viotti da Costa: " Os levantes revolucionários importantes do período encontraram apoio entre os membros da pequena burguesia urbana – lojistas, artesãos, soldados, profissionais liberais. Estes foram a contra-partida dos *sans-coulottes*.[8] Opuseram-se à aristocracia da terra, foram a favor da abolição do tráfico dos escravos e da reforma agrária. Foram também a favor da nacionalização do comércio. Aliados a eles nessas questões estavam alguns poucos intelectuais e burocratas influenciados pelo Iluminismo e que não se identificavam com a aristocracia da terra"[9]. Entretanto, os *sans-coulottes* brasileiros – prossegue a mesma autora noutra obra – que eram, "provavelmente, o único grupo que se opôs à escravidão no tempo da Independência", foram "rapidamente destruídos com a inundação dos mercados brasileiros pelas manufaturas importadas".[10]

Apaziguados os ânimos, ou reprimidas as manifestações contrárias ao Poder, o escravismo fortalecia-se em paralelo, e a tal ponto que as elites arrostaram duas ordens legais de magna importância.

A primeira, o princípio de feição liberal contido na própria Constituição de 1824, outorgada por D. Pedro I, que dizia ser a liberdade direito inalienável do homem. Apesar disso, o primado da liberdade não acobertava o escravo, que só veio a ser reconhecido

---

(7) Mário Barata: *ob. cit.*, p. 219/220.

(8) Durante a Revolução Francesa os *sans-coulottes* eram formados, não, necessariamente, de pobres e indigentes, mas também, das massas populares do mundo urbano e suburbano de Paris, constituídos de artesãos, praticantes de ofícios, pequenos proprietários, que se associaram aos revolucionários, sobretudo entre 1792 e 1793 — V. Michel Péronnet: "Revolução Francesa em 50 Palavras-Chaves. Ed. Brasiliense, São Paulo, 1988, p. 248-249.

(9) COSTA, Emília Viotti. *Da Monarquia à República* – Momentos Decisivos. São Paulo:, Ed. Brasiliense, 1987. p. 158.

(10) COSTA, Emília Viotti. *A Abolição*. São Paulo: Global Editora, 4. ed., 1988. p. 242.

como sujeito, pessoa, em 1871[11]. O próprio D. Pedro I, que havia recomendado discutir-se em nossa Constituinte de 1823 o problema da servidão, e que terminou por dissolvê-la por motivos outros, prometeu dar ao Brasil uma Constituição mais liberal que os primeiros estudos dos constituintes denotavam. Porém a Carta de 1824, que ele viria a outorgar, feita ao sabor de sua vontade, silenciou sobre a questão da escravatura como um todo, sequer tangenciando o caso do tráfico.[12]

Tratava-se de uma outra incongruência, de elevada significação, que se seguia àquela do tempo de D. João VI, o qual manteve aqui a mais severa escravidão, quando Portugal já a havia abolido do seu território desde 1761.

3.3. Pressão inglesa: o combate ao tráfico

Não há que se iludir quanto a razões humanistas, nos instantes em que especialmente a Inglaterra marca uma posição histórica, de início favorável à abolição do tráfico negreiro, e, depois de extinto este por lei, no Brasil (1850), no sentido da libertação dos escravos. Pressões da diplomacia inglesa podiam estar acobertadas, por embuste, naquelas interesses humanitários, mas a nova conformação da economia daquele País, delineada pela Revolução Industrial, iria dar uma nova dimensão ao seu sistema econômico-financeiro, de modo a fazer com que este fosse deixando de apoiar, a pouco e pouco, os fazendeiros brasileiros escravistas, e passasse a vislumbrar, já então escancaradamente, a necessidade de impor uma nova forma de produção.

Onukwa Kenneth Dike assinalou que, "No fim do século XVIII, uma era de carater industrial sucedia a uma época de caráter comercial. Na Grã-Bretanha (...) o comércio dos escravos, perfeitamente ajustado ao sistema da época comercial, tinha se tornado antiquado devido aos rápidos progressos tecnológicos e da produção industrial. A abolição do comércio dos escravos era, pois, somente uma manifestação da passagem da era comercial àquela da revolução industrial."[13]

As próprias campanhas abolicionistas de Wilberforce conheceram o sucesso – diz Pierre Verger – "em parte porque seus fins humanitários correspondiam aos interesses daquela indústria".[14]

Foi assim que em 1807 a própria Inglaterra começou a reprimir o comércio de escravos, e então, segundo Alberto da Costa e Silva, "Em quase toda a costa atlântica, da perspectiva dos vendedores africanos, o tráfico de escravos experimentava, desde 1807, uma forte crise,

---

(11) Joaquim Nabuco reclamou mais tarde, dizendo que a Constituição de 1824 "não falou dos escravos nem regulou a condição desses", e que somente em 1855 o governo cuidou de consolidar o direito pátrio, através da Consolidação das Leis Civis. Que "apareceu sem nenhum artigo referente a escravos" — O Abolicionismo. Ed. UnB, Brasília, 2003, p. 160.

(12) V. Paulo Rezzutti, *ob. cit.*, p. 177 e 178.

(13) Onukwa Kenneth Dike. *Trade and Politic in Niger Delta (1830-1855)*, Oxford, 1956, p. 11; *apud* Pierre Verger, *ob. cit.*, p. 294.

(14) Pierre Verger, *ob. cit.*, p. 294

com a queda nos preços e no volume exportado..." (...) "O Reino Unido colocaria, a partir de 1º de janeiro de 1808, o tráfico de escravos fora da lei", o qual "só retomaria impulso a partir de 1820."[15]

Nesse ínterim, a Inglaterra endureceu os argumentos sobre a proteção dada a Portugal e suas possessões, desde que Napoleão o invadiu, e assim, conforme Manolo Florentino, "Aproveitando-se da conjuntura, Londres extraiu do regente D. João VI, em 1810, a promessa de colaborar com a Inglaterra no intuito de promover a gradual abolição do tráfico, proibindo-se que tal comércio fosse realizado fora dos domínios portugueses na África".[16]

Em 1815, firmou um Tratado com Portugal, para a repressão ao tráfico, e, em 1817, uma Convenção Adicional, atingindo, naturalmente, o fluxo para o Brasil. Foi também assim que, já independente o nosso País, este assinou outro Tratado, de 1826, pelo qual obrigava-se a extinguir o tráfico imigratório, dentro de três anos. Foi assim ainda, consequentemente, que editamos a Lei de 7 de novembro de 1831, tornando extinto esse tráfico. Lei que não foi cumprida, e que possibilitou o aumento do comércio escravista, ainda que configurado como atividade ilícita. Vê-se, pois, conforme agora afirma João José Reis, que, "Desde antes da independência, D. João VI já se comprometera com as potências mundiais da época, reunidas no Congresso de Viena, em 1815, a eliminar o comércio negreiro acima da linha do Equador. Na década de 1820 uma série de tratados entre o Brasil e Inglaterra tornaria ilegal o tráfico vindo daquelas latitudes. Mas definitivamente ilegal, de qualquer porto africano, só em 1831".[17]

No concerto das nações, e tendo em vista o prestígio que se deveria buscar para o novel Império do Brasil, seria necessário o reconhecimento da independência pela Inglaterra, via de consequência por parte do próprio Portugal. Para efetivá-lo, o governo da Grã-Bretanha condicionou a sua chancela à abolição do tráfico negreiro, pelo qual vinha se batendo conosco desde 1808, notadamente com o Tratado de 1815 e a Convenção Adicional de 1817, assinados com Portugal. A exigência promoveu o primeiro acordo internacional da espécie entre a Inglaterra e o Brasil, na qualidade de país, que foi o Tratado de 13 de novembro de 1826, após ter sido reconhecida a independência no ano anterior, 1825.

O referido tratado, ratificado em 3 de março de 1827, reza fundamentalmente o seguinte:

> "Art. 1º. Acabados três anos depois da troca das ratificações do presente tratado, não será lícito aos súditos do Império do Brasil fazer o comércio de escravos na Costa d'África, debaixo de qualquer pretexto ou maneira que seja. E a continuação desse comercio, feito depois da dita época por qualquer pessoa sudita de sua Magestade Imperial, será considerada e tratada de pirataria."

Enquanto isso, três outras providências foram tomadas, como tentativas para coibir os traficantes. Uma, da parte da Inglaterra, com a Lei de 23 de março de 1830, declarando

---

(15)   SILVA, Alberto da Costa. Francisco Félix de Souza – Mercador de Escravos, Rio: Ed. UERJ/Nova Fronteira, 2004, p. 85 e 53.

(16)   FLORENTINO, Manolo. Em Costas Negras. São Paulo, Companhia das Letras, 2010, p. 41/42.

(17)   João José Reis: "Abolicionismo e resistência escrava", in Revista da Bahia, n. 14, set/Nov 1989, p. 13.

extinto o tráfico subequatorial para o Brasil, cominando penas contra os transgressores; duas outras, da parte do nosso país, com a Lei de 13 de setembro de 1830, promulgada para reger a locação de serviços, e com o Código Criminal, do mesmo ano.

A primeira lei brasileira citada diz em seu art. 7º : "O contracto mantido pela presente lei não poderá ser celebrado, debaixo de qualquer pretexto que seja, com os africanos barbaros, à exceção daqueles que actualmente existem no Brasil."

Em vista deste texto, Tavares Bastos comenta que "ninguém poderá trazer para o Brazil negros d'Africa, embora allegando que os contractou para servir mediante salario, como se fossem coolis, chins ou outros emigrantes. Revela esta providencia que o corpo legislativo receiava que, sob pretexto de engajamento, se fizesse o trafico impunemente."[18]

O Código Criminal do nosso Império, no seu art. 179, estabeleceu a pena de 3 a 9 anos de prisão e multa correspondente à terça parte do tempo, para o crime de reduzir pessoa livre à escravidão, no qual estaria abarcado o tráfico negreiro.

Mas, segundo a pergunta feita por Tavares Bastos, "como havia de ser efficaz esta providencia da lei, quando se facilitava o commetimento do delicto permittindo-se a um senhor de escravos misturar com estes os africanos cujos serviços arrematasse?"

De toda maneira, foi a lei brasileira de 7 de novembro de 1831 que tomou medidas específicas contra o tráfico, embora o Brasil não fosse cumpri-las. Corresponderia, em termos legiferantes, ao compromisso firmado no Tratado de 1826, efetivado, porém, quase dois anos depois de esgotado o prazo previsto nesse ato, que tinha seu *dies a quo* na data da ratificação, ou seja, 3 de março de 1827.

A lei anti-tráfico de 1831 dispunha, no artigo 1º, que "todos os escravos que entrarem no território ou portos do Brasil, vindos de fora, ficarão livres", fazendo exceção, todavia, para os escravos das embarcações pertencentes a país onde a servidão era permitida e para os que fugirem do território ou embarcação estrangeira — os quais deveriam ser reexportados ou entregues aos senhores que os reclamassem. No artigo 2º cominava penas do Código Criminal, além de impor o pagamento das despesas com a reexportação dos negros, que o governo faria concretizar.

Contudo, a legislação brasileira de combate ao tráfico não teve efetivo cumprimento entre nós: quer por ação dos proprietários, dispostos a não dispensar o trabalho escravo, quer por ação dos traficantes, que também não dispensariam uma atividade lucrativa nos dois polos – primeiro na compra da mercadoria, a preço que forçavam para baixo na África; segundo na venda do produto no Brasil, a preço que forçavam para cima, incluso em função do financiamento que faziam a fazendeiros, para a aquisição das *peças*. Mas, sobretudo, foi por omissão do governo que a Lei de 1831 perdeu sentido, dado que era uma lei de mecanismo simples para sua aplicação.

---

(18)   BASTOS, Tavares: *ob. cit.*, p. 154

Disse Tavares Bastos que ela acabaria com o tráfico, "si a houvessem executado com zelo e a diligencia necessários...[porém] a influência dos poderosos fez afrouxar o cumprimento da lei, até que se tornou letra morta".[19]

O sucesso com a prática do contrabando de escravos deveu-se ao próprio descaso das autoridades imperiais, compactuando com os fazendeiros e traficantes.

Enquanto decorreu o tempo do Tratado de 1826 e da Lei de 1831, e até que se desse o revide legislativo inglês do *Bill Aberdeen*, de 1845, a Inglaterra não se descurou de aplicar o Tratado. Fazia apresar os navios negreiros, julgando-os e condenando-os por intermédio das Comissões Mistas, existentes desde a Convenção Adicional de 1817, as quais tinham sede em Londres, Rio de Janeiro e Serra Leoa. Considerava os traficantes como piratas e declarava libertos os escravos.

Essas Comissões apreciavam a legalidade do apresamento dos navios suspeitos do tráfico, ou seja, os acusados de ferirem o velho Tratado de 1815 e a antiga Convenção de 1817. Aquela dizia respeito à "Abolição do Tráfico de Escravos em todos os lugares da Costa d'África ao norte do Equador", e esta autorizava "o direito de visita recíproca dos navios mercantes das duas nações pelos navios de guerra das duas marinhas reais" — ressalvando-se, todavia, que eles "não poderiam ser abordados nos portos ou águas territoriais pertencentes às duas nações."[20]

Em caso de viagem lícita, o navio apresado seria liberado e paga uma indenização ao proprietário; em caso de viagem ilícita, a condenação importaria na venda do casco e da carga em hasta pública, em proveito dos governos convenentes. "O escravos encontrados a bordo recebiam sua carta de alforria e seriam consignados ao governo do país onde residisse a Comissão que tivesse pronunciado a sentença. Seriam empregados na qualidade de domésticos e trabalhadores livres."[21]

Porém o tráfico clandestino de escravos continuou para o Brasil, tendo mesmo aumentado o contingente de negros importados, a fim de atender à demanda desejada pelos fazendeiros e outros.

Certamente que a pressão inglesa não se fez mais efetiva na época porque à Inglaterra interessaria antes consolidar a dependência do Brasil a seus desígnios políticos e econômicos. Foi ela (a) quem emprestou, por exemplo, 2 milhões de libras esterlinas ao Brasil, endividando-nos em face da chantagem que nos fizera Portugal para reconhecer a nossa Independência só por aquele preço; (b) quem, em substituição aos negócios mercantis que anteriormente existiam entre a Colônia brasileira e a Metrópole portuguesa, passou a ter privilégios tarifários de entrada de mercadorias; (c) quem continuou monopolizando a venda de certos produtos e a compra da maior parte da nossa produção (desde 1810), e (d) quem deu início a investimentos que iriam modernizar a nossa

---

(19) BASTOS, Tavares: *ob. cit.*, p. 155
(20) Pierre Verger, *ob. cit.*, p. 308.
(21) Pierre Verger, *ob. cit.*, p. 308.

economia. Tudo, porém, a troco de um domínio que manietaria o nosso Governo e atravancaria qualquer indústria nacional.

Mas a Inglaterra, uma vez consciente de haver transformado o Brasil numa colônia britânica, sem necessidade de dominância formal, deu-se a intensificar o combate aos navios que faziam o transporte dos negros africanos para o nosso país.

E como ficou fácil pressentir, estava nos recuos e contra-ataques daquela nação uma estratégia do seu interesse em ficar à frente do comércio açucareiro, já que havia passado a desenvolver uma economia industrial, que tinha origem na substituição do escravo pela máquina a vapor[22], cujas exigências trazidas pelas manufaturas demandavam outro tipo de mão de obra. Esta deveria envolver prestadores de serviço que – mediante ganho de uma remuneração que, como tal, se generalizasse pelo mundo – tenderia a ampliar o número de consumidores daquelas manufaturas. Além disso, teria de pesar o barateamento dos custos que, se conseguido em condições não-escravas, nas colônias, faria a Inglaterra sair ganhando na concorrência com países de mão de obra servil – continuando ainda na dianteira, mesmo que esses países mais tarde abolissem a escravidão, por que era quem capitaneava a tecnologia promissora.

Documento inglês expõe certo estratagema nessa logística de transformação econômica e social para diminuir a quantidade de escravos, em boicotando o tráfico. Vem do *Colonial Office*, datado de 1840, e demonstra a disposição da Inglaterra colocar homens livres nas suas possessões, na verdade escravos que tinham sido emancipados. Quem o redigiu explica que "tudo aquilo que pudermos provocar de dificuldades para o fornecimento de escravos através do Atlântico, é acrescentado ao preço da mão de obra e ao preço do açúcar" – uma alusão a que o produto ficaria mais caro se produzido em condições escravas, "o que, com efeito, obrigaria o comerciante [de negros] a abandonar o seu comércio."[23]

Já naquela década de 40 do século XIX, os navios da Armada inglesa muitas vezes enveredaram pelas águas territoriais brasileiras, à cata de presas, em desrespeito, também, à Convenção de 1817. O fato, por um lado, devia-se à complacência servil dos conselheiros do jovem Imperador Pedro II, e, do outro, à impaciência imperialista da Inglaterra, irritada com o não arrefecimento do tráfico. Por sua vez, os traficantes tinham descoberto um meio de driblar a perseguição dos navios britânicos — que é o que se deduz da seguinte afirmativa de Braz do Amaral: "Sei ainda mais que foram construídos *palhabotes*, navios pequenos, de pouco calado, e muito velozes, para serem empregados no contrabando de escravos pelos armadores negreiros. Estes navios escapavam com facilidade aos cruzeiros ingleses, não só pela velocidade, como porque se punham fora do alcance da perseguição, entrando em pequenas barras, metendo-se pelas bocas dos rios e pelas angras desertas, a fim de desembarcar a mercadoria proibida pela legislação."[24]

---

(22) Vicente Licínio Cardozo, *apud* João Dornas Filho, *ob. cit.*, p. 72/73, nota 25.

(23) V. Pierre Verger, *ob. cit.*, p.558.

(24) Braz do Amaral, *ob.cit.*, p. 66.

A insolência maior da Inglaterra, no particular, chegou ao seu ponto alto quando, por *ato unilateral* refletido no *Bill Aberdeen*, de 1845, ditou que navios brasileiros que fizessem o tráfico de escravos, contrariando o Tratado de 1826, seriam reputados como navios piratas e julgados pelos *seus tribunais* — o Tribunal do Almirantado e todo tribunal do Vice Almirantado da Grã-Bretanha.

"A nova regra — afiança Emília Viotti da Costa — não só autorizou a apreensão dos navios negreiros nos portos brasileiros, como também determinou o confisco das mercadorias e impôs a pena de morte aos infratores. Daí em diante a perseguição aos traficantes tornou-se mais eficaz".[25]

Nada mais restou ao Brasil senão providenciar medidas que botassem fim ao tráfico, e, ao mesmo tempo, pudessem suprir a mão de obra que deixaria de vir da África. Para a aprovação da lei definitiva de abolição do tráfico, de setembro de 1850, o argumento do seu artífice jogava, principalmente, com as mazelas dos proprietários rurais brasileiros. Estes reclamavam, com efeito, dos lucros que tinham os traficantes, conseguido às suas custas e dos riscos que corriam as suas propriedades, hipotecadas aos mesmos como garantia dos empréstimos para adquirirem escravos. Dois anos depois (1852), em sessão da Câmara dos Deputados, a versão explicativa de Eusébio de Queiroz envolvia até interesses estritos do próprio Brasil, como nação.

Veja-se a constatação de Ilmar Rohloff de Mattos, apreciando discurso daquele político, nos Anais da referida Câmara: "De acordo com Eusébio, a continuação da importação de africanos ameaçava a soberania do Império de duas maneiras principais. Em primeiro lugar, porque 'os escravos morriam, mas as dívidas ficavam, e com elas os terrenos hipotecados aos especuladores, que compravam os africanos aos traficantes para os revender aos lavradores (Apoiados). Assim, a nossa propriedade territorial ia passando das mãos dos agricultores para os especuladores e traficantes. (Apoiados)' Em segundo lugar, porque tendo sido intensificado desde a edição do *Bill Aberdeen*, o tráfico estava provocando um crescente desequilíbrio entre a categorias da população — livres e escravos — ameaçando a existência dos primeiros."[26]

Inteligente, o Ministro valeu-se das razões de política agrária e de política demográfica para, diante das incontornáveis pressões da Inglaterra, mais fortes que as de órbita interna, tentar salvar, supostamente, com o término do tráfico atlântico, a reputação do Império, na sua aparência de guardião da soberania nacional.

A diferença que parece ter existido entre o descaso do Brasil em fazer cumprir o Tratado de 1826 e sua própria lei de 1831, e agora sua presteza maior para editar e executar a lei nova de 1850, deve-se a que, no primeiro caso, a leniência da diplomacia inglesa não permitiu grandes confrontos, e, na segunda hipótese, o aumento das pressões com intervenções de fato incisivas, como as decorrentes do *Bill Aberdeen*, obedecia a um apoio mais

---

(25) Emília Viotti da Costa: "O início do fim", artigo *in* Revista História Viva, ano VI, n. 66, Edição Especial da Duetto Editora, "Dossiê Tráfico Negreiro", p. 51.
(26) MATTOS, Ilmar Rohloff de. *O Tempo Saquarema*. São Paulo: Ed. Hucitec, 1987. p. 225.

forte que o das hostes diplomáticas: a teimosia "do conjunto dos interesses do capitalismo inglês no Brasil."[27]

É evidente que depois das medidas proibitórias do tráfico africano, o comércio com escravos foi estimulado internamente — o tráfico intercontinental passou a ser substituído pelo tráfico interprovincial. Fatores outros, a partir daí, conduziram a novos conflitos de interesses e a mudanças substanciais na economia do país.

Foi então que se providenciou por cá o diploma legal definitivo, pondo fim àquele comércio, no ano de 1850. O *Bill Aberdeen* seria supresso somente em 1868 e outras "abolições" foram tendo curso no Brasil, como a da escravatura dos nascidos depois da lei de 28 de setembro de 1871, a do tráfico interprovincial em 1880 e a da escravidão dos sexagenários em 1885.

3.4. As contradições internas

O mecanismo fundamental do novo sistema econômico, entre nós, iria assentar-se, mais tarde, na exploração do trabalhador, a despeito da contrafação contida no perfil novidadeiro que ele passaria a apresentar, ou seja, ao invés de ser trabalhador sob condição escrava, seria um trabalhador considerado livre, mas cuja liberdade pessoal e jurídica estaria escamoteada pelo desequilíbrio entre o valor dos bens e serviços por ele produzidos e o valor a maior obtido no mercado pelos detentores do aparato de produção. A extração da mais-valia e a circulação do dinheiro propiciadas pela mão de obra assalariada — aqui no Brasil já ensaiada antes da Abolição com os imigrantes europeus — formaram o núcleo de uma nova ordem econômica, cujo interesse de implantação entre nós, desde começos do século passado, serviram também de motivo para pensar-se na abolição da escravatura, como de fato aconteceu.

Assim, pressões dos interesses capitalistas, minando o regime de produção escravista, estabeleceram, logicamente, as contradições atinentes ao nosso processo histórico, até que esse regime esgotou-se e a economia brasileira em geral, e agricultura em particular, tiveram de se refazer em outros moldes.

Manifestações disso serão examinadas no capítulo V, a respeito das transformações da sociedade brasileira, abrangendo as relações de trabalho por modo geral e, particularmente, a industrialização, os empreendimentos urbanos, transportes, mecanização da agricultura e melhoria dos produtos agrícolas.

3.5. Razões humanistas: o Abolicionismo

Sempre se disse que o abolicionismo teria sido um movimento da sociedade brasileira do século XIX em prol da abolição da escravatura, tendo em vista a condição desumana em que se encontravam os escravos. Mais conveniente seria dizer que não fôra, realmente, um

---

(27) Décio Freitas, Escravos e Senhores de Escravos, *cit.*, p. 149.

movimento social, no sentido de que se destinasse a oferecer-lhes melhores condições de vida num sistema de trabalho livre, porque na realidade interessava-se em transformá-los em homens livres, mas sem perquirir, salvo algumas exceções, sobre a sorte que estaria reservada aos mesmos quando libertados.

Em torno da expressão "abolicionismo" há autores que lhe traçam perfis diferentes: a) os que a colocam como sinônimo de abolição da escravatura, sem maiores considerações; b) os que aplicam a mesma sinonímia em circunstâncias variadas, como é o caso de Emília Viotti da Costa, ao dividi-lo em três fases: primeira, a das leis de Abolição do Tráfico, em 1850; segunda, a da Lei do Ventre Livre, de 1871; terceira, a da Lei dos Sexagenários, de 1885; c) os que confinam o abolicionismo mais restritamente no tempo e de acordo com os acontecimentos e/ou locais precisos, como Joaquim Nabuco, que o enxerga como uma bandeira de políticos voltados para a emancipação total dos escravos, para ele (em "O Abolicionismo") começada no Parlamento, com a legislatura de 1879-1880; d) os que o caracterizam como um movimento de opinião pública, iniciado por cafeicultores do sudeste, após a abolição do tráfico interprovincial (1880) a fim de receberem indenização e ainda estímulos pela importação de trabalhadores livres, os quais teriam cooptados profissionais liberais, jornalistas, intelectuais, pequenos e médios comerciantes — uma classe média a dar rumo ao movimento e a arregimentar "quadros secundários" — consoante idealiza Décio Freitas[28]; e) os que acham que o papel dos fazendeiros foi sempre de retardar o advento da Abolição e que falam de uma revolução abolicionista, a partir do "abolicionismo radical urbano-popular e ação autônoma entre os próprios escravos", segundo Jacob Gorender.[29]

Em nosso conceito, entendemos que o abolicionismo foi um movimento de intensificação de opiniões favoráveis à libertação dos escravos, pela tentativa de convencimento aos seus senhores e, principalmente, pela cada vez mais homogênea e densa pressão do público sobre os senhores do Império. Entretanto, foi apenas parte do processo daquela libertação final, com ganho de força adquirida no corpo da sociedade, nas duas derradeiras décadas que antecederam a Abolição, e mais vigor na última dessas.

Por isso o abolicionismo não se confunde com o processo de libertação dos cativos na sua inteireza, e muito menos se resume ao ato formal que deu ensejo à liberdade dos escravos em 1888, o qual tem caráter diverso. Assim, o abolicionismo foi uma das causas da Abolição e da verdadeira cruzada para sensibilização de todos os homens livres e até para a conscientização dos próprios negros quanto à sua liberdade e aceitação da liderança dos livres, no sentido da sua mobilização.

Na campanha desenvolvida pela libertação, os escravos contavam com aliados importantes, os quais destoavam do pensamento dominante da sociedade escravocrata, e que tentavam influir na opinião pública, para formar com ela uma pressão sobre o governo; ou que intentavam, mesmo, através da subversão da ordem escravista, quebrar a resistência

---

(28) Décio Freitas: Escravos e Senhores de Escravos, cit., p. 151.
— No mesmo local o autor diz que o "abolicionismo sem indenização é advogado somente depois da lei Saraiva-Cotegipe"
(29) Jacob Gorender: A Escravidão Reabilitada, cit., p. 182.

dos proprietários, especialmente os donos da terra, e assim, *ipso facto*, do próprio monarca. Por uma parte, eram juristas, com atuação forense ou não, que procuravam interpretar ou aplicar certos dispositivos legais no propósito de favorecer os negros dentro do próprio escravismo; ou eram jornalistas, políticos, intelectuais (oradores, homens de letras) e artistas que promoviam um elo de simpatia humana, com a causa de libertação, por intermédio do discurso, da poesia, da escrita nos periódicos e nos livros, fundação de sociedades de apoio etc. Por outro lado, apareciam os aliados dispostos a auxílios de ordem prática, convencendo os escravos a fugirem e os ajudando também na fuga espontânea e no refúgio. E ainda as pessoas que se arregimentavam nos eventuais levantes que podiam preceder fugas massivas, para um confronto direto com os prepostos dos senhores, os capitães do mato, os milicianos e os esbirros de toda classe.

Apesar da efervescência do abolicionismo ter-se dado, como seria natural, na própria década em que se proclamou a Abolição (1880-1888), sendo por isso marcada com um maior número de adeptos que bem se destacaram nessa pugna, a História registra o nome de pessoas que, com muita antecedência, já perfilhavam a causa. Diz-se que o mais antigo abolicionista fora o Padre Manoel Ribeiro da Rocha, mas que foi com a chegada de D. João VI, em 1808, que o problema da abolição dos escravos foi levantado, isso através do jornalista Hipólito José da Costa[30]. Um problema a ser posto, de fato, diante do Rei, dado ao paradoxo de ter preservado a escravidão no Brasil, ao passo que Portugal a extinguira há quase cinquenta anos (1761). Em 1821 João Severiano Maciel da Costa, o Marquês de Queluz, que fora preso por D. João VI, também pregava a abolição, enquanto em 1825 José Bonifácio de Andrada e Silva, do seu exílio em Paris, também tornava público um projeto seu (de 1823), suprimindo o tráfico negreiro, embora não desejasse "ver abolida de repente a escravidão".[31]

Nos anos subsequentes, podem-se alinhar grandes vultos, bem como agremiações que auxiliavam a campanha, principalmente depois que acabou a Guerra do Paraguai, em 1870.

Rui Barbosa, por exemplo, foi um deles, devendo ser ressaltada a sua atuação abolicionista desde estudante, pois nessa condição, inclusive, segundo Eduardo Silva, foi ele quem, *pela primeira vez, em 1869*, formulou "a ideia básica" de que a Lei de 1831, não tendo sido nunca revogada, colocou o sistema escravista "sob suspeita" e, "mais que isso: o sistema estava fora da lei." "Para Rui Barbosa então − continua o autor citado − desde 1831 até 1850, isto é, todo o tráfico de escravos em seu auge histórico" (...) "não era senão crime de pirataria." [32] (g.n.)

Manuel Correia de Andrade, modernamente, deixa margem para uma tentativa de classificação do movimento de libertação dos escravos, podendo-se ver no mesmo dupla

(30) BARBOSA, Francisco de Assis. *"Abolição"*: verbete na *Encyclopaedia Britannica*, São Paulo: 1966, p. 14.
(31) "Representação à Assembleia Geral Constituinte e Legislativa do Império do Brasil sobre a Escravatura", *in* José Bonifácio de Andrada e Silva: Projetos para o Brasil - Org. Míriam Dolhnikoff. Ed. Companhia das Letras, São Paulo, 1998, p. 45-88.
(32) SILVA, Eduardo. *As Camélias do Leblon e a Abolição da Escravatura*. São Paulo: Companhia das Letras, 2003. p. 55.

face: uma, a do emancipacionismo, simplesmente; outra, a do típico abolicionismo: "Vê-se pelos debates que eles [os fatos] suscitaram no Parlamento e na imprensa, que se defrontavam três correntes de opinião: a dos *escravagistas*, que defendiam a manutenção do sistema então vigente até que ele se extinguisse naturalmente, em vista das leis já promulgadas; a dos *emancipacionistas*, que defendiam a promulgação de leis que libertassem os escravos e abreviassem o fim da escravidão, mas que, reconhecendo o direito de propriedade do senhor sobre os mesmos, exigiam que eles fossem indenizados; finalmente, a dos *abolicionistas*, acusados de comunistas[33] e de incendiários – a expressão mais usada na época era petroleiros – que exigiam a abolição sem indenização."[34]

Joselice Jucá faz suas distinções sobre os grupos abolicionistas, nomeando os mais destacados e, principalmente, fazendo sua análise crítica sobre o trabalho deles: "Em termos da participação dos abolicionistas, o marco divisório que separa as duas linhas de ação é bastante indistinto. Ao primeiro grupo pertenciam propagandistas como José do Patrocínio, Ferreira de Menezes, Vicente de Souza, Nicolau Moreira e João Clapp, considerados por Nabuco como os 'pioneiros', identificados com a abolição em si, ou seja, com as etapas do processo abolicionista, utilizando o discurso emocional através da tribuna e da imprensa, influenciando a opinião pública e estimulando a manumissão voluntária. O segundo grupo, formado, entre outros, por Nabuco, Rebouças, Joaquim Serra, Gusmão Lobo, constituía, segundo o próprio Nabuco, a linha dos 'moderados'... de fato um grupo muito mais radical do que o chamado 'pioneiro', pois que defendia um programa de reforma complementar à abolição." (...) "Esta fileira era engrossada também por aqueles que perfilavam em torno da Sociedade Central de Imigração e defendiam o estímulo cada vez maior à vinda de imigrantes para o Brasil. Importantes membros dessa Sociedade, como Beaurepaire

---

(33) O professor Cid Teixeira fala nas "cenas comunistas" daquele então, que era como "a nação escravocrata qualificava sem muita raridade os movimentos que tentavam alterar as relações de trabalho no Brasil." Em nota de rodapé do seu artigo, ele diz esclarecedoramente: "...São, aliás, frequentes, como veremos adiante, as acusações de *comunistas* feitas aos que pretendem, no século XIX, alterar o regime de trabalho. A mais antiga que conhecemos é de 1853, feita pelo Sen. Vergueiro ao colono Oswald, bisavô do gravador Henrique Oswald, tão vinculado às artes da Bahia. Diz o senador: 'De Oswald eu já tinha de há muito certeza; dizem que ele foi obrigado a sair da Suíça por ser comunista, fôra para a Argélia, e não achando aí modo de vida, nem trabalho, veio para o paciente Brasil e residiu em Campinas, donde dirigiu para a Europa correspondência caluniosa contra as minhas colônias, de uma das quais tive cópia'. (Conforme Exposição do Sen. Vergueiro dirigida ao vice-presidente da Província, a propósito dos acontecimentos de Ibiacaba – publicada por Sérgio Buarque de Holanda *in* Thomas Davatz. Memórias de um Colono no Brasil, Bib. Hist. Bras., vol. V, p. 264.")
– V. Cid Teixeira: "Ruy Barbosa e a Resistência Escravocrata na Bahia", *in* Ruy Barbosa - 150 anos, publicação da Academia de Letras Jurídicas da Bahia/ Faculdade de Direito da Universidade Federal da Bahia - Org. José Augusto Rodrigues Pinto - José T. Cavalcanti Fº, Salvador, 2000, p. 103 e nota 12 da p. 114.
– Alberto Passos Guimarães também escrevendo a propósito, diz que "A referência à 'sociedade comunista' não é mera frase, mas elemento fundamental do plano de Vergueiro, que, na mesma exposição [1857] acusava Davatz, o mestre-escola, de 'fervorosamente persuadir os princípios comunistas, talvez inspirados em Oswald." Comenta ainda que Fernando Carneiro ("História da Imigração no Brasil – uma interpretação", *in* Boletim Geográfico, dez 1948, p. 1.021), "classifica Vergueiro como 'um precursor do famoso medo do comunismo..." – Alberto Passos Guimarães: Quatro Séculos de Latifúndio. Ed. Paz e Terra, Rio, 1968, p. 137/138 e nota 15 à p. 138.
(34) ANDRADE, Manuel Correia de. *Abolição e Reforma Agrária*. São Paulo: Editora Ática, 1987. p. 31

Rohan, Alfredo D'Escragnolle Taunay, Saturnino Cândido Gomes e Wenceslau de Souza Guimarães, entre outros, se tornaram firmes defensores da implementação de uma reforma social mais ampla e mais profunda, complementar à abolição pura e simples."[35]

Mas, como não poderia deixar de ser, o grande destaque da autora é o mulato baiano André Rebouças – a quem daremos atenção no capítulo subsequente a este. Aliás, para abolicionistas da estirpe de Joaquim Nabuco e de André Rebouças, que advogavam a libertação dos escravos acompanhada de uma reforma social, incluindo a intervenção na grande propriedade e o acesso à terra, é que deveria estar mais voltada a nossa historiografia que cuida do abolicionismo brasileiro.

De toda maneira, foi a partir do meio urbano se industrializando e mudando o perfil dos serviços, com sensível influência na própria agricultura que se modernizava, que novas exigências do país iriam moldar outros interesses que não aqueles meramente expostos pela face humana do escravo.

Por variadas transformações passou a economia nacional, despertando outros valores em nossa sociedade, com decisiva interferência na rede de produção e de circulação de bens, e, portanto, do sistema de trabalho.

As contradições que se revelaram, a pouco e pouco, a partir da abolição do tráfico externo em 1850, refletindo na necessidade de modificação de tal sistema, vigeram correlatamente ao simples sentido humanista frente ao escravo, e terminaram fazendo aflorar o abolicionismo como movimento encorpado e contínuo, apesar do torpor provocado inicialmente pela lei de 1871. Porém ganhando vivacidade com o término do tráfico interno de escravos em 1880.

Se o tráfico transoceânico, que era lícito desde as nossas primícias de colonização, passou a ser considerado atividade ilícita por que não o seria também o tráfico interno de escravos? Aquela data, para Décio Freitas, termina sendo o marco pelo qual se detecta o início do movimento abolicionista dito *organizado*, resultante da abolição do tráfico interno. Antes, segundo ele, existia apenas uma *opinião abolicionista*, que era marginal à luta isolada empreendida pelos escravos, os quais "sozinhos lutavam contra a escravatura" (...) "fazia dois séculos e meio". Do término daquele tráfico entre as províncias, é que teria surgido a organização, em si, daquele movimento. E por outra parte, consoante destaca Décio Freitas, "Não foi senão depois que o sistema escravista brasileiro entrou em agonia que os interesses antiescravistas ingleses ganharam uma base interna de classe, expressa no movimento abolicionista"[36]. Eles precisavam, pois, de uma bandeira; a qual seria um "abolicionismo" internalizado no Brasil, já que "jamais cogitou de mobilizar os próprios escravos, ou quando menos apoiar-se neles, para destruir o sistema".[37]

---

(35) Joselice Jucá: Estudo Introdutório ao livro de André Rebouças, Agricultura Nacional (Estudos Econômicos), ed. fac-similar (2ª) da Editora Massagana/Fundação Joaquim Nabuco, Recife, 1988, p. VII e VIII.

(36) FREITAS, Décio. *Escravos e Senhores de Escravos*. Porto Alegre: Mercado Aberto, 1983. p. 149.

(37) *Idem.Ibidem*, p. 149.

Diferentemente, Clovis Moura tinha a compreensão de que já existiam grupos organizados em quase todas as nossas províncias, mas que o abolicionismo somente "se corporificou definitivamente" em 1883, com o surgimento de uma "entidade fundada para centralizar o movimento em todos os estados"[38]. Ele conta que, "Com a multiplicação das sociedades abolicionistas, entre os anos de 1880 e 1883[39], pensou-se em reunir no Rio de Janeiro uma associação que, sem a quebra de autonomia de cada organização, unificasse o movimento nacionalmente". Foi então formada a *Confederação Abolicionista*, no dia 10 de maio de 1883, que ficou aberta à adesão de outras instituições, e redigido um manifesto que foi lido em solenidade no Teatro D. Pedro II, em 26 de agosto daquele mesmo ano.[40]

Pode-se concluir que o abolicionismo foi, ao longo do 2º Império, em que teve curso, um movimento de instrumentação diversa, colocado dentro de um contexto maior, o processo da Abolição em si. De conteúdo humanista e exteriorização opinativa, no início, foi, depois, sendo acrescido de variada motivação, à qual não faltou desde a demagogia de nobres e de certos políticos, até a adesão de típicos escravocratas, bem como a própria insurreição dos cativos, que deu ao abolicionismo, no seu final, uma feição de luta popular e levantes concretos.

Voltamos a afirmar que o abolicionismo é somente um dos aspectos da Abolição, a qual entranha um processo de maior completude, cujo perfil resulta moldado, também, por outros fatores.

Assim, devemos apreciar, por conta do delineamento deles como elos de uma corrente, tanto ocorrências que antecederam o período candente, que foi do acúmulo de intensificação das posições de apoio (por exemplo as pressões imperialistas da primeira metade do século XIX), as que continuaram com maior persuasão (por exemplo, a ação da imprensa e as ações judiciais de liberdade), ou que passaram a eclodir (por exemplo a mobilização, para a liberdade fática, com as fugas, sob instigação dos abolicionistas livres).

Sublinhamos que o abolicionismo em si, *no seu interior*, teve seus instantes marcantes, como aqueles que os autores especulam como referência ao início do movimento, o do advento das leis etc. No nosso entender, os fenômenos que vez por outra acendiam a chama da campanha, estão relacionados abaixo, sem embargo de alguma omissão despropositada. Tomados em seu conjunto, perfazem, aproximadamente, os vinte anos que a maioria dos historiadores estima para a sua duração:

1867 — Carta de abolicionistas franceses, solicitando a D. Pedro II a libertação dos escravos.

---

(38) MOURA, Clovis. Dicionário da Escravidão Negra no Brasil, São Paulo: Universidade de São Paulo, 2004. p. 15/16.

(39) Em conformidade com Gorender, "as primeiras associações abolicionistas "surgiram na década dos 60, dedicadas à propaganda e à coleta de donativos para comprar as alforrias". E refere-se a uma data fixa, a do ano 1868 — *in* A Escravidão Reabilitada, *cit.,* p. 142.

(40) Clovis Moura: Dicionário...*cit.,* p. 109.

1867 — As repercussões sobre a declaração da Guerra do Paraguai (1864-1870), face à qual a perspectiva de uma prometida liberdade aos escravos, pela participação nela, era também uma perspectiva de morte.

1867/1868 — Os recitais anti-escravistas de Castro Alves, em Salvador, Recife e São Paulo.

1868 — Aparecimento das primeiras associações abolicionistas.

1870 — A abolição da escravatura no Paraguai, às instâncias das Forças Imperiais Brasileiras e da sua Diplomacia, sem que o exemplo fosse seguido no próprio Brasil.

1871 — Lei do Ventre Livre (Lei Rio Branco).

1876 — Início das fugas massivas dos escravos.

1879/1880 — Início da Campanha Abolicionista Parlamentar (Joaquim Nabuco).

1880 — Término do tráfico interprovincial de escravos.

1883 — Criação da Confederação Abolicionista.

1884 — Abolição da escravatura no Ceará, no Amazonas e no Rio Grande do Sul, mediante leis provinciais.

1885 — Lei dos Sexagenários (Lei Saraiva-Cotegipe).

— Campanha em prol do abolicionismo sem indenização para os senhores de escravos.

— Fugas massivas e levantes de escravos.

1887 — O Exército se abstém de caçar escravos fugidos, alegando não ter a função de "capitão do mato".

1888 — Abolição da escravatura (Lei Áurea).

3.6. Ação do Parlamento: a tribuna e as leis

A ação parlamentar abolicionista *não se resumiu* à conclamação, pela tribuna política, de se dar liberdade aos escravos (progressivamente ou de uma vez por todas); nem foi destinada a convencer os senhores a alforriá-los; ou dirigida ao público em geral sobre o argumento da desumanidade do trabalho servil.

Aliás, também não foi o Parlamento o veículo por excelência da efetivação da campanha abolicionista. A seu lado, também, com importância consagrada, atuavam a imprensa, com suas comentários sobre o assunto, bem assim a propaganda que as associações do ramo foram intensificando com o mesmo objetivo. Além de outros tipos de instrumentação, conforme ainda veremos.

Entretanto, não esgotava ele a sua atividade na retórica discursiva. Possuía também, institucionalmente, a característica de confeccionar leis, e, no caso do Brasil escravista, exprimia as suas incursões legais amenizadoras da escravidão, quando os hábitos dos senhores em geral já o consentiam; ou ia condescender com algumas medidas legiferantes mais convenientes aos cativos, como estratégia para o senhorinato diminuir um pouco seu controle social, a fim de postergar a oportunidade de abolição da escravatura, e com isso manter privilégios.

Décio Freitas transmite da seguinte forma o que chama de "desescravização a nível jurídico e social", mediante certas providências que alguns senhores e o próprio Estado tomavam para minimizar as agruras dos seus escravos, com o objetivo de conservá-los por mais tempo:

"No empenho de preservar e se possível multiplicar a existente força de trabalho, instigou-se o princípio do utere *et abutere* – o poder do amo de dispor irrestritamente do escravo. Essa prática apenas se justificava quando havia pletora no suprimento dos escravos. Os proprietários tomaram iniciativas: menos horas de trabalho, melhor alimentação e atenuação de castigos; generalização da prática do ganho em centros urbanos e da alforria mediante contratos de serviço. Mais importantes foram as medidas adotadas pelo Estado Escravista no sentido de reformar a instituição. O uso do chicote contra os escravos condenados a trabalhos forçados foi proibido; limitou-se o número de açoites com que o senhor podia castigar o escravo, e afinal se proibiu o próprio açoite; reconheceu-se ao escravo o direito de formar pecúlio e receber doações, legados e heranças; admitiu-se que demandasse o amo e prestasse testemunho contra ele nos processos criminais; assegurou-se-lhe o direito de alforria mediante depósito do preço; autorizou-se a que contratasse serviços com terceiros, prévia aprovação do senhor; estabeleceu-se a obrigação de cuidados à escrava grávida, aos recém-nascidos e às crianças; proibiu-se a venda separada de escravos casados e seus filhos com menos de 15 anos; ampliou-se o elenco de faltas submetidas à apreciação da justiça, que de resto passou a protegê-los mediante sutis construções jurisprudenciais. Em consequência de tudo isso, a escravidão desaparecia em sua forma pura e perdia sua feição clássica."[41]

Uma certa flexibilização na regulamentação das leis sobre as condições de trabalho, incluindo as incursões parlamentares relativas ao trabalho (dito) livre, podia significar tentativas de adiar a Abolição — vale dizer, de manter o trabalho escravo — que revelação de estarem preparando o país para a libertação do escravo, ou, por outra, para o trabalho livre.

Somente os aportes positivos, portanto — algum aspecto parcial das leis — podem ser creditados ao abolicionismo, pois era mesmo o seu papel, o de promover brechas na legislação. Repare-se o que, mais uma vez, explica Gorender, com propriedade: "É já no crepúsculo do escravismo, nas suas *duas últimas décadas*, que as disposições legais

---

(41) FREITAS, Décio. *Palmares, A Guerra dos Escravos*. Rio: Graal, 4. ed., 1982. p. 204/5.

protetoras dos cativos ganham efetividade em episódios limitados, indicando as *aberturas através das quais avançava o abolicionismo.*" [42] (g.n.)

De modo particular, tornam-se pertinentes os comentários seguintes, sobre as leis que permitam delinear elementos fundamentais relacionados com o trabalho:

Lei de 13 de setembro de 1830 – Abarcou o ajuste de trabalho condizente com os obreiros livres, nacionais ou imigrantes arregimentados fora do Brasil, quando para tal ajuste houvesse previsão de sua duração (contrato a prazo) e/ou adiantamento salarial.

Dentro das condições de trabalho por ela estabelecidas, sobressai-se a carga obrigacional mais pesada para o trabalhador, ao qual se cometia, até, a pena de prisão pelo descumprimento do contrato.

O interessante é que a referida lei, sendo editada na época de plenitude do escravismo, não pode nem deve ser reputada um instrumento jurídico de desescravização. O que ela busca, ao contrário, é uma outra realidade trabalhista do país, a do até então pequeno contingente de trabalhadores brasileiros livres, bem como o de eventuais trabalhadores estrangeiros, porém com o fito de obter os seus serviços bem próximos da feição servil. No-lo indica, principalmente, a cominação da pena prisional do obreiro, o que, a par de outra ordem de coisas, terminava sendo empecilho à própria imigração e ao aproveitamento legalizado da mão de obra nacional.[43]

Lei n. 108, de 11 de outubro de 1837 – Só porque ensaiou regulamentar, como a lei de 1830, o trabalho em si mesmo livre, e, por sua vez, especificamente o serviço do estrangeiro, ainda não seria, também, uma lei de deliberado esvaziamento do trabalho servil. O escravismo continuava no auge, a despeito da primeira lei de abolição do tráfico negreiro, de 1831, lei que, no entanto, jamais concretizara o seu objetivo.

De toda sorte, tentava, em tese, atrair colonos do exterior, sendo, por isso, teoricamente, uma alternativa ao labor escravo; tanto em razão de um contrato de locação de serviço, quanto em razão de um contrato de parceria. Todavia, o aspecto prático da sua concretude era cheio de penas de constrição pessoal, que estavam mais compatíveis com um regime de trabalho forçado do que com um sistema de trabalho livre.

Daí que um relatório duma Comissão Parlamentar de Portugal, em caráter diplomático, sobre as condições detrimentosas da lei brasileira de 1837, em relação a imigrantes portugueses, asseverou o seguinte: "Essa lei é altamente iníqua e discordante de todos os princípios jurídicos que regem as condições dos contratos particulares. Pune as simples faltas civis do colono no cumprimento do contrato, com penas a que nos códigos criminais correspondem delito de suma gravidade. Sujeita o mesmo colono a uma espécie de servidão, de que tardia

---

(42) Jacob Gorender: A Escravidão Reabilitada, *cit.*, p. 161.
(43) V. Coleção das Leis do Império do Brasil: Arquivo Público do Estado da Bahia, Salvador; Alberto Passos Guimarães: As Classes Perigosas: Banditismo Rural e Urbano. Graal Editora. Rio, 1981, p. 131, *apud* Maria Lúcia Lamounier: Da Escravidão ao Trabalho Livre. Ed. Papirus, Campinas, 1988, p. 11; Ademir Gebara: O Mercado de Trabalho Livre no Brasil. Ed. Brasiliense, São Paulo, 1986, p. 77-79.

e dificilmente se liberta, e entrega o conhecimento e julgamento de todas as questões que se suscitarem na execução do contrato ao juiz do foro do locatário".[44]

A lei, contudo, não desagradava apenas aos trabalhadores imigrantes, e sim, também, aos fazendeiros, especialmente em virtude da mesma não cobrir seus interesses, diante das greves daqueles colonos, como as que se tornaram frequentes na década de 1860. Além disso, estampava uma incongruência jurídica: feita para reger as relações de locação de serviços, igualmente se aplicava às de parceria, estruturalmente diversas daquelas.[45]

Lei n. 556, de 26 de junho de 1850 — Instituidora do nosso *Código Comercial*, era direcionada para os cuidados jurídicos com as relações mercantis, mas tomou a peito certos vínculos laborais para regulá-los. No entanto, em seu Título X colocou-os debaixo da denominação genérica estapafúrdia "Da Locação Mercantil", na qual estiveram previstos, junto com a "locação de coisas", e nomeados, particularmente, como "locação de trabalho" (art. 226).

Tal "locação de trabalho" se confundia com a "locação de serviço" (art. 231) pela utilização de mão de obra de "oficial e artífice" ou de "operários" à disposição de empreiteiros, bem como também se abria à "locação de obras", que era o contrato de empreitada (art. 240).

Mais afeito, na prática, aos lindes urbanos, nenhuma aplicação teve aquele Título do Código Comercial nos vínculos de trabalho no campo, difícil de alcançá-lo, inclusive porque os casos litigiosos deveriam ser resolvidos por uma inatingível Justiça Arbitral (art. 245).

Lei n. 581, de 4 de setembro de 1850 — Segunda lei de abolição do tráfico transoceânico, cumpriu o seu propósito central: impedir a reposição dos africanos, que alimentavam, de maneira contínua, a escravidão no Brasil. Todavia, a despeito de exemplos mínimos quanto à apreensão de negros por importação ilegal, a lei adotou o critério da reexportação dos mesmos, concomitantemente ao proveito de sua mão de obra, enquanto não se desse a saída deles do país. De feito, o art. 6º estatuiu que eles "serão empregados em trabalho debaixo da tutela do Governo, não sendo em caso algum concedidos os seus serviços a particulares."

Tal restrição, contudo, foi rompida, pois se permitiu que os africanos ditos livres prestassem também serviços aos particulares, por 14 anos. O Decreto n. 1.303, de 28 de dezembro de 1853, autorizou-o; mas dispôs, também, sobre a emancipação deles ao cabo do tempo assinalado, sob as condições básicas que já vimos no capítulo II: a) requerimento dos africanos; b) o dever de residir no local determinado pelo Governo; c) a obrigação de "tomarem ocupação ou serviços mediante salário". O que significa, em resumo, que, afora o verdadeiro confinamento a que os "africanos livres estavam submetidos (letra "b" *supra*), sua emancipação, acompanhada da obrigação de encontrar trabalho assalariado durante aquele tempo (letra "c"), pressupunha uma escravização temporária. Além do mais, uma

---

(44) *Apud* Ademir Gebara: *ob. cit.,* p. 80
(45) Cf. Maria Lúcia Lamounier: *ob. cit.,* p. 21/22.

escravização ligada, ilicitamente, a senhores de escravos em particular, posto que os também chamados "escravos da nação", que, pela lei, deveriam ficar adstritos ao Governo, tornaram-se objeto de cessão aos senhores privados, por intermédio de um decreto.

Lei n. 2.040, de 28 de setembro de 1871 – Esta foi, para alguns, uma progressão dos objetivos da lei de abolição do tráfico externo (1850), quanto ao aumento das possibilidades em direção ao trabalho livre. Para outros, teria sido uma tentativa de estimular a auto reprodução da população escrava[46], com o que se constituía em instrumento protelatório da abolição da própria escravatura. Mas, sobretudo, foi a lei que deu personalidade ao escravo, reconhecendo-o como pessoa, não mais *res*, coisa.

Do ponto de vista da liberdade, ou da exploração do trabalho servil, a chamada Lei do Ventre Livre criou uma situação ambígua, pela qual, de um lado, ainda haveria de reprimir trabalhadores na sua condição de escravos, incluindo os "ingênuos" de até 21 anos, ao passo que, de outro lado, abriria as travas da escravidão para o trabalho livre das categorias dos "libertos" e dos "ingênuos" que atingissem tal idade.

A Lei do Ventre Livre não cuidava de regulamentar as condições de todo e qualquer contrato de trabalho, salvo as dos libertos, durante os *cinco primeiros* anos da emancipação, além da situação dos "ingênuos" *até* os 21 anos de idade (art.6º, § 5º).

Na lei de 1871, e logo no art. 1º, § 1º, se vê que, enquanto são declarados livres os filhos de mãe escrava, a partir do nascimento, eles terão de ficar sob a responsabilidade do senhor até os 8 anos; e, ao cabo desse tempo, o senhor haverá de optar por receber uma indenização do Estado, quando este dará ao "ingênuo" o destino previsto na lei, por exemplo entregá-lo a associações ou estabelecimentos públicos, conforme o art. 2º, ou então dito senhor continuará a utilizar-se dos seus serviços até os 21 anos. Na verdade, pois, a própria lei era desviacionista, escamoteando a liberdade em função da idade. A situação de verdadeiro escravo, em que era colocado o "ingênuo", era tanto mais manifesta que se previa a possibilidade do mesmo "remir-se do ônus de servir", consoante o § 2º do art. 1º, mediante pagamento de uma indenização, ou a possibilidade de ter extinta a prestação de serviço, na hipótese de sofrer maus tratos, reconhecidos por sentença judicial (art. 1º, § 6º).

De toda forma, havia expedientes amenizadores limitados, dentro do processo escravagista que se preservou oficialmente: a) a derrogação da norma das Ordenações do Reino, que permitia revogar alforria por motivo de ingratidão do ex-escravo (art. 4º, § 9º)[47]; b) o fato de se considerar libertos os escravos que não estavam inscritos na Matrícula especial dos escravos existentes no Império (art. 8º, § 2º); c) a libertação anual de escravos em cada província brasileira, de acordo com a quota disponível dos fundos de participação (art.

---

(46) Décio Freitas falou que "...o Estado escravista empreendeu, através da Lei dos Nascituros ou Lei Rio Branco, de 1871, uma desesperada tentativa de estimular a natalidade escrava. Este tentame se traduziu na disposição que assegurava ao proprietário uma polpuda indenização, paga pelo Estado, quando as crianças escravas atingissem os oito anos de idade; caso o proprietário não se quisesse desfazer do nascituro, poderia explorá-lo até os 21 anos de idade." – Escravos e Senhores de Escravos, *cit.*, p. 140.

(47) Na percepção de Décio Freitas, "A lei de 1871, ao revogar o dispositivo da Ordenação que facultava a revogação da alforria, conferiu a todos os libertos a mais completa independência jurídica" — *ob. cit.*, p. 73.

3º); d) a declaração de libertos das seguintes espécies de escravos: dos pertencentes à União, sujeitos estes, contudo, à ocupação que o Governo achasse conveniente (art. 6º, § 1º); dos escravos dados em usufruto à Coroa (art. 6º, § 2º); dos escravos das heranças vagas (art. 6º, § 3º); dos escravos abandonados pelos seus senhores (art. 6º, § 4º); e) a inspeção do Governo, por cinco anos, dos escravos libertados pela lei, com a finalidade de obrigá-los a contratar serviços com particulares, junto ao dever de exibir o contrato, sob pena de serem reputados vadios e de serem constrangidos a trabalhar em estabelecimentos públicos (art. 6º, § 5º).

Foi uma lei que os senhores deglutiram sem dificuldades, dado que poderiam continuar com os escravos, e terem ainda pela frente vinte e um anos de trabalho dos filhos deles. Nabuco chegou a considerá-la favorável aos senhores, dizendo que os mesmos julgavam seu direito ao escravo "primeiro à sombra do art. 179 da Constituição de 1824, depois sob a proteção da lei de 28 de setembro de 1871". Absorveram também, apesar da "resistência que a lavoira opôz", a parte da lei que "criou o direito do escravo de ter pecúlio próprio e o de resgatar-se por meio deste..."[48]

Decreto n. 2.827, de 15 de março de 1879 — A Lei de 1830, que originalmente se reportava aos serviços de nacionais e estrangeiros, bem como a Lei de 1837, que passara a dispor sobre os casos de trabalhadores estrangeiros, não atendiam mais às demandas da nova década. Com a exigência, pois, dum novo controle legiferante, inclusive pelo aumento do fluxo de colonos europeus, surgiu outro diploma legal trabalhista, em forma de decreto, mas que os autores costumam chamar de "Lei de 1879".

Trata-se duma legislação (86 artigos) que, do ponto de vista dos sujeitos, visou a ampliar o horizonte dos trabalhadores livres, eis que alcançando os nacionais e os estrangeiros, libertos e "ingênuos" — porém quanto aos libertos pela Lei de 1871 *depois* do 5º ano de emancipação, e quanto aos "ingênuos" *a partir* dos 21 anos de idade. O novo diploma legal fez a situação deles permanecer sob a égide da Lei 2.040/1871, enquanto não envolvidos naquelas circunstâncias. Do ponto de vista do campo de atuação, configurou-se como uma lei especial, restringindo-se ao trabalho na agricultura. A tal setor da economia dispôs suas regras, que eram de locação de serviços, para abarcarem também a parceria, com o que fez recair um diploma legal uno sobre situações fáticas distintas.[49]

---

(48) Joaquim Nabuco: O Abolicionismo. Ed. UnB, Brasília, 2003, pp. 96 e 165.

— O preceito constitucional a que acima alude Nabuco, como de agrado dos escravocratas, é a garantia do direito de propriedade, que veio ao lado do direito à segurança individual e do direito à liberdade. Essa tríade fez a base da "inviolabilidade dos direitos civis e políticos dos *cidadãos brasileiros*" (g.n. — e os escravos não eram concebidos como tais), tendo sido estatuído ainda que o "direito de propriedade", em especial, segundo a regra número 22 do mesmo art. 179, foi garantido "em toda a sua plenitude", excetuando o caso do seu "uso e emprego" por exigência do "bem público", mediante indenização do seu valor.

(49) Exemplificando com a lavoura cafeeira da época, Maria Lúcia Lamounier (*ob. cit.,* p. 15, nota 2), fala que "...locação de serviço, propriamente dita, se refere ao regime particular de trabalho onde, em lugar de uma parcela de valor da produção [como na parceria, em geral], os trabalhadores eram remunerados por quantidade de café colhido e entregue."

E, como anteriormente acontecera, a nova lei foi reiterativa das penas de prisão para os trabalhadores. No seu capítulo VI há um verdadeiro bloco normativo de matéria penal. A simples ausência ao serviço sem uma causa justa, e a recusa a trabalhar quando o obreiro estivesse na propriedade, importavam em pena de prisão, num tempo mínimo de cinco (5) dias e máximo de vinte (20) dias (art. 69). E a reincidência do fato implicaria no cumprimento daquela pena em dobro, bem como na ruptura do contrato. Também eram detidos para submeter-se a processo criminal os que incitassem e fizessem "greve", ou ameaçassem de realizá-la (arts. 78/79), sujeitos à pena do art. 180 do Código Criminal, de 16.12.1830, por crime que atentava contra a liberdade individual, pena que era "de prisão por um ano e seis meses, e de multa correspondente à metade do tempo da prisão".

Portanto, mesmo tendo em vista as idiossincrasias da época, *et pour cause*, nada mais sintomático do que ver tratado nessa legislação uma nova espécie de trabalho forçado, relativo paradoxalmente a trabalhadores considerados "livres", aos quais, no entanto, se proibia (e se cominaria pena) a "liberdade" de deixar o emprego individualmente, bem como a "liberdade" de, coletivamente, falar em paralisação e/ou deixar de trabalhar de modo temporário.

Durou pouco essa "lei" de trabalho rural do Império. A razão disso foi detectada por Maria Lúcia Lamounier, quando assevera que "em seguida à promulgação da Lei Sinimbu, um *aviso circular* enviado pelo Governo aos presidentes de província, proibia a execução de alguns dos seus mais importantes artigos, o que, na concepção da época, obstava considerá-la em execução. E além do aviso, desenvolveu-se incisivamente, na primeira metade da década de 80, uma forte oposição aos moldes de relações que a lei delineava, culminando com a sua revogação. Os casos de aplicação pareciam inexistentes, e só eram evocados dentro dos exageros inflamados da Sociedade Central de Imigração. Ou seja, aparentemente, a lei não teria saído do papel, era letra morta." [50]

A mesma autora ainda esclarece que "a lei de locação de 1879, e com ela todas as outras leis de locação de serviço, seriam revogadas pelo Decreto 213, de 1890. Este, em sua justificação, assinalaria que as leis de locação de serviços já não eram utilizadas na prática, "pois os fazendeiros já tinham compreendido ser mais conveniente" substituí-las por atos em que imperasse o "mútuo consentimento".[51]

Lei n. 3.270, de 28 de setembro de 1885 – Trata-se da chamada Lei dos Sexagenários, editada numa época em que determinados fatores já faziam antever próxima a abolição: a proibição do tráfico interno de escravos, o ânimo com as correntes imigratórias para a lavoura de café, o pagamento monetário aos trabalhadores livres, despertando o mesmo desejo dos escravos, a intensificação das rebeliões e das fugas, a ideia abolicionista enraizando-se no gosto popular.

E porque "O povo tinha arrebatado das mãos das elites a direção do movimento", segundo Emília Viotti da Costa, "era tarde demais" para o advento da Lei n. 3.270, de 1885

---

(50) Maria Lúcia Lamounier: *ob. cit.,* p. 19
(51) *Idem, ibidem*: *ob. cit.,* p. 158/159.

– dentro de uma fase que a ilustre historiadora denominou de "fase insurrecional do aboli-cionismo". "A Lei dos Sexagenários – disse ela – foi uma tentativa desesperada daqueles que se apegavam à escravidão, para deter a marcha do processo".[52]

Com as falhas e a repercussão negativa da nova lei, o movimento abolicionista que tinha sido promovido pela elite letrada do século XIX, vinda da classe média de então (da qual faziam parte negros notáveis como José do Patrocínio, na Imprensa, André Rebou-ças, na Literatura sócioeconômica, Luis Gama, no Fôro, e outros) se intensifica e termina engrossado pelas classes populares e pela própria luta dos escravos.

Ademir Gebara enxerga na regulamentação de salários da Lei de 1885, bem como em outros dos seus aspectos, algo que "não pode ser visto como uma legislação tipicamente escravista", admitindo que ela reforça "até o limite do possível a estratégia protelatória", mas que também "se define em um quadro onde prepondera a necessidade de organizar e disciplinar o mercado de trabalho livre."[53]

A Lei dos Sexagenários distingue-se, quanto à direção ao trabalho livre, segundo ele, por mecanismos como a) advento de idade do escravo (art. 2º, § 5º e art. 3º, § 11); b) complemento de idade, combinado com tempo de prestação de serviço (art. 3º, § 10); c) a imigração subvencionada, através da concessão de transporte, em prol da colonização agrícola (art. 2º); d) incentivos aos senhores, para substituírem, nos seus estabelecimentos, os escravos por trabalhadores livres (art. 2º, §§ 4º e 11); e) transformação dos escravos em libertos, em determinadas circunstâncias (art. 2º, § 7º e art. 3º, § 3º); f) o combate à ociosi-dade dos libertos (art. 3º, §§ 14, 15, 17 e 18 e art. 4º, § 5º).

No tocante à questão central, o legislador deu com uma mão e tirou com a outra. Em realidade, a liberação do escravo idoso deixou de ser, obrigatoriamente, aos 60 anos, podendo acontecer mais tarde, aos 63 e 65 anos, de acordo, respectivamente, com os §§ 10 e 11 do art. 3º da mesma lei.[54] Quando, por evidente, o velho escravo que teve a ventura de ultrapassar a média de idade dos cativos, que era de 40 anos[55], acontecia que ele já não tinha mais condições de continuar trabalhando, mesmo sem os rigores de uma atividade cotidiana forçada, maiormente no campo. Devido às dificuldades de saúde naquelas idades-limites, e mesmo antes disso, era prática os próprios senhores lhe

---

(52) COSTA, Emilia Viotti da. *A Abolição*. São Paulo: Global Editora, 4. ed., 1988. p. 70.

(53) Ademir Gebara: *ob. cit.*, p. 96, 97 e 99-100.

(54) — Art. 3º, § 10. "São libertos os escravos de 60 anos de idade, completos antes e depois da data em que entrar em execução esta Lei; ficando, porém, obrigados, a título de indenização pela sua alforria, a prestar ser-viços a seus ex-senhores pelo espaço de três anos."

— Art. 3º, § 11. "Os que forem maiores de 60 e menores de 65 anos, logo que completarem esta idade, não serão sujeitos aos aludidos serviços, qualquer que seja o tempo que os tenham prestado com relação ao prazo acima declarado."

(55) Décio Freitas diz que, "depois de certa idade, o escravo se tornava anti-econômico. Com freqüência, aos trinta anos, estava fisicamente liquidado, ou, pelo menos, desqualificado para o terrível trabalho do canavial ou do engenho" (...) "Crônicas históricas falam de amos que mandavam matar o escravo improdutivo, mas o expediente mais comum consistia em alforriá-lo." — Palmares, A Guerra dos Escravos. Ed. Graal, 4. ed., Rio, 1982, p. 31.

conceder alforria, para se desvencilharem dos encargos derivados das enfermidades e da debilitação física e mental do negro.

A Lei de 1885, referida como de "extinção gradual do elemento servil", repisaria propósitos da Lei de 1871, e uma e outra pareciam mais próximas da emancipação pura e simples do que, propriamente, dum esquema de organização e de disciplina de um mercado de trabalho livre. Isso porque o legislador imperial deveria ter criado, em paralelo, às disposições legais sobre a liberação de mão de obra escrava, um arcabouço jurídico à parte, que se fizesse recipiendário dessa mão de obra liberada. Teve a oportunidade e desperdiçou-a, com a inaplicação do Decreto 2.827 de 1879, o que indica que as leis de 1871 e de 1885 tinham mais o intuito de camuflar o adiamento da Abolição, com os casos de uma aparente desescravização controlada – o que estava longe de significar organização de mercado de trabalho livre, e sim, ainda, de serviço sob sujeição.[56] Prova disso está em que, no tempo da Lei dos Sexagenários, nada foi feito para revitalizar a disciplina normativa de uma lei de trabalho rural livre, que substituísse a normativa de 1879, a fim de absorver a situação dos libertos em geral. Prova ainda está no fato de que a própria Lei da Abolição, de 1888, ao tornar todos os escravos livres, não cuidou de regulamentar as relações de trabalho, deixando-os entregues a um mercado cuja "organização" só obedeceria aos desígnios dos patrões.

Para dar o fecho a este tópico, resta-nos o comentário polêmico de que constituiria um paradoxo dizer que as leis estudadas postergaram o advento da Abolição, quando tínhamos afirmado, desde o início, que as mesmas, como ação do Parlamento, também surgiram como forma de pressão para que se atingisse aquele fim.

Na verdade, consubstanciaram uma coisa e outra, por mais contraditório que isso possa parecer. É que, no término das discussões parlamentares, o sentido final dessas leis ensejaria adiar a libertação dos escravos, mas o próprio fato de terem sido discutidas não deixava de ser uma exortação abolicionista, portanto, um instrumento tendente a ir minando o sistema escravista, devido a certas concessões que eram favoráveis aos escravos.

3.7. As ações judiciais de liberdade e a contrapartida dos senhores

Joseph Miller asseverou que "...do século XVI ao século XVIII, elaboraram a legislação que definiu a escravidão como instituição pública legal. A escravidão passou a ser objeto de direito comercial, de direito civil e político no império português, na França, na América do Norte."[57]

Assim, aplicando-se no Brasil, o direito lusitano tornou a escravidão juridicamente "legítima" e, portanto, uma instituição a ser acatada do ponto de vista interno, e a ser aceita pelas nações do mundo.

---

(56)) A Lei dos Sexagenários confirmou, por exemplo, no art. 4º, § 3º, a regra de ser crime o acoitamento de escravos, nos termos do art. 260 do Código Criminal, para inibir que alguém compactuasse com a mobilidade maior do negro, quando este preferisse deixar os serviços de um para trabalhar em favor de outrem.
(57) Entrevista de Joseph Miller, publicada sob o título de "O tráfico de Escravos", no livro A Era da Escravidão, da Coleção Revista Histórica de Bolso, Org. Luciano Figueiredo, Rio, 2009, p. 36/37.

No presente item, temos em mente a premissa de que, tolhida a liberdade do negro escravo, para a prestação de serviços a um senhor, somente a vontade deste poderia livrá-lo da escravidão; mas o fundamental, aqui, é que serão vistas as possibilidades que o cativo poderia ter de adquirir a sua liberdade (ou readquiri-la), mesmo contra a vontade do senhor de escravos.

Isso teria tido cabimento, no Brasil, já com fundamento na Carta Régia de 1710, que autorizava que os Procuradores da Coroa e da Fazenda não somente defendessem as causas dessas, mas, também, as dos escravos sobre os seus cativeiros. No século XIX, entre nós, o Deputado Ferreira França — lembrado por Jaime Rodrigues — assim argumentava: "Se Portugal, país despótico do qual acabávamos de nos livrar, tinha elaborado dispositivo legal que abriu a possibilidade de se iniciarem ações de liberdade com proteção oficial (a Carta Régia de 1710), porque o Brasil, com 'um sistema de governo liberal, cuja principal empresa parece ser reivindicar os foros esquecidos da mesma justiça, contrapondo sua eficácia aos arbítrios do poder', não se colocaria ao lado de tão justa pretensão?"[58]

E assim foi. Mas havia, também, por uma forma diametralmente oposta, modalidades de ações judiciais contra o escravo, as quais podemos enquadrar como a *contrapartida senhorial das ações de liberdade*.

Esta contrapartida não compreendia a objeção que o senhor fazia ao pedido do escravo para ser posto em liberdade, hipótese em que, como parte ré, se utilizava de aportes legais, tentando mostrar o descabimento da específica pretensão do escravo-autor. A contrapartida de que falamos implicava num outro tipo de ação, de iniciativa do senhor, que figurava, portanto, no processo, como parte autora, enquanto do outro lado se encontrava o escravo, a quem importava oferecer contrariedade, na condição de réu.

Tratava-se de uma ação cível, aforada pelos amos, por exemplo a descrita por Sidney Chaloub, na qual um dos herdeiros de senhor de escravos falecido reclamava a volta de um cativo que "pensou que estivesse livre" pela simples morte daquele. A esta ação judicial de senhor podemos denominar de *ação de manutenção de posse de escravo*. Porém mais contundente que essa era a que evidenciava uma verdadeira *ação de reescravização*, consoante assim nominou o próprio Chaloub. Segundo ele, a mesma foi proscrita pela Lei de 1871, a qual derrogou "a Ord. Liv. 4, Tit. 63, na parte que revoga as alforrias por ingratidão".[59]

3.7.1. Protagonistas

Comecemos por dois levantamentos de dados, feitos pela historiadora Keila Grinberg, em livro sobre as vicissitudes jurídicas da Corte, que tem por figura central o advogado Antonio Pereira Rebouças e por tema básico a libertação pontual de escravos pelo Poder

---

(58) Cf. Jaime Rodrigues: "Liberdade, humanidade e propriedade: os escravos e a Assembleia Constituinte de 1823", artigo *in* <www.ieb.usp.br/revista/revista039/rev039/jaimerodrigues.pdf>

(59) Sidney Chaloub: Visões de Liberdade, São Paulo, Ed. Companhia das Letras, 2003, p. 112 e 138.

– O mesmo autor, p. 137, diz: "E a ingratidão do liberto estava configurada se ele ferisse ou apenas tentasse ferir o ex-senhor, se o prejudicasse em sua fazenda, se o deixasse de socorrer em caso de fome ou necessidade ou se proferisse injúrias verbais contra o patrono mesmo na sua ausência".

Judiciário. Um dos levantamentos abrange o período de 1806 a 1888, relacionado a autores de livros de Direito, citados pelos profissionais dessa área que atuavam nas ações judiciais de liberdade; e o outro, estampado no quadro 4º, cujas referências aos anos de atuação — o mesmo período de 1806 a 1888 — se vê no índice da matéria.[60]

Essa indicação de tempo denota num primeiro momento que, até antes da abolição do tráfico transoceânico, pela lei de 1831, e mais firmemente com a abolição definitiva dele, em 1850, os escravos já estavam atentos para a possibilidade de serem livres pelos caminhos jurídicos. Num segundo momento, o período referido, em sendo confrontado com a biografia dos que trabalhavam no meio forense, dá-nos a pista para a obtenção dos nomes que mais estavam próximos à época de maior intensidade abolicionista, ou cujo vigor na operacionalidade em favor dos escravos se destacaram na campanha, através do Direito.

Em um parêntese, chamamos a atenção para o fato de que preferimos denominar as ações promovidas junto ao Poder Judiciário – que eram provocações ao pronunciamento deste – de "ações judiciais de liberdade", e não "ações de liberdade", como a historiografia comumente as concebe, naquele sentido. Isto porque elas retratavam um pleito à Justiça pela libertação de escravos, conformado num aparato legal que se reproduzia em processo burocrático tendente a uma decisão do Estado. Deixava, pois, de confundir-se com as "ações de liberdade", efetivadas pela mobilização física e mental do negro, quando tentava abandonar o domínio do senhor; por exemplo, com a execução de fugas para a conquista da liberdade "de fato".

Se quisermos ser mais específicos, chamaremos aquelas ações de "ações cíveis de liberdade", como significativa da pretensão do escravo ficar livre de tal condição pelo Direito – circunstância essa a distinguir-se também das "ações judiciais penais", que tinham como objetivo, também por razões jurídicas, punir o escravo diante de algum delito. Estas poderiam levar ao resultado de apenar ou mesmo não apenar o escravo, sem que, por uma vertente ou outra, ele deixasse de ser escravo — enquanto naquelas primeiras haveria uma chance de ser livre em definitivo.

Dito isso, voltamos aos levantamentos feitos por Keila Grinberg, numa faixa de tempo que abrange mais de oitenta anos do século XIX, até a Abolição, para, enfim, noticiarmos três ordens de coisas que se nos afiguram interessantes expor no presente item: a) os principais nomes que patrocinavam as ações judiciais de liberdade do escravo ou que defendiam os interesses dos senhores; b) os argumentos jurídicos comumente utilizados por eles, argumentos esses — diga-se de passagem — que variavam de acordo com as modificações das leis, ao longo do tempo, mas que iremos mais adiante expor apenas com a brevidade dos fundamentos.

O acompanhamento técnico dessas ações, também compreendidas como *causas*, no jargão forense, era feito, na época, por profissionais do Direito que atendiam como *advogados* ou como *rábulas*. Os advogados possuíam toda a educação jurídica formal. Antes

---

(60) GRINBERG, Keila. *O Fiador dos brasileiros*, Rio: Ed. Civilização Brasileira, 2002, p. 244 e 21, respectivamente.

diplomados em Coimbra, passaram a um contingente maior, após a fundação dos cursos jurídicos no Brasil, em 1827. Os rábulas não tinham aquela formação, mas eram conhecedores da matéria jurídica (autodidatas) e por isso autorizados a exercerem a prática do Direito.

Na perspectiva de tais operadores forenses, há que se alertar para dois enfoques:

a) um, da própria Keila Grinberg, que circunscreve a sua pesquisa ao Rio de Janeiro, o que quer dizer que a menção a vários nomes não resultou de um apanhado por todo o país, apesar de terem eles destaque nacional. Entretanto, a proeminência dada pela ilustre historiadora ao meio forense da Corte, localizada naquela cidade, tem a sua razão de ser, pois que servia como termômetro das decisões judiciais do país — num eixo de mais forte escravismo e de funcionamento também, por outro lado, de um Tribunal de Relação, como segunda instância de Justiça, e para aonde iam , em grau de recurso, as apelações dos vencidos nas causas.[61]

b) o segundo enfoque é nosso, de tentar promover uma seleção de nomes, de acordo com metodologia adiante revelada, mas evidentemente com base nas informações de Grinberg sobre os 20 profissionais mais atuantes que ela detectou na Corte.

Para um toque inicial, pinçamos os nomes de três, que, independentemente do trabalho jurídico, teórico ou prático, distinguiram-se na História por outros fatores: Perdigão Malheiros (1824-1881), que escreveu o primeiro livro sobre a escravidão entre nós: "História da Escravidão no Brasil", em dois volumes (1866); Teixeira de Freitas (1817-1883), autor do Esboço da Consolidação das Leis Civis, e José Thomaz Nabuco de Araújo (1813-1878), considerado "o grande estadista do Império".

Esses aí, e poucos mais, conforme já foi assinalado, advogavam em prol de um interessado (escravo) ou de outro (senhor) no processo judicial, indiferentemente. Contudo, pode-se traçar um escalonamento do trabalho jurídico deles, nas ações cíveis específicas de liberdade. Por exemplo, havia os que atuavam ao lado dos senhores, de modo preponderante, como Severo Amorim do Vale; os que cuidavam dos casos (em número de processos) equilibradamente, como Azeredo e Melo e Perdigão Malheiros, e os que agiam preferencialmente ao lado dos negros, como Caetano Alberto Soares, "conhecido por suas atuações jurídicas favoráveis aos escravos" e que escreveu a "Memória para melhorar a sorte dos escravos" (Typographia Paula Brito, Rio, 1847), ou Domingos Figueira, que nos seus arrazoados passou a fundamentar a pretensão de liberdade do negro também por aplicação da analogia com as leis que proibiam a escravatura do índio, as de 1.4.1680 e de 6.6.1755.[62]

---

(61) A despeito das dificuldades para a colheita de nomes no território brasileiro, fora do Rio, Grinberg citou como causídicos, nas ações judiciais de liberdade, Luís Gama, em São Paulo, Bernardo Souza Franco, no Pará, e Joaquim José Affonso Alves, no Rio Grande do Sul – *ob. cit.*, p. 256 e 274.

– Temos referência também a Joaquim Felício dos Santos (1828-1898), em Minas Gerais, autor das Memórias do Distrito Diamantino, feita por José Teixeira Neves, quando este, em seu prólogo ao livro do outro ("A Vida e a Obra de Joaquim Felício dos Santos"), aponta-o também "patrono abnegado e bem sucedido de gente humilde e desprovida de recursos", e ainda o destaca que "Ao elemento servil assiste de preferência" – *ob. cit.*, pp. 23/33.

(62) V. Keila Ginberg, *ob. cit.*, respectivamente, pp. 260, 261, 289 e 220.

Não haveria, a rigor, o que censurar na atividade dos advogados em geral, que tomassem o patrocínio dos escravos ou dos senhores de escravos, eis que o balanço desse jogo não feria a ética profissional, era algo do próprio mister. Entretanto, houve um deles que, apesar disso, ao que se sabe até agora, sempre atuou tomando partido dos escravos: Luís Gama. Apesar de seus outros afazeres, destinados à libertação dos cativos, poder-se-ia afirmar que ele encarnava o protótipo da militância forense como forma de militância abolicionista.

Cessando as considerações sobre os patrocinadores das ações judiciais de liberdade, é imperioso advertir que o cenário forense não se construía somente com as partes processuais, os rábulas e advogados. Existiam ainda outros protagonistas, que labutavam diretamente com tais ações, como os juízes, que prolatavam as sentenças, e os promotores de justiça, que opinavam e fiscalizavam a aplicação das leis. E mais, indiretamente, quando o caso envolvesse certos aspectos, o delegado de polícia, que formalizava o inquérito policial, como peça informativa que poderia influir naquelas ações. Todos que foram ter um papel fundamental em benefício da Abolição.

Ressalte-se, pois, que os méritos provenientes da repercussão das ações cíveis de liberdade do escravo, não cabiam, simplesmente, aos advogados que argumentavam sobre a justeza jurídica dessa liberdade; mas, também, a alguns promotores públicos de pareceres não escravocratas, e aos magistrados, aqueles que, movidos por uma consciência anti–escravista e pelo desassombro com que enfrentavam as ameaças pessoais e à sua carreira, julgavam em favor do escravo. Era deles, finalmente, o poder de decidir.[63]

Ademais, é preciso esclarecer que o sucesso das causas do escravo perante o Judiciário, passou a ocorrer quando a militância abolicionista, fazendo pressão sobre o escravismo, conseguia amenizar, por conta do seu conteúdo humanista, o pensamento arraigadamente conservador do Judiciário, como sempre foi.

3.7.2. Fundamentos

Nos embates das ações judiciais de liberdade haveriam de manifestar-se os interesses do escravo e do senhor, com o suporte de Direito. Pela vertente do primeiro, a linha básica de argumentação girava em torno do negro ser livre, por um princípio de direito natural; e pela vertente do segundo (que tinha o domínio fático sobre o outro), o fundamento da sua contestação ou da sua arguição, quando ele tomava a iniciativa de demandar judicialmente, encontrava-se no direito de propriedade ao escravo. Tal era a dicotomia jurídica de lastro, na época.

Algumas facetas podem ser observadas, de parte a parte, contidas nos processos preparados para a decisão do Judiciário. Nessa esfera, os elementos de uma causa tem feição de Direito Material e de Direito Processual. O primeiro está disposto num conjunto de normas legais que possibilitam que um "bem de vida" seja obtido ou usufruído sob a garantia da ordem jurídica. O segundo, também com regras próprias, organiza a ritualística necessária para que a possibilidade de angariar aquele bem se concretize ou não.

---

(63) V. Sidney Chaloub: *ob. cit.*, p. 106, 165, 182; Keila Grinberg: *ob. cit.*, p. 276 e 289; Jacob Gorender: A Escravidão Reabilitada, *cit.*, p. 161; Décio Freitas: Escravos e Senhores de Escravos, *cit.*,p. 148.

O "bem de vida" cogitado pela parte do escravo, nas ações judiciais de liberdade, e negada pelo senhor, da parte sua, era a liberdade em si mesma. Restaria saber perante o Juízo se ele estava contemplado pelo Direito, independente da vontade do senhor, e qual o fundamento jurídico para a Justiça concedê-la em tal hipótese; e, em sentido contrário, se a teoria do senhor para obter guarida, estava pautada na falta daquela previsão jurídica.

Não examinaremos, todavia, as características do Direito Material ou do Direito Processual, que revelam uma classificação moderna do direito positivo e que podem se ajustar a muitos dos aspectos legais da época da escravidão. Esse acervo é um tanto volumoso, e distingui-lo aqui decerto fugiria do caráter mais genérico que estamos imprimindo a tal estudo, ficando todavia reservadas para um exame mais pormenorizado em outro trabalho histórico-jurídico. No entanto, remetemos o leitor a quatro obras essenciais, donde podem ser pinçados os aspectos que cabem naqueles segmentos do Direito, de acordo com o embasamento jurídico de cada um para classificá-los, considerando que os autores a que vamos referir-nos não tiveram o propósito de fazê-lo, embora ofereçam a quem deseja realizá-los preciosíssimos exemplos, espalhados nos seguintes livros: "Esboço da Consolidação das Leis Civis", de Teixeira de Freitas; "História da Escravidão no Brasil", de Perdigão Malheiros; "O Fiador dos Brasileiros", de Keila Grinberg e "Visões da Liberdade", de Sidney Chaloub. Principalmente estes dois últimos, contemporâneos nossos, que fluiram suas pesquisas mais prolongadamente na linha do tempo, estocando uma quantidade maior de elementos.

3.8. A ação da imprensa e da literatura

Sem dúvida que o processo da libertação dos escravos não foi resultante, pura e simplesmente, do chamado movimento abolicionista, com seu perfil humanista, que teve o ápice na militância de letrados brancos e mestiços; e sim produto do impulso do próprio negro, numa série de atitudes heroicas, desde a primeira insubordinação na senzala e as escapadas para a instalação de quilombos e outras modalidades de resistência aos opressores, até o estouro de rebeliões no transcorrer dos séculos e as fugas massivas da última década dos anos 1800 do século XIX. Tal fator social, porém, que se internalizava no ânimo do escravo, não poderia estar dissociado daquele que era fundamento da sociedade, ou seja, o fator econômico enlaçado na mão de obra servil, a qual constituía, por isso, um entrave ao progresso das condições materiais da existência, com seu forte elo no pouco caso às condições humanas de pessoas concebidas como coisas ou semoventes. Daí que, a par do arrojo dos negros, emanavam diversos expedientes no país e fora dele, no sentido de vencer os obstáculos ao desenvolvimento, especialmente para a formação de um mercado interno, o que somente poderia despontar com o advento de mão de obra livre e remunerada. Algo que faria eclodir, com um vigor mais propício, as circunstâncias pré-capitalistas que já se moldavam de uma progressiva poupança interna do país.

E assim atravessamos tanto as pressões externas dos comerciantes e do Governo da Inglaterra, que necessitavam de consumidores espalhados pelo mundo para seus produtos de mais larga escala após a Revolução Industrial, quanto as pressões de ordem interior, advindas, por exemplo, dos mais acesos debates no Parlamento, para a extinção da escravatura e a confecção de leis mais "condescendentes" com os escravos, ou provenientes de iniciativas perante o Poder Judiciário, com as ações judiciais de liberdade, que visavam à libertação individual do negro, em cada caso concreto. E existiam ainda, dentre outros comportamentos com o mesmo objetivo libertário, os recitais, caixas emancipadoras, sociedades pró-imigração de trabalhadores estrangeiros etc.; e mais os libelos da Imprensa e as prédicas da Literatura — essas que passaremos a nos ocupar, como ponto central do presente item.

Preferimos colocar num mesmo contexto de luta pela Abolição as ações da imprensa e as ações da literatura, pelo fato de que, na época, ao contrário do que hoje ocorre nos meios muito mais variados de comunicação, não havia uma separação nítida entre as duas. Naquele então, a função literária se desenvolvia, amiúde, a partir da prática de escrever para jornais e poucas revistas, publicando-se crônicas, poesias, contos e até romances em folhetim. Em consequência, focalizaremos num só momento, aquelas duas categorias, mas antes chamando a atenção para os dados metodológicos adiante expostos, quando trataremos exclusivamente de trazer para cá meras notícias sobre a arte de escrever no século XIX em torno da questão escrava, nas colunas de jornais e revistas, ou em forma de livro. Mas isso (a) em primeiro lugar, sem esgotar o rol dos periódicos que se ocuparam da denúncia dos males da escravidão, seja de modo ocasional, seja de modo contínuo; (b) segundo, com o intuito de enxergar primícias de uma "literatura negra", não em termos de que o critério para tal qualificação eflua da condição pessoal de raça e cor dos seus mentores, e sim diante do critério que vê o próprio negro — especialmente o escravo — como alvo da obra literária; (c) em terceiro plano, evitando, na medida do possível, apreciar o que se pôs a respeito, do ponto de vista da valoração dos textos; (d) em quarto lugar, não colocando os elementos compilados, necessariamente, sob o rigor duma ordem cronológica. E tudo isso indiferente ao fato de serem pretos, brancos ou mestiços os jornalistas e escritores, os quais agiam no sentido de conscientizar as pessoas ledoras sobre um problema social que se ia tornando crescentemente agudo no Brasil, de maneira especial após a Independência (1822), após a abolição do tráfico negreiro (1850) e após o término da Guerra do Paraguai (1870).

Por essas vias de formação-de-opinião da sociedade brasileira da época é que vem a se dar uma mudança no conceito que se tinha do negro em geral como ser. Tanto na "literatura periódica" (dos jornais e revistas) quanto na "literatura de criação" (conto, poesia, teatro, ensaio, romance). E na proporção em que os escritos sobre o negro se desenvolvem, conforme entendeu Raymond Sayers, ele, o negro, "deixa de ser uma abstração para tornar-se pessoa."[64] Por isso que foi importante, na conjuntura pré–abolicionista de nossa história, que se tomasse a pessoa do negro como tema, ainda que não necessariamente marcando uma posição anti–escravista, como seria ideal, não fosse utópico, em tudo que se escreveu naquele tempo mais pretérito.

A menção ao negro como trabalhador, apontando a sua existência afligida ou não pela crueldade, estaria também contabilizada em séculos que haviam passado, mas de maneira pontual, apoucada, como por exemplo nos livros do Padre Antonio Vieira ("Sermões" - 1692) e de Antonil — José Antonio Andreoni, ("Cultura e Opulência do Brasil, por suas Drogas e Minas" - 1711); ou em Nuno Marques Pereira ("Compêndio Narrativo do Peregrino da

---

(64) SAYERS, Raymond. *O Negro na Literatura Brasileira*. Rio: O Cruzeiro, 1968, p. 161.

América" - 1728), Frei Santa Rita de Durão, no seu poema "Caramuru" (1781), nas "Cartas Chilenas" de Tomás Antonio Gonzaga (poemas escritos no final do século XVIII, mas só publicados em 1863), ou em Basílio da Gama ("Quitiúba" - 1791). [65]

A matéria seria ampliada, expandindo-se já no século XIX no "Correio Braziliense", de Hypólito José da Costa (de 1809 a 1821), "Sentinela da Liberdade", de Cipriano Barata (1823-1835), Nova Luz Brasileira (1829-1831), de Ezequiel Correia dos Santos, "O Homem de Cor", fundado em 1833 e depois intitulado "O Mulato", pertencente a Paula Brito; o "Aurora Fluminense", de Evaristo da Veiga (1835), "A Matraca dos Farroupilhas" (1831-1832), "O Cabrião" (1865), "O Radical Paulistano" (1868), "Gazeta da Tarde" e "A Reforma no Rio", "A Província", em Pernambuco, e outros.

Não temos nenhuma pretensão de exaurir, como já dito, o rol dos que se opuseram à escravidão, seja no jornalismo, seja da produção literária, e cuidamos, inclusive, de não abordar obras de alguns autores que, mesmo apresentando personagens negros, pelos quais aparentavam demonstrar certa empatia, como José de Alencar (em "A Mãe, de 1857), eram notórios escravocratas , a exemplo dele, ou dissimuladores de sua mestiçagem. Ainda no jornalismo, podemos nomear, além dos mencionados linhas atrás, outros periódicos do último decênio da escravatura, uma época mais candente da propaganda abolicionista, os jornais fluminenses "O Correio do Rio de Janeiro" e a "Tribuna Popular (1882), "O Abolicionista" (1880), "Vinte e Cinco de Março" (1884-1888), os paulistanos "A Província de São Paulo"(1880), "A Redenção" (1887-1888), e seus congêneres "A Pátria", "O Progresso", entre dezenas de publicações, não só no eixo Rio – São Paulo, mas em outras províncias, as quais, por igual, se integravam na campanha favorável à libertação dos muitos escravos que ainda existiam no país.

No que extravasa do jornalismo típico, situou-se a composição literária que veio a ter amostras de peso nos sonetos anti–escravistas de Odorico Mendes (1812), dos poemas de Gonçalves Dias, um indianista que também se alinhou ao emancipacionismo dos negros (v. "A Escrava", de 1843, e "Meditação", de 1844), ou nos romances de Joaquim Manuel de Macedo, "A Moreninha" (1844) e "Vítimas Algozes", relacionados diretamente com o escravismo; assim como a obra "A Escrava Isaura" (1875), romance de Bernardo Guimarães, também autor de "Rosaura", "em que duas mulatas são personagens femininos", o conto "Uma História de Quilombolas", outro romance, "O Bandido do Rio das Mortes", em que a reação de um escravo leva à "luta pessoal contra o seu senhor, e, depois, à organização de um grupo de resistência mais ampla"[66] (publicação póstuma de 1904).

---

(65) V. Carina Bertozzi de Lima: "Literatura Negra – uma outra história", artigo na Internet, reproduzido da publicação Terra Roxa e outras terras – Revista de Estudos Literários, colhido em 10.06.2018 no sítio <www. uel.br/pos/letras/terraroxa/g_pdf/vol17A/TRvol17Af.pdf>

(66) Gramiro de Matos diz que Macedo, na introdução da sua obra "Vítimas Algozes" (reunião em 2 volumes e com o novo título do que foram originalmente os romances "Simão, o Crioulo", "Pai Raiol, o Feiticeiro", e "Lucinda, a Mucama") profetiza a libertação dos escravos. Afirma ainda que o mesmo, no entender de Raymond S. Sayers, foi, entre nós, "o principal ficcionista a fazer da escravidão a base de seus livros". –V. Raymond S. Sayers, *ob. cit.,* e Gramiro de Matos: Influências da Literatura Brasileira nas Literaturas Africanas de Língua Portuguesa. Empresa Gráfica da Bahia, Salvador, 1996, p. 52.

Neste entretanto, cabe uma nova advertência: o ideal seria tentar fazer um elenco das fontes jornalísticas e literárias todas, ou mesmo da maioria delas. O que melhor incumbirá aos que, profissionalmente, têm o hábito de ensinar ou escrever sobre a história da literatura no Brasil. De nossa parte, tendo consciência de que a nós, particularmente, faltam engenho, espaço e propósito de concorrer com quem quer que seja, em termos de narrativa de história literária, estamos nos contentando com algumas indicações — exemplos triviais — em frente das duas situações do negro, encontradas nos periódicos e nos livros — o negro genérico como sujeito-fim ou a libertação dele, como particularidade. Sem se falar que, em meio deles pode estar embutido aquilo que Clóvis Moura percebe como temática – o "negro como objeto" ou o " negro como criador"; ou ainda os escritos cujos autores, negros, segundo ele, buscam uma produção "auto-afirmativa da etnia negra" ou uma produção moldada "pelos valores brancos".[67]

Os exemplos que já demos e os que serão oferecidos adiante são os que nos pareceram mais expressivos, nos momentos em que a ação intelectual de escrever se aliava, mais intensamente, à eloquência dos grandes oradores, como Rui Barbosa, aos debates políticos, como os de Joaquim Nabuco, à propaganda do dia a dia das associações abolicionistas e as de imigração, à militância forense para a retirada do poder senhorial sobre o escravo, como as de José Joaquim Peçanha Póvoas e Luís Gama, ou o corpo a corpo dos conflitos para encetar fugas coletivas e encontrar refúgios, nos quais os escravos protagonistas tinham, por exemplo, o apoio de Antonio Bento e os seus *caifazes*.

Na produção literária em si mesma, distinguiram-se ainda Pinheiro Guimarães, com "O Comendador" (1856), "o primeiro exemplo de ficção de conteúdo social", com o complemento de sua feição anti-escravista; Xavier Eyma, com "Francina", "o primeiro romance a ter como heroína uma escrava"; Trajano Galvão, com os poemas "A Crioula", "O Solar" e "Natal" (1852), este "um dos primeiros grandes poemas anti-escravistas", e José Bonifácio, o Moço, com os poemas "Calabar" e "Saudades de Escravo"(1869). Aliás, o mulato Calabar aparece — de acordo com o que ressalta Gramiro de Mattos — na "primeira obra histórica em que um negro é protagonista", a peça teatral "Calabar", de Agrário de Menezes (1855), e do "primeiro romance histórico do Brasil a introduzir a figura do mestiço", publicado com o título "Calabar", em folhetim, no jornal "Correio Mercantil", escrito pelo português José da Silva Mendes Leal Jr.[68]

Por esses tempos, o negro foi também personagem do romance Úrsula, de Maria Firmina dos Reis (1859)[69]; de peças de teatro, especialmente com Martins Pena Pena ("Os dois ou o inglês maquinista" – 1871), com Arthur de Azevedo ("O Escravocrata" – 1884) ou com Antonio Cordeiro ("O Escravo Fiel" – 1865) . E teve ainda descortinada a sua

---

(67) Clovis Moura: Dialética Radical do Brasil Negro, *cit.*, p. 183 189 e 191. V. especialmente, os itens "O negro na literatura brasileira", "A imprensa negra" e "Da produção limitada do negro dividido culturalmente". – V. também Edison Carneiro: Ladinos e Crioulos. Ed. Civilização Brasileira, Rio, 1964, especialmente o capítulo "Os estudos brasileiros do negro".
(68) Gramiro de Matos, *ob. cit.*, p. 79
(69) Clovis Moura, Dialética Radical.., *cit.*, p. 189.

realidade pela literatura jurídica, através de Perdigão Malheiros, quando este publicou o ensaio "História da Escravidão no Brasil" (1866-1867). Do mesmo jeito que pela literatura socioeconômica de André Rebouças, que soube associar sua militância pela libertação do escravo com a teoria da redistribuição das terras monopolizadas do Brasil — uma política de reforma agrária *avant la lettre*, na qual foi-se inspirar Joaquim Nabuco.

Novos informes trazidos por Gramiro de Matos mostram ainda os livros que "contribuíram para a conscientização da cultura e da importância do negro na nossa civilização": "Os Homens de Sangue ou Sofrimentos da Escravidão", de Vicente Félix de Castro (1873), "Lourenço" e "O Cabeleira", de Franklin Távora (1876), "Os Vinte Contos" (1886), de Valentim Magalhães, e mais "Mota Coqueiro ou A Pena de Morte" (1877), de José do Patrocínio, a respeito do negro discriminado e o caso de uma condenação dum senhor, por assassinato.

Ele fala, igualmente, nos poemas "Guião Negro", de José Salomé Quiroga, que pregava a libertação e autor que já havia produzido nos anos 30 dos 1800 "A Negra" e "Retrato de Mulata"; as "Flores do Campo", de Ezequiel Freire (1874); "A Escrava", de Cruz Júnior; "Lamentos de Escravo", de Carlos Augusto de Sá; "Harmonias", de Frederico Colim; o livro de Juvenal Galeno "Lendas e Canções Populares", no qual os negros aparecem, "curiosamente, numa situação mais politizada, consciente".[70]

Nós outros, particularmente, entendemos que, na poesia, as maiores honrarias devem caber a Luiz Gama e a Castro Alves, principalmente a este.

Luiz Gama, filho de heroína da Revolta dos Malês, na Bahia, vivia de impetrar na Justiça de São Paulo "ações de liberdade" para os escravos, tendo se manifestado na literatura com o sentimento pleno da sua negritude, produzindo "A Cativa", "O Coleirinho", "Sortimento de Gorros para Gente de Grande Tom", "Pacotilha", "Bodarraga", além de outros poemas, que foram reunidos no livro "Trovas Burlescas de Getulino".

Castro Alves é caso à parte na poesia brasileira anti-escravista, sua principal figura, em recitais ou em livros, cujo talento fez transitar sua obra, vivamente, até os dias de hoje, lembrado como "O Poeta dos Escravos".

Joaquim Nabuco procurava mostrar o vate baiano como exemplo de defensor dos negros, e cobrava dos diversos segmentos da sociedade a luta pela emancipação dos escravos, apontando o que Castro Alves havia feito no seu mister. Tomando-o como paradigma, fez o repto de como os poetas enfrentarem o escravismo:

— "O que lhe dizem os poetas, a quem Castro Alves mostrou bem que n'um país de escravos a missão do poeta é combater a escravidão?"[71]

Não foi ele — voltamos nós à nossa própria fala — quem invocou as "Vozes d'África", quem verberou os horrores do tráfico num "Navio Negreiro", quem lamentou

---

(70) Gramiro de Matos: *ob. cit., passim*
(71) NABUCO, Joaquim. *O Abolicionismo*. Brasília: Ed. UnB, 2003, p. 244.

que a bandeira brasileira servisse de mortalha a outro povo, e não foi ele mesmo quem expôs o "Desespero" de ser escravo, na revolta irisante de um deles, ao dizer:

"...............................o que é verdade

É que os infames tudo me roubaram.

Esperança, trabalho, liberdade

Entreguei-lhes em vão: não se fartaram."[72]

Na década de 80 surge algo relativo aos quilombos, fragmentos dos poemas "Palmares" e "Zumbi", que foram publicados no jornal Guanabara, autoria de J.J. Norberto de Souza; aparecem obras significativas, como "O Mulato", de Aluízio Azevedo (1881); "Três Luzes", livro reunindo Joaquim Serpa, Antonio Bezerra e Antonio Martins (1883); "Cantos do Amazonas", "O Cacaulista", "O Coronel Sangrado" (1886/87), de Inglês de Souza; "A Carne", de João Ribeiro, sobre "escravos camponeses" (sic)[73], bem como a obra de Cruz e Souza[74], em prosa e versos. E finalmente — *last but not least* — Machado de Assis, até hoje autor controvertido, em face de manifestações literárias supostamente desfavoráveis à causa dos escravos.

Antes de passar adiante, detenhamo-nos um instante sobre ele, em atenção a um escritor de porte maior na literatura brasileira, e injustiçado pela pecha de falta de fervor humanitário frente ao infortúnio dos negros. Mas bastarão três aspectos da vida pessoal e da vida de escriba para favorecer a sua memória.

1) Machado de Assis, no exercício da profissão de funcionário público, lotado no Ministério da Agricultura, sempre emitia pareceres favoráveis aos negros, aliando-se aos mesmos em questões concretas que os envolviam com os fazendeiros. 2) nos seus escritos, se não tomava partido explícito dos escravos-personagens, apenas retratava, com crueza, os fatos da sociedade dominadora.[75] 3) No romance "Memorial de Aires", em tema convergente para o nosso livro, Machado de Assis aborda, como narrador de acontecimentos que ele faz desenrolar em forma de um diário com suas datas, uma questão libertária, ao mesmo tempo territorial, que beneficiará negros rurais. Assim, num cenário que envolvia liberdade de um ser e doação de um bem material, manifestou-se no sentido de dar acesso à propriedade da terra a escravos que acabavam de ser alforriados, para que permanecessem como cultivadores e como donos do mesmo local em que sempre trabalharam, que era da personagem Fidélia. Conceda-se, porém, a ele próprio, Machado de Assis, a exposição da sua ideia, com o relato de três datas fundamentais das "memórias", relato este no qual nos ingerimos apenas para colocar colchetes de esclarecimento e grifos de realce nas frases:

---

(72) ALVES, Castro. *Os Escravos*. Salvador: Livraria Progresso, 1956, p. 177.

(73) Expressão repetida modernamente por Ciro Flamarion Cardoso e outros, na convicção equivocada, a nosso ver, de que existia uma "brecha camponesa" no sistema escravista.

(74) Gramiro de Mattos: *ob. cit.,* p. 119

(75) V. contos diversos, especialmente "Pai contra mãe", e os romances Brás Cubas e Memorial de Aires.

* Em 19 de abril de 1888 — "Mais de um jornal fez alusão nominal ao Brasil, dizendo que restava agora que um povo cristão e último imitasse aquele [os Estados Unidos da América] e acabasse também com seus escravos. Espero que hoje nos louvem. Ainda que tardiamente, é a liberdade, como queriam a sua os conjurados de Tiradentes."

* Em 15 de abril de 1889 — "Uma vez que os libertos conservam a enxada por amor de sinhá-moça [Fidélia], que impedia que ela pegasse da fazenda e a desse aos seus cativos antigos?"

* Em 19 de abril de 1889 — "Tristão, a quem falei da doação de Santa Pia, não me confiou os seus motivos secretos, disse-me só que Fidélia vai assinar o documento amanhã ou depois."

A opinião do grande escritor, em resumo, era de que tendo os negros recém-libertados preferido ficar trabalhando na própria fazenda, por amor à herdeira do imóvel (Fidélia), nada impediria que esta doasse a terra aos ex-escravos — como de fato imaginou terminar a história, com a assinatura do documento da doação.

Passando agora em diante, porém restaurando os comentários mais afetos a generalidades, há que se destacar que o ensaio, como gênero literário, até à época da Abolição, tem tido pouca relevância para os historiadores da nossa literatura negra. Diverso do que sucede, principalmente a partir da segunda metade do século XX e até uma atualidade que é pródiga na ensaística sobre o negro, pelo que os livros a respeito estão sempre lembrados. De toda maneira, naquele período do passado — que equivale a tempos seculares — publicações existiram (e valiosas) sobre o assunto, conforme apontaremos no que se segue:

Malgrado sem alusão a *ensaios*, a exemplo do ensaio científico "Animismo Fetichista", de Nina Rodrigues (1896)[76], o professor baiano de literatura na África, que vimos citando, enseja intuí-los, no entanto, com a menção ao poeta Francisco Leite Bittencourt Sampaio, em cujo livro "Flores Silvestres" se *"contém estudos sobre os escravos..."*. (g.n.). Porém Gramiro, de qualquer sorte, omite André Rebouças, Ruy Barbosa, Perdigão Malheiros e Tavares Bastos, embora não se esqueça de Joaquim Nabuco, abolicionista que fez "Escravos. Versos Franceses a Epícteto" (1886), e que também escreveu, dentre outros livros, o famoso ensaio "O Abolicionismo" e "Campanha Abolicionista do Recife", no qual reuniu discursos de político.

Poderiam estar relacionados, ainda, como amostras de ensaios sobre a escravidão, no decorrer do século XIX: "Trabalho sobre a extinção da escravatura no Brasil" (1868), de Pimenta Bueno; "A crise da lavoura" (1868), de Quintino Bocaiúva; "Considerações gerais sobre a emancipação dos escravos no Império do Brasil" (1870), de Peixoto de Brito; "O elemento servil" (1871), de Tristão Araripe; "O futuro da grande lavoura e da grande população no Brasil" (1878), de Beaurepaire Rohan; "Estudos sobre a libertação dos escravos no Brasil" (1882), de Arnizaut Furtado; "Confederação abolicionista", "A situação abolicionista" (1885), de Ruy Barbosa, "Agricultura Nacional: Estudos Econômicos – Propaganda

---

(76) Edison Carneiro, *ob. cit.*, p. 107

Abolicionista e Democrática" (1883)", de André Rebouças ou "Cartas do Solitário", de Tavares Bastos (1863).

Mesmo antes desses, pagaria a pena citar João Severiano Maciel da Costa (1821)[77], José Eloy Passos da Silva (1826)[78], Domingos Alves Branco Muniz Barreto (1837)[79], Frederico Leopoldo César Burlamaque (1837)[80] e Caetano Alberto Soares.[81]

Dessa maneira, damos por terminado este levantamento um tanto terra-a-terra sobre as fontes literárias e jornalísticas que têm seu marco temporal derradeiro na Abolição, levantamento este que, consoante anteriormente alertado, não teria o condão de esgotar as referências históricas existentes. O propósito fôra de estabelecer os símbolos principais daquele manancial de cultura e seu papel na libertação dos escravos. O que não significa também que se ache fechado o acervo de estudo sobre o negro em geral que se fez liberto, nem que sejam desimportantes as suas idiossincrasias na atualidade, inclusive as relacionadas às vias literárias e informativas de hoje. Mas esse enfrentamento teórico não comporta no presente item, de outra estrutura analítica, a qual se limita a um campo de narração que se interrompe em 1888.

3.9. A abolição da escravatura nas províncias

Em 1884 três províncias brasileiras concederam liberdade oficial aos escravos dos seus territórios: o Ceará, em 25 de março, o Amazonas, em 10 de julho, e o Rio Grande do Sul, em 6/7 de setembro. Em todas, houve uma decisiva influência dos abolicionistas locais, ou por deslocamento de líderes nacionais, como foi o caso de José do Patrocínio, que foi ao Ceará estabelecer estratégias para que as populações pressionassem as autoridades e os senhores passassem a realizar as manumissões libertárias. Como aconteceu, de resto, no Amazonas e no Rio Grande do Sul, que se sensibilizaram com o exemplo cearense, embora nesta última província, inicialmente, houvesse uma diferenciação dos movimentos das duas outras províncias do norte e nordeste; pois, de acordo com Roberto Conrad, "numa questão de quatro meses os sessenta mil escravos dessa província do sul receberam a condição de livres, mas a verdade é que a maioria foi obrigada a continuar dando seu trabalho, sem pagamento, a seus antigos senhores, durante um a sete anos"(...) "Pouco antes da abolição da escravatura brasileira, em 1888, ainda havia 8.442 escravos no Rio Grande do Sul."[82]

---

(77) "Memória sobre a necessidade de abolir a introdução de escravos africanos no Brasil, sobre o modo e condições em que a abolição se deve fazer e sobre os meios de remediar a falta de braços que ela pode ocasionar."
(78) Memória sobre a escravatura e projeto de colonização dos europeus e pretos da África no Império do Brasil".
(79) "Memória sobre a abolição do comércio da escravatura".
(80) "Memória analítica acerca do comércio de escravos e acerca dos males da escravidão doméstica".
(81) "Memória para melhorar a sorte dos nossos escravos".
(82) Roberto Conrad: Os últimos anos da escravatura no Brasil, 2. ed., Rio, Ed. Civilização Brasileira, 1978, p. 248 e 253 — Tradução do inglês feita por Fernando de Castro Ferro.

Nesse processo de contrariedade à situação escravagista, em maior grau ou menor grau, nas três províncias, podemos verificar uma conseqüência política, que foi o afastamento do cargo dos presidentes provinciais do Ceará e do Amazonas[83], determinado pelo Governo Central, o que corroborou a intenção do Império brasileiro, com essa retaliação de 1884, de postergar a abolição na totalidade do país, e evidenciando, por exemplo, que a Lei dos Sexagenários, de 1885, era pura contrafação.

Entende-se a lógica abolicionista setentrional, exposta por Conrad, a partir da seca de 1877 a 1880 no Ceará, cujo sucesso provocou a libertação dos poucos escravos do Amazonas e que pelo menos incentivou, como espelho, a dos muitos escravos do Rio Grane do Sul.

As sequelas daquela seca, sacrificando produtos agrários essenciais, como gado e algodão, obrigou a que os fazendeiros fossem vendendo os seus escravos, pela simples necessidade de subsistirem, utilizando-se do tráfico franco para o Rio, São Paulo e Minas Gerais.

Contudo, a própria dubiedade do sistema escravista levou os "legisladores do sul" a raciocinarem que, após a saída do "último escravo" das "províncias do norte", estas "tornar--se-iam abolicionistas, e com os votos reunidos, eliminariam a escravatura de toda a nação". Reconheciam, pois, que o tráfico interno no Brasil "estaria destruindo o equilíbrio da escravatura e que ameaçava sua própria existência." Por isso "haviam legislado um fim virtual desse tráfico" — o qual, represado, manietando os fazendeiros que precisavam vender escravos, facilitou a manobra abolicionista, para libertá-los com pagamento de indenizações de baixo valor aos senhores, ou por valor nenhum, passando a alforria, neste caso, por benevolência.[84]

Finalmente, para nosso controle acadêmico, assinalamos que a abolição nas províncias foi obra efetivada pelo abolicionismo, com participação, ou não, de governantes de pendor abolicionista, cuja declaração de erradicação da escravatura local, mesmo por métodos que envolviam a vontade dos próprios senhores ou os recursos dos fundos de emancipação, imprimia o cunho de oficialização da liberdade dos escravos. Preferimos abordar o tema num item separado, como o presente, tendo em vista uma questão fática de extraordinária importância, revelada em tais províncias, traduzindo um objetivo deveras alcançado — se não pela quantidade de escravos libertados, mas pelo simbolismo do gesto de províncias rebeladas contra um Poder maior, por uma causa social. Decerto que a repercussão dos eventos relatados em muito influiu para a intensificação da campanha abolicionista no Brasil inteiro, funcionando como novo móvel de pressão para reconhecer-se a liberdade total dos cativos. Um fosso excepcionalmente real na ignomínia da instituição servil e no orgulho do império escravocrata.

3.10. Razões próprias de liberdade

Por fim, outra força tem curso no processo de libertação dos escravos, que vem sendo atropelado desde 1850, quando começou, e que nele se integra como causa. Essa força é a

(83) *Idem, ibidem*, p. 246
(84) *Idem, ibidem*, pp. 213, 210 e 211.

própria culminância da luta de classes expressa nas contradições da sociedade estruturada sobre o modo de produção escravista, de amos e cativos, a qual toma os tempos da Colônia e do Império, e que, agora, irá provocar nova ordem econômica e social, com a derrocada da escravidão. Ela é a própria matriz dos entreveros ocorridos no movimento, nos quais afloraria a disposição mesma dos escravos até para o desforço físico e os embates de sangue.

Trata-se da ação libertária dos próprios negros, escravos ou não, num crescendo de militância e de atitudes que levam às vias-de-fato contra as milícias do Governo e dos senhores. Quer porque atuassem sozinhos, nas escapadas aos amos e no enfrentamento aos feitores e à Polícia, quer porque se exercitassem ao comando de grupos aptos ao combate, se viesse, e que os retiravam do poder senhorial na marra e lhes ofereciam abrigo.

A violência que muitos escravos empreenderam por sua liberdade fática, nesses momentos de primeiro desvencilhar-se dos senhores, era também a intensificação de uma luta propriamente concreta, em sentido lato, contra o senhorinato, que eles iriam levar até as últimas consequências, a partir das fugas massivas.

Esse, também, é um tipo de conflito que não pode deixar de ser abraçado pelo conceito de luta de classes, uma vez que é manifestação de resistência de um contingente social (os cativos) aos interesses de outro contingente social (os senhores), na sociedade escravista, cuja equação conflituosa coloca uns como explorados e outros como exploradores da condição humana.

Justifica-se que o presente estudo se desenrole à parte do item sobre o "abolicionismo", que o precede. Isto porque o tema que aborda, embora pespontando aquele movimento em sua fase última, é mais íntimo de uma luta de classes do que de uma ação da mídia (imprensa) daquela época ou da ação parlamentar e literária, com todo o seu conteúdo político, social ou humanitário.

É verdade que os negros tiveram o conhecimento da escravidão em suas próprias tribos africanas; é verdade que também no Brasil, como no exemplo de Palmares, praticaram a escravidão em suas hostes; e é bem verdade ainda que, vivendo na sociedade brasileira, fizeram escravos para si ao se tornarem libertos. Por isso alguns autores dizem que as lutas empreendidas pelos escravos para se libertarem não foram pugnas propriamente contra a escravidão, institucionalmente, mas contra as condições da escravidão[85]. É ainda verdade que, na época da Abolição, os escravos constituíam um contingente inexpressivo de toda a força trabalhadora – cerca de 700 mil, segundo Chiavenatto – e que por isso "não havia massa escrava lutando pela sua liberdade"[86]. *Porém* há quem veja tal participação de modo mais incisivo, como Emília Viotti da Costa, reconhecendo a pressão exercida pelos próprios escravos que, "instigados pelos abolicionistas, abandonaram as fazendas, desorganizando o trabalho e criando em certas áreas um ambiente insustentável. A revolta das senzalas deu o golpe definitivo no sistema escravista."[87]

---

(85) GOULART, José Alípio. *Da Fuga ao Suicídio*. Rio: Conquista, 1972. p. 189.

(86) José Julio Chiavenatto: O Negro no Brasil. Ed. Brasiliense, São Paulo, 1980, p. 219.

— Joaquim Nabuco, tanto em O Abolicionismo (1883), *cit.*, p. 241, quanto em Minha Formação (1900), *cit.*, p. 155, estimou-os em 1 milhão e 500 mil.

(87) Emília Viotti da Costa: Da Senzala à Colônia. Difusão Europeia do Livro. São Paulo, 1966, p. 465.

João Oscar dá bem uma mostra da ação dos negros nessa fase: "Será, no entanto, a partir de 1875, no calor do abolicionismo, que o movimento dos quilombolas irá adquirir consistência e envergadura" (...) "A essa altura, sob a influência de abolicionistas exaltados, a fuga de escravos tornara-se bem mais comum, absolutamente incontrolável, provocando o apavoramento geral dos fazendeiros...."[88]

Jungida à ação dos negros, encontrava-se a cumplicidade daqueles que não só denunciavam os males da escravidão e providenciavam alforrias, mas que também realizavam verdadeiras operações de resgate dos negros nas fazendas, enfrentando os senhores e a polícia, proporcionando aos quantos quisessem a liberdade toda guarida que fosse precisa, inclusive em áreas aquilombadas, como foi o caso dos caifazes, em São Paulo, os do Clube do Cupim, em Pernambuco, e os dos protegidos de Carlos Lacerda, em Campos, no Rio.

Isso importava em organização – o que fazia com que tais práticas articuladas radicalizassem o processo libertário, sem prejuízo do comando dos grupos abolicionistas, agindo mais pensadamente, de fora para dentro, sem desprezo dos escravos por tal militância, ou sem desdém daqueles aliados pelas ações dos cativos, de dentro para fora.

Jacob Gorender distinguiu: "...a hegemonia do movimento coube aos abolicionistas radicais, e a hegemonia implica controle social. Os escravos aceitaram o controle dos abolicionistas radicais porque este não tolheu sua *ação autônoma* pela liberdade imediata".[89] (g.n.)

Na década dos 80 do século XIX, em anos que antecederam imediatamente a Abolição, as estratégias dos escravos para evadir-se eram menos estabilizadoras, em geral, que as dos abolicionistas-de-ação, a despeito da pertinácia dos negros em se libertarem a qualquer custo e à sua própria conta, conforme exemplos do passado.

A figura humana que mais se exalta então é a de Antonio Bento, que foi juiz e depois advogado, tornando-se chefe dos caifazes em São Paulo, uma "sociedade secreta", segundo Elciene Azevedo, que teria alcançado proporções de violência, mas antes de conscientização do escravo, fazendo-os convictos de "que a liberdade estava em suas mãos."[90]

Emília Viotti da Costa chama os "caifazes" de "heróis anônimos", falando que "operavam tanto em São Paulo quanto no interior das Províncias, instigando os escravos a fugir, fornecendo-lhes os meios, protegendo-os durante a fuga. Retiravam-nos das fazendas onde viviam como escravos para empregá-los em outras como assalariados. Encaminhavam-nos para pontos seguros...Um desses lugares era o famoso Quilombo de Jabaquara, que se formara nos morros dos arredores de Santos. Este quilombo chegaria a reunir mais de 10 mil escravos fugidos."[91]

---

(88) João Oscar: "Curukango e outros Quilombos", *in* "Carta" (Informe de Distribuição Restrita do Sen. Darcy Ribeiro), n. 13, Brasília, 1992, p. 109.

(89) Jacob Gorender: A Escravidão Reabilitada, *cit.*, p. 174.

(90) AZEVEDO, Elciene. *O Direito dos Escravos* (na "Introdução"), Campinas: Unicamp, 2010, p. 163 e 223.

(91) COSTA, Emília Viotti da. *A Abolição*. São Paulo: Global Editora, 4ª ed., 1988. p. 84

Alguns autores, no entanto, têm buscado minimizar o papel dos "caifazes", chefiados por Antonio Bento, conforme se vê dos informes do historiador João Reis, afirmando que eles, os caifazes, "pegaram o bonde em movimento, isto é, agiram sobre um fenômeno iniciado pelos escravos". Assinalam que "foi a movimentação escrava que imprimiu radicalidade aos caifazes, o que os tornaram eficazes, e não o contrário."

Seja como for, a ilação do referido historiador na mesma obra em que dá aquela notícia, é de que "As fugas em massa, comuns nos últimos anos da escravidão, frequentemente viraram revoltas porque os senhores, feitores e autoridades tentaram reprimi-los. Nesse sentido, a literatura sobre a Abolição já demonstrou com abundante documentação que a rebeldia escrava fragilizou a escravidão e definiu o desfecho da escravidão."[92]

De uma forma ou de outra, não se deverá esquecer que o ato formal da libertação do escravo foi o coroamento de um velho processo, instintivo e ao mesmo tempo racional, que o próprio escravo começou a conduzir, antes que os abolicionistas tomassem a testa da causa libertária. Daí que não se podem desconhecer razões de liberdade na demorada espera pela capitulação do Império escravocrata, por isso mesmo não se podendo circunscrever as ações de tal processo ao período de aliança com os segmentos da sociedade que forjaram um movimento abolicionista de cunho pacífico. Restringi-lo a este, negando, por exemplo, a autonomia das suas ações coletivas e nele vislumbrar como passivo o papel do escravo, equivale a esconder toda a resistência que secularmente ele opôs à opressão, e não há como minimizá-la nos exemplos da escravização que os antepassados impunham e sofriam na África, ou daquela em que os negros, por cá, infligiam noutros, uma vez libertos. Assim, a liberdade em si, no Brasil, foi uma conquista do escravo, às vezes com o emprego das armas, vindo a mesma cercada de motivos inerentes à escravidão — encare-se-a como instituição ou se a considere como algo que produzia condições adversas, desde os maus tratos até o trabalho excessivo. Se faltou um *grand finale* belicoso, isso já se acha explicado por Manoel Correia de Andrade: "Muitos líderes das classes dominantes passaram a temer uma sublevação geral dos escravos, compreendendo que era mais prudente conceder a Abolição por caminhos pacíficos e legais, do que esperar por uma luta armada, de consequências imprevisíveis. Esse grupo foi fortalecido ao compreender que o controle sobre os escravos havia sido perdido quando as Forças Armadas avisaram ao Governo que não admitiam ser usados como capitães-do-mato na perseguição a negros fugitivos (cf. Magalhães Jr., 1957), demonstrando que elas sofriam uma grande infiltração do abolicionismo".[93]

Do princípio do tráfico, nos alvores da colonização, até o ato formal da abolição da escravatura, nos estertores do Império brasileiro, as lutas dos negros, suas fugas e constituição dos quilombos em que se alojavam, bem como a organização social que em outras áreas estabeleciam, nuns e noutras formando comunidades típicas, foram o componente decisivo da libertação. A vontade do negro quanto a não ser escravo, manifestando-se em diferentes formas de resistência aos senhores, conformaram, preponderantemente, o

(92) João José Reis: "Abolicionismo e Resistência Escrava", *in* Revista da Bahia, n. 14, set/nov. 1989, p. 20.
(93) ANDRADE, Manuel Correia de. *Abolição e Reforma Agrária*. São Paulo: Ática, 1987. p. 34

contraponto da sua condição opressiva de vida, que mais dia menos dia iria conduzi-los à liberdade. Iremos vê-lo no heroísmo com que enfrentaram a sociedade escravista até 1835, no grande ciclo de resistência escrava na Bahia — mesmo tendo-se ali como ingrediente precípuo o embate religioso. Podemos ainda observar que, em todos os pontos do País, as manifestações do escravo contrárias à sua qualidade de cativo eram contínuas, ora mais acesas, vivazes, ora mais arrefecidas, mas sem que jamais tivesse desistido, ele próprio, da vontade que persistia para estar livre, de alguma maneira, do seu senhor. Casos isolados, dentre a escravaria doméstica, marcados pela afeição ou pela subserviência, a que se sujeita a condição humana, ou submetidos, por exemplo, às vicissitudes das doenças, constituíam exceção.

Pelo que vimos, a abolição não foi produto das nossas contradições exercitadas apenas de modo pacífico, e por isso o escravo não pode ser relegado na História simplesmente como massa de manobra — objeto de acontecimentos — sem que tenha sido jamais protagonista de sua experiência de liberdade, ao longo de quase quatro séculos, e cujo trabalho foi o epicentro daquelas mesmas contradições.

Ora: uma das amostras de rebeldia do escravo era a fuga, temperada ou não por combates, mas que só atingia a sua ideal completez não num refúgio provisório qualquer, ou nas fazendas de acoitamento, onde muitos trocavam a escravidão pelo cativeiro[94]; e sim no nicho próprio da negritude, o quilombo em si. Este, se disposto como unidade fundiária com organização social, figurava como símbolo mais candente de resistência, porque era o contraponto maior de desafio aos senhores e às autoridades: a sobrevivência independente dos algozes, mantida pela união de trabalho da comunidade.

Prova maior das razões de liberdade, que vemos entranhadas na Abolição, se acha na constituição das comunidades negras rurais — uma tentativa de sobreviverem em grupo, num pacto de solidariedade. Essas comunidades não se constituíram como consequência da Abolição, posto que já vinham de tempo anterior, sem embargo de se terem redistribuído territorialmente, após o ato de 13 de maio de 1888. Muitos dos novos libertados pela chamada Lei Áurea, atirados à sua própria sorte, faltos de trabalho, joguetes da insegurança do seu destino, foram-se socorrer com os próprios companheiros que tinham sedimentado atividades nas áreas dos velhos quilombos e nas áreas ocupadas por sucessão de posses, ou então buscaram embrenhar-se em terras devolutas, moldando, autonomamente, de forma individual ou coletiva, outra espécie de ocupação agrária.

Assim, foram superar, com sua própria inventiva, aquilo que o Estado se omitiu em lhes conceder, segundo os cânones convencionais. Somente um século depois da libertação dos

---

(94) Temos sempre empregado como sinônimas as palavras "cativos" e "escravos", consoante o uso consagrado no Brasil. No entanto, alguns cultores da História, como Luís Felipe Alencastro, apontam uma diferenciação, afirmando que "no vocabulário indo-europeu em geral, e no vocabulário latino em particular, *cativo* define o indivíduo feito prisioneiro (*captivus* = prisioneiro), ainda detido pelo seu captor ou pelo traficante" (...) "Significado diverso tem, portanto, a palavra *escravo*, característica de um estado jurídico de verificação permanente do indivíduo, adquirido para uso do seu proprietário" – *in* O Trato dos Viventes, São Paulo, Ed. Companhia das Letras, 2000, p. 88.

escravos floresceu o tratamento legal específico sobre as áreas negras, tendo o Brasil deixado passar várias oportunidades para realizá-lo, consoante examinaremos no próximo capítulo.

3.11. A lei de abolição da escravatura

Produzida no Ministério João Alfredo, e sancionada pela Regente do Império, a Princesa Isabel, em 13 de maio de 1888, a lei de libertação de todos os escravos brasileiros tomou o número 3.353, ficou conhecida como Lei Áurea e seu texto, em si, dizia simplesmente:

"Artigo 1º. É declarada extinta, desde a data desta lei, a escravidão no Brasil.

Artigo 2º. Revogam-se as disposições em contrário."

Deixou de atender ao pleito dos senhores, do pagamento de indenização pela perda da propriedade do escravo, tampouco o legislador discerniu sobre a possibilidade em sentido contrário, ou seja, do pagamento de indenização aos escravos pelo tempo em que lhes foi tolhida a liberdade, e sequer estabeleceu medidas para o desenvolvimento social e econômico dos negros na sociedade livre.

Veremos o caráter desse ato e suas consequências no capítulo V, item 5.2.

CAPÍTULO IV

PROPOSTAS E REJEIÇÕES PARA O ACESSO DO NEGRO À TERRA

4. 1. Introdução. As oportunidades perdidas

Esta é uma história que vem desde o Império, ao longo do qual brotaram sugestões capazes de terem demandado uma decisiva interferência oficial, tanto na propriedade da terra (domínio fundiário) quanto na propriedade do elemento humano (domínio escravagista). Poder-se-ia afirmar que, de certo modo, chegavam a ser propostas reformistas.

Esse tipo de estudo que se empreenderá, ainda que enxergue as peculiaridades dos períodos históricos em que as opiniões vêm à tona, revestir-se-á do aparato crítico, como de hábito, neste livro. Para situá-los, imediatamente, deve-se informar que tais períodos são os que começam do surgimento do Brasil como Nação, ou seja, com a Independência, não nos animando tratar aqui, também, de outras inspirações, pretéritas, ligadas a um Brasil--lusitano, como Colônia. E eles terminam com a abolição da escravatura e com a queda do Império/advento da República.

Aproveitando que aludimos a essa última quadra de tempo, devemos chamar também a atenção para o fato de que, junto ao fim do regime servil, nenhuma decisão política fez-se acompanhar de medidas econômico-sociais que assistissem e orientassem os negros, em seu inexorável desamparo — fosse através de uma política de trabalho assalariado, fosse através de uma política fundiária, fosse através de uma política anti-racista. Não porque o País não estivesse preparado. De há muito o trabalho livre convivia com o trabalho escravo; a experiência com os colonos estimulava contratos de labor agrícola e a abolição da escravatura conduziria à prática generalizada do trabalho, ainda que sob formas extorsivas do trabalhador. Além disso, a formação da pequena propriedade, pelo menos no Sul, através da lida dos imigrantes, bem como as perspectivas de uma incipiente industrialização, no Sudoeste, constituiriam outros fatores para a absorção do capitalismo no Brasil.

Mas as elites brasileiras iriam moldar esse capitalismo com uma base social de pessoas exploradas, mantendo-as à distância, quer pela sua pobreza, quer pela sua cor.

Da parte de alguns abolicionistas, não foi surpreendente observar tentativas de amparar o negro com medidas de conteúdo econômico-social, que poderiam seguir-se à supressão do trabalho escravo. Mas nada surpreenderia também — e foi o que aconteceu — se as forças latifundiárias rejeitassem tais providências. Os grupos mais retrógrados do Parlamento e o próprio Governo Imperial não iriam permitir que qualquer outra coisa socialmente positiva, além da libertação dos escravos, devesse acontecer no País. Poder--se-ia imaginar o advento da República, um ano mais tarde (1889), como uma esperança em tal sentido; mas esse foi um dado político que — de acordo com fatos que até hoje respaldam a assertiva — também não resolveu o problema social brasileiro, malgrado nos tivesse livrado, um tanto capengamente, de uma das mais anti-democráticas instituições havidas na História, que foi a Monarquia.

A sociedade que deixou de ser escravista preparara a base fundiária do seu poder em não facilitando a "distribuição" da terra (desde 1850), a fim de continuar a monopolizá-la, da mesma forma que preparou a base trabalhista desse mesmo poder, para quando terminasse a subjugação pessoal do escravo. Neste último sentido, eliminou as amarras totais de certa proteção contida na lei de locação de serviços na agricultura (1879), revogada em 1890, com a certeza de que os Estados-membros, que passariam a legislar sobre a matéria, fariam prevalecer o que o decreto de tal revogação determinou: a regulação das relações de trabalho através do "mútuo consentimento" entre o empregado e o empregador. O que, na verdade, veio a significar, ou consolidar legalmente, a submissão da vontade do trabalhador dito livre à vontade do patrão.

O proprietário rural muito aproveitou a grande disponibilidade de mão de obra, utilizando as formas mais arcaicas de exploração do homem, nas quais se revelava o mesmo caráter dominador que pouco diferia do regime escravista. Decerto que com a adição de alguma dose de paternalismo, substituindo o tacão dos outros tempos, porém entranhando a "coação extra-econômica" de que já falava Marx.

Da outra maneira, o fato do trabalhador não contar com terra própria legalizada e de ser difícil o acesso à terra aos pobres em geral, fazia parte do mecanismo legal de provimento ao fazendeiro, aumentando-lhe conquistas territoriais, a concentração da propriedade, o adensamento da riqueza.

Neste particular, os abolicionistas de visão mais ampla – cujo pensamento será exposto abaixo – procuraram um caminho social que conjugasse dois fatores que seriam fundamentais para a sociedade brasileira: tornar a mão de obra definitivamente livre e democratizar a propriedade da terra. Mas eles foram perdedores nesse processo de obtenção de trabalho livre correspondendo ao princípio de dignidade nas condições do trabalho; ou no da frustração de não reservar-se tratos de terra para os libertados e os trabalhadores do campo em geral.

Assim, quer no plano rural, quer no meio urbano, não há que se creditar ao ato abolicionista, apesar de revolucionário na sua base, um mínimo de segurança econômico-social para os negros. Poderia tê-lo feito, já que idéias nesse sentido não faltavam. Daí termos destacado as mais significativas delas, desde o 1º Império até a 1ª República, e as sublinhado como *oportunidades perdidas* pelo Brasil, consoante veremos agora.

4. 2. José Bonifácio

A primeira oportunidade reformadora perdida remonta, certamente, ao primeiro quartel do século XIX. Nela, deixaram-se de aproveitar as idéias e o prestígio de José

Bonifácio de Andrada e Silva, dentre os poucos pensadores que, numa época ainda talhada na apropriação da terra e marcada pelo início da transferência do favorecimento das elites portugueses para as elites brasileiras, puderam manifestar-se com propostas de modificações fundiárias, estabelecimento de colônias de pretos e de índios, mecanização da agricultura, necessidade da industrialização (as "artes") etc. Ele chegou a encaminhar uma "Representação à Assembléia Geral Constituinte e Legislativa do Império do Brasil sobre a escravatura", à qual anexou projeto de lei com 32 artigos, que não foi votada devido à dissolução daquela Assembléia, em final de 1823. No entanto, iria ser publicada em Paris, no ano de 1825.

Deve-se destacar a figura de José Bonifácio não só pelo espírito transformador de seus projetos, a despeito das contradições que eles encerravam, mas pela possibilidade que, em tese, ele próprio teria tido para implementá-los, dada à sua influência de estadista. Em algum momento da história, teria sido decisiva sua participação para mudanças de ordem social no País, o que, infelizmente, não aconteceu.

Apesar do seu espírito conservador, em aliança política permanente com as classes dominantes, face ao apoio que sempre lhe conferiam os comerciantes e os latifundiários, propugnou medidas progressistas e princípios de uma intervenção nas condições do campo, que feriam, mesmo, interesses de tais aliados — como a devolução de parte das sesmarias incultas à Coroa. Pela mesma forma, ainda que fosse preconceituoso em relação ao negro e ao índio, apresentou idéias que combatiam o trato comum dispensado a eles, acenando com o acesso à terra ao primeiro quando forro, reclamando o respeito à terra do segundo, que reconhecia como vítima do processo civilizador. Era favorável à pronta abolição do tráfico negreiro, porém contrário à abolição, que não fosse gradual, da própria escravatura.

Esse é um resumo bem apertado, dentro do assunto (já restrito) a ser tratado, que chama logo a atenção para as contradições de José Bonifácio como homem público. Para melhor entendê-las, é preciso que se diga que ele era, realmente, um homem contraditório — a começar, quem sabe, por sua própria vida pessoal, um brasileiro de nascença que criou uma alma lusitana pelos 35 anos de vivência na Europa e pela fidelidade que guardava ao Reino de Portugal, e que, no entanto, terminou sendo um dos consolidadores da nossa Independência, ao assumir uma intransigente defesa dos interesses do Brasil. Isso sem temer os poderosos de lá e de cá, sem poupar de críticas os adversários e o próprio Príncipe, feito primeiro Imperador, sem dar importância aos nobres e aos títulos de nobreza, que sempre desprezava. E ainda que isso significasse, naqueles instantes de 1821/22, um comprometimento com os interesses dos produtores rurais e dos exportadores brasileiros, desejosos de se afastarem do controle da Metrópole, diante dos privilégios que esta conferia aos comerciantes portugueses. Essa era, de toda sorte, àquele tempo, uma causa política e econômica "nossa" , que ele encampou e que o levaria à reincorporação de sua alma brasileira, e, portanto, a desenvolver atitudes e idéias decisivas para construir o Brasil como nação.

As mais variadas espécies de suas contradições podem ser encontradas em Emília Viotti da Costa[1], e também fica detectado em Ana Rosa Cloclet da Silva o diagnóstico de

---

(1) COSTA, Emília Viotti da. *Da Monarquia à República* – Momentos Decisivos. São Paulo: Brasiliense, 4. ed., 1987, p. 55-118 ("José Bonifácio, mito e história").

que todo o seu comportamento, sujeito a encômios ou a censuras, devia-se, fundamental-mente, a razões de Estado, vale dizer, à necessidade de configuração de um novo País[2]. Mas é encarando diretamente o estudo das próprias anotações dele sobre os problemas econômicos, que poderão ser achados os seus feitos teóricos ou práticos, especialmente os ligados à agricultura, se enxergados na perspectiva da presente obra, que tem fundo agrarista; o que demanda prospecção de textos bonifacianos, muitos dos quais encontrados em seus biógrafos, sendo, porém, os mais completos aqueles organizados na coletânea de Míriam Dolhnikoff.[3]

A revelação das contradições de José Bonifácio torna-se interessante frente a este nosso particular assunto, porque permite evitar que citações intermitentes de sua obra sejam vistas como uma concepção definitiva, quando podem apresentar um contraponto, um dado com uma visão oposta. Nesse jogo, reparamos ser fundamental: a) que o seu humanismo recebe a carga do seu preconceito; b) que a sensibilidade social sucumbe ao propósito econômico ou político de estruturação do Estado brasileiro.

Abaixo, temos os exemplos mais ilustrativos, que pinçamos da mencionada coletânea, a fim de obtermos a nossa própria classificação da obra contraditória, mas em seu final meritória de José Bonifácio.

Humanismo & Preconceito – Para o primeiro caso exposto (a), veem-se considerações humanistas serem alternadamente contrapostas por concepções preconceituosas, em relação ao negro escravo:

> * "Todo senhor, que forrar escravo velho, doente incurável, será obrigado a sustentá-lo, vesti-lo, e tratá-lo durante sua vida, se o forro não tiver outro modo de existência; e no caso de o não fazer, será o forro recolhido ao hospital, ou casa de trabalho à custa do senhor.[4]

> * "Para que não faltem os braços necessários à agricultura e indústria, porá o governo em execução ativa as leis policiais contra os vadios e mendigos, mormente sendo estes homens de cor."[5]

> * "É de espantar pois que um tráfico tão contrário às leis da moral humana, a às santas máximas do evangelho, e até contra as leis de uma sã política, dure há tantos séculos entre homens que se dizem civilizados e cristãos!".

> (...) "Não é pois o direito de propriedade que querem defender, é o direito da força, pois que o homem, não podendo ser coisa, não pode ser objeto de propriedade. Se a lei deve defender a propriedade, muito mais deve defender

---

(2)   SILVA, Ana Rosa Cloclet da. *Construção da Nação e Escravidão no Pensamento de José Bonifácio – 1783/1823*. Campinas: Ed. Unicamp/Fapesp, 1999.
(3)   Míriam Dolhnikoff: José Bonifácio de Andrada e Silva – Projetos para o Brasil. Companhia das Letras, S.P., 1999.
(4)   – Art. VIII do Projeto de Controle da Escravidão, *apud* Coletânea *cit.*, p. 68.
(5)   – Art. XXIV do Projeto de Controle da Escravidão, *apud* Coletânea *cit.*, p. 74

a liberdade pessoal dos homens, que não pode ser propriedade de ninguém, sem atacar os direitos da providência, que faz os homens livres, e não escravos;"[6]

* "Os dois objetos capitais para o Brasil são legislar e moldar de novo índios e escravos da raça africana. Os escravos, entes vis e corrompidos, afogam nos meus patrícios os sentimentos nobres e liberais desde o berço, cercando-os desde a infância de uma atmosfera pestilenta."[7]

Fortalecimento do Estado & Fator Social – Para o segundo caso (b), da nossa classificação é de se dizer que as preocupações de José Bonifácio com a vida pessoal dos negros só cabe na medida da utilidade dos mesmos na agricultura, em cujo progresso os considera como entrave; por outro lado, se é partidário da imediata abolição do tráfico, ele cogita da abolição da escravatura apenas através de medidas paulatinas:

* "Generosos cidadãos do Brasil que amais vossa pátria, sabei que sem a abolição total do infame tráfico da escravatura africana, e sem a emancipação sucessiva dos atuais cativos, nunca o Brasil firmará a sua independência nacional, e segurará e defenderá a sua liberal Constituição;"[8]

* "A lavoura do Brasil, feita por escravos boçais e preguiçosos, não dá os lucros com que os homens ignorantes e fantásticos se iludem. Se calcularmos o custo atual da aquisição do terreno, os capitais empregados nos escravos que o devem cultivar, o valor dos instrumentos rurais com que deve trabalhar cada um desses escravos, sustento e vestuário, moléstias reais e afetadas, e seu curativo, as mortes numerosas, filhas do mau tratamento e da desesperação, as repetidas fugidas dos matos, quilombos, claro fica que o lucro da lavoura deve ser mui pequena no Brasil, ainda apesar da prodigiosa fertilidade de suas terras, como mostra a experiência."[9]

* "...a introdução de novos africanos no Brasil não aumenta a nossa população, e só serve de obstar a nossa indústria. Para provar a primeira tese bastará ver com atenção o censo de cinco ou seis anos passados, e ver-se-á que apesar de entrarem no Brasil, como já disse, perto de 40 mil escravos anualmente, o aumento desta classe é ou nulo ou de mui pouca monta: quase tudo morre ou de miséria, ou de desesperação, e todavia custaram imensos cabedais, que se perderam para sempre, e que nem sequer pagaram o juro do dinheiro empregado. Para provar a segunda tese, que a escravatura deve obstar a nossa indústria, basta lembrar que os senhores que possuem escravos vivem, em grandíssima parte, na inércia, pois não se vêem precisados pela fome ou pobreza a aperfeiçoar sua indústria

---

(6) *In* "Representação à Assembleia Geral Constituinte e Legislativa do Império do Brasil sobre a Escravatura", *apud* Coletânea *cit.,* p. 60.

(7) *In* "Os índios são muito imaginativos", *apud* Coletânea *cit.,* p. 142.

(8) *In* "Representação à Assembleia Geral Constituinte e Legislativa do Império do Brasil sobre a Escravatura", *apud* Coletânea *cit.,* p. 82.

(9) – Representação à Assembleia Geral Constituinte e Legislativa do Império sobre a Escravatura, *apud* Coletânea *cit.,* p. 58

ou melhorar sua lavoura. Demais, continuando a escravatura a ser empregada exclusivamente na agricultura, e nas artes, ainda quando os estrangeiros pobres venham estabelecer-se no país, em pouco tempo, como mostra a experiência, deixam de trabalhar na terra com seus próprios braços, e, logo que podem ter dois ou três escravos, entregam-se à vadiação e desleixo, pelos caprichos de um falso pundonor. As artes não se melhoram; as máquinas, que poupam braços, pela abundância extrema de escravos nas povoações grandes, são desprezadas. Causa raiva, ou riso, ver vinte escravos ocupados em transportar vinte sacos de açúcar, que podiam conduzir uma ou duas carretas bem construídas com dois bois ou duas bestas muares."[10]

*"Torno a dizer porém que eu não desejo ver abolida de repente a escravidão; tal acontecimento traria consigo grandes males. Para emancipar escravos sem prejuízo da sociedade, cumpre faze-los primeiramente dignos da liberdade: cumpre que sejamos forçados pela razão e pela lei a convertê-los gradualmente de vis escravos em homens livres e ativos." [11]

Contradições de José Bonifácio à parte, malgrado a serventia de explicações que possam ter (ou não), há que se ressaltar em seu pensamento as seguintes manifestações de lucidez para a época, pertinentes aos problemas rurais, e que não foram aproveitadas. Vinculavam-se à perda de sesmarias, à conquista da terra pelo negro alforriado, às colônias ou aldeamentos e à produção agrícola do negro, na condição de escravo:

1) Perda de sesmarias

* Todos os possuidores de terras que não têm título legal perderão as terras que se atribuem, exceto num espaço de 650 jeiras, que se lhes deixará, caso tenham feito algum estabelecimento ou sítio.

*Todos os sesmeiros legítimos que não tiverem começado ou feito estabelecimento nas suas sesmarias serão obrigados a ceder à Coroa as terras, conservando 1300 jeiras para si, com a obrigação de começarem a formar roças e sítios dentro de seis anos. [12]

Mas, ao invés de ganhar força uma idéia que era sua, e por ser sua (uma ou outra contradição para um aliado dos latifundiários), no sentido de expropriar parte das sesmarias sem cultivo, na realidade o que terminou acontecendo foi a simples suspensão das suas concessões como um todo, em 17 de julho de 1822. Não podendo levar àquela conseqüência a sua aparente intolerância com o latifúndio improdutivo, José Bonifácio teria conseguido, pelo menos, que fossem abolidas as doações de sesmarias, pelo então Príncipe Regente.

---

(10)   *In* Representação à Assembléia Geral Constituinte e Legislativa do Império sobre a Escravatura, *apud* Coletânea *cit.,* p. 56/57

(11)   *In* Representação à Assembléia Geral Constituinte e Legislativa do Império sobre a Escravatura, *apud* Coletânea *cit.,* p. 62/63

(12)   *In* "Apontamentos sobre as sesmarias do Brasil": *apud* Coletânea *cit.,* p.152/153.

– Em nota de rodapé, a organizadora da Coletânea, Míriam Dolhnikoff, diz que "a jeira equivale a 0,2 hectare..."

2) Acesso do negro à terra, quando forro

Na perspectiva de Bonifácio, isso aconteceria de duas maneiras:

(a) através do aforamento:

*"Eu desejara, para seu bem, que os possuidores de grande escravatura conhecessem que a proibição do tráfico de carne humana os fará mais ricos; porque seus escravos atuais virão a ter então mais valor, e serão por interesse seu mais bem tratados; os senhores promoverão então os casamentos, e estes a população. Os forros aumentados, para ganharem a vida, aforarão pequenas porções de terras descobertas ou taperas, que hoje nada valem. Os bens rurais serão estáveis, e a renda da terra não se confundirá com a do trabalho e indústria individual."[13]

(b) através da propriedade:

*"Todos os homens de cor forros, que não tiverem ofício, ou modo certo de vida, receberão do Estado uma pequena sesmaria de terra para cultivarem, e receberão outrossim dele os socorros necessários para se estabelecerem, cujo valor irão pagando com o andar do tempo." [14]

* "Para recompensar a beneficência e sentimentos de religião e justiça, todo senhor, que der alforria a mais de oito famílias de escravos, e lhes distribuir terras e utensílios necessários, será contemplado pelo governo como benemérito da pátria, e terá direito a requerer mercês e condecorações públicas."[15]

* "Todo escravo que tiver trabalhado depois de homem-feito vinte anos, a um ou mais senhores, será forro com sua mulher se tiver quinze anos de serviço; e o Estado lhe dará terras para cultivar." [16]

3) Colônias ou aldeamentos dos negros

A proposta era aldear os pretos e cabras[17] forros em aldeias, com terras bastantes para cultivarem, como as dos índios de serviço[18].

No escrito "Colônia de pretos" José Bonifácio alinha uma série de normas técnicas e assistenciais, bem como proclama a introdução de arados e máquinas, para aquilo que

---

(13) In "Representação sobre a escravatura", apud Coletânea cit., p. 58/59.
(14) – Art. X do Projeto de Controle à Escravidão, apud Coletânea cit., p. 69
(15) – Art. XXVII do Projeto de controle à escravidão, apud Coletânea cit., p. 75
(16) – Art. 19 do Regulamento sobre a escravatura, apud Coletânea cit., p.85
(17) No processo miscigenador do Brasil, Clovis Moura esquematiza o Branco, o Negro, o Mulato, o Índio, o Mameluco, o Cafuso e o Pardo; e dentre os que compõem o Pardo ("tipo indeterminado etnicamente"), coloca o cabra, que é, segundo ele, o tipo mulato quando pobre. Esse autor faz ainda referência ao sistema classificatório de Debret (Jean Baptiste Debret: Viagem Pitoresca ao Brasil. Ed. Martins, S.P., 1º vol., p. 87), em cuja hierarquização étnica assenta o tipo bode como mestiço de negro com mulato, e cabra a mulher – Clovis Moura: Dialética Radical do Brasil Negro. Ed. Anita, SP, 1994, p. 150 e 155.
(18) José Bonifácio, in "Apontamentos...", apud Coletânea cit., p. 157

chama "a minha colônia de pretos", embora não lhe mencione nenhuma base fundiária. Quando se refere ao fator "terras", nesse mesmo item, de início fala na compra de terras na ilha de Santo Amaro, e depois deriva para áreas diferentes e longínquas, que não podem comportar no título que deu ao pequeno "apontamento", a exemplo de "colônias de índios mansos", "compra de fazendas de gado em Curitiba", e "compra de minas de Parnaíba".[19]

Ademais, proclamou realizar uma série de empreendimentos, alguns sofisticados até mesmo para os que possuíssem patrimônio de grande monta, que força avaliar que Bonifácio estivesse "delirando" ao concebê-los numa colônia de pretos sob o beneplácito do Estado monarquista e ao lado de uma sociedade minada pelo preconceito de raça e cor.

4) Produção própria do negro como escravo

Por fim, deve ser dito que José Bonifácio também tentou regulamentar essa atividade do negro enquanto escravo, conforme o seu "Regulamento sobre a escravatura":

* "Cada pai de família terá o seu rancho à parte e um quintal pelo menos de cinqüenta pés em quadro para sua horta e pomar."[20]

* "Poderão criar os pretos um porco por família, ficando porém sujeitos aos danos que fizerem os porcos; porém galinhas, patos etc., as que quiserem."[21]

Isso, como visto, em condições menos atrativas das que vigiam no costume do senhor conceder lotes para cultivo, possibilitando ainda o criatório e as atividades extrativas (caça, pesca, mariscagem, retirada do mel e do palmito etc.).

Admitimos que José Bonifácio tivesse tido, como teve, seus argumentos de ordem econômica e, sobretudo, políticos, para contrapor-se à escravidão.

Levantou, por exemplo, os custos dos senhores de escravos com a escravaria, especialmente em função dos progressos técnicos que eles deixavam de empregar na agricultura, por causa da mão de obra escrava abundante que faziam questão de conservar, ou em razão das terras ficarem despovoadas, por causa do não aproveitamento dos latifúndios.

Os aspectos políticos estariam fundados, primeiramente, na necessidade de agradar a Inglaterra, que não abria mão de suas pressões para a abolição, pelo menos, do tráfico negreiro, e, a seguir, nas repercussões da revolução dos escravos em São Domingos, em 1791, sobre o Império, carreando o receio de uma sublevação da maioria escrava daqui contra a minoria branca da população.

A aceitação da idéia de que fosse abolido o tráfico internacional dos escravos, poderia ser contrabalançada, segundo ele, pela da abolição simplesmente gradual da própria escravatura, para não causar prejuízos aos fazendeiros.

---

(19) José Bonifácio, *in* "Colônia de Pretos...", *apud* Coletânea *cit.*, p.168/160

(20) – Art. 11 do "Regulamento sobre escravatura...", *apud* Coletânea *cit.*, p.p. 84

(21) – Art. 14 do "Regulamento sobre escravatura...", *apud* Coletânea *cit.*, p.85

Bem é verdade que José Bonifácio adotou também argumentos de liberdade, com base no direito natural, firmando-se no ponto de que ela não pode ser propriedade de ninguém. Contudo, uma argüição que seria neutralizada pelo conceito que tinha de inferioridade racial ou de preconceito de classe.

Seu projeto emancipacionista adotou uma estratégia que tinha por centro a conveniência do Império e de sua elite interessada em consolidar a separação de Portugal, mantendo, internamente, as mesmas condições econômico-sociais de antes. Quando falou em colônias agrícolas e em arrendamento ou propriedade da terra para o negro forro, tinha mais em mira a ocupação do território, como razão de Estado, do que uma preocupação social típica.

Como se viu, embora partidário da abolição do tráfico africano, que desaguou no Tratado de 1826 e na Lei de 1831, propugnou, simplesmente, pela abolição gradual da escravatura. Essa foi a fórmula que prevaleceu no país até que se chegasse ao ato final de 13.05.1888, depois de se passar pela Lei de Abolição do Tráfico Externo (1850), Lei do Ventre Livre (1871), de Abolição do Tráfico Interno (1880) e pela Lei dos Sexagenários (1885).

A necessidade de acabar com a escravidão no país, compreendendo-se que a mesma entravava o desenvolvimento técnico da agricultura e a incapacidade dos proprietários obterem maiores rendimentos, vinha em paralelo a outro sentimento de Bonifácio , de que a emancipação de forma progressiva era outra necessidade, com o fito de não desestruturar a nossa economia.

Buscando esse dúplice sentido para o meio rural, chegou a estipular prêmios, especialmente para pequenos lavradores, "quanto à perfeição intensiva e não extensiva da lavoura", dentre os quais destacamos os 4 primeiros: "1) para os que lavrarem com gente alugada; 2) para os que romperem novas terras e fizerem novos sítios; 3) os que aproveitarem e fertilizarem as taperas e sapezais; 4) os que dividirem as grandes terras por novos colonos."[22]

Por outro lado, quando quis ele atacar a propriedade rural improdutiva, através da tomada de áreas incultas das sesmarias, não conseguiu levar adiante o seu intento, eis que dentre os atos produzidos por D. Pedro I, em 1817, e sob o seu assessoramento, prevaleceu aquele que apenas suspendia novas concessões sesmariais, sem outras implicações, conforme já explicitado.

4.3. A Constituição de 1824

A Carta Política de 1824 não tocaria em temas de conteúdo agrário ou escravagista submetidos a uma tensão social. E havia munição para isso, sendo suficiente relembrar que a principal causa da reação brasileira para a Independência — as atitudes hostis das Cortes Lusas — guardava não só as provocações colonialistas do feitio dessas, mas, também, as promoções sobre a abolição da escravatura no Brasil.

---

(22) José Bonifácio, in "Avulsos", *apud* Coletânea *cit.,* p.178.

O fato é que o nosso primeiro Imperador, tendo resolvido contrariar seu próprio país para formar outro (e pondo a Coroa sobre si, como aconselhara antes seu pai), livrou-nos de voltarmos à condição de Colônia lusitana. Esse embalo de formidável impacto político- administrativo, demandou a necessidade de uma Constituição como fundamento jurídico que institucionalizaria o país como tal, fornecendo a estrutura legal do seu funcionamento. Todavia, se D. Pedro I, enfrentou Portugal, dando ao Brasil uma Carta Magna, ainda que ao seu bel-prazer, depois de extinguir a Assembléia Constituinte (convocada para "regularmente" confeccioná-la), ele apequenou-se diante da outra vontade que movia aquelas Cortes ibéricas, que era a de libertação dos nossos escravos: deixou o assunto de fora.

A propósito desse tema que envolvia o destino dos escravos, no contexto da Independência, Jaime Rodrigues fala que, "além do confronto direto e as demandas judiciais" dos escravos para a sua liberdade (V. nosso Capítulo III), eles também fizeram suas tentativas de serem livres na época, através de requerimentos às Cortes de Portugal, bem como a "um novo poder", que era "a Assembléia Nacional Constituinte do Império do Brasil".[23]

Depreende-se do autor citado que essa "outra frente" que muitos escravos abriram enquanto aguardavam decisões da Justiça, tinha uma dupla fundamentação: a analogia entre independência do país e a liberdade para os negros – algo temido, inclusive, pelos senhores de escravos, como possibilidade de uma "haitianização" do Brasil – associada ao aproveitamento de uma antiga Carta Régia portuguesa, de 1710, que autorizava fossem os cativos defendidos oficialmente, na causas relativas à sua escravidão.

Já em desuso esse documento jurídico, "porque não interessava a ninguém mais senão" aos próprios escravos, combinado com a "displicência" de quem devia aplicá-lo – segundo o deputado constituinte Antonio Ferreira França, mencionado pelo autor – determinava que os Procuradores da Fazenda e Coroa defendessem e solicitassem "não só as causas da Coroa e Fazenda, mas também as dos escravos sobre os seus cativeiros."

De toda maneira, foram parcas as discussões centradas sobre o tema escravidão e libertação dos negros, na Assembléia Constituinte; a qual, aliás, não o focalizou institucionalmente, embora tivesse apreciado casos isolados que alguns requerimentos propiciaram. No pouco tempo em que funcionou, em 1823, não pôde também apreciar algo mais que simples requerimentos de ordem individual e não de toda uma classe social escrava, como teria sido o caso da provocação que José Bonifácio havia preparado, a sua "Representação à Assembléia Geral Constituinte e Legislativa do Brasil sobre a escravatura"[24]. Ademais, o próprio Imperador, antes de dissolver a Constituinte brasileira, e como alguém mais condescendente com as manifestações escravagistas, botou uma pá de cal nas petições dos escravos apresentadas à mesma assembleia, argumentando que uma das causas já na "Suplicação", estava a depender da decisão final dessa corte de Justiça.

O historiador-articulista, acima referido, que nos trouxe essas notícias, explica: "O fim da questão veio com a resposta mandada pelo imperador, em 14 de julho de 1823. Ele

---

(23)   Jaime Rodrigues: "Liberdade, humanidade e propriedade: os escravos e a Assembleia Constituinte de 1923", artigo colhido na Internet em 2016, <www.ieb.usp.br/revista/revista039/rev039/jaimerodrigues.pdf>.
(24)   V. item 4.2. *supra*.

enviara "ordens ao chanceler da casa de Suplicação (...) para que os suplicantes [escravos] fossem postos em poder da suplicada [senhora de escravos] até o final da sentença."[25]

Assim, D. Pedro I, tendo encontrado uma válvula de escape na questão de competência legal, própria do Judiciário, para julgar um caso jurídico, tangeu qualquer responsabilidade de opinião da frágil assembléia, ceifando as chances de debates sobre a escravatura como instituição, e mais ainda distanciou as discussões oficiais no Brasil, ao extinguir a mesma Constituinte. Em contrapartida, assumiu a responsabilidade omissiva sobre o assunto, ao outorgar ao Brasil sua Carta constitucional, sem tratar da questão da liberdade dos cativos.

Continuando, pois, garantida à sociedade brasileira a mão de obra escrava, e portanto cessado o temor dos terratenentes em perdê-la, pouco se importaria o Império (via D. Pedro I, e, depois, por intermédio da Regência) com o destino de outros trabalhadores rurais, ou com as terras de que eles necessitavam para uma existência econômica autônoma.

Joaquim Nabuco trouxe à baila, com algum sarcasmo, o caso dos pretos, frente ao documento constitucional: "Pela Constituição não existia a escravidão no Brasil; a primeira edificação geral do nosso direito continuou essa ficção engenhosa. A verdade é que ofende a susceptibilidade nacional o confessar que somos, e não o sermos, um país de escravos, e por isso não se tem tratado de regular a condição desses."[26]

É que, ao lado dos poderes tradicionais, consubstanciados no Executivo, Legislativo e Judiciário, implantou-se o Poder Moderador. Que era, praticamente, o maior deles, para justificar o papel atrabiliário de todos os monarcas, e por cá ficando o nosso capaz de se imiscuir legalmente naquel'outros Poderes, e de interferir em quaisquer setores da administração pública.

Em 1834, o Ato Adicional fez alterações na Constituição, cuidando mais de resolver questões políticas e legais, derivadas da abdicação do primeiro Imperador, o qual, saindo definitivamente do Brasil, reservou todo um país — através do estratagema de uma Regência — para o futuro do filho menor de idade, D. Pedro II. O Ato dispôs ainda de algo muito importante para a raia jurídica, e, por exemplo, dentre seus trinta e seis artigos, concedeu às Províncias a prerrogativa de legislar sobre alguns assuntos.

Mesmo com a oportunidade de um Ato Adicional, promover verdadeiras "emendas" na Constituição, não se tocou na possibilidade de distribuição das terras da Nação, cessada em 1822, nem se disse nada a respeito dos escravos, em uma país no qual labutavam milhões deles.

Eram particularidades da época, somente explicáveis (em meio a outros fenômenos) pela aquiescência do comando do Império, na forma como destaca Keila Ginsberg: "*A manutenção do regime de trabalho escravo e a limitação dos direitos civis eram entendidos como parte da continuidade da estrutura social do antigo regime português*, como o regime de padroado e a

---

(25) Jaime Rodrigues: artigo e *loc. cits*.
(26) Joaquim Nabuco: O Abolicionismo. Brasília, Ed. UnB, 2003, p. 160, atualização ortográfica deste autor.

superioridade da autoridade do rei em relação aos poderes Executivo, Legislativo e Judiciário, por intermédio do poder moderador — e como tais deviam permanecer."[27] (g.n.)

Mas o que poderia beneficiar os cativos permaneceu na Constituição Brasileira de 1824 apenas a abolição de penas cruéis, genericamente considerada (art. 179, § 19); tanto quanto se resguardou para os senhores a garantia do direito de propriedade, salvo numa única situação, não obstante indenizável (art. 179, *caput*, e § 22).

Observemos os principais segmentos do artigo, que figurava no Título VIII – Das Disposições Gerais e Garantias dos Direitos Civis e Políticos dos Cidadãos Brasileiros:

"Art. 179 – A inviolabilidade dos direitos civis e políticos dos cidadãos brasileiros, que tem por base a liberdade, a segurança individual e a propriedade, é garantida pela Constituição do Império pela maneira seguinte:

1º. Nenhum cidadão pode ser obrigado a fazer ou deixar de fazer alguma coisa, senão em virtude da lei.

2º. Nenhuma lei será estabelecida sem utilidade pública.

3º. A sua disposição não terá efeito retroativo.

(*omissis*)

19. Desde já ficam abolidos os açoites, a tortura, a marca de ferro quente, e todas as más penas cruéis.

(*omissis*)

22. É garantido o direito de propriedade em toda a sua plenitude. Se o bem público, legalmente verificado, exigir o uso e emprego da propriedade do cidadão, será ele previamente indenizado do valor dela. A lei marcará os casos em que terá lugar esta única exceção e dará as regras para se determinar a indenização."

De todos os modos, ficou patente que um Império novo, dito de feição liberal, mas com os resquícios absolutistas do velho Reino, não iria consentir em mudanças sociais que atingissem o arcabouço político e econômico daqueles que eram sustentáculos da Monarquia. E assim, a massa dos escravos continuou distante da liberdade e os seus "descendentes livres" também longe do acesso à terra própria.

4.4. "Nova Luz Brasileira" e o aproveitamento de terras

"Nova Luz Brasileira" era nome de jornal — editado no Rio de Janeiro, entre 9 de dezembro de 1823 e 3 de outubro de 1831. Fez oposição a D. Pedro I e à Regência que se seguiu à sua abdicação ao trono do Brasil (7.4.1831), época em que estavam ainda bem vivos os sinais de Absolutismo.

O periódico combateu os aristocratas em geral, aí incluindo os donos de sesmarias, e consubstanciou "nas suas aspirações", segundo Emília Viotti da Costa, "a visão dos artesãos, comerciantes, farmacêuticos, soldados, ourives, representantes da pequena burguesia e das camadas populares urbanas."[28]

---

(27) Keila Ginsberg: *ob. cit.*, p. 176/177.
(28) Emília Viotti da Costa: Da Monarquia à República, *cit.*, p. 134.

Enfim, era um jornal popular em sua linha de conduta, dedicado à luta contra os ricos e o Poder, ao combate aos nobres, bem como reivindicativo das causas da pobreza. Por isso mesmo teve a coragem de propor mudanças políticas e socioeconômicas para o Brasil em geral e no interior de sua estruturação fundiária – neste último caso um programa de exploração do solo sem maiores privilégios. Pela proposta do famoso periódico, qualquer cidadão estaria apto a gozar os benefícios do projeto agrário reformador, sendo extensivo ao escravo a ser emancipado, que também teria as garantias contra manifestações de preconceito racial.

Visto esse Plano de modo sumário, pode-se dizer que ele foi precursor da Lei Afonso Arinos contra o racismo, bem como da Lei regulamentadora do regime de terras públicas, particularmente as devolutas, n. 601, de 19 de outubro de 1850 – a qual, no entanto, apareceu às suas avessas, ou seja, para trazer facilidades aos abastados de terra, dinheiro e influência política. Ademais, o Programa do jornal "Nova Luz Brasileira" reclamava a intervenção na propriedade privada de terras conquistadas a título de sesmarias, muitas delas tornadas irregulares pelas normas legais que lhes eram inerentes. Por tal maneira, não deixa de ser também (e é) um Plano predecessor da nossa primeira lei de reforma agrária e desenvolvimento, que foi o Estatuto da Terra, de 1964, embora em nada tenha influído nele.

Pelo aspecto da eclosão, no tempo, o mesmo plano veio no vácuo do sistema sesmarial, que havia sido extinto em 17.7.1822, ainda distante da Lei 601/1850, e, portanto, refletindo anseios por uma legislação que disciplinasse a ocupação de terras, sem carregar os privilégios de praxe, no país.

Diante de uma visão mais restrita, em que se dê ênfase ao binômio "acesso da terra ao negro liberto" – "emancipacionismo do escravo", aquele Plano segue (1831) as linhas mestras de José Bonifácio (1823/1825) nesses dois tópicos, até mesmo com a idéia de abolição gradual da escravatura, porém com o aceno a temas econômicos e sociais inusitados, que o nosso "Patriarca" sequer suspeitaria poderem ser desenvolvidos.

Apesar de o "Nova Luz Brasileira" possuir o seu editor fixo, que era o seu proprietário, bem como os seus colaboradores habituais, não há dúvidas de que sua proposta tenha tido uma autoria determinada. Principalmente quando há afirmação dum historiador de que o Plano configurava uma resposta dada a um questionamento feito por um correspondente, sem qualquer indicação quanto à assinatura da matéria jornalística, se era do redator do jornal (Ezequiel Corrêa dos Santos) ou do principal colaborador (João Baptista de Queiroz).[29]

Assim, não se deverá atribuir aquela idéia particularmente a ninguém, mas ao próprio jornal, como instituição. Trata-se de uma dedução lógica, que vem dum quadro que também hoje em dia se põe dentro das regras técnicas e éticas do jornalismo. Daí a razão de termos apontado o próprio periódico na epígrafe do presente item, como o responsável por mais uma proposta para o acesso do negro à terra.

---

(29)   Marcelo Otávio N. de Campos Basile – "A reforma agrária cidadã: o plano do Grande Fateusim Nacional", artigo em Estudos, Sociedade e Agricultura, n. 10 (Universidade Federal Rural do Rio de Janeiro), abril de 1998, pp. 95-117, publicado na Internet e colhido em 22/06/2009, no sítio <http://bibliotecavirtual.clacso.org. ar/libros/brasil/cpda/estudos/primeira.htm>.

Em dois anos, praticamente, de existência, o "Nova Luz Brasileira" cuidou de assuntos candentes para a Nação que, como tal, engatinhava, e arrostou de tal forma as tensões que sofria de vários segmentos encastelados no Poder, que não havia como escapar da ação arbitrária do empastelamento.

Num rápido apanhado que se faça, em meio a uma abrangência temática maior, pode-se verificar que aquela publicação sugeriu duras modificações em setores estruturais da Monarquia: a própria substituição desta por uma República, a implantação de novas instituições, o aproveitamento da mão de obra nacional, ao invés da utilização do trabalho do imigrante, a emancipação dos escravos que fossem completando 30 anos de idade, e a dos seus filhos que fossem nascendo, a formação dum pecúlio para libertar cativos a cada ano. Assim como reformas na órbita administrativa, orçamentária, tributária, urbana, constitucional etc. Chegou até a pregar uma revolução popular, "como direito de resistência dos povos à tirania e à opressão".

Isso é dito, em pormenores, por Marcelo Basile em outro artigo, quando examina a obra do jornal referido, associado ao papel da facção política dos *liberais exaltados*, de que ele era porta-voz.[30]

Por outro lado, é de se dizer que, além de tais assuntos, outro sobressaiu-se, que foi o já pré-falado Plano de reestrutura territorial e da exploração da terra, que foi denominado pelo próprio "Nova Luz Brasileira" como Plano do Grande Fateusim Nacional. Estava configurado para o país ceder terras em arrendamento, não chegando à doação delas em forma de propriedade, como o foram as sesmarias.

Curiosamente, a sugestão do jornal, feita na década dos anos 1830, no sentido de o Estado brasileiro alugar pequenos tratos de terras aos camponeses pobres, veio a ser também formulada por Karl Kaustky, quase um século depois, para uma tentativa de utilização na Rússia, com a revolução de 1917.

Enquanto a esta, diga-se num parêntese com explicitações socialistas da época, ela sofreu a objeção de Lênin, pois que nada tinha de socialista, embora se ajustasse ao tipo de reforma que este classificou como liberal e própria das "repúblicas burguesas" do seu tempo. Segundo Lênin, escrevendo em 1919, "o arrendamento de pequenas parcelas de terra" pelo Estado que "não é do tipo Comuna, mas uma república burguesa parlamentar (e é isso o que sempre supõe Kaustky)" (...) "será uma reforma liberal típica".[31]

Diz ele ainda que a "reforma agrária liberal", mesmo do ponto de vista burguês, seria "a menos revolucionária."[32]

---

(30) Marcelo Otávio N. C. Basile: ob. cit. e "Luzes a quem está nas trevas: a linguagem política e radical nos primórdios do Império", artigo publicado na Revista TOPOI (pp. 91-130), reproduzido na Internet e colhido em 1/7/2009, no sítio http://www.revistatopoi.org/numeros_anteriores/topoi03/topoi3a4.pdf

(31) V.I. Lênin: texto do livro A Revolução Proletária e o Renegado Kaustky, tradução brasileira da obra *La Alianza de La Clase Obrera y El Campesinado* (*Ediciones em lengua Estranjeras*, Moscou, 1957), e aproveitado no Brasil em Coletânea pelas Editoras Vitória e Aldeia Global (Belo Horizonte, 1979), com o título Problema Agrário I, p. 78.

(32) V.I. Lênin: A Revolução Proletária e o Renegado Kaustky, em O Problema Agrário I, *cit.*, p. 84.

Demais disso, Lênin entendia que o aproveitamento das terras pelo pequeno camponês não poderia ser pelo ato de arrendar, que pressupõe a paga pelo uso (aluguel): "O Estado proletário tem o dever de entregar as terras em usufruto *gratuito* aos pequenos camponeses que as tinham em arrendamento, porque não existe outra base econômica e técnica, nem há possibilidade de criá-la de um só golpe e a porretadas".[33] (g.n.)

Voltando ao Brasil, deve-se reparar que ainda não era tempo de usar a expressão "reforma agrária", e, com efeito, ela não foi empregada pelo jornal – o que seria de tamanho pioneirismo que já teria chamado a atenção dos historiadores. O periódico, sempre que se refere ao seu Plano, designa-o reiteradamente como "Fateusim Nacional".

Marcelo Basile também traz a notícia de que a publicação desenvolveu um glossário de termos em suas edições, ao qual ele preferiu chamar de "dicionário cívico-doutrinário" do "Nova Luz Brasileira", destinado a esclarecer e introjetar na opinião pública os seus conceitos. Contudo, não fez menção, dentre eles, ao termo "reforma agrária", apesar de ter dito, no "Resumo" (*Abstract*) do seu trabalho, que este analisa uma linguagem política e radical do "Nova Luz Brasileira", "tomando como exemplo as definições doutrinárias, *dadas por um conjunto de cento e oitenta conceitos de significação* política produzidas" (...) "pelo Nova Luz Brasileira, publicado entre 1829 e 1831."[34] (g.n.). Porém, o termo "reforma agrária" não se encontrava nesse rol de conceituações.

Seja como for, a proposta de extraordinário realce foi o *fateusim*, acompanhado do adjetivo "nacional". Proposta que não surgiu formalizada em ante-projeto de lei, mas lançada em textos corridos, nos quais eram expostos princípios e definições.

Vamos organizar, com base no levantamento dos textos jornalísticos feito pelo estudioso carioca, meia dúzia de excertos dos mais importantes, que se tomam aqui e acolá (com atualização ortográfica, reparos de redação e grifos deste autor), para depois fazermos nossa particular apreciação no item 4.4.1.

a) edição n. 142, de 24.5.1831 – "Conservam-se as nações e engrandecem *quando a propriedade e a instrução organizada e repartida* originam os bons costumes, destroem os aristocratas, diminuem o número da população jornaleira e sua desproporcional propagação" (...) "para que o grande número de pobres não seja escravo, e nem sejam mudas as leis todas da Justiça e Liberdade. Como acontece desde que a base delas é falsa, cumpre que se respeite a verdadeira *base da liberdade, que não existe quando há escravidão e aristocracia*, quando é pouco organizada a instrução, *quando há sesmeiros proprietários colossais*" (...) "quando não há fateozim nacional e a necessária e indispensável destruição de todo o poder discricionário, vitalício e hereditário, e eletivo em longos prazos sem estas bases está perto da tirania."

---

(33) V.I. Lênin: "Esboço inicial das teses sobre a questão agrária para o Congresso Internacional Comunista a ser realizado em 15/7/1920 (quando Lênin estabelece as bases quanto à questão agrária), *in* O Problema Agrário II, p. 98/99.

(34) Marcelo Basile: "Luzes a quem está nas trevas...", *cit.,* p. 31 e *Abstract*.

b) edição n. 142, de 24.5.1831 – [O Fateusim Nacional acata] *"o que tem sido comprado a dinheiro e está* [sic] *legalmente possuído ou preenchidas* religiosamente, e nunca jesuiticamente, *as condições das Ordenações do Livro 4* a esse respeito. *Os mais todos devem ser enfiteutas,* preferidos aqueles que tiveram posse imemorial e de boa fé, bem como seus herdeiros, enquanto assim o quiserem."

c) edição n. 155, de 28.7.1831 – O "Fateusim Nacional *é idéia nova e utilíssima,* quanto é prática, e *o Brasil deve um dia deixar de ser mero imitador, criando também coisas novas e proficuas* à liberdade e moralização do gênero humano, como é o Fateusim Nacional."

d) edição n. 174, de 24.9.1831 – [O Fateusim Nacional], "a grande receita para acabar com os desaforos de nobres fidalgos e aristocratas e bem assim *acabar com os pesados tributos."*

e) edição n. 174, de 24.9.1831 – *"Em vez de dar a nação muitas léguas de terras a um afilhado dos grandes,* para este depois aforar aos pobres por muito dinheiro, e com grande dependência, *a nação dá [dará] somente as terras que cada homem precisa para a lavoura, mas não dá de propriedade e sim por arrendamento,* que se renova de trinta em trinta anos, e com a obrigação de passar aos herdeiros do foreiro morto. *É a isto que se chama Fateusim Nacional.* Dando-se as terras de propriedade aos magnatas, como se tem dado, os figurões trazem aos pobres debaixo dos pés, *e o foro que pagam os pobres é para o grande viver no ócio e na grandeza; e além disto tem o pobre de pagar tributos para as despesas da nação,* as quais despesas são muito grandes em governo de reis que não amam o bem público..." (...) "Mas quando há Fateusim Nacional o pobre não é escravo dos ricos, não paga o pobre *dois tributos, um para o rico viver vadiando e outro para o Rei nos ir espezinhando.* Para o Fateusim Nacional o foro que dava o pobre para o rico meter debaixo dos pés, e ficar supondo que é fidalgo vai para as despesas públicas, e o que o pobre pagava de tributos para as despesas do governo deixa de pagar e fica para ir aumentando a sua lavoura, educando aos seus filhos e lhe arranjando patrimônio..."

f) edição n. 142, de 24.5.1831 – [Propõe-se a] "Realização dum completo *cadastramento ou inventário das terras e bens possuídos,* como um recenseamento geral e a confecção de mapas geodésicos, feitos a partir da *medição e da demarcação de todas as terras".* [35]

4.4.1. *Propostas inusitadas de arrendamento rural e sua abertura ao negro liberto*

No português antigo (Fateozim), tanto quanto no que lhe remanesceu (Fateuzim) era vocábulo jurídico. Mas, no Brasil, encontra-se lexicamente em desuso, da mesma sorte que em vias disso, do ponto de vista institucional, a sua sinonímia em Direito, que sempre foi a enfiteuse. A qual vai perdendo a sua importância prática em nosso país.

---

(35) *Apud* Marcelo Basile: "A reforma agrária cidadã...", ob. loc. *cit.,* passando os tópicos *supra* do nosso texto principal de "a" até "e" conforme a linguagem do jornal, e o tópico "f" com base na condensação do historiador.

Outras expressões do mesmo ramo do conhecimento eram utilizadas com igual significado de Fateuzim ou Enfiteuse, como o emprazamento e o aforamento.Esta última era muito comum também na linguagem leiga do nosso passado, como indicativa do arrendamento, não só o que proprietários de terras faziam aos lavradores remediados, mas, ainda, a trabalhadores livres que dependiam de áreas para sobreviver e que por isso pagavam um "foro" anual, em dinheiro, conversível em gêneros *in natura* ou em prestação de serviços.

Talvez por esta causa o jornal "A Nova Luz Brasileira" tivesse confundido *fateuzim com arrendamento* (especialmente o da espécie rural), quando na verdadeira conotação tratava-se da *enfiteuse*. Esta é diferente daquele e vem a ser um direito perpétuo sobre a utilidade de imóvel alheio, dado que é transferido pelo proprietário o domínio útil definitivo, em troca da paga dum foro todo ano e de uma taxa (laudêmio) quando é alienado.

De toda maneira, na enfiteuse o mesmo imóvel possui dois senhores: o que incorpora a figura de um proprietário que só percebe as prestações (foro e laudêmio) e o enfiteuta, que usa ou explora o imóvel, dele podendo retirar todo o proveito, embora permaneça com a obrigação de fazer os pagamentos que lhe são devidos.

Ao contrário, o arrendamento rural pressupõe apenas o uso temporário da terra, a troco do pagamento de um "preço", e formaliza-se num contrato que não transfere nenhum tipo de domínio, e que ainda prevê — ou faz supor, pela lei – prazos máximo e mínimo de exploração.

As escrituras de emprazamento antigas rezavam que tal ou qual área "foi tomada de aforamento em *fateosim* perpétuo" e cuidavam de denominar como enfiteuta quem a tomasse com esse caráter de perpetuidade.

O jornal lembrava sua fórmula de *fateuzim* como idéia original, num pais que precisa inventar e "não ser mero imitador"[36] e, de fato, inovava, embora em prejuízo dos cânones jurídicos. Assim, o jornal se valia de vocabulário jurídico próprio do instituto da enfiteuse (fateozim/fateuzim), porém no momento de descrevê-lo como projeto agrário para o Brasil, lhe conferia conteúdo de categoria diversa (arrendamento). Daí ter cometido desvio terminológico e de conteúdo da matéria, o que, entretanto, não tira o mérito do Plano, pelo que ela revela em sua finalidade.

Depreendemos que são quatro as propostas fundamentais que o Plano de Fateuzim Nacional oferece: (a) o arrendamento das terras públicas, (b) a intervenção no domínio territorial privado para o mesmo fim, (c) o caso tributário dos agricultores pobres e (d) a organização da propriedade rural.

E é claro que em tal contexto existe, em tese, a probabilidade de estender-se os termos contratuais que caracterizam a figura jurídica ao negro, mas só ao negro liberto, evidentemente, não também ao escravo, isto por obediência aos princípios gerais (restritivos) do Direito da época.

---

(36) Letra "c" do item 4.4. *supra*.

Embora tal possibilidade do acesso do negro à terra não seja algo explícito no programa agrário do "Nova Luz Brasileira", ela vem à tona por via de uma dedução lógica que paira no posicionamento do jornal quanto à libertação dos escravos e quanto aos destinatários do *fateuzim-arrendamento*. É quando fica implícita a figura do escravo emancipado como sujeito da distribuição de terras.

De fato, já havíamos dito a respeito, em primeiro lugar — bem mais atrás — que, num quadro mais amplo de abordagens do "Nova Luz Brasileira", este propugnava pela eliminação do preconceito racial bem como pela liberdade do escravo quando atingisse 30 anos de idade, ficando também livres, nesse caso, os filhos que tivesse. Já agora, a partir do pressuposto do negro cativo transformado em homem livre, deve-se tomar em conta outra pregação do jornal, de que o Plano de cessão de terras se acha disponível a todo cidadão pobre, posto que "a nação dá somente as terras que *cada homem* precisa para a lavoura..." (V. letra "e" *supra*) (g.n.) – O que bem aproveitaria, em tese, o negro emancipado aos 30 anos de idade (condição obrigatória para os senhores) e seus descendentes.

A distribuição de terras para os negros alcançaria somente o negro liberto, como já se disse, mas não só ao implemento daquela idade, senão também antes dela, pois se em tal estágio de vida o alforriou o senhor de escravos, ficou igualado a qualquer cidadão, apto a contratar. Na condição de escravo estava afastado do benefício, eis que sendo adstrito a outrem, como propriedade deste, não poderia tornar-se adstrito à terra de sua própria exploração, como titular de qualquer direito sobre esse bem. Diferente no estado de liberto – vale repetido – considerando que em tese poderia ter o arrendamento como "cada homem" (isto é, uma "pessoa") o teria, exceto se estivesse nas categorias marginalizadas pelo programa idealizador do "modelo".

4.5. Destaques na questão territorial e do negro na 1ª metade do século XIX: Luís dos Santos Vilhena, Nabuco de Araújo, Antonio Pedro de Figueiredo, Aureliano Cândido Tavares Bastos

Mais remotamente, como o mais distinguido antecessor dos eminentes estudiosos da primeira banda dos anos 1800, há que mencionar Luís dos Santos Vilhena. Este aconselha, ainda no século XVIII: "...há, porém, necessidade que o chefe do mesmo Estado por sua vez queira abolir a ociosidade dos homens, e das terras, o que parece difícil pelo que tem de radicada; tudo porém se consegue, havendo deliberação e vontade. O mais primário que me ocorre, poderia ser uma lei agrária, com delimitação de tempo, a julgar-se que assim era conveniente, e em observância desta poderiam dividir-se as terras pelas famílias; que irremediavelmente haviam multiplicar, ficando sempre indivisas..." (...) "As exorbitantes datas[37], que se têm dado por sesmarias a quem nunca preenchem as condições de povoá-las, dentro de certo prazo de tempo, poderiam ser mutiladas, depois de se lhes haver concedido mais dois anos." [38]

---

(37) Dadas de terra, doações.
(38) VILHENA, Luis dos Santos. *A Bahia no Século XVIII*, vol. III, Salvador: Ed. Itapuã, 1969. p. 922/3.

Os pósteros do século XIX, absorvidos pela mesma preocupação de equilíbrio na posse do território e com as famílias de lavradores, alguns adicionaram a sorte dos negros escravos e dos libertos. Além dos destacados exemplos de José Bonifácio e do jornal "Nova Luz Brasileira", podem-se examinar os pronunciamentos, especialmente os escritos, de pelo menos três intelectuais de escol, em meio aos quantos produziram "Memórias" sobre fatos da terra e da agricultura, e que deverão ser considerados, mesmo, como precursores no Brasil de André Rebouças.

Essa colocação no tempo, que achamos por bem fazer, é despertada pelo próprio André Rebouças, quando implicitamente fala em *Nabuco de Araújo* como um dos seus predecessores na luta que empreendera, e que era outro intelectual que havia se destacado como aliado dos negros.

Faltando pouco mais de um ano para a Abolição, ao felicitar por carta Joaquim Nabuco, pelo artigo que o pai deste (Nabuco de Araújo), então recentemente havia publicado, André Rebouças repetiu o que projetava como complemento da liberdade de trabalho e afirmou: "Quanta satisfação em reconhecer que exímios estadistas do Império precederam-nos na campanha contra o latifúndio e na propaganda para a subdivisão da terra e para a Democracia Rural!"[39]

Foi Nabuco de Araújo quem fez o seguinte diagnóstico da situação fundiária brasileira, em 1897: "A nossa propriedade territorial está tão mal distribuída que, neste vasto império, afora os sertões e os lugares incomunicáveis, não há terras para serem cultivadas por brasileiros e estrangeiros, que não têm outra esperança senão nas subdivisões tardias que a morte e as sucessões podem operar."[40]

É claro que as ideias de Rebouças sobre a reorientação na estrutura fundiária do país, a partir do tamanho das glebas e da titularidade do domínio (e outras necessidades conjunturais) não se colocam no plano do inusitado. Houve mais alguns precursores, que observaram a matéria à sua maneira, porém vamo-nos ater a dois deles, sem recorremos, por acréscimo, a uns tantos que escreveram "Memórias" à guisa de relatos de acontecimentos ou de conselhos dedicados a uma variedade de assuntos, empregando então os pormenores que julgavam necessários. E sem que seja preciso, numa obra como a presente, descermos aos detalhes dos discursos sociais e abolicionistas que ainda esperam por mais historiadores perscrutando a documentação no Congresso Nacional, em bibliotecas e arquivos apropriados.

Apresentamos ainda os destaques seguintes, debaixo do critério da excelência de suas posições, encontradas em Robert Conrad, mas já despertados por leituras outras, que ficaram hibernando em nós outros.

---

(39) André Rebouças: Diário e Notas Autobiográficas, p. 442, *apud* Alberto Passos Guimarães: Quatro Séculos de Latifúndio. Ed. Paz e Terra, Rio, 1968, p. 39/40.
(40) Trecho do artigo de Nabuco de Araújo, publicado na Revista Brasileira, ed. 01.02.1897, p. 130, reproduzido em Carta de André Rebouças a Joaquim Nabuco, *apud* Alberto Passos Guimarães: Quatro Séculos de Latifúndio. Ed. Paz e Terra, Rio, 1968, p. 39.

1) *Antonio Pedro de Figueiredo*, pernambucano, dado a escrever no jornal A Província, de Recife, em texto de 1847 considerava a "grande propriedade como barreira à prosperidade, à imigração, à emergência de uma classe média e ao funcionamento de um governo constitucional na sua província; assim, recomendava um imposto sobre o solo para encorajar sua distribuição por toda a propriedade empobrecida e em expansão" (*in "The need for agrarian reform in Brazil* – 1847", *apud* Lynn Smith, *Agrarian Reform in Latin America*, New York, 1967, p. 53, 54 e 58).[41]

2) *Aureliano Cândido Tavares Bastos*, escritor e político alagoano, ganhou realce pelos feitos de propor "a subdivisão da grande propriedade", na sua "Memória sobre immigração" (1867) ou pelo fato de ter publicado, em "A Província", que "só o imposto territorial rural e a prévia desapropriação das terras incultas à margem dos futuros caminhos de ferro, podem resolver a enorme dificuldade que legou-nos a imprevidência política das prodigalizadas doações de sesmarias" – ou ainda porque "em 1866, o mesmo deputado por Alagoas introduziu legislação na Câmara no sentido de libertar escravos pertencentes ao governo brasileiro e de conceder-lhes terras, equipamento e gado; e depois, em 1870, pediu um imposto sobre propriedades para promove a educação popular e a venda e distribuição de terras que não estavam sendo usadas".[42]

Essas sugestões tiveram ressonância apenas como exemplos para outros que vieram a engrossar o caldo de argumentos mais aprimorados, não tendo sido aproveitadas como medidas efetivas. Foram ideias que se perderam, mais uma vez, naquele então, e que vieram a concretizar-se, em parte, depois de abolida a escravatura, e transcorrido mais outra centúria, talvez, em pleno século XX.

4.6. André Rebouças

Ideias arejadas, na segunda metade do Segundo Império, as teve, mais minuciosamente, André Rebouças.

Engenheiro por formação e pela prática da construção de cais, docas, obras de abastecimento d'água, estradas de ferro ou pelo ensino na Escola Politécnica do Rio de Janeiro, era ligado a uma variedade de empreendimentos e negócios, como investidor em papéis do meio financeiro e em empresas, inclusive de exploração florestal, além de ter sido ativista da causa de imigração de colonos para a agricultura, independente da transformação do escravo em pequeno produtor.

Fazendo parte de sociedades civis que estimulavam a vinda para o Brasil dos imigrantes europeus, e, ainda, da campanha abolicionista, procurava também transmitir a D. Pedro II, de quem era amigo pessoal, suas idéias nesse sentido, tentando também influir o público, através da imprensa, um outro item associado à emancipação dos escravos e que era a base da sua militância intelectual: a necessidade de mudança na estrutura agrária brasileira.[43]

---

(41) CONRAD, Robert. *Os últimos anos da escravatura no Brasil*, 2. ed., Rio: Civilização Brasileira, 1978.

(42) *Idem. Ibidem*, p. 327-332.

(43) V. dados biobibliográficos e interpretativos em Joselice Jucá: André Rebouças – Reforma e Utopia no

Redigiu um projeto de abolição da escravatura em 1860, prevendo, dentre outras coisas, a organização de uma associação para dar assistência aos libertos[44]. Ele propunha abolição *imediata*, e seus escritos de 1873 em diante mostravam o abolicionista com efetiva apresentação de soluções econômico-sociais factíveis, preparadas para terem curso além da data da Abolição.

Seu livro "Agricultura Nacional – Estudos Econômicos", com o sub-título de "Propaganda Abolicionista e Democrática", reuniu as suas lucubrações entre 1873 e 1883. Dele constam (a) as bases de uma reforma da propriedade não só pelo aspecto fundiário, mas, ainda, pelo aspecto da intervenção na mesma através de contratos de exploração; (b) os fundamentos para a distribuição de terras rurais aos colonos e aos negros. Isso viria a constituir o embrião conceitual de reforma agrária, pois envolvia o combate ao latifúndio improdutivo, pela pressão do imposto territorial progressivo, a desestruturação das oligarquias rurais, que ele denominava "landlordismo" (ao pé da letra "lordes" da terra ou senhores da terra), a divisão das grandes propriedades em fazendas produtoras, congregando fazendeiros em fazendas centrais, pelo associacionismo na produção, e tendo em vista uma central fabril/mercantil que valorizasse os produtos pela industrialização — inclusive de pequenos produtores e fornecedores — e que os comercializasse.

Quando ele alvitra acabar com o latifúndio, privilegiando as pequenas propriedades rurais, propõe a "subdivisão da grande propriedade", não apenas em termos físicos, mas, também, em termos de uso por terceiros, explorando o solo pelo arrendamento.

Em frente ao primeiro aspecto, diz, por exemplo:

"Não affirmo que uma extensão de 50 a 100 hectares seja sempre a melhor, mas digo que é a mais vulgar, que é a média para que parece tender-se com preferência. E, na realidade, além das causas deduzidas da cultura propriamente dita, há outras que, embora menos poderosas, não deixam porisso de influir sobre a extensão da lavoura. Uma é a divisão dos capitaes entre os rendeiros, no caso de lavrarem explorações de 150 a 200 hectares. Os factos tradicionaes, muito mais favoraveis do que a theoria á pequena e á media cultura, tem resistido e resistirão provavelmente ainda. Além disso, é minha opinião que é melhor a medida de 120 a 160 hectares. Mesmo com capital suficiente é muito."[45]

Já o que Rebouças designou como "engenhos centrais" ou "fazendas centrais", também faziam parte da otimização do gerenciamento da propriedade agrária, e encerram, decerto, os ideais que até hoje perduram quanto à agroindústria e ao cooperativismo no campo. O que ocorreria através dos "princípios de centralização agrícola e de centralização industrial", enxergando-se aí não só a excelência econômica da integração da "indústria pastoril", da "indústria agrícola" e da "indústria extractiva" com as "indústrias manufactureiras conexas", mas, também, o grande proveito social do associativismo entre os agricultores e industriais no âmbito agrário.

Contexto do Segundo Império. Edição da Construtora Odebrecht, Rio de Janeiro, 2001.
(44) COSTA, Emília Viotti. *A Abolição*. São Paulo: Global Editora, 4ª ed., 1988. p. 76.
(45) André Rebouças: Agricultura Nacional – Estudos Econômicos, 2. ed. fac-similar da Fundação Joaquim Nabuco/Editora Massangana, Recife, 1988, nota 1 à p. 118.

Os engenhos e fazendas centrais poderiam, segundo ele, ser disseminados por todo o Brasil, servindo também como "verdadeiros bancos rurais", "em contacto immediato com todas as categorias de lavradores", passando a ser os "agentes para a creação, para o desenvolvimento e para a prosperidade da democracia rural no Brazil".[46]

O conceito da chamada "Democracia Rural" foi delineado pelo próprio Rebouças, no bojo da tentativa de esclarecer certas críticas que lhe fizeram. Em carta dirigida a Nabuco, escrevia: "Verás nos inúmeros artigos que não há comunismo (*sic*) na minha Nacionalização do solo. É pura e simplesmente Democracia Rural, pela subdivisão do solo, acelerada pelo Imposto Territorial progressivo na razão de um por dois."[47]

Esses termos, portanto, e mais o que se repara, em todos os seus escritos, constituem o protótipo de uma reforma agrária à brasileira no século XIX, com base na divisão da terra, acompanhada de medidas que não destoariam da ordem capitalista. Contudo, tendo em vista que, de outras vezes, Rebouças mentalizava mecanismos que diziam respeito à quebra do monopólio da terra, com a fragmentação das grandes propriedades, e, ao mesmo tempo, falava de Democracia Rural Brasileira, de modo a separar uma coisa da outra, terminou dando causa, ao nosso ver, à seguinte interpretação, que é diversa da que Joselice Jucá imaginou, *data vênia*; isto é, a interpretação nossa de que a "Democracia Rural Brasileira", propugnada por Rebouças, significava, *strictu senso*, a reforma agrária concebível pela intervenção tanto em terras privadas quanto em terras públicas, acoplada a instrumentos de política agrícola, como o imposto territorial rural: mas entendemos também que tal expressão poderia ser tomada em sentido amplo, pelo aspecto político-institucional, dando ênfase à posição de Rebouças de dupla face: (1) sua opção pelo capitalismo, como se "democracia" fosse, necessariamente, o oposto ao socialismo; (2) e sua convicção de que o progresso, pelo emprego de capital, chegando ao campo (o qual, na sua concepção, possuía características semi-feudais a serem debeladas) marcaria o mundo rural brasileiro como real ferramenta de desenvolvimento do País. Por isso ele diz, *ipsis litteris*: "A Democracia Rural é o mais forte tronco da Democracia Nacional. A Democracia Rural é a aspiração secular *da escola liberal*." (g.n.)[48]

Rebouças ainda preconizava, *paripassu*, o aproveitamento das terras devolutas e, principalmente a desapropriação das áreas rurais localizadas ao longo das estradas de ferro, para instalação de núcleos coloniais, não só para colonos estrangeiros adventícios, mas para os negros no pós Abolição — além de outras medidas de fundamental importância para o campo, como imposto territorial rural, concessão de crédito, mecanização da agricultura, novas técnicas de cultivo, com a adubação etc.

Essencial no presente estudo é saber que André Rebouças não dosou a sua sensibilidade social à proposta do alforriamento definitivo do escravo, afinal uma parcela já pequena na década de 1880, em comparação com toda população negra[49]. Extravasou da

---

(46) André Rebouças, Agricultura Nacional...,*cit.,* p. 306.
(47) André Rebouças: Carta a Joaquim Nabuco, de 23 de março de 1884, *apud* Joselice Jucá, *ob. cit.,* p. 70.
(48) André Rebouças: Agricultura Nacional... *cit.,* p. 306.
(49) 1.500.000 escravos, segundo Nabuco, e 700.000, segundo Chiavenatto. V. estimativas e obras já citadas no Capítulo III.

campanha abolicionista em si mesma, que se esgotara na própria consecução do seu resultado, a libertação de 13 de maio de 1888, tendo preconizado a garantia de sobrevivência digna dos negros, por intermédio da concessão pelo Império e, mais tarde — conforme seus escritos no exílio, após 1889[50] — reclamando a concessão pela República de lotes de terras, nos quais os negros deveriam ser assentados como pequenos agricultores, no estilo da propriedade familiar, com base no *homestead* dos Estados Unidos.

Joselice Jucá afiança que André Rebouças "produziu um documento de cunho ideológico, fortemente comprometido com amplas ideias de reformas sociais" , sumariadas em preocupações com os imigrantes quanto à sua liberdade pessoal, religiosa e de comércio, bem como de fraternização e integração na sociedade brasileira, ao lado de uma proposta genérica de "abolição do monopólio da terra, do *landlordismo* ou *fazendeirismo*, o que deveria ser feito através da criação de pequenas propriedades, por meio das seguintes medidas práticas:

a) elaboração de um cadastro de terras;

b) a hipoteca das fazendas aos bancos e a organização de terrenos para os imigrantes e brasileiros;

c) expropriações das margens das ferrovias e a subsequente distribuição desta terra em pequenos lotes;

d) a adoção da Lei Torrens para facilitar a concessão da escritura da pequena propriedade, evitando assim litígios e suspeitas sobre a posse da terra; elaboração de um registro de terra de modo a tornar mais fácil a 'transmissão dos títulos de propriedade para endosso';

e) imposto sobre a terra baseado na 'superfície possuída e não sobre a renda da terra', com o objetivo de evitar a 'perpetuidade dos latifúndios' e também o 'iníquo imposto de exportação';

f) adoção do *homestead*, ou seja, a inviolabilidade da cabana construida e da terra que fora cultivada pelo imigrante ou por nacional. O *homestead* também objetivava prevenir a evicção dos fazendeiros de terras anteriormente abandonadas e de latifúndios improdutivos, desde que estes tornassem essas terras produtivas. A mesma política foi direcionada para aquelas terras pertencentes ao Estado, as chamadas 'terras devolutas'."[51]

A mesma historiadora ainda toma André Rebouças no exílio, enxergando-o "mais realista e pragmático do que anteriormente no Brasil", a ponto de mostrar, também, a necessidade das seguintes operações:

---

(50)   Joselice Jucá: André Rebouças: Reforma e Utopia no Contexto do Segundo Império, *cit., passim*
(51)   Joselice Jucá: "Estudo Introdutório ao livro Agricultura Nacional - Estudos Econômicos, p. IX e X", baseada no programa de André Rebouças, elaborado para a Sociedade Central de Imigração, fundada em 1883, bem como em Carta do mesmo para Alfredo E. Taunay, de 21.07.1893. Os tópicos destacados estão reproduzidos também no livro daquela autora, André Rebouças – Reforma & Utopia no Contexto do Segundo Império, *cit.*, pp. 65/66.

1. comprar amigavelmente ou desapropriar por força de lei todas as terras incultas marginais situadas em sua bacia hidrográfica;

2. dividi-las em lotes alternados pelo sistema Uniako (sistema de lotes alternados);

3. abrir caminhos vicinais comunicando todos os lotes com estações próximas do caminho de ferro;

4. vender em leilão os lotes rurais para serem povoados e cultivados ao mesmo tempo em que se efetua a construção da via férrea"[52].

Nos últimos 30 anos do século XIX Rebouças teve o propósito de delinear as suas propostas de acordo com as vicissitude de sua época e peculiar antevisão do capitalismo então moldando-se. Sonhou, pois, com a racionalidade de como alimentar a produção agrícola basicamente pelo retalhamento do latifúndio e criação de fazendas modernas, ao lado de núcleos rurais para pequenos lavradores.

Entretanto, tal imaginação de fundo econômico estava direta e imediatamente ajustada à circunstância de mudança social em perspectiva, que era da libertação dos escravos. Para esses, Rebouças via a agricultura como uma saída fundamental, a fim de continuarem eles trabalhando; porém sob o seu próprio controle, ou seja, na qualidade de produtores autônomos.

Lembra ainda Joselice Jucá, por outra face, que "...Rebouças defendia para os negros emancipados um programa de instrução e educação de modo a possibilitar sua inserção econômica após a Abolição", e ele próprio terminou elaborando um "programa educacional para os negros libertos", que "contribuiria para alcançar a 'libertação da miséria', nas palavras do próprio Rebouças, e que "deveria ser implantado concomitantemente ao registro de propriedade, como parte pela democratização da posse da terra." (...) "Uma reforma agrária, em seu ponto de vista, deveria estar respaldada em um amplo programa de instrução voltado para os proprietários de terra e para a modernização das técnicas agrícolas."[53]

4.7. Joaquim Nabuco

Por uma questão de justiça a reparar, é preciso dizer que, em nossa historiografia, tem havido uma inversão na primazia que se dá a Joaquim Nabuco diante de André Rebouças na questão da terra. O que alcança a informação de que teria partido de Nabuco a idéia de "reforma agrária" no Brasil, ou, mesmo, a criação de tal expressão.

Ocorreu que aqueles dois intelectuais eram abolicionistas, cada um à sua maneira, sendo Nabuco, por exemplo, mais incisivo na propaganda anti-escravagista, com sua formação de jurista, jornalista e político, grande tribuno que atraia o público com sua oratória, ao passo que Rebouças era introvertido, retraído às massas, sabedor de que tinha

(52) Joselice Jucá: André Rebouças – Reforma & Utopia no Contexto do Segundo Império, cit., p. 168.
(53) Joselice Jucá: *Idem. Ibidem, passim.*

contra si o preconceito da sociedade por ser negro, apesar de ter formação superior e de gozar de *status* social ímpar em sua época, pelo fato de freqüentar a Corte, amiúde. Participou da luta abolicionista pela escrita em jornais e nas entidades que estavam vivamente engajadas nesse papel.

O que ainda contribuiu para deixar Nabuco em preeminência foi a circunstância de ter servido à República, como diplomata, depois de ter sido ferrenho monarquista; enquanto Rebouças, sendo também monarquista convicto e sobretudo amigo pessoal de D. Pedro II, seguiu com este para o exílio, onde morreu, sem jamais haver retornado ao seu país. Mas, o que bem marcou seu lugar na História, afora a vivência nas agremiações abolicionistas, foi ter reunido em seus estudos os aspectos econômicos e sociais para publicação, valorizados por idéias pioneiramente modernizantes, nas proximidades do século XX.

Nesse direcionamento, foi construída uma obra intelectual, consistente no livro que já mencionamos antes, de muitos artigos avulsos, correspondências, diários que se reportavam aos problemas brasileiros, perfazendo um acervo/arquivo que ele tinha sempre atualizado para, mesmo do exterior, enviar para amigos influentes e publicações no Brasil.

Assim, as soluções para as problemas rurais apresentadas por André Rebouças, antecederam propostas semelhantes que, em certa medida, Nabuco veio a fazer, citando às vezes, ou não citando, o pensamento do outro.

Joselice Jucá aponta essa circunstância ao afirmar que Rebouças "antecipou-se a Nabuco em quase dez anos", bastando "analisar-se a gênese do Agricultura Nacional; e que Joaquim Nabuco, em 1882, ao publicar "O Abolicionismo", não fez referências a Rebouças sobre os problemas da agricultura, embora os dois já se conhecessem, existindo mesmo um relacionamento pessoal entre eles, desde o início dos anos 70, e que se solidificou depois de julho de 1880, quando começou o envolvimento de Rebouças com a campanha abolicionista."[54]

Algum autor chegou a dizer – e outros limitaram-se a repetir o boato, sem maiores investigações – que fora inclusive naquele mesmo livro que Joaquim Nabuco inventara a locução "reforma agrária". Porém quem já o tinha lido, com a devida atenção, para concebê-lo como um baluarte histórico, humanista e jurídico do anti-escravismo no Brasil – o que é verdade – ou quem voltou a lê-lo, para especialmente constatar, ou não, a autoria do termo "reforma agrária", em meio a eventuais propostas sobre modificações na estrutura agrária brasileira, nada encontrou a respeito. Tal expressão não foi empregada por ele — embora o espírito de toda a sua obra tenha esse intuito de democratização da propriedade da terra, nas pegadas de André Rebouças, que também, aliás, não é o responsável pela lexia.

Nabuco reputou o abolicionismo, em si, como uma típica reforma, que "devia ter precedência às demais", dependentes dele, consoante o seu Prefácio no livro referido. Neste, deu nomes às ditas reformas, cujo exame faria parte de um projeto editorial a concretizar-se noutros volumes, os quais seriam escritos por outros (que ele certamente escolheria), e

---

(54) Joselice Jucá: *ob. cit.*, p. 68

que teriam "por objecto", nas suas próprias palavras: *"a reforma econômica e financeira, a instrução publica, a descentralização administrativa, a egualdade religiosa, as relações exteriores, a representação política, a immigração Européa..."[55]* Não colocou no rol a "reforma agrária" como tal denominada, nem jamais concretizou esse seu projeto editorial.

No corpo do livro, Nabuco fala de outros tipos, *en passant*, como o conjunto de reformas "que devem ser realizadas por nós mesmos, por meio da associação, da imprensa, da immigração espontanea, da religião purificada, de um novo ideal de Estado..."[56]

De toda maneira, ele abordou elementos que estariam inseridos no conceito futuro de "reforma agrária" no Brasil, dessa forma designada somente no século XX. Sobre o aspecto territorial, ao jogo do dimensionamento das áreas, que constitui a mola mestra para as mudanças socioeconômicas do campo, e objeto fundamental daquela reforma, ele disse, por exemplo, em O Abolicionismo:

> * "Como se sabe, o regimen da terra sob a escravidão consiste na divisão de todo o solo explorado em certo número de grandes propriedades..."[57]

> * "...a população que vive nomada[58] em terras de outrem, no dia em que se lhe abra uma perspectiva de possuir legitimamente a terra em que se lhe consente viver como parias, abandonará a sua presente condição de servos..."[59]

Nabuco ainda se bateu pela quebra do monopólio da terra, na sua campanha abolicionista, seguindo o ideário não só de André Rebouças, mas do próprio pai dele, o grande estadista Nabuco de Araújo.[60] Os seguintes excertos do Nabuco Joaquim também dão a marca da dúplice preocupação com os escravos (conquista da liberdade e acesso à terra), os quais extraímos de seus discursos e conferências:

> * "Ella [a escravidão] começou por ser um regimen de trabalho agrícola...Mas esse regimen de trabalho agrícola só podendo ser mantido por a suppressão da natureza humana, precisava de cercar-se de protecções especiaes e de viver n'um meio à parte, fechado e todo seu, e d'ahi resultou um systema territorial, caracterisado pelo monopolio da terra e pela clausura dos trabalhadores". (...) "Eis ahi a escravidão agrícola e territorial" (...) "a escravidão, de systema agrícola e territorial, tornou-se um regimen social e estendeu o seu domínio por toda a parte".[61]

> * "Não sei se todos me comprehendeis e se avaliaes até onde avanço neste momento levantando pela primeira vez a bandeira de uma lei agraria, a bandeira

(55) Joaquim Nabuco: O Abolicionismo, Ed. UnB, Brasília, 2003, p. 65
(56) *Idem. Ibidem* p. 249.
(57) *Idem. Ibidem*, p. 179.
(58) Leia-se *nômade*.
(59) Joaquim Nabuco, O Abolicionismo..., *cit.*, p. 226.
(60) V. item 4.5. do presente capítulo.
(61) NABUCO, Joaquim. Segunda Conferência (Theatro Santa Isabel, 1.11.1884), In: Campanha Abolicionista. Recife: Massangana, 1988. p. 30 e 31.

da constituição da democracia rural, esse sonho de um grande coração, como não o tem maior o abolicionismo, esse prophetico sonho de André Rebouças.

Pois bem, senhores, não ha outra solução possivel para o mal chronico e profundo do povo senão uma lei agraria que estabeleça a pequena propriedade, e que vos abra um futuro, a vós e vossos filhos, pela posse e pelo cultivo da terra. (...) É preciso que os Brazileiros possam ser proprietarios de terra, e que o Estado os ajude a sel-o."[62]

* "Eu, pois, se for eleito, não separarei mais as duas questões — a da emancipação dos escravos e a da democratização do solo. Uma é o complemento da outra. Acabar com a escravidão não nos basta...em paizes novos, onde a terra não está senão nominalmente occupada, não é justo que um systema de leis concebidas pelo monopolio da escravidão produza a miseria no seio da abundancia, a paralyzação das forças deante de um mundo novo que só reclama trabalho."[63]

Por ocasião das discussões relacionadas com a importação da mão de obra chinesa, Joaquim Nabuco pronunciou-se contrariamente a ela, preferindo que o emprego certo fosse levado ao negro, uma vez transformado de escravo em trabalhador livre, ao lado da idéia alternativa de aproveitá-lo, em liberdade, como colono na agricultura. Essa era uma perspectiva do negro como proprietário da terra:

"... si, em vez dessa immigração de chins, tratasse [o Governo] de resolver corajosamente o grande problema, extinguindo a escravidão doméstica, tornando a escravidão real uma espécie de colonato; vinculando o escravo actual ao solo, tornando-o meramente um servo da gleba, durante a transição que seria curta, abrindo um futuro na lavoura à raça que tem sido empregada como escrava (...) estou certo que o paiz obteria muito melhor resultado (...) do que tentando renovar a fonte do tráfico, fazer com a Ásia o que se faz com a África..."[64]

Apesar dessas sinceras manifestações de apoio à causa para a liberdade do escravo e para o acesso do negro à terra, Nabuco teve seus momentos de incerteza quanto à determinação do próprio negro na busca dos seus intentos.

Ainda que visse, por exemplo, no trabalho escravo, o verdadeiro motor do progresso econômico do país, não acreditava que o negro pudesse ser também instrumento de sua própria liberdade. Para si, o papel dele deveria ser de mero espectador, sujeito passivo a ter de aguardar que seus aliados influentes reclamassem de sua condição opressiva e resolvessem a situação com a retórica do Parlamento e com a imposição de lei favorável. Nada de escaramuças nas senzalas ou nos quilombos, ou de perturbações nas cidades e nas

---

(62) *Idem.* Discurso proferido num *Meeting* Popular, na Praça de São José de Riba Mar, a 5 de novembro de 1884, *in* Campanha Abolicionista, *cit.,* p. 47/48.
(63) *Idem. Ibidem*, p. 49.
(64) Joaquim Nabuco: trecho oriundo dos Anais da Câmara dos Deputados, sessão de 1 de setembro de 1879, p. 308, contido *in* Maria Lúcia Lamounier: Da Escravidão ao Trabalho Livre. Ed. Papirus, São Paulo, 1988, p. 142.

fazendas ou demais entreveros com os senhores ou seus áulicos, os quais poderiam levar a uma "convulsão social", que ele, Nabuco, abominava.

Esta era uma linha de visão apaziguadora – que não quer dizer fosse a mais acertada – e que terminou sendo, na interpretação de Gorender, a da "conciliação da Abolição com a persistência do domínio dos grandes proprietários de terras."[65]

Igualmente, pelo relato de Décio Freitas, vê-se o empenho de Nabuco em "evitar a participação popular" na prática abolicionista, ao verberar que a abolição teria de ser feita pela "lei" e no "parlamento", não em "quilombos" ou nas "ruas e praças públicas". Para tanto arguia que a intenção dos abolicionistas era de "conciliar todas as classes e não indispor umas contra as outras", rematando ele que "seria covardia incitar à insurreição", expondo os senhores "à vindita bárbara e selvagem de uma população mantida até hoje ao nível dos animais."[66]

Em todos os sentidos, parecia não ser Nabuco; mas era. Tanto quanto o foi para enaltecer o gesto da princesa Isabel e daí extrair uma ilação seguramente enganosa da idealidade do ex-escravo, que apequena as suas ações de resistência e luta. Disse: "Tenho a convicção de que a raça negra por um plebiscito sincero e verdadeiro teria desistido de sua liberdade para poupar o menor desgosto aos que se interessavam por ela, e que no fundo, quando ela pensa na madrugada de 15 de novembro, lamenta ainda um pouco o seu 13 de maio." ("Minha Formação". São Paulo, Martin Claret, 2004, p. 155)

4.8. Conselheiro Dantas

Constituído um novo Gabinete em junho de 1884, o Conselheiro Dantas, à sua frente, "encaminhou à Câmara um *projeto* de reforma da escravidão, cujos principais pontos, além da concessão de terras para os libertos, eram: fim do tráfico interno, ampliação do fundo de emancipação, libertação sem indenização de todos os escravos que tivessem completado sessenta anos." Dito isso, por Cláudia Andrade Santos, ela ainda comenta: "É muito claro, portanto, que a abolição, no entender dos abolicionistas, não se reduzia à emancipação jurídica do escravo. Para completa-la, era preciso transformar o liberto em pequeno produtor."[67]

Todavia, esse objetivo relacionado à concessão de terras próprias para os negros que se libertassem não foi aprovado para constar no texto legal de 1885. Restou aos libertos a possibilidade do trabalho em colônias agrícolas, contempladas nessa lei, mas dentro de uma conotação praticamente servil, conforme será examinado abaixo.

Outra oportunidade perdida.

Um dos institutos (ou categorias) criados pela lei de 1885, dita "Lei dos Sexagenários", foi a colonização agrícola, delineada, inegavelmente, para privilegiar os imigrantes;

---

(65)   Jacob Gorender: A Escravidão Reabilitada, *cit.*, p. 170/171.
(66)   Décio Freitas: Escravos e Senhores de Escravos, *cit.*, p. 152/153.
(67)   Cláudia Andrade Santos: "A Carta e seu Tempo", *in* Revista Nossa História, julho de 2006, p. 71 e 72.

tanto assim que um dos princípios desse desiderato foi a subvenção através da concessão de transporte aos interessados na vinda para o Brasil.

Contudo, as colônias agrícolas, como áreas de trabalho, se encontravam estipuladas na mesma lei como *locus* de prestação de serviço forçado para os libertos que, fiscalizados pelo Estado, não tivessem conseguido demonstrar sua ocupação junto aos particulares. A lei incentivava os proprietários a transformarem os seus estabelecimentos de escravos em estabelecimentos de trabalhadores livres (art. 2º, § 4º), mas também criava aquelas colônias como estabelecimentos de penalização para os libertos flagrados sem trabalho.

Por isso havia um certo naipe de normas legais, de combate à chamada "vadiagem dos libertos". Por exemplo: (a) do § 15 do art. 3º, que considera vagabundo o liberto que deixa o seu domicílio, o qual deverá ser "apreendido pela polícia para ser empregado em trabalhos públicos ou colônias agrícolas". Esta regra se combina com o § 14 do mesmo artigo, o qual obriga a que pelo menos o escravo libertado pelo fundo de emancipação permaneça no município em que teve a alforria (exceto o das capitais) pelo prazo de cinco anos; (b) do § 17 do art. 3º, dizendo que "qualquer liberto encontrado sem ocupação será obrigado a empregar-se ou a contratar seus serviços pelo prazo que lhe for marcado pela Polícia"; (c) do § 18 do mesmo art. 3º, determinando que o juiz de órfãos constrangerá o liberto a celebrar contrato de locação de serviços, quando ele não tiver cumprido a obrigação daquele § 17 do art. 3º; (d) do § 5º do art. 4º, que manda o Governo estabelecer "em diversos pontos do Império ou nas províncias fronteiras colônias agrícolas regidas com disciplina militar, para as quais serão enviados libertos sem ocupação".

Como se vê, nessa lei as colônias agrícolas existiam para os negros na contingência de punição, ao contrário das colônias que se programavam para os imigrantes, no suposto de trabalho livre. Tratava-se de colônias dedicadas ao trabalho em si, como pena, esgotando-se nele mesmo, jamais pressupondo áreas agrícolas com possibilidade de entrarem no patrimônio dos libertos – como ocorria com as doadas aos estrangeiros em outro tipo de colonização, a de povoamento.

Nesse aspecto José Bonifácio fôra mais sensível, 60 anos atrás dali, ao propugnar numa das disposições de seu projeto relativo à escravatura (na verdade um tanto vaga, mas sem explicitar finalidade punitiva), que "Para os forros são estabelecidas espécies de colônias agrícolas". No contexto em que teoricamente foram colocadas, cumprir-se-iam com finalidade de trabalho puro e simples, postos de serviço para o liberto, não verdadeiras colônias penais.

Mas, perto do final do século XIX, o Império e as elites que comandavam a feitura das leis queriam afastar os negros tanto quanto possível da sua condição de proprietários de terra. Se já dificultavam a própria realização do trabalho livre para eles, postergando a Abolição, imagine-se dotá-los de um instrumento indicativo de Poder, que era a terra, nivelando-os, de certo modo, aos fazendeiros das classes dominantes!

De toda maneira, tendo sido possível introduzir na programação legislativa da época colônias dedicadas às atividades agrárias, e, na conseqüência, não se conceder lotes aos libertos de vocação rural, conclui-se que foi mais uma oportunidade que se perdeu, num país de latifúndios.

4.9. João Alfredo

João Alfredo Corrêa de Oliveira foi um conservador, na essência do termo, que na chefia dum novo ministério marcou, entretanto, uma posição progressista. Estávamos nos albores da Abolição.

Assim, já em meio aos caminhos oficiais para a libertação dos escravos, apresentou fórmulas para tangenciar, também, a estrutura agrária em vigor. Desgraçadamente, porém, elas não encontraram viabilidade legal — do mesmo jeito que aconteceu com as sugestões de José Bonifácio no passado; ou com as então mais recentes propostas de André Rebouças e Joaquim Nabuco; ou com o projeto do Conselheiro Dantas, este *na parte favorável ao uso da terra pelos negros libertos*, a qual acabou não sendo convertida em lei.

João Alfredo coordenava o chamado "Ministério da Abolição", que a Princesa Isabel instituíra para estudar a indicação de medidas que acompanhariam o Ato de libertação ou providências correlatas que se lhe seguiriam, ou não, como por exemplo o da indenização aos fazendeiros.

Formalmente, a Abolição se deu de modo simples, sem a paga indenizatória desejada pelos senhores de escravos, embora os mesmos tivessem recebido indenização indireta, segundo Décio Freitas, por via dos auxílios à lavoura: "O auxílio à lavoura se fez através dos chamados contratos de empréstimos. O Tesouro emprestava certa soma aos bancos, sem juro, à condição de que emprestassem à lavoura o duplo da soma recebida, a prazos de trinta anos e juro pré fixado de 6%. À vista da taxa interna de inflação, isso eqüivalia a presentear dinheiro aos proprietários."[68]

Em compensação, João Alfredo propôs, no ano seguinte, que aos ex-escravos fossem dadas terras para colonizar. Foi perdedor, junto com os negros livres.

Recorda Manuel Correia de Andrade que, semelhantemente ao que intentou João Goulart, em março de 1964, para desapropriar terras situadas ao longo das rodovias, a fim de se começar a fazer a reforma agrária, João Alfredo havia proposto, em *março de 1889*, a desapropriação de terras às margens dos rios navegáveis e na costa, bem como as áreas não cultivadas à margem das estradas de ferro, com o objetivo de implantar colônias agrícolas.[69] (g.n.)

"Ainda na vigência do Gabinete João Alfredo" – de acordo com Gorender, revendo a Fala do Trono de *3.5.1889* – "não só propôs a revisão da lei referente à aquisição privada de domínio, como também indicou a conveniência 'de outorgar ao governo o direito de expropriar, no interesse público, as terras que confinam com as ferrovias, desde que não sejam cultivadas pelos donos'."[70]

---

(68) FREITAS, Décio. *Escravos e Senhores de Escravos*. Porto Alegre: Mercado Aberto, 1983. p. 159/160.
(69) ANDRADE, Manuel Correia de. *Abolição e Reforma Agrária*. São Paulo: Ática, 1987. p. 37.
(70) Jacob Gorender: A Escravidão Reabilitada, *cit.*, p. 186.

O aceno à possibilidade de instituir-se colônias agrícolas que também acolhessem os libertos, tinha "segundas intenções", por assim dizer, da parte de D. Pedro II, que foi como bem aferiu, de outra maneira, Mário Maestri, ao diagnosticar: "Na defesa do Terceiro Reinado, Pedro II aproximou-se das comunidades negras."[71]

Mas nada disso adiantou. Outra oportunidade se perdeu para assegurar aos negros um meio de sobrevivência mais pronto, que fosse do seu imediato alcance.

4.10. Princesa Isabel

Pelo fato de ter sido figura da nobreza, que se tornou simpática à causa abolicionista, tendo chegado, depois de certo tempo, a dar guarida a negros fugidos[72], e a sancionar, como Regente do Império, a lei de abolição da escravatura — não há porque olvidar a significância dos termos de um documento recentemente descoberto, que compromete a Princesa Isabel com a questão territorial dos negros.

Daquelas circunstâncias pessoais e oficiais, desponta a credibilidade, ao menos nas suas aspirações de final de Governo, que tornaram a nobre senhora merecedora de um outro registro histórico, que estudiosos brasileiros começaram a fazer, na década dos 2000.

Suas intenções são manifestadas, por exemplo, numa Carta, cuja importância de quem a escreveu e dos assuntos nela tratados demanda transcrição de seus pontos fundamentais, que a nosso ver são os propósitos sociais da princesa:

a) indenização aos escravos libertos em 13 de maio de 1888 — um contraponto e o avesso das discussões passadas, a respeito de indenização a ser paga ou não aos senhores de escravos, e não, como agora, aos próprios cativos;

b) concessão de terras para que os ex-escravos fossem trabalhá-las como suas;

c) o voto feminino no Brasil, como tarefa à parte, conjecturada pela princesa para ocupar-se.

Este derradeiro item seria algo a cuidar-se adiante; porém os dois outros constitui-riam objeto de imediatas providências; tanto assim que a missivista, escrevendo em *agosto de 1889*, queria submetê-los à apreciação dos parlamentares da nova legislatura a partir do dia 20 de novembro do mesmo ano.

Ela esperava contar com a atuação de amigos abolicionistas e com políticos e amigos de D. Pedro II, embora temesse a reação dos escravocratas e dos militares, que poderiam, segundo revelou, colocar abaixo a própria Monarquia, caso vazasse a notícia da doação

---

(71) Mário Maestri: "A Aldeia Ausente (II): índios, caboclos, escravos e imigrantes na formação do campesinato brasileiro" – Conferência ministrada no II Colóquio Marx-Engels, do Centro de Estudos Marxistas do IFCH da Unicamp, Campinas, 21.11.2001 (mim.)

(72) SILVA, Eduardo. *As Camélias do Leblon e a Abolição da Escravatura* – uma investigação de história cultural. São Paulo: Ed. Companhia das Letras, 2003.

de fundos, pelo Visconde de Santa Victoria, com o fito de indenizar os ex-escravos e de adquirir terras para os mesmos:

"Caro Snr. Visconde de Santa Victoria

Fui informada por papai que me collocou a par da intenção e do envio dos fundos do seo Banco em forma de doação como indenização dos ex-escravos libertos em 13 de maio do anno passado, e o sigilo que o Snr. pidio ao presidente do gabinete para não provocar maior reacção violenta dos escravocratas. Deus nos proteja si os escravocratas e os militares saibam deste nosso negócio, pois seria o fim do actual governo e mesmo do Império e da caza de Bragança do Brazil.

Nosso amigo Nabuco, além dos snrs. Rebouças, Patrocínio e Dantas, poderiam dar auxilio a partir do dia 20 de novembro, quando as Câmaras se reunirem para a posse da nova legislatura. Com o apoio dos novos deputados e os amigos fiéis de papai no Senado, será possível realizar as mudanças que sonho para o Brazil.

Com os fundos doados pelo Snr. teremos oportunidade de collocar os ex-escravos agora livres, em terras suas próprias trabalhando na agricultura e na pecuária e dellas tirando seos próprios proventos."

(...)

"Mas não fiquemos mais no passado, pois o futuro nos será promissor, se os escravocratas nos permitirem sonhar mais hum pouco. Pois as mudanças que tenho em mente como o Snr. já sabe, vão além da liberação dos captivos. Quero agora dedicar-me a liberar as mulheres dos grilhões do captiveiro domestico, e isto será possível atravez do Sufragio Feminino! Si a mulher pode reinar também pode votar!"

(...)

"Muito d. coração

Isabel." [73]

A pergunta que fica é por quê não teria agido em tempo mais oportuno a princesa, sabedora de que, antes da Abolição, sua postura íntima quanto às necessidades do negro era colocada em dúvida?

Silva Jardim, por exemplo, citado por Eduardo Silva, não via "mérito ou vantagem" no fato de Isabel acoitar escravos, tendo em vista que ela "podia, pelo seu poder pessoal, libertá-los a todos de uma só vez"[74]. Para Rui Barbosa, de acordo com o mesmo autor, a 'guinada'

---

(73) Carta do próprio punho, feita ao Visconde de Santa Victoria, que era sócio do Visconde de Mauá, a qual se acha depositada no "acervo de cerca de 3.000 documentos" do Memorial Visconde de Mauá, organizado pelo Comendador Eduardo André Chaves Nedehf – cf. "Diário Intimo da História Imperial", box na reportagem de Priscila Leal, *in* Revista "Nossa História", n. 31, maio de 2006, p. 74.
(74) Silva Jardim, *apud* Eduardo Silva, *ob. cit.,* p. 30.

abolicionista da princesa "não podia ser entendida como simples questão de liberalidade real ou generosidade. Segundo ele, a questão era política, tendo a princesa apenas cedido a uma situação de fato, criada pelo movimento abolicionista" (...) "Em diversos momentos, Rui Barbosa insiste sobre esse mesmo ponto. Foi a propaganda abolicionista, com o apoio dos quilombos, que 'obrigou' a princesa a manifestar-se abertamente abolicionista, a promover batalha de flores[75] e a enfeitar o vestido real 'com as camélias do quilombo do Leblon'."[76]

Sobre os assuntos relacionados na Carta de agosto de 1889, inclusive o acesso do negro livre à terra própria, os quais seriam levados à apreciação das Câmaras em 20 de novembro do mesmo ano, esfumaram-se eles com a queda da Monarquia, cinco dias antes.

Assuntos que não passaram, mesmo, de um "sonho", no auge da febre letárgica da Monarquia.

Mais outra oportunidade perdida, desta vez pelo advento de uma irreversível nova forma de governo no país, razão porque de nada adianta especular agora se o "ante-projeto" não oficial da Princesa Isabel, retratado na Carta, surtiria algum efeito, notadamente considerando a manifesta fraqueza da instituição monárquica e a tíbia vontade do Imperador, já demonstrada em outras situações por Joselice Jucá e por Joaquim Nabuco, apesar do seu poder pessoal quase-absoluto.[77]

O golpe final em toda a expectativa de beneficiar com o acesso à terra o ex-escravo viria nos começos da República, quando a Constituição de 1891, a primeira das Cartas Magnas republicanas, desconheceu completamente a matéria.

4.11. Conclusão

A menção feita às "as oportunidades perdidas", na Introdução deste capítulo, não significa especular que se as idéias "reformistas" do século XIX tivessem sido viabilizadas a realidade brasileira haveria de ter sido outra, ou mudado de fato. A referência à perda de oportunidades mais diz respeito a nada ter sido tentado a partir do pensamento daqueles que lançaram seus planos de mudanças para o campo e atividades agrárias, especialmente no Império, fossem quais fossem as conseqüências. Contudo, apesar de desprezadas as sugestões de antes ou de logo após a Abolição, objetivando dar trabalho mais digno e conceder terras aos ex-escravos, elas passaram a constar do acervo de idéias capitalistas do

---

(75) Festas de apoio à libertação dos escravos, em meio a uma profusão de flores, das quais sobressaia-se a camélia, que se tornou símbolo da causa e que era muito cultivada no quilombo abolicionista do Lebon.

(76) Eduardo Silva, *ob. cit.*, p. 30/31.

(77) – Disse Joselice Jucá: "... não obstante o interesse pessoal de D. Pedro II, o poder moderador (tão criticado como poder pessoal do imperador) foi incapaz de induzir os partidos políticos a realizarem as reformas tão habilmente conduzidas por Rebouças." — *in* "André Rebouças, Reforma e Utopia..." *cit.*, p. 133.

– Disse Joaquim Nabuco: "Sua Majestade sempre mostrou repugnância pelo Tráfico, e interesse pelo trabalho livre; mas comparado à somma de poder que elle exerce ou possue, o que se tem feito em favor dos escravos no seu reinado é muito pouco." — *in* O Abolicionismo, *cit.*, p. 127, nota.

século XX, pretensamente tendo por beneficiários todos os trabalhadores rurais, sem terra ou com pouca terra, à margem de qualquer feição étnica.

Do ponto de vista da concretude jurídica, isso irrompeu dos mecanismos que culminaram no Estatuto do Trabalhador Rural (1963) e no Estatuto da Terra (1964). O primeiro relativo às relações do trabalho agrário em si, prestado a terceiros, o segundo atinente, dentre outras políticas, à distribuição massiva de terras para benefício próprio do homem do campo em geral. No entanto, tal distribuição ou redistribuição, como se pratica, não alcança o conceito de "Reforma Agrária", que jamais foi realizada por qualquer governo, até hoje.

Quanto à especificidade das terras negras, que também exigiam uma solução particularizada, etnicizada – tanto quanto já o fora, mais no passado, as dos índios – somente com a Constituição Federal de 1988 viria algo definido; porém com poucos resultados expressivos, considerando os óbices dos que já se haviam apropriado daquelas áreas, bem como os obstáculos criados pelo próprio Estado brasileiro, no momento de tornar efetiva a letra constitucional.

ANDRÉ REBOUÇAS

O abolicionista que melhor associou a pregação da liberdade do escravo com a da redistribuição da terra no Brasil, estendida ao patrimônio do negro.

Fontes: <imagem: Rodolfo Bernardelli – Retrato de André Rebouças. Jpg/thumb/180pc>
<https//pt.m.wikipedia/org/wiki/ficheiro:Rodolfo_Bernardelli_-_Retrato_de_Andre_Rebouças.jpg>

CAPÍTULO V

A ORDEM CAPITALISTA NO BRASIL

5.1. As transformações paulatinas da sociedade brasileira

5.1.1. Introdução

A ordem capitalista no Brasil é resultado de uma evolução econômica transcorrida sobre a riqueza que foi sendo construída pelos detentores do capital pré-capitalista, à custa do trabalho escravo, dos serviços do imigrante e da mão de obra livre nacional. Isso permitiu a formação de uma poupança interna do país, em face daqueles que podiam desenvolver seus empreendimentos, em aplicando aos mesmos — embora um tanto acanhadamente ainda — certos aparatos tecnológicos , ou diversificando-os em seu patrimônio, de maneira a tentarem conquistar produtividade tanto na agricultura, com melhores índices de exportação, quanto na extração e utilização de minérios, e nas incipientes unidades fabris.

A indústria tomou impulso, principalmente em São Paulo, tocada pelos cafeicultores nas proximidades do século XX e nos princípios deste, o que estimulou o comércio e outros setores de serviços que estavam jungidos à atividade agroexportadora. Também esses ocuparam-se com a acumulação primitiva interna do capital[1], acelerando-a e fazendo as fontes de produção agrária e industrial acelerá-la pela maior obtenção de divisas.

A economia brasileira, como visto, foi crescendo e se realimentando por intermédio da ativação dos empreendimentos privados, que implicavam em sua modernização. Todo o conjunto básico da economia, em constante movimento e renovação, permitiu mudanças na sociedade brasileira, as quais formatavam condições pré-capitalistas, antes do trabalho

---

(1) Disse Marx, quanto a "O segredo da acumulação primitiva", recapitulando algumas partes do seu livro básico: "Viu-se como dinheiro é transformado em capital, como por meio do capital é produzida a mais valia e da mais valia mais capital. A acumulação do capital, porém, pressupõe a mais valia, a mais valia a produção capitalista, e esta, por sua vez, a existência de massas relativamente grandes de capital e de força de trabalho nas mãos de produtores de mercadorias. Todo esse movimento parece, portanto, girar num círculo vicioso, do qual só podemos sair supondo uma acumulação 'primitiva' (*previous accumulation*, em A. Smith), precedente à acumulação capitalista, uma acumulação que não é resultado do modo de produção capitalista, mas sim seu ponto de partida." — Karl Marx: O Capital, Vol. I, Tomo 2, trad. Regis Barbosa e Flávio Kothe. São Paulo, Ed. Victor Civita, 1984, Cap. XXIV, p. 261.

assalariado ficar completamente à disposição da população – enquanto se desenrolava, de modo paralelo, a luta dirigida ou autônoma dos escravos, no sentido de sua liberdade. Donde se manifestava, mais incisivamente, a característica social que iria orquestrar, depois, o surgimento da nossa ordem burguesa, junto com a acumulação primitiva de capitais — que foi a luta de classes, já existente desde que se estabelecera a escravidão, e que ora chegava perto do estágio de ruptura definitiva entre amos e cativos.

Quanto a essa luta, já vimos como se conduziu e como terminou, em capítulos anteriores, ao passo que, no presente item discorreremos apenas sobre as transformações ocorridas no país, que também ofereceram fundamento ao perfil capitalista que o Brasil veio a tomar, revelando elas, justamente, os pormenores materiais que puderam conduzir àquela acumulação.

Para examiná-las, será preciso voltar no tempo, uma vez mais, isto é, a partir de meados do século XIX, quando se extinguiu o tráfico transoceânico dos negros.

5.1.2. As mudanças, em geral

No bojo da justificativa de ordem interna, motivadora da lei de abolição do tráfico negreiro, encontravam-se as contradições mais palpáveis do sistema escravocrata dos tempos de 1850. Assim, pois, somente a partir do referido ano, com a Lei Eusébio de Queiroz, e, principalmente, com sua efetiva execução (ao contrário do que sucedera em 1831), iniciar-se-iam as providências para o declínio do escravismo no Brasil.

O fato de ficar o país desabastecido de mão de obra africana, que realimentava a demanda dos proprietários, provocou novas carências – a começar pela utilização de escravos migrantes, obtidos através do tráfico entre as províncias brasileiras. As regiões mais dinâmicas iriam aproveitar-se do excedente que existia nas zonas de desenvolvimento contido.

Todavia, os florescentes cultivos de café do Sudeste do Brasil, que começaram a se espraiar na época, especialmente os que abriam enriquecedora fronteira agrícola no Oeste paulista, necessitavam de uma mão de obra mais eficaz e mais barata, algo que a auto reprodução dos escravos crioulos não conseguiria atender; nem a mão de obra livre nacional.

Neste último caso, os trabalhadores mestiços que já vinham de ancestrais livres, ou que se fizeram livres pela alforria, puderam constituir um contingente avesso à prestação de serviços a terceiros, preferindo a reafirmação da própria condição de livres, através da atividade autônoma na terra. Tratava-se de trabalhadores que subsistiam com a labuta da família, instalados em áreas desocupadas ou ainda não ativadas pelos sesmeiros e pelos grandes posseiros; isto é, formavam eles a base de um campesinato, junto com os camponeses sem terra – aqueles que se agregavam às fazendas, cuja exploração de pequeno trecho era tolerada pelo proprietário, a troco de determinados serviços no ano.

Naquele primeiro caso, a capacidade de auto reprodução dos escravos não atendia ao volume da produção das regiões em desenvolvimento, tanto assim que, em 1869, foi editada uma lei que proibia a venda, em separado, de escravos casados ou com filhos até a idade de 15 anos. Aparentemente protetora, tal providência teria sido, antes de tudo, segundo Clovis Moura, "medida reprodutora" de escravos, porque "as famílias passam a ser matrizes de novos escravos, no momento em que a reprodução destes elementos para o trabalho produtivo começa a escassear".[2] Ainda assim, ela não iria satisfazer as expectativas dos proprietários, em face de acentuada diminuição da população escrava, em geral. Além disso, muitos fazendeiros já tinham despertado para a possibilidade de repetirem as primeiras experiências do Senador Nicolau Vergueiro, com a mão de obra estrangeira. Havia o desejo de absorverem o trabalho de imigrantes, quer para se aproveitarem dele mediante exploração intensa, como seria o caso da mão de obra chinesa – cuja imigração de *coolies* não prosperou – quer para se aproveitaram em termos da branquidão do trabalhador, que foi o que terminou prevalecendo, com a atração de europeus, finalmente concretizada. Desta forma, a elite brasileira da época, habituada ao racismo herdado da Corte portuguesa, e que pretendia fazer da nobreza européia um espelho do seu modo de existir, deu azo ao ideal de branqueamento, a pretexto de verem nos imigrantes (a maioria formada de estropiados, que fugiam da crise de seus países), uma mão de obra tecnicamente qualificada para a labuta nos trópicos.

Apesar do insucesso com a importação de imigrantes, por via daquele citado político e fazendeiro paulista, nas suas pioneiras colônias (1840/1845), a imigração de meados do século XIX trouxe resultados positivos aos núcleos urbanos. Os serviços das cidades reclamavam mão de obra livre, na medida em que escravos citadinos eram também deslocados para atendimento das prementes necessidades do campo.

Esse fato de cooptar obreiros não escravizados, aos quais se pagava salário monetário, fez ampliar, inclusive, o mercado que já vinha sendo abastecido pelos ingleses, ao tempo em que começavam a surgir estabelecimentos fabris, que acolhiam os mesmos tipos de trabalhadores, ainda que ao lado da mão de obra escrava.[3]

O fator industrialização que, pela própria natureza, estaria fadado a melhor absorver a mão de obra livre assalariada, iria principiar a delinear as características de uma nova formação econômico-social no Brasil. Ainda que incipiente, não disseminada no território nacional em meados do século XIX, contribuiu, mais tarde, para ir mudando o perfil da nossa economia.

A melhoria das condições produtivas e de circulação de mercadorias, causou transformações importantes na sociedade brasileira e nas regiões agrícolas, em particular, inclusive promovendo a atração de novos imigrantes, urbanos e rurais, já no começo da década dos 70. Por essa época, houve no país uma maior absorção de máquinas a vapor e as próprias embarcações a vapor (os vapores) substituíram os navios a vela. Enquanto estes, segundo Francisco Foot e Victor Leonardi demandavam 8 a 10 meses para atender a uma encomenda na Europa, aqueles passaram a fazer "viagens rápidas e repetidas", satisfazendo a encomenda entre 1 a 3 meses. Ao "desenvolvimento das viagens transoceânicas", de

---

(2) MOURA, Clovis. Dialética Radical do Brasil Negro. Ed. Anita, São Paulo, 1994, p. 83.

(3) "O mercado das primeiras fábricas têxteis nacionais, era o de roupas para escravos e para as camadas mais pobres da população livre, bem como o de sacaria para os produtos agrícolas de exportação, substituindo as caixas de madeira e os fardos de couro que anteriormente os acondicionavam" – Cf. Jacob Gorender: A Burguesia Brasileira, Ed. Brasiliense, São Paulo, 1991, p. 14.

acordo com os mesmos autores, acresceu-se a vantagem do telégrafo, acelerando as comunicações, e "aumentando assim a concorrência das firmas europeias."[4]

Também modelos novos de remuneração dos serviços na atividade agrária, mais próximos do contrato de locação de serviços que da parceria, fixavam melhor a relação trabalhista do colonato, mostrando a excelência do trabalho livre no Sudeste, em comparação ao labor escravo, enquanto no Norte/Nordeste a abundante mão de obra mestiça, embora à margem da contraprestação não-monetária de trabalho, também evidenciava, em contrapartida, a viabilidade das relações não escravistas.

Houve imigrantes que se tornaram empresários, os quais, mais tarde, sem embargo dos seus empreendimentos industriais (descaroçadores de algodão, fábricas de sabão e de tecidos) e mercantis (bancos e companhia telefônica), enriqueceram também na agricultura, a exemplo de Antonio Pereira Inácio, Nicolau Scarpa, Francisco Matarazzo, os irmãos Jaffet e outros.[5]

Por ocasião da Guerra do Paraguai (1864-1870), a consciência escrava assumira uma outra dimensão, pela noção de solidariedade que milhares de negros libertos, em vista da participação na Guerra, haviam repassado aos escravos não-combatentes, que permaneceram no país. Inclusive porque nas impressões sobre os combates, vieram a ter a imagem mais clara de quantos dos seus pereceram nas lutas, (entre 60 a 100 mil negros), e da enorme desproporção entre os soldados, nos campos de batalha (45 negros para 1 branco)[6], bem como da imensa quantidade da população masculina paraguaia dizimada (600 mil homens, correspondendo a 90% da população total da época). A isso também associava-se a circunstância consabida de que, ao lado do ímpeto voluntário para a luta, em troca de alforria, tinham sido os escravos-soldados convocados para servirem ao país em lugar dos seus senhores e morrerem por eles — o que certamente pesava na avaliação do pós-guerra. Tanto como deve ter influído o fato de terem lutado contra um país a quem foi imposta pelo Brasil a libertação dos escravos do vencido, enquanto o vencedor continuaria escravista.

Com o final dessa guerra e o grande volume da exportação de café, surgem os seguintes fenômenos, detectados por Francisco Foot e Victor Leonardi como modificadores da economia brasileira: acumulação de capital em mãos dos fazendeiros paulistas, diante do *superavit* em nossa balança comercial, decorrente das exportações daquele produto, bem como o desenvolvimento do sistema ferroviário, "aproximando as populações até então isoladas, favorecendo a ampliação do mercado interno", e "facilitando o escoamento da produção cafeeira das fazendas até os portos."[7]

A abolição do tráfico interprovincial, que veio a seguir, em 1880, foi outro mecanismo de declínio do sistema escravocrata, dificultando a transferência dos negros por entre nossas

---

(4) LEONARDI. Francisco Foot e Victor. *História da Indústria e do Trabalho no Brasil*. São Paulo: Global Editora, 1982. p. 39.

(5) Cf. Francisco Foot e Victor Leonardi: História da Indústria e do Trabalho no Brasil, *ob. cit.*, p. 59.

(6) Clovis Moura: Dialética Radical do Brasil Negro, *cit.*, p. 83.

(7) Francisco Foot e Victor Leonardi: História da Indústria e do Trabalho no Brasil, *ob. cit.*, p. 42.

regiões; um móvel a mais, sem dúvida, para instigar a vinda de mais imigrantes europeus. Isso serviu para difundir a idéia do trabalho livre como de menor custo para os proprietários, apesar da resistência de alguns fazendeiros, mais preocupados em especular sobre uma futura indenização no processo, que evoluía, de emancipação oficial dos escravos.

No decorrer desses acontecimentos sociais — acrescidos da campanha abolicionista e de um novo impulso dos escravos para as insurreições e fugas das fazendas — modificações tecnológicas transformaram a sociedade brasileira. Preocupações mais significativas com a indústria, vindas da década dos 1870, e um certo desamarre dela (saindo um pouco de sua própria fragilidade causada pelos importados ingleses, a partir de 1885), tornava claro que o trabalho escravo, por modo geral, não era indispensável. Porém ao lado do negócio manufatureiro e fabril, dominado pelos interesses estrangeiros, que por cá alocavam também o capital financeiro, ademais do industrial, outros empreendimentos e inovações viriam modificar a paisagem econômica do país.

É certo que desde a época colonial o Brasil estava habituado com uso de implementos de produção açucareira, como as moendas, rodas d'água etc., da mesma forma que com a produção de manufaturas, tais os panos para roupas dos escravos, sacos de fios de algodão ou de juta, o artesanato da construção naval e de móveis para residências, igrejas e prédios públicos, a fabricação dos instrumentos metálicos, utilizados nas cidades, como tachos, latas e panelas, e também na produção agrária típica, a exemplo de facões, enxadas, foices, pás, peças para arreios, aros para rodas de carro de bois etc. Isso sem se falar, muito a propósito, dos objetos confeccionados para controle físico e castigo dos escravos, como as gargantilhas, as amarras de ferro, correntes e outros.[8]

Mas, a partir das modificações na órbita econômica, na segunda metade do século XIX, passamos a ter melhoramentos quanto à parafernália já disponível, assim como inovações de vária ordem. Elas foram propiciadas por um novo tempo que se seguiu à cessação do tráfico negreiro, em 1850, e que ganhou um caráter mais progressista a partir da década dos setenta, consoante já dito, o que provocou uma segunda fase mais intensa da imigração europeia e um empuxe na incipiente industrialização, a começar pela indústria têxtil, que melhor projeção teve sobre todas as demais, naquela centúria.

5.1.3. As mudanças em especial

As modificações em espécie foram sedimentando-se e promoveram transformações fundamentais na sociedade brasileira

5.1.3.1. Industrialização

Aqui não nos referimos, certamente, à indústria do tipo que modelou as pioneiras fábricas de tecidos que se instalaram em Minas, Rio de Janeiro ou Pernambuco, nas duas

---

(8) Maria de Fátima Rodrigues das Neves fala a) dos "instrumentos destinados à captura e contenção dos cativos": correntes, gonilha ou golilha, gargalheira, tronco, viramundo, algemas, machos, cepa e peia; b) dos "instrumentos de suplício": máscaras de flandre, anjinhos, bacalhau, palmatória, libambo, ferro para marcar, placas de ferro com inscrições aviltantes – Escravidão no Brasil. Ed. Contexto, São Paulo, 1966, p. 90/91.

primeiras décadas do século XIX; e sim àquela que correspondia, na época, às "verdadeiras fábricas modernas, empregando maquinaria importada e operários livres, que começaram a se estabelecer na década de 1840..."[9]

Em 1866 existiam no Brasil 9 fábricas de tecidos, e 45 no ano de 1882, preparando um setor têxtil, que formaria "a primeira verdadeira indústria moderna surgida no Brasil"— confeccionando cobertores de algodão e lã, panos para velas e toalhas, sacos de juta e algodão, roupas de escravos, cassinetas de algodão, panos para tropa, fiação e estamparia de chitas[10]. E, à parte desse, outros ramos que se insinuavam desde 1850, aumentaram suas indústrias, como por exemplo: indústrias de alimentos (cervejas, refrigerantes, macarrão, massas, farinha de trigo); fábricas de caixas e de papelão; indústria do papel; fábrica de produtos químicos (sabão, tintas e produtos de uso doméstico); salineiras; pequena indústria metalúrgica (Bahia:1815; Rio: 1817), "na verdade oficinas de fundição", que só em 1882 passaram a adotar motores a vapor, e que, além de ferramentas, produziam pregos, parafusos e outros objetos; indústrias do couro, desde os curtumes, destinados à limpeza de peles e couro e oficinas de preparo da sola, até os estabelecimentos de fabrico de calçados (sapatos e botinas), malas e outros artefatos; indústria de chapéus (1825); fábricas de móveis e mobílias curvadas; indústria gráfica (tipografias, litografias e oficinas de encadernação); indústrias da construção civil, como as olarias, cerâmicas, pedreiras, marmoarias e caieiras.[11]

É preciso advertir, porém, que isso não representava, propriamente, um *boom* industrial no país, de acordo com o que alertam Foot e Leonardi. Sob a rubrica de "estabelecimentos industriais", conforme um Censo de 1882, eram também consideradas pequenas oficinas e manufaturas. Até as fábricas têxteis nacionais, que usavam energia hidráulica ou empregavam o vapor, produziam apenas "tecidos grosseiros consumidos pelos escravos, colonos e assalariados, já que não podiam concorrer com os tecidos finos importados da Inglaterra pelas classes dominantes."[12]

5.1.3.2. Empreendimentos urbanos

Surgiram iluminação a gás; telégrafo; a utilização da eletricidade, o transporte entre os bairros das principais Capitais, desde os bondes à tração animal e, mais tarde, com sistema elétrico; construção de portos nas cidades litorâneas ou fluviais mais desenvolvidas, assim como os melhoramentos propiciados pela construção civil, a exemplo de pontes e aquedutos, abertura e calçamento de ruas, obras de saneamento etc.

---

(9) V. Francisco Foot e Victor Leonardi, que ainda informam que Nelson de Vicenzi considerava a primeira fábrica de tecidos a que se instalou em Vila Rica, no ano de 1814, enquanto o Relatório da Comissão de Inquérito Industrial, publicado em 1892, apontou como a primeira a que se fundou em Pernambuco, "logo depois da Independência" (1822). Os próprios autores referem-se também a uma tecelagem existente no Rio em 1819, portanto, em meio àquelas duas datas – Cf. *ob. cit.*, p. 32/33.

(10) Francisco Foot e Victor Leonardi, *ob. cit.*, p. 35.

(11) V. Nícia Vilela Luz: A Luta pela Industrialização do Brasil. Ed. Alfa-Ômega, São Paulo, 1978, p. 115, 131, 134 e 137; Francisco Foot e Victor Leonardi: *ob. cit.*, p. 33/36 e 62.

(12) Francisco Foot e Victor Leonardi, *ob. cit.*, p. 45.

Acresçam-se ainda, a título de modificações pró impulsão à nossa economia, no século XIX, a partir de seu gerenciamento nas cidades, a aplicação de capital em bancos, companhias de seguro e imóveis, além do desenvolvimento das sociedades anônimas, todos eles também conduzidos, em maior parte, pelos estrangeiros.

5.1.3.3. Transportes

Maior racionalização das tarefas econômicas com a circulação de mercadorias, por modo geral, adveio, também, através do sistema de transporte. Quer o transporte por via oceânica, com navios e barcos a vapor, atendendo à demanda dos nossos produtos no mercado internacional, quer por via costeira ou pela navegação fluvial. Ou pelo transporte ferroviário, que permitiu atender às fazendas distantes, formar vilarejos e oferecer fretes mais baratos e seguros do que as tropas de animais.

A esse propósito, deve-se destacar, mais uma vez, o controle da Inglaterra não somente sobre o transporte terrestre, com as ferrovias, mas, ainda, sobre as companhias de navegação e agências de importação/exportação de produtos, dominando, assim, nosso transporte marítimo e o comércio exterior. Por exemplo, enquanto já em 1840, segundo R. Graham, "quase metade da exportação brasileira de açúcar, metade da de café, e mais da metade da de algodão estavam sendo exportadas por firmas britânicas"[13], os tecidos representavam, até, 1890, "mais de 50% das importações provindas da Grã-Bretanha." Ora: além dos tecidos mais qualificados, como chitas, morins, brim, linho e filó, e de confecções como paramentos, mantas e lenços, o Brasil importava até "produtos de fabricação simples", "tais como lonas, barbante, alvaiade, betume, óleo de linhaça, tintas, cimento, sem falar nos produtos alimentícios, manteiga, cervejas e bebidas em geral."[14]

5.1.3.4. Mecanização da agricultura/Melhoria das práticas agrícolas

A racionalização das práticas agrícolas e a interferência tecnológica na produção rural deram impulso às principais atividades do ramo, de logo alcançando um particular melhoramento parra cana de açúcar, o café, o algodão, o fumo e o gado vacum, bem como fazendo expandir as áreas de cultivo e do criatório.

Foram inovações como o arado, para melhorar as condições do plantio, em geral; a substituição de implementos de madeira pelos de ferro; o revestimento dos antigos terreiros de chão por pedras ou cimento; o progressivo emprego da energia a vapor, em lugar da energia hidráulica e da tração animal.

De modo particular, tivemos a evolução dos aparelhos e maquinaria nos engenhos, com o aproveitamento do bagaço da cana para cozimento, e, depois, com o emprego do vapor, demandando outros vasos, fôrmas, caldeiras, centrífugas, ao lado de introdução de plantas mais propícias, como a cana caiana, que foi substituindo aos poucos a da variedade crioula. Enfim, melhorias que permitiram maior produção e o advento dos engenhos

---

(13) R. Graham: Grã-Bretanha e o início da modernização do Brasil. Ed. Brasiliense, São Paulo, 1973, p. 82, *apud* Francisco Foot e Victor Leonardi, *ob. cit.,* p. 55.

(14) Francisco Foot e Victor Leonardi, *ob. cit.,* p. 55.

centrais, e, depois, o surgimento das usinas[15], imprimindo maior destreza na obtenção dos derivados da cana: o açúcar, a cachaça, o melaço e a rapadura. Secadores, despolpadores, aparelhos a vapor para brunir café, torrefadores, aceleraram o processo de beneficiamento do produto, em prol da qualidade dos grãos para exportação ou em função da pureza do pó destinado ao consumo interno. Engenhocas de pilar e limpar as impurezas do mate, seu acondicionamento em caixas e não em surrões de couro, contribuíram para sua melhor aceitação. Descaroçadores de algodão e prensas de sementes, a igual, tiveram o benéfico efeito de melhoramento de retirada de suas fibras (fios para papel), óleo (iluminação, lubrificante de máquinas e fabrico de sabão) e massa (ração e adubo). Também novas pipas, dornas ou tinas de vinho, vinagre e aguardente, aprimoramento das manufaturas do fumo (cigarros com palha de milho e, depois, com papel fino; rapé, tabaco para cachimbo e charutos[16]; raladores de mandioca, esmagadores mecânicos de frutas, espremedores para sucos, filtros e provetas para xaropes de frutas; novidades para as indústrias caseiras de produtos agrários, como as conservas, licores, picles, geléias, doces em geral (em compota, secos ou cristalizados), o acondicionamento de tais produtos, por exemplo, em palha, em frascos, em caixa etc.

No campo da pecuária, a racionalização do seu processo pode também ser exemplificada com a introdução de novas variedades de capim, benfeitorias mais modernas, para melhoramento das aguadas, conservação do leite e de forragens; o uso de batedeiras para fabrico da manteiga, do queijo e do requeijão; o preparo do charque através de equipamentos movimentados a vapor e, em consequência, a melhor preservação da integridade do produto, facilitando a estocagem e o transporte para rincões mais distantes. Em menor proporção que o charque, posto que mais restrita a consumo local, havia ainda o beneficiamento da carne fresca, por defumação ou por via de salga, desidratação ou secagem "no tempo", como era o caso da carne-ceará, que se difundiu com o nome de carne-do-sol.. E, mais outros produtos de origem animal, como peles e couros, toucinho em mantas, presuntos, mortadelas, salames, banhas, graxas, sebos e colas, linguiças, arreios, roupas, laços e chapéus de couro e outros implementos de manejo do gado e de utilização alimentícia.

A propósito, pode-se obter um quadro dos "principais produtos brasileiros no comércio internacional", relativo à época que vimos estudando, ou seja, as quatro décadas que vão da abolição do tráfico negreiro até a abolição da escravatura. Obedecendo-se à ordem de importância de cada um deles nas exportações, temos: a) 1851/1860: café, açúcar,

---

(15) "O engenho central implica, basicamente, na divisão do trabalho, os proprietários agrícolas cultivando a cana sem processá-las, remetendo-a para os engenhos centrais próximos. Cada produtor poderia dedicar seus recursos apenas à agricultura. Os proprietários dos engenhos centrais podiam dedicar seus recursos ao setor industrial com investimentos de capital." ... "A usina de açúcar era diferente dos engenhos, particularmente quanto à divisão do trabalho. Especializava-se no fabrico do açúcar, plantava e comprava cana dos fornecedores e ainda produzia a sua matéria prima." "A Economia Açucareira no Nordeste e no RGN: A Sociedade escravocrata em decomposição do Complexo Rural e Relações de Trabalho" – Coleção Textos Acadêmicos, n. 171, Univ. Federal do RGN, março de 1982 - p. 46 e 48 — Sem indicação de autor.

(16) Cf. relato de André Rebouças: Agricultura Nacional – Estudos Econômicos (Propaganda Abolicionista e Democrática). 2ª edição fac-similar. Fundação Joaquim Nabuco/Editora Massangana, Recife, 1988, p. 247 e 253.

couros e peles, algodão, borracha; b) 1861/1870: café, algodão, açúcar, couros e peles, borracha; 1871/1880: café, açúcar, algodão, couros e peles, borracha; 1881/1890: café, açúcar, borracha, algodão, couros e peles.[17]

Essas amostras das conquistas da ciência, pelo emprego de uma nova tecnologia e melhoramento dos serviços, em geral, promoveram mais adequada divisão do trabalho, racionalizando a sua execução; e trouxeram, como consequência, a necessidade de abolir a escravatura, notadamente pela relação custo/benefício das atividades econômicas, que era o que interessava aos produtores mais esclarecidos.

Resultava ser menos dispendioso para os fazendeiros remunerar trabalhadores livres, donos de sua própria subsistência com o ganho tipicamente salarial, e ainda suscetíveis de vínculos meramente temporários ou de rodízio nas safras, do que manter escravos por modo permanente, ou pelo menos por mais tempo, com enfrentamento de maiores gastos, em face da manutenção deles, assim como dos menores rendimentos nas tarefas desenvolvidas pelos mesmos. Além do desgaste com os atos de rebeldia. Os proprietários, em grande parte, já tendo experiência não só com imigrantes, mas com negros forros que recebiam salário monetário, terminaram concluindo, nos derradeiros anos que antecederam à Abolição, que a pequena população escrava que restava no país não mais se conformaria em trabalhar sem ganhar nada, ademais sujeita ao trato humilhante no dia a dia. Demoraram de entregar os pontos, na esperança de receberem uma indenização.

5.2. O ato abolicionista como fator essencial de transformação da sociedade em frente ao século XX

O ato abolicionista que deu origem à libertação definitiva dos escravos, foi, sem dúvida, o acontecimento mais radical de mudanças do país, no século XIX. Ele faz encerrar um período de transformações importantes, para catapultá-las num outro, com inovações pelas quais as raízes do desenvolvimento econômico poderiam ser recriadas de modo mais firme e eficaz.

A abolição da escravatura abriu uma vereda diferente para a nação (mas nem por isso menos perturbador socialmente, como se viu depois), ao propiciar uma base capitalista e burguesa em que se assentasse a sociedade brasileira.

No plano do Direito, a Abolição colocou os escravos libertados no mesmo patamar de igualdade dos demais cidadãos, em especial pelo gozo dos direitos civis (igualdade civil), o que veio a ser complementado, no setor laboral, com vantagens legais *aparentes* da liberdade de contratar (Decreto n. 213/1890) e da declaração da primeira constituição republicana (1891) de que o princípio da igualdade era também diretriz geral, a ser observada em toda a nação.

Procurando extrair sentido político mais instigante da lei Áurea, os autores modernos se deram a especular:

---

(17) KOSHIBA Luiz; PEREIRA, Denize Manz. *História do Brasil*. São Paulo: Atual, 1994. p. 232.

1) Para uns, foi ato revolucionário:

(a) porque contou com a ação insurgente dos cativos, sendo um resultado direto dela, aliada ao movimento abolicionista. Mário Maestri assim o diz, para depois complementar: "Encontrando-se tendencialmente esgotadas as possibilidades da produção escravista, a convergência do movimento abolicionista com a agitação e abandono das fazendas de café assumiu um caráter revolucionário e levou à Abolição. Não fosse a ação dos cativos, festejar-se-ia em uma qualquer outra data, e não em 1888, o fim do cativeiro. O fato de que o movimento não tenha emancipado social e economicamente as populações negras era historicamente inevitável. O que não impede que a Abolição constitua a única revolução social conhecida por nossa história e o mais importante e decisivo movimento de massas de nosso passado."[18]

(b) porque, segundo Ivan Alves Filho, "abre a via de implantação de um novo modo social de produção entre nós, materializando, a nível jurídico, a transição do escravismo para o capitalismo" (...) "Afinal, a Abolição libertou o escravo. E se ela não libertou o negro, isto se deve muito menos à insuficiência da lei Áurea do que à não realização da reforma agrária, por exemplo".[19]

(c) Jacob Gorender também enxerga a Abolição como uma revolução social no Brasil, adicionando, porém, um qualificativo.

Por um lado, ele reconhece, que a "Abolição produziu uma modernização sem mudanças" – embora justifique que "Nenhuma melhora social poderia ser projetada nas condições da escravidão. Era preciso primeiro ser livre para as lutas pelas prerrogativas de homens livres".[20]

Por outro lado, nas suas considerações sobre esse "evento revolucionário", quando diz que "a Abolição foi a única revolução social jamais ocorrida na história do nosso país"[21], esclarece que ela se afigurou como "a revolução burguesa do Brasil", pois, ao eliminar a propriedade escrava, retirou o entrave econômico e jurídico à formação do trabalho assalariado".[22]

(d) Décio Freitas parece assumir posição contrária, mas não o faz, sendo somente analítico quando diz não ver revolução no ato abolicionista, como consequência da luta de uma classe que, como classe, não era revolucionária. Ele aclara: "Não se diz, naturalmente, que a luta destes oprimidos e explorados não se revestiam de um cunho revolucionário" (...) "Apenas como não tinham capacidade de promover a ruptura total do sistema, e criar em seu lugar outro mais progressista, deixavam de constituir uma classe revolucionária. Em outras palavras, suas lutas estavam privadas de perspectiva".[23]

---

(18) MAESTRI, Mário. *A Servidão Negra*. Porto Alegre: Mercado Aberto, 1988. p. 87 e 136.
(19) ALVES, Ivan Filho. *"Vinte de Novembro ou Treze de Maio"*? *in* Revolução. Carta 13, Brasília, 1994, p. 40.
(20) GORENDER, Jacob. *A Escravidão Reabilitada*. São Paulo: Ática, São Paulo,1990. p. 204.
(21) GORENDER, Jacob. *A Burguesia Brasileira*, São Paulo: Brasiliense, 1991. p. 121/2.
(22) GORENDER, Jacob. *A Escravidão Reabilitada*. São Paulo: Ed. Ática, São Paulo, 1990. p. 204.
(23) Freiras, Décio. *Escravos e Senhores de Escravos*. Porto Alegre: Mercado Aberto, 1983. p. 165.

"Os escravos não desempenharam o papel de classe revolucionária — ele continua — e não se pode, a despeito das frequentes insurreições escravas, falar em uma 'revolução dos escravos'; por outra, os escravos não impuseram, a partir de uma posição dominante, uma nova ordem social; ou ainda, os oprimidos e explorados não promoveram um reordenamento geral da sociedade, de acordo com seus interesses e suas necessidades".[24]

Não deixa ele, todavia, de detectar no Brasil da época uma "...*revolução anti-escravista*", a qual "assumiu um caráter não apenas conservador, mas na verdade arcaico", e chega a identificar que eram as classes dirigentes que "procediam, em última análise, a um remanejamento de estrutura, constatando ainda — inclusive por uma evocação a Joaquim Nabuco — que o movimento abolicionista foi, como este afirmara, "proeminentemente um movimento próprio da classe dos proprietários".[25] (g.n.)

(e) Florestan Fernandes, embora sem enxergar o negro como "agente revolucionário", chama a Abolição de uma "peculiar revolução social", que "se propunha, aberta e resolutamente, às transformações das condições da organização do trabalho", e a chama de "nossa revolução burguesa". Assinala ainda: "O processo , no conjunto, foi, realmente, revolucionário: consagrou a Abolição do cativeiro e a instituição universal da ordem contratual na sociedade brasileira."[26]

(f) José de Souza Martins traz o seu pronunciamento da seguinte forma:

"As mudanças ocorridas com a abolição da escravatura não representaram, pois, mera transformação na condição jurídica do trabalhador: elas implicaram transformação do próprio trabalhador. Sem isso não seria possível passar da coerção predominantemente física do trabalhador para a sua coerção predominantemente ideológica. Enquanto o trabalho escravo se baseava na vontade do senhor, o trabalho livre teria que se basear na vontade do trabalhador, na aceitação da legitimidade da exploração do trabalho pelo capital, pois se o primeiro assumia previamente a forma de capital e de renda capitalizada, o segundo assumiria a forma de força de trabalho estranha e contraposta ao capital." [27]

(g) João José Reis faz parte do grupo de estudiosos que entendem que "As fugas em massa, comuns nos últimos anos da escravidão, frequentemente viraram revolta...", o que significa dizer que "a rebeldia escrava fragilizou a escravidão e definiu o desfecho da escravidão."

Também acredita na ação dos negros como causa direta da Abolição, porém nega a esta sentido humanitário ou que tivesse por objetivo a justiça social. " Seu sentido histórico primordial — diz ele — foi o de promover um mercado livre, o primeiro passo de uma sociedade plenamente de classes."[28]

---

(24) *Idem. Ibidem*, p. 163.

(25) Décio Freitas: *ob. loc. cit.*

(26) Florestan Fernandes: A integração do negro na sociedade de classes (2 vols.), São Paulo, Editora da USP, 1965, 1º vol., pp. 27, 21,22,23 e 24.

(27) MARTINS, José de Souza. *O Cativeiro da Terra*. São Paulo: Livraria Editora Ciências Humanas, 1979, p. 17/18.

(28) João José Reis: "Abolicionismo e Resistência Escrava", *in* Revista da Bahia, n. 14 – set/nov 1989, p. 20.

2) Dentre os que veem o ato abolicionista como um acontecimento natural, em meio a um processo evolutivo na sociedade brasileira, temos:

(a) Clovis Moura entende que "A Abolição não mudou qualitativamente a estrutura da sociedade brasileira", e, por isso, "Querer-se ver...a Abolição como uma possível revolução democrático-burguesa, é, no mínimo, ingenuidade, pois nenhuma das reformas que essa revolução tem por objetivo executar foram feitas com essa medida" (...) "Não podemos negar que o trabalho escravo foi substituído pelo trabalho livre. Mas as estratégias de dominação antecipadamente estabelecidas, fizeram com que o antigo escravo não entrasse sequer como força secundária na dinâmica desse processo..."[29]

(b) Emília Viotti da Costa diz que "A Abolição não correspondeu nem aos anseios dos escravistas, nem às expectativas dos abolicionistas. Não foi catástrofe nem redenção". E adiante afiança que, para muitos dos ex-escravos, "...a Abolição representara apenas o direito de ser livre para escolher entre a miséria e a opressão em que viveu (e ainda vive) um grande número de trabalhadores brasileiros."[30]

(c) Ademir Gebara é incisivo: "A Abolição não foi mais do que um evento, dentro do processo estrutural de mudanças sociais e de consolidação da hegemonia política da classe dominante"

(...) " ... a manutenção do controle sobre a formação do mercado de trabalho livre somente poderia ser mantida com a destruição da ordem escravista. Eis ai a maior significação da Lei de 1888. Com ela se rearticula o controle sobre a organização do mercado livre de trabalho livre."[31]

(d) Octavio Ianni fala que a Abolição não é um evento, e sim um processo:

"Trata-se de um processo que se desenvolvia pouco a pouco no seio da sociedade escravocrata, como um dos seus produtos naturais. Muito tempo antes de organizar-se, já vinham operando fatores internos e externos no sentido de destruir o sistema vigente."[32]

(...) "Não é, pois, uma 'revolução' de cativos que destrói o trabalho escravo para implantar o livre. São transformações internas ao sistema que paulatinamente arruínam os últimos vestígios do regime, pois que ele se tornara inadequado, envelhecido, e novas formas de produção e existência social se haviam instalado e expandiam-se. Portanto, a abolição não foi apenas o resultado direto e imediato do comportamento deliberado do escravo."[33] (...) "No contexto histórico-econômico em que se manifestou, pode ser considerado um fenômeno 'branco', em nome do negro. Lutando pela abolição do trabalho escravizado, os brancos lutavam em benefício dos seus próprios interesses, conforme

---

(29) MOURA, Clovis. *Dialética Radical do Brasil Negro*. São Paulo: Anita, 1994. p. 103.
(30) COSTA, Emília Viotti da. *A Abolição*. 4. ed., São Paulo: Global, 1988. p. 96
(31) GEBARA, Ademir. *O Mercado de Trabalho Livre no Brasil* (1871-1888). São Paulo: Brasiliense, 1986. p. 205 e207.
(32) IANNI, Octavio. *As metamorfoses do escravo*. São Paulo: Hucitec/Scientia et Labor, 1988. p. 181.
(33) *Idem. Ibidem*, p. 204.

consubstanciados ou poderiam objetivar-se num sistema econômico-social fundado no trabalho livre. Por isso é que o abolicionismo foi uma revolução 'branca', um movimento político que não se orientava no sentido de transformar, como se afirmava, o escravo em cidadão, mas transfigurar o trabalho escravo em trabalho livre."[34]

3) Tais posicionamentos em torno da Abolição, quanto à mesma haver consubstanciado uma *revolução* ou ter constituído apenas uma etapa de uma *evolução*, despertam, evidentemente, a doutrina dialética materialista da determinação qualitativa e quantitativa dos fenômenos – inclusive os sociais – bem como a concepção metafísica do desenvolvimento.

Segundo os princípios de Marx, a "lei dialética do desenvolvimento" reconheceu tanto "as modificações quantitativas gradativas, como as modificações qualitativas sob a forma de saltos", enquanto a concepção metafísica, pela sua principal vertente, não admite saltos, privilegiando "as modificações quantitativas, pequenas, gradativas, ininterruptas, por meio do caminho evolucionista."[35]

Donde se depreende que a mudança social qualitativa por "saltos" é a mola mestra diferenciadora das correntes de interpretação.

Assim é que emprega-se o conceito de *evolução* "para designar modificações quantitativas na natureza e na sociedade — embora comumente também se o tome de maneira mais ampla, "para designar o desenvolvimento em geral, abrangendo tanto as modificações quantitativas como as qualitativas." Ao passo que utiliza-se o conceito de *revolução* diante das modificações qualitativas no desenvolvimento da sociedade, derivadas daquele "salto", vale dizer, com a "passagem de uma qualidade a outra", de um "estado para outro novo", uma brusca "interrupção de modificações quantitativas", a saída "da gradatividade" para "transformação no contrário".[36]

Também nesse mesmo ritmo de O. V. Kuucinen e outros, falando das revoluções sociais, acha-se Jáchik Momdzhián, que as condiciona ao "salto del viejo orden social ao nuevo", o que interrompe a gradualidade e faz surgir "un sistema social nuevo por principio. (...) La vieja formación no evoluciona, no se integra, no se funde ni empalma con los nuevos sistemas sociales progresistas, como afirman los partidarios de las distintas variantes de la teoría de la convergencia."(...)

"Así, pues, la revolución social, tomándola en un amplio sentido, es la victoria del nuevo sistema sobre el viejo sistema." (...) "La revolución social es un salto dialectico... por el surgimiento de una nueva formación, por su consolidación."[37]

O mesmo autor, entretanto, faz duas importantes advertências: (a) de que o "marxismo distingue las revoluciones, que se acompañan con la toma del poder con la violencia y con las guerras civiles, de las revoluciones relativamente pacificas, no exentas, desde luego, de

(34) *Idem. Ibidem*, p. 205.
(35) 0. V. Kuucinen *et alli*: Fundamentos do marxismo-leninismo. Ed. Vitória, Rio, 1962, p. 73.
(36) *Idem. Ibidem*, p. 72, 73 e 78.
(37) MOMDZHIÁN, Jáchik. *Etapas de la Historia*. Moscou: Progreso, 1980, p. 111 e 112.

aplicar unas u otras formas de coerción. Esta coerción, sin embargo, no toma el carácter de lucha armada"; (b) de "que la lucha de las clases antagónicas principales no termina siempre con la victoria de la clase oprimida." [38]

Particularmente em relação a este último aspecto, Momdzhián chama a atenção para dois acontecimentos históricos, pelo menos: (a) da ultimação do escravismo patriarcal, em que "la clase de los esclavos no ejerció y no pudo ejercer la hegemonía de una nueva revolución social, no pudo ser portadora de un modo de producción avanzado, no pudo ser creadora de una nueva formación socioeconómica. Como resultado de ello, los esclavos y los esclavistas desaparecieron de la escena histórica, y la estafeta del progreso social pasó a las manos de la clase de los feudales"[39]; (b) da situação semelhante surgida na sociedade feudal: "Los campesinos y los feudales eran las clases opuestas principales de esta sociedad. Está fuera de toda duda que la lucha del campesinato de muchos siglos – a veces mui aguda y tensa – contra los fundamentos del régime feudal, coadjuvó al resquebrajamiento de las bases de éste. Sin embargo, la burguesía fue la que ejerció la hegemonía en la revolución social antifeudal, fue la portadora del nuevo modo de producción. Ella encabezó la lucha de todas las masas oprimidas, en primer lugar del campesinato sumido en la servidumbre, contra el yugo feudal y contra la monarquia absoluta."[40]

No Brasil, concretamente, a libertação dos escravos foi um movimento de algumas causas, dentre as quais as ações coletivas insurrecionais dos negros. E pelo que se viu da História, tal movimento não se imbuía, realmente, da tomada de Poder: nem pela parte dos seus prosélitos, que pertenciam à elite mais próxima ao próprio Trono ou que sonhava em direção à República, como evento futuro à parte, nem pelo lado dos negros, cujo desejo imediato era escapar do jugo dos senhores, sem nenhuma pretensão de tomar a frente de qualquer regime político, conforme aconteceu no Haiti, em 1791.

Dentro dessas coordenadas mais genéricas, há que se descartar logo, para o caso brasileiro, outra faceta do conceito de *revolução*, essa ligada à conquista do Poder, especialmente se reforçadas com a violência da luta armada. A violência que aqui chegou a existir, na derradeira fase abolicionista de rebeldia, visou os elementos que se postaram contrários à liberdade dos escravos (senhores, feitores e outros asseclas), não os esbirros oficiais que eventualmente estivessem defendendo o sistema monárquico e seu governo. Estes, a propósito, chegariam até à conclusão de que o ato legislativo de libertação dos escravos constituiria a própria defesa do *establishment*.

Na hipótese do antagonismo entre a classe escrava e a classe senhorial no Brasil, os embates não tiveram aquela natureza de guerra civil; mas, de toda maneira, os negros foram vitoriosos mesmo sem a aspiração do Poder, em si, ainda que seu êxito imediato consistisse nas escapatórias dos antigos senhores e na eventual obtenção de trabalho remunerado por onde fossem. A consequência da libertação independeu da vontade consciente deles, em busca do remanejamento e do controle das instituições, mas ficou encaixada na teorização

---

(38) *Idem. Ibidem*, p. 113.
(39) *Idem*. Ob. loc. cit.
(40) *Idem. Ibidem*, p. 113/114.

de Momdzhián, no sentido de se "exercer uma nova revolução social", portar "um modo de produção avançado" e criar "uma nova formação socioeconômica". A escravidão é que era o entrave ao impulso para o salto dirigido a uma nova ordem.

Isso foi diferente, por exemplo, do que aconteceu nas sociedades europeias, quando os escravos e seus senhores simplesmente desapareceram com o feudalismo, vale dizer, por via de outro rumo social e econômico surgido nos feudos, sob o comando de novos senhores, detentores de terras, e sob sujeição de novos oprimidos, os camponeses servos, com seus lotes de subsistência nas áreas senhoriais.

Porém, chegada a vez destes enfrentarem a luta contra os senhores feudais, foram encontrar a burguesia "encabeçando a luta das massas oprimidas", e que foi "a portadora de um novo modo de produção", ou seja o agente de um novo "salto", na época.[41]

Como não tivemos no Brasil a sociedade feudal, eis que o caráter mercantil das atividades de Portugal exigiam o modo de produção escravista na Colônia, a passagem do nosso sistema de escravatura iria recair (embora não de inopino) num novo regime que já ensaiara alguns ritos, mesmo antes de 1888 — o modo de produção capitalista. Foi o nosso salto qualitativo, o qual interrompeu, pela ruptura do regime escravista, as modificações gradativas que ocorriam no velho sistema, passando então a encetá-las em um novo regime de laivos mais dinâmicos.

Malgrado todo o arcaísmo das condições então dominantes, despontavam as perspectivas de fatores progressistas incidentes em casos que tais, como já percebera Lênin, em relação à sociedade capitalista em geral, a exemplo, dentre outros, do pagamento monetário pelo trabalho e da diminuição da "coação extra-econômica" (ou de dependência pessoal, de que também falava Marx): "Confrontando com o trabalho do camponês dependente ou servo, em todos os setores da economia nacional, o trabalho assalariado livre constitui um fenômeno progressista".[42]

A circunstância de alguns autores brasileiros verem no ato de Abolição um simples *fato de um processo social*, não incompatibiliza, necessariamente, o *fato revolução social*, eis que este pode fazer parte de um processo — "digamos... un proceso historico mui prolongado..."[43]

Seja qual for a qualificação que se queira dar a esse tipo de *revolução* que tivemos, o certo é que a tivemos como um salto dialético, com as implicações do trabalho livre, em meio às primícias de um novo modelo de produção, que generalizaria o trabalho assalariado. As condições pré-capitalistas já estavam presentes entre nós, geradas pela acumulação do capital, resultante de certas diligências progressistas, que promoviam maiores divisas e propiciavam a poupança estimuladora de um mercado interno promissor. Faltava, apenas, o advento de uma sociedade de homens totalmente livres e aptos,

---

(41) *Idem. Ibidem*, p. 114.
(42) LÊNIN, Vlademir Ilitch. *O Desenvolvimento do Capitalismo na Rússia*. São Paulo: Victor Civita, 1982. p. 124 e 324.
(43) Jáchik Momdzhián: *ob. cit.*, p. 112.

em tese, para um trabalho remunerado — o que se deu com a Lei da Abolição, pelo desfazimento do nó que impedia ter curso no Brasil uma nova organização socioeconômica, agora sob a dominância do capital, que, doutro lado, iria desenvolver uma nova espécie de exploração do homem.

5.3. O advento da República e a "regulamentação" do trabalho livre na agricultura

Os republicanos brasileiros, que na sua expectativa de desmoronar-se o Império, tergiversaram em fazer o seu Partido compactuar com os abolicionistas, terminaram instalando-se no Poder, paradoxalmente através das fissuras que a própria Abolição fragilizou na Monarquia. Eles conseguiram camuflar até então certa neutralidade, para estarem quer ao lado dos escravos, quer ao lado dos senhores de escravos, a fim de evitar a antipatia dos representantes das elites escravocratas no Parlamento, e de ganhar a simpatia dos latifundiários, se a República fosse instalada. E como o foi — porque os fazendeiros ressentidos com a Abolição (principalmente os do Sudeste) instaram os militares a fazê-lo – deu-se que aqueles republicanos alteraram sua posição: de simples espectadores (face à neutralidade mais ou menos generalizada) da antiga luta de classes dos tempos escravocratas, passaram a ser protagonistas de outra luta, um tanto distinta agora: a que iria se desenvolver entre as classes sociais dos burgueses de toda ordem e dos proletários urbanos e rurais.

Naturalmente que a sua camada política dirigente e os que não desapareceram num processo autofágico, aliando-se aos da camada econômica de sustentação do governo, foram fazer parte daquela primeira categoria. A novel República veio a ser representativa da burguesia, é claro, eis que amparada pelos industriais emergentes, os banqueiros, comerciantes ou fazendeiros da agroexportação, os quais se fortaleciam internamente e podiam barganhar o respaldo político que davam.

Mas também precisavam de trabalhadores nas cidades e no campo, ora em completa liberdade todos — independentemente de raça ou cor — para garantir mão de obra nos velhos e nascentes empreendimentos que passaram a se apoiar em diferente estrutura laboral. Assim, a República foi dosando suas providências, que tentariam manter "equilibradas" as linhas das novas classes sociais.

O principal artifício utilizado para aquele pretenso equilíbrio implantou-se no princípio legal da igualdade entre o que precisava do serviço humano para um quê-fazer e o que necessitava de dar o seu trabalho para sobreviver. A igualdade perante a lei (Constituição Republicana de 1891, art. 72, § 2º) não se enquadrava, propriamente, no princípio da igualdade como valor humano, de acordo com o que encontramos nas constituições modernas. Constituía, antes, u'a medida do princípio de liberdade, visto no *caput* daquele citado artigo (concebido como um dos preceitos constitucionais básicos dos direitos da cidadania) — vale dizer, uma simples medida de liberdade de fazer ou não fazer algo segundo a própria lei (art. 72, § 1º) e do livre exercício de qualquer profissão (art. 72, § 24). *In verbis*:

"Art. 72. A Constituição assegura a todos os brasileiros e estrangeiros residentes no País a inviolabilidade dos direitos concernentes à liberdade, à segurança individual e à propriedade, nos seguintes termos:

§ 1º. Ninguém pode ser obrigado a fazer ou deixar de fazer alguma coisa, senão em virtude da lei.

§ 2º. Todos são iguais perante a lei.

(...) — *omissis*

§24. É garantido o livre exercício de qualquer profissão moral, intelectual e industrial".

Aqueles dois sujeitos da ordem econômico-social — trabalhador e patrão — foram articulados pela figura do "contrato", ou seja, um ajuste de vontade, realizado também, supostamente, sob o princípio da liberdade, com a qual ambos iriam perfilhar o suporte jurídico daquela propalada igualdade: a de terem direitos e obrigações recíprocas.

Mas como aquele artifício a que atrás aludimos tinha um caráter legal somente para mascarar as concreções de uma diferente realidade, ele não emperrou o "motor da história", que Marx atribuiu ser a luta de classes, e por isso a República não teve como deixar de agir em detrimento dos obreiros, nada lhes permitindo reivindicar, sempre se pondo em favor dos privilégios da burguesia nacional e até da burguesia internacional.[44]

Adveio uma luta calcada em contradições de outra estrutura. As elites imperiais dominantes, que haviam construído seu poderio no binômio propriedade da terra – propriedade do escravo, ao bandear-se para a República sem escravidão, passaram a fazer da propriedade rural seu valor maior, transformando-se em elites republicanas pela preservação desse bem fundiário e pela imbricação com a burguesia oriunda das incipientes atividades fabris, comerciais etc. Em todo caso, compondo uma esfera de burguesia, detentora dos bens fundamentais de produção, que colocava em ponto oposto um variadíssimo conjunto de trabalhadores a seu serviço.

A propósito, permitimo-nos, num parêntese, colocar o nosso pensamento sobre não serem "burguesia" e "capitalismo" expressões sinônimas; e sim faces da mesma moeda, ambas com conceitos próprios, mas que se acham sempre sobrepostos.

Capitalismo indica organização da economia, com privilegiamento do capital sobre o trabalho; e "por burguesia entende-se", segundo Engels, "a classe dos capitalistas modernos, que são proprietários dos meios de produção social...". Contudo, uma ponta se liga à outra.

Do lado oposto a esses detentores dos meios de produção, de acordo com a mesma fonte, se coloca o contingente do proletariado, ou seja, "a classe dos trabalhadores assalariados modernos que, não tendo meios de produção próprios, são obrigados a vender sua força de trabalho para sobreviver".[45]

Pois bem: uma nova forma de Estado, no Brasil, dirigido pelos latifundiários e outros proprietários apegados à terra como instrumento de poder, vindo associados aos grupos econômicos que também exerciam seu controle social nas cidades em crescimento, caracterizou nossa 1ª República — uma República Oligárquica (1889-1930).

---

(44) Ver isso, por exemplo, nas consequências do Acordo Aduaneiro entre Brasil e Estados Unidos, em 1891, *infra* 5.4.

(45) Frederick Engels, nota à edição inglesa de 1888 do Manifesto do Partido Comunista, cf. referência n. 3 da p. 45 do *Manifesto* de Marx e Engels, editado por Martin & Claret, São Paulo, 2ª Ed., 2008.

Tal República fez suas escaramuças nesses 40 anos de existência, estando cheia a História do país de episódios interessantes de toda espécie. Mas como é outro o nosso propósito neste capítulo, bastar-nos-á permanecer limitados a um pouco mais de um lustro da era republicana e a um relato brevíssimo de acontecimentos os mais significativos. Na realidade, um período para a acomodação dum novo tipo de Estado, isto é, o que se acabou na condição de Estado Escravista, e o que começou, como Estado Capitalista ou Burguês — mostrando relevância, em tal fase, aos seguintes fatos:

(a) A própria proclamação da República (1889), teve uma força política de consequências ímpares na estrutura do Estado e na do Governo, fáceis de imaginar, frente à necessidade de organizar com responsabilidade o sistema de administração do país, deixando toda a população brasileira em expectativa.

(b) A queima dos arquivos da escravidão (1890) foi um equívoco cultural e emocional que até hoje produz efeitos negativos para os estudiosos, que têm de se valer de arquivos de outras nações, bem como para os descendentes de escravos, na pesquisa sobre seus ancestrais. Entretanto, Joel Rufino dos Santos acha exagero dizer-se que "não é possível fazer-se a história dos negros brasileiros porque Rui Barbosa queimou os documentos da escravidão". (...) "O que Rui, ministro da Fazenda, mandou queimar foram os documentos fazendários de entradas de escravos, e nem se fez completamente — a ineficácia do serviço público, nesse caso, foi benéfica. Sem falar que a História não depende de documento escrito."[46]

(c) O Acordo Aduaneiro Brasil – Estados Unidos, de 31 de janeiro de 1891 foi atestado de um alinhamento de desastrosas consequências para o nosso país, que, fora vítima de uma traição diplomática e mercantil. A capitulação brasileira foi, talvez, o primeiro passo da República para atirar o Brasil nas raias do capitalismo dependente.

(d) Ainda do mesmo ano (1891) a Constituição Federal veio a ser o marco legislativo principal da República implantada, mas, ainda que elaborada sob o impacto da abolição do cativeiro, não cuidou, de nenhuma regra programática ou executória da integração adequada dos negros na sociedade. Quer na política educacional, cultural e de empregos, quer na política relacionada à ocupação de terras – todas elas, aliás, que deveriam ser concebidas para a população pobre em geral, e não foram.

(e) A chacina dos camponeses de Canudos, na Bahia (1896/7) foi a prova mais insólita da consolidação da República, pela ferocidade com que exterminou pessoas miseráveis que precisavam de terra para sobreviver comunitariamente e de coragem messiânica para acreditar que isso fosse possível naquele agreste — inda mais sob o cerco territorial de antigos escravocratas!

As expedições militares desnecessárias – que serviram de espelho a outro massacre de camponeses, no Contestado (Paraná/Santa Catarina), em 1912-1916 – exterminaram cerca de 25 mil pessoas[47] do arraial de Belo Monte, e constituíram a maior manifestação

---

(46) Joel Rufino dos Santos: "Pedro Cem", *in* Revista Caros Amigos, ed. n. 172, 2011.
(47) FONSECA, Aleilton. *O Pêndulo de Euclides*, 2. ed., Rio de Janeiro: Bertrand do Brasil, 2017.

de força bélica contra um movimento social, em nosso país. Este, orientado por Antonio Conselheiro, incluía parentes de velhos libertos ou libertos mais recentes, gente de quilombos da região[48] e ex-escravos, estes apelidados de "13 de maio"[49] ou "Povo 13 de maio – que é a maior parte".[50]

f) Em 1907 o Governo republicano deu-se a distribuir terras para a colonização estrangeira, numa época em que, por causa da Abolição concretizada, não mais caberia a justificativa de substituir o trabalho do negro (escravo) como atividade anti-social, pelo trabalho do imigrante (livre). Entretanto, a República manteve a ideia de facilitar o aproveitamento dos forâneos, quando no Brasil passara a existir abundância de braços nacionais, os dos lavradores brasileiros brancos, somados aos dos negros já libertos antes de 1888, bem como aos do novo contingente, saídos da escravidão nesse ano.

Alberto Passos Guimarães comentou a propósito da referida colonização: "O Governo brasileiro, em sua política de facilidades à imigração, chegaria ao absurdo de proibir, por um decreto, a venda de terras nos núcleos coloniais aos brasileiros, em mais de 10%. Com essa medida vergonhosamente discriminatória, que iria ao cúmulo de desnacionalizar parte do novo território, impedindo-se o acesso à pequena propriedade aos brasileiros, não pode haver nenhuma dúvida sobre os rumos porque se deixaria conduzir o Governo, no seu afã de proporcionar braços livres aos latifundiários de café".[51]

(g) A nova regulamentação legal sobre o trabalho agrícola no Brasil foi um acumpliciamento dos governantes recentemente montados no Poder com as oligarquias rurais. Surgira no ano de 1890 e era uma providência para a coonestação do Estado capitalista, e *ipso fato*, do direito burguês. Estampara-se no Decreto n. 213, de 22 de fevereiro, que determinou que o trabalho agrícola fosse regulado pelos Estados-membros. Todavia, à falta dessa diretriz estadual, ou mesmo com ela, a base só podia ser "o consentimento mútuo", como impingiram os fazendeiros, para tornar letra morta o Decreto n. 2827, de 15.03.1879, aliás expressamente revogado (como "todas as leis e disposições relativas aos contractos de locação de serviço agrícola").

Na fundamentação do novo diploma legal, fala-se, dentre outras considerações, que é "preciso eliminar desde já do corpo da legislação pátria todas as disposições e preceitos

---

(48) Moura, Clovis. *Sociologia Política da Guerra Camponesa de Canudos*. São Paulo: Expressão Popular, 2000. p. 76.

(49) CALAZANS, José. *Cartografia de Canudos*. Salvador: Empresa Gráfica da Bahia, 1997. p. 81

(50) Carta de um morador de Tucano, perto do local do morticínio, ao Barão de Jeremoabo, referida por José Calazans, *ob. cit.,* p. 84.

— O autor de Cartografia de Canudos lembra que Gilberto Freire, em Ordem e Progresso, havia reparado que Euclides da Cunha, em Os Sertões, silenciara sobre a presença do ex-escravo nas "hostes do Bom Jesus Conselheiro". O que, no mínimo, é de se estranhar, porque o grande ensaísta carioca fez referência, na época, ao povoado de Jeremoabo, também na Bahia, e sua "mescla de indígenas com africanos", tendo sido explícito quanto à figuras de "índios fugidos" ou *nañybora/canhembora*, e de "negros fugidos" [ex-escravos] ou *quilombolas* (V. Euclides da Cunha: Os Sertões, São Paulo, Ed. Nova Cultural, 2003, Parte "O Homem", Capítulo 2º, sobre a "Gênese dos Jagunços", p. 70, nota 19).

(51) GUIMARÃES, Alberto Passos. *Quatro Séculos de Latifúndio*. Rio: Paz e Terra, 1968. p. 148.

que possam contrariar os costumes, as tendências e as aspirações do estrangeiro"; que "a obra da reforma da legislação para o estrangeiro" (...) "seria incompleta enquanto permanecessem na legislação nacional os vexatórios preceitos que regulam os contractos de locação de serviço agrícola; "que este regimen já se acha, felizmente, proscripto na prática porque os agricultores brazileiros, na sua criteriosa obervação, teem comprehendido ser mais conveniente substituir os contractos de locação, taes como os concebe a legislação em vigor, por actos de pura convenção, tendo por base o mútuo consentimento, e elevando por esse modo o colono à categoria de parte contractante, que aliás lhe é recusada por aquella legislação."

Constituído por três artigos, o decreto apresenta o 3° como de revogação das disposições em contrário, combinando-se com o 1°, que revoga, especificamente, as leis de 13 de setembro de 1830, de 11 de outubro de 1837, bem como a de n. 2.827 de 15 de março de 1879. Este artigo apresenta ainda uma parte curiosa que será por nós sublinhada, que diz ficarem também revogadas "todas as *disposições exorbitantes do direito comum*, relativas aos contractos de locação de serviço agrícola". Por sua vez, art. 2° diz, numa regra processual destinada a não ser cumprida de fato, que, "Fora do município da Capital Federal, aos poderes de cada um dos Estados Federados pertence exclusivamente a competência para regular as mutuas relações de direito entre o locador e o locatário no respectivo território".

Que sucedeu, no Brasil, em virtude desse tipo de regulamentação de trabalho?

Aconteceu que o Direito brasileiro produziu uma contrafação na vida social. A pretexto de praticar uma democracia (burguesa), como se o sistema político-jurídico promovesse a igualdade genérica entre as pessoas, comandou a ideia de que, depois de acabada a escravatura, todos seriam iguais perante a lei, como se isso pudesse abrir reais oportunidades de melhoria de vida para todos. Contudo, a igualdade jurídica, posta no papel e diante dos tribunais, nunca deixou de produzir a desigualdade econômica e social.

Encarando-se a ordem jurídica liberal republicana, que põe os sujeitos de um contrato em igualdade de condições, a liberdade do trabalhador é superestimada no que concerne ao quê-fazer, com sua força-trabalho, e assim ele se torna livre, mas aparentemente, para formalizar um ajuste com quem se prontifique a atender às suas necessidades. Mas foi expediente preparado por aquele mesmo sistema para construir o *container* da exploração do trabalho urbano e rural.

Ora: abolida a escravidão, que era o óbice ao desenrolar do capitalismo no Brasil – e malgrado ainda permanecessem formas pré-capitalistas que seriam por ele superadas ou realimentadas por suas próprias contradições, ou que então subsistiriam pela resistência às investidas do capital – haveria de consolidar-se o trabalho livre e, mais tarde, assalariado. O que supunha o trabalhador totalmente destituído dos meios de produção ser capaz de vender apenas sua força de trabalho ao detentor do capital (que já se apropriara dos bens produtivos), e o que supunha também o patrão dar em troca um salário monetário, estimado no mercado, não mais aquele tipo de salário (pré-capitalista) que se impingia aos antigos trabalhadores livres, então subsistindo em paralelo aos pretos escravizados. Algo, todavia, que só foi acontecendo devagar.

No contexto das negociações jurídicas, isso demandaria a existência de um contrato, à vista da liberdade para fazê-lo, no âmbito das vontades projetadas por cada um, bem como a concretização desse contrato, em virtude da igualdade das partes contratantes perante a lei – que viria ser norma escrita na Constituição de 1891, art.72, §2º. Como se fosse uma equação da seguinte ordem: a quem solicitar trabalho, pode-se dar, ou não, trabalho; e a quem se prestar trabalho deve-se receber a contraprestação (remuneração) dele – imaginando-se que um equivale ao outro.

Mas esses tipos de liberdade e de igualdade eram meramente formais, ungidos pela ordem jurídica capitalista; e surgem de uma ideia até hoje deformada das relações sociais, consoante confirmam Manuel Atienza e Juan Ruiz Monero: "Las figuras jurídicas del contracto e del salario son ejemplos paradigmaticos, en cuanto que encubririan con un manto de libertad y de igualdad, en un caso, y de equivalência entre lo que se da y lo que se recibe, en outro, *el hecho real de la explotación capitalista*".[52] (g.n.)

Tal processo tem as suas sutilezas, conforme se vê também em Márcio Bilharinho Naves, quando aprecia a compra e venda da força de trabalho em Marx, assinalando que este demonstra "não só que uma das condições essenciais para que se constitua a relação de capital — a compra e venda da força de trabalho pelo possuidor das condições materiais da produção — realiza-se, conforme já vimos, pela mediação das categorias do direito, contrato, sujeito etc., mas também que essa operação jurídica impede que a relação de capital seja percebida como relação de exploração da força de trabalho".[53]

5.4. Oligarquia e Capitulacionismo

Supomos que se restasse alguma esperança no que toca à conquista da terra legalizada, pela parte dos negros cujos antepassados já ocupavam áreas rurais, ou pelos que pretendiam obtê-las, isso teria de conter-se num espaço de tempo em que ainda pudessem estar acesos os problemas da escravidão e as conseqüências sociais da Abolição; ou seja, nos limites da 1ª República, que findaria em 1930.

Porém essa República era oligárquica, do ponto de vista das condições internas, bem como capitulacionista, pelo aspecto de decisões oficiais e/ou dum acervo de capital privado direcionado para uma dependência externa.

Internamente, o capitalismo promoveu surtos de desenvolvimento, embora tivesse iniciado, somente a partir dos anos 30, uma tradição industrial, e apenas depois da metade do século XX houvesse conseguido firmar um mercado interno mais forte para os produtos agrícolas. Os bons resultados, porém, eram carregados ao proveito de uma minoria. Desde o início do século XX o capitalismo ensejou também que se acentuassem as desigualdades sociais, tornando bem mais virulenta a exploração da massa dos trabalhadores, bem como

---

(52) ATIENZA, Manuel; MONERO, Juan Ruiz. *Marxismo y Filosofia Del Derecho*, 2. ed.. Mexico, Distribuciones Fontamora, 1998, p. 16.

(53) NAVES, Márcio Bilharinho."As figuras do Direito em Marx", artigo na *Revista Margem Esquerda*, n. 6, set/2005, p. 109.

a apropriação de terras dos pequenos proprietários, inclusive onde se localizavam negros, mulatos e outros mestiços.

As oligarquias rurais, especificamente, constituídas pelos grandes proprietários e grandes ocupantes de terra, ao tempo em que rechaçavam as pretensões territoriais dos que giravam em torno deles e de seus negócios, mancomunavam-se com os representantes do Poder – as autoridades e prepostos de âmbito Central e de âmbito Estadual, fortalecidos pela atribuição das terras públicas da União ao patrimônio das ex-províncias; como se a medida da Constituição de 1891 em tal sentido (art. 64), fosse um ponto de apoio para que as oligarquias, ávidas por terras e mando nos que poderiam habitá-las, e pronto respaldo também para os apaniguados do novo regime.

A ciranda, pois, que se formava do binômio "vitalidade econômica" e "vitalidade política", ela se armava no fato de possuir-se a terra, aumentar-se a área da mesma, ou concentrar áreas descontínuas em mãos de uns poucos — a par e passo do exercício do controle de eventuais tentativas de reivindicação dos pequenos lavradores e criadores autônomos e carentes.

Por sua vez, a segurança daquele binômio oligárquico atrás referido — que dispunha dum forte componente familiar, o da união, pelo casamento, de membros de famílias abastadas e influentes — consubstanciava a força dos dirigentes dos novéis estados, que funcionavam como tentáculos de uma república federativa, ou dos desígnios do Poder republicano.

Tais dirigentes, em nome do Poder Central, preservaram os chefetes locais ou regionais debaixo de um título civil de inspiração militar, com aparente ou real prestígio, os conhecidos "coronéis". Estes eram os homens de confiança dos governos, os quais asseguravam a vitória de certos candidatos a cargos eletivos, com a formação e manutenção dos "currais eleitorais", e até mais que isso, dos "mapas eleitorais".[54]

A característica oligárquica encontrava-se, assim, em meio a um Poder Político-administrativo de sustentáculo para-militar duma "Guarda Nacional" a serviço do mandonismo econômico que não tinha contemplação com os trabalhadores e com os que desejavam estabelecer-se no mundo agrário por conta própria.

Do ponto de vista externo, foi marcante a atitude da República brasileira, consistente em submeter-se aos interesses internacionais logo no início de sua vida político-econômica, "contrariando", ou melhor, corroborando os interesses "nacionais", vale dizer, do próprio capitalismo tupiniquim.

Repare-se no que resultou o Acordo Aduaneiro de 31 de janeiro de 1891, feito com os Estados Unidos, acordo esse que, a princípio, deveria privilegiar as nossas exportações de açúcar.

---

(54) ANDRADE, V. Manuel Correia de. *A Questão do Território no Brasil*. São Paulo/Recife: Ipespe/Hicitec, 1995. p. 57.

Três meses depois de assinado com o Brasil, o governo norte-americano estabeleceu um Tratado com a Espanha, admitindo receber açúcar de Cuba, então possessão do país ibérico, abrindo, assim, o seu mercado para açucares de outras procedências. Isso "praticamente resultou em concessão" do Brasil para com os Estados Unidos, segundo os dizeres de Banedicto Heloiz Nascimento — "o que significava o afastamento do produto brasileiro daquele mercado, em benefício do similar cubano".[55]

Vale ressaltar, afinal, que o mesmo autor citado acima havia frisado antes, no texto, que aquele Acordo se concretizara no "quadro" da "nova Lei de Tarifas de 1890" dos EUA, que "dotava aquele país de maior poder de barganha nas negociações com os fornecedores de produtos das outras nações, enquanto protegia a indústria americana da concorrência europeia".[56]

Desconfiado ou não da possibilidade de uma traição diplomática, já que não foi de sua iniciativa a denúncia do contrato, ou porque não lhe incomodassem medidas protecionistas alheias, sem contrapartidas, o Governo Provisório da 1ª República assumiu, por antecipação, a fraude negocial dos Estados Unidos. Ele conhecia, perfeitamente, as circunstâncias da Lei de Tarifas de 1890 e o significado da "barganha" protecionista" de um e da barganha "capitulacionista" de outro.

Foi o início dos engodos e de exploração econômica e financeira a que, conscientemente, a República brasileira se submeteu, rendendo-se nas transações com àquele país do Norte, durante muitos anos.

5.5. A Constituição de 1891

Nas primícias da República, já libertos todos os escravos, adveio a segunda Constituição do país, e a primeira da era republicana. A diferença, no tempo, dessa Carta Política para a Abolição da escravatura, foi de três anos, e de dois, relativamente à instituição do novo sistema de Governo. Portanto, sendo um instrumento político e jurídico capaz de gerar modificações sensíveis em toda a nação, a partir daqueles dois fenômenos institucionais mais importantes até então, poderia ter promovido normas de progresso econômico e social. Mas não o fez. Em questão de terras, repassou as terras devolutas, que pertenciam ao Estado brasileiro como um todo (com as exceções que não visaram fins propriamente agrários), para os estados-membros (uma redefinição de nomenclatura e de atribuições das ex-províncias), com as consequências que adiante veremos. E silenciou completamente quanto a áreas específicas para os negros então libertados ou os libertados de antes.

Aliás, a Constituição de 1891 chegou a agravar as dificuldades dos recém libertados e dos antigos libertos que se iam inserindo na sociedade, equiparando-os aos pobres, em geral. Porque eles, beneficiários, em tese, como cidadãos, do acesso legal às terras devolutas pelo caminho burocrático dos órgãos dispostos a esse fim, não tinham como

---

(55) Benedicto Heloiz Nascimento: "Integração do Brasil na América Latina", artigo publicado na Internet, colhido em 2008 no sítio <http://www.abpha.org.br/congresso 1999/textos/benedict/pdf>. p. 2 e 4.
(56) *Idem, ibidem,* p. 2.

alcançá-los, fosse por desconhecimentos da função desses órgãos, fosse pelas barreiras do desinteresse dos seus casos, em que predominavam as prioridades das oligarquias.

O art. 64 daquele diploma constitucional dizia:

"Pertencem aos Estados as minas e *as terras devolutas situadas nos respectivos territórios*, cabendo à União somente a porção do território que for indispensável para a defesa das fronteiras, fortificações, construções militares e estradas de ferro federais." (g.n.)

A tarefa a que se impôs cada Estado-membro para regulamentar a matéria, pela via legal ordinária, foi muito simples: instituir suas leis de terra, tomando como espelho a lei 601 de 1850, depois de dispor, em suas Constituições, sobre o rol dos seus bens, nelas incluindo as terras devolutas que a própria Constituição (Federal) de 1891, reconhecia nos seus respectivos territórios.

As legislações estaduais de terra não destoaram dos preceitos da lei 601, por isso que, em tese, não excluíam o posseiro — o grande posseiro ou o pequeno posseiro — da possibilidade de adquirirem terra. Mas havia um obstáculo a tal aquisição, que era de efeito prático, dado que o pequeno ocupante de terras devolutas, se tinha aptidão jurídica para transformar a posse em propriedade (compra, usucapião) não possuía a mesma aptidão em termos financeiros ou burocráticos para haver a terra. Os preços podiam extrapolar de sua capacidade de gastos, e a muitos faltavam a habilidade ou o conhecimento para enfrentar os canais administrativos que cumprissem o desiderato.

Tal conhecimento era detido pela "aristocracia de anel", os letrados e bacharéis em Direito mais próximos das elites. Eles orientavam melhor as oligarquias dos seus Estados pelos meandros da Administração Pública, isto é, da esfera política representativa das mesmas.

Raymundo Faoro viu a sustentação dessas oligarquias na falta de discriminação das terras devolutas estaduais, afirmando que elas permaneceram "à mercê da ocupação desordenada e da legitimação privilegiada", tendo em vista a continuidade da "desorganização fundiária fundada na incerteza quanto ao domínio sobre o que seriam terras públicas ou privadas"; por isso que "ficaram, na prática, asseguradas as condições efetivas para a perpetuação do poder oligárquico, sobretudo a nível local."[57]

Girolamo Treccani também ofereceu, criticamente, as características da Constituição de 1891, ao dizer que aquela Carta "manteve o direito de propriedade absoluto"; que a estadualização das terras devolutas se deveu "ao fracasso da administração das terras por parte do poder central"; que continuou a existir a passagem do patrimônio público para o privado através do *iter* administrativo; que "as oligarquias locais passaram a se apropriar das terras, contando para isso com o aval dos governos estaduais".[58]

---

(57) FAORO, Raymundo. *Os Donos do Poder*, 3. ed. São Paulo: Ed. Globo, 2001, cap. XIII.
(58) TRECCANI, Girolamo. *Violência & Grilagem* – Instrumentos de aquisição da propriedade da terra no Pará. Ed. UFPA/ITERPA, Belém, 2001. p. 85.

Mas, quem bem sentiu a nova frustração foi a gente negra, que, por um dos seus representantes, 30 anos mais tarde, verberou, com o seguinte diagnóstico:

"...seguiu-se logo depois a república, que entrou a dar atenção unicamente às questões econômicas imediatas e ao favorecimento irracional das imigrações 'arianas', para substituir o negro, que era nossa mão de obra desprezada; e assim permanece de pé uma questão vital (...) E foi dessa forma que entrou o negro na república dos escravocratas antigos, a fazer parte ativa das 'legiões eleitorais', das 'maltas de capangas' dos 'cabos fiéis e de confiança' e outras catervas de politiqueiros, para desta arte resolverem para os outros o 'grave' problema da ascensão política (...) A constituinte dos teóricos de 91 igualou romanticamente no papel todos os Brasileiros, e viveu-se aqui durante quarenta anos atrás de 'verdades eleitorais impossíveis...Não se viu (com a cabeça nos Estados Unidos e na França) que havia um problema social nacional, antes do problema político criado pelos próprios políticos. Pagava-se o serviço do negro com aguardente e liberdade" (...) "Deram-lhe liberdade física, mas não lhe deram a liberdade moral e intelectual. Sem capacidade de pensar e de agir, como poderia o negro transmitir aos seus filhos uma orientação mais firme e produtiva, uma sequência progressiva?" (g.o.)[59]

Muito menos lhe deram terras ou reconheceram, legalmente, as que havia conquistado, acrescentamos.

Tendo sido abolida, simplesmente, a escravidão, sem uma consequente definição de política econômica, de ordem trabalhista ou fundiária, tudo foi-se dando espontaneamente no País, ao influxo de uma livre-iniciativa intuitiva, que era gerada nas mesmas fontes oligárquicas e latifundiárias — as quais mantiveram o mesmo desnível frente ao contingente camponês, que alvitrava terra para produzir, e frente aos que desejaram, mais tarde, o trabalho remunerado, vindo a constitui-se no operariado agrícola.

O que sucedeu, em resumo, foi uma deliberada ação contrária e dominadora das elites que apoiaram tanto a Monarquia (enquanto ainda fortalecida), como a República nascente (uma nova força que surgia, alimentada por elas), e que não suportariam uma simples participação (sequer uma concorrência) dos trabalhadores em geral, e dos negros, em particular, nos negócios da terra. Na medida em que puderam manter com os mesmos uma relação de dominação, como nas formas camponesas dependentes, o próprio uso das terras por esses trabalhadores rurais não lhes faria mossa. Porém, sob a perspectiva de virem a se transformar em proprietários, e ao pressuposto de que o título legal da terra os alçaria, como estímulo, ao sucesso econômico, diminuindo a disponibilidade de mão de obra a favor dessas mesmas elites, elas montaram os obstáculos para a não recepção daquelas ideias progressistas estudadas.

---

(59) Trechos do Manifesto à Gente Negra Brasileira do Presidente Geral da Frente Negra Brasileira, folheto de 2–XII–1931, p. 4, *apud* Florestan Fernandes, A Integração do negro na sociedade de classes, 1º vol. Dominus Editora/Editora da USP, São Paulo, 1965, p. 64/65.

Ora: se foram os fazendeiros (tendo os militares como instrumento) os responsáveis pelo golpe de Estado de 15 de novembro de 1889, e se tinham absorvido o impacto da Abolição — eles que já haviam iniciado a experiência com o trabalho remunerado, ainda que precariamente, em face dos colonos vindos do exterior e com a mão de obra barata dos brasileiros livres, inclusive mestiços e negros emancipados antes de 1888 — não iriam permitir que fosse tangenciada a estrutura fundiária que lhes garantia reservas econômicas e financeiras, *status* social e os votos com que, através de seu poder, passariam a barganhar com os candidatos às eleições.

5.6. Debuxo dos modos de produção do Brasil republicano

De toda sorte, o contingente libertado em 13 de maio, de vocação para o trabalho agrícola ou sob imposição das próprias circunstâncias do meio em que estavam habituados a viver, inseriu-se na produção camponesa por conta própria ou nas tarefas rurais assalariadas.

O modo de produção camponês, que já vigia secundariamente à época do modo de produção escravista, remanesceu no país, embora, com o tempo, fosse adquirindo ou perdendo certas peculiaridades. Existe até hoje, em pleno sistema dominante do capitalismo, sob a força recriadora das próprias contradições deste.

(1) Pode-se verificar, em largo espectro, no rito de passagem do modo de produção escravista para o modo de produção capitalista a seguinte situação:

Fazendo a ponte desse percurso, eis o *latifúndio exportador,* em paralelo à industrialização do país, iniciada na segunda metade do século XIX, e que começa a estabelecer o parâmetro específico do capitalismo: o trabalho definitivamente livre e ao mesmo tempo assalariado, ou seja, aquele que se realiza sem feição servil e mediante retribuição monetária. Isso debaixo do pressuposto de que o trabalhador se acha despojado dos meios de produção, à exceção de sua força trabalho, e de que o dinheiro é o fator decisivo ao ingresso no mercado, onde são obtidos os elementos necessários à preservação daquela mesma força; tanto quanto nesse mercado a própria força de trabalho é vista como mercadoria.

Vários autores falam de um "período de transição", ao qual não estimam limites temporais, evidentemente. Conhecendo onde termina o modo de produção escravista, não proclamam, no entanto, o termo inicial do modo de produção capitalista.

Por isso Décio Freitas destaca o uso daquela expressão indicativa de transitoriedade, como um expediente de prudência, em face da dificuldade de se encontrar características seguras para uma denominação mais precisa.[60]

Bem revelador, entretanto, é o toque de José Carlos Ruy sobre o que sucedia em tal período aclamado como "de transição", e que ele mesmo admite como tal: "...transição onde o trabalhador era formalmente livre e incompletamente assalariado; era o colono

---

(60) FREITAS, Décio. *Escravos e Senhores de Escravos*. Porto Alegre: Mercado Aberto, 1983. p. 162

típico de transição, cuja remuneração combinava trabalho assalariado e o direito de explorar pequenos trechos de terra em benefício próprio".[61]

Manuel Correia de Andrade reporta-se a essa transição com o nome de *modo de produção mercantil simples*[62], à semelhança de Samir Amir[63], estando ambos, naturalmente, inspirados em Marx. Este havia criado a lexia para indicar a circulação da produção camponesa — a troca comercial de produtos de pequena monta, por via de "uma reprodução simples da riqueza, isto é, sem acrescentá-la nem diminuí-la."[64]

Como bem retransmite, didaticamente, Ciro Flamarion Cardoso, "...na obra de Marx há mais de um nível de emprego do termo 'modo de produção'. Isto no sentido de mostrar, em especial, a diferença entre os modos de produção que aparecem como 'época de progresso da formação econômica da sociedade' na análise feita por Marx com base principalmente na história europeia, e secundariamente asiática (com algumas referências, também, à América pré-colombiana) — modo de produção asiático, feudalismo, capitalismo etc. — e modos de produção secundários, que não foram dominantes e coexistiram com modos de produção do primeiro tipo. Marx fala, por exemplo, dos modos de produção 'pequeno-camponês' e 'pequeno-burguês', referindo-se ao que, em conjunto, se conhece mais concretamente como pequena produção mercantil".[65]

Para Boris Koval, "depois da abolição da escravidão (13 de maio de 1888) e da proclamação da República (novembro de 1889) uma parte considerável dos ex-escravos, durante muito tempo, permaneceu na condição intermediária, de transição de uma qualidade a outra — de escravo a proletário. As diferentes formas de dependência (econômica, pessoal, jurídica) unidas, geraram uma grande mistura de relações de produção na etapa de transição." Os tipos de trabalhadores rurais que formariam a *transição do escravo a proletário* no campo, feita pelo citado autor eram "camponeses nas posições de 'agregado', 'camarada', 'colono-camarada', 'colono-arrendatário' etc. os quais já totalizavam, em 1881, 7 milhões de pessoas sem posses, que constituíam uma enorme reserva de mão de obra livre, mas sem ocupação.[66]

Ele também assinala a importância do surgimento e desenvolvimento do capitalismo no Brasil em meio do "crescimento dessa parte da população [camponesa] por parte dos libertos e pela expropriação dos pequenos produtores independentes" — vale dizer, uma ocorrência "em condições de supersaturação do mercado de trabalho", o que, no entendimento dele, teria

_____

(61) RUY, José Carlos. "Internacionalização, Imperialismo e Globalização", *Revista Princípios*, n. 58/ 2000, p. 39.
(62) ANDRADE, Manuel Correia de. Agricultura e Capitalismo, Ed. Ática, São Paulo, 1979, p. 59.
(63) AMIR, Samir. *O Desenvolvimento Desigual*. São Paulo: Forense, 1976. p. 9.
(64) MOURA, Margarida Maria. *Camponeses*, São Paulo: Ática, 1986. p. 57.
(65) CARDOSO, Ciro Flamarion. *Escravo ou Camponês* – O Protocampesinato Negro nas Américas. São Paulo: Brasiliense, 1987. p. 38/39.
(66) KOVAL, Boris. *História do Proletariado Brasileiro*. São Paulo: Alfa-Omega, 1982. p. 60, com utilização de alguns dados de St. J. Stein: *A Brazilian Coffee Country:1850/1890*. Harvard - Cambridge, 1957, p. 11, 57, 58, 59 e 260.

impedido "o progresso da técnica e, no final das contas, não acelerava e sim detinha a marcha geral da evolução econômica".[67]

Jacob Gorender chegou a ver nessa fase que a maioria dos autores aponta como de transição, um *modo de produção plantacionista latifundiário* — o que se deu numa conferência cujo texto seria publicado em 1987. Todavia, nessa publicação, o historiador baiano fez questão de dizer, no Prefácio, que o seu trabalho estava sendo editado sem modificação (portanto confirmando todos os dizeres da conferência), mas que se permitia considerar dois adendos: o de que a designação "fase de transição" não lhe parecia adequada, porque "Afinal tratar-se-ia de *um modo de produção de transição*, o que não possui fundamento conceitual defensável."(g.o.); e o de que preferia dizer agora que "a dominação do modo escravista colonial foi *seguida pela dominação do modo de produção capitalista*, sob uma forma primitiva de prevalência do setor agrário exportador no conjunto da economia."[68]

O autor completa o pensamento quanto à sua posição definitiva, com esta afirmativa aclaradora: "Este setor agrário-exportador, embora já capitalista, se apoiava em formas camponesas dependentes e continha aspecto pré-capitalistas amplamente disseminados. Por sua vez, o setor agrário-exportador subordinava o setor mais típico do modo de produção capitalista, ou seja, o setor da produção industrial com trabalhadores assalariados.

A dinâmica da evolução do capitalismo no Brasil residiu, por conseguinte, na passagem do domínio do capital agrário-exportador, com seus processos de acumulação ainda em grande parte pré-capitalistas, ao domínio, atualmente já completado, do capital industrial."[69]

A gênese do capitalismo no campo, segundo Gorender, "reside fundamentalmente na transformação da renda da terra (pré-capitalista ou já capitalista) em capital agrário, na colocação da renda a serviço da acumulação de capital agrário (ao invés de desviá-la para aplicações comerciais e/ou industriais). O outro lado deste processo de gênese é o adensamento do mercado de mão de obra livre, inteiramente despossuída, completamente desenraizada de qualquer economia autônoma, mão de obra que pode ser assalariada temporariamente (os chamados volantes)."[70]

Entretanto, a realidade mostra que parte das grandes e médias propriedades de lavoura e pecuária, que serviram de base à penetração capitalista no campo, através da figura genérica do *fazendeiro* – latifundiário ou não – têm insistido até os dias correntes em não pagar o salário em dinheiro (ou pelo menos não integralmente), fazendo-o *in natura*, seja através de propiciar o uso da terra, às vezes impondo-o, como forma de contaprestação dos serviços, seja através da retribuição direta com produtos do imóvel rural. Ademais, tem aumentado no Brasil a área concentrada de terras, em poder das oligarquias, e proliferado as pequenas propriedades, cuja exploração, de base familiar, para suprir diretamente as

---

(67) KOVAL, Boris. *História do Proletariado Brasileiro*. São Paulo: Alfa-Omega, 1982. p. 60.
(68) GORENDER, Jacob. *Gênese do Capitalismo no Campo Brasileiro*. Porto Alegre: Mercado Aberto, 1987, p. 9.
(69) *Idem*. Ob. loc. cits.
(70) *Idem. Ibidem*, p. 44/45.

carências de vida do produtor, revela a produção camponesa, cada vez mais adensada (e necessária, em face do volume de produção de alimentos).

Dá-se, no entendimento de José de Souza Martins, que as relações camponesas, portanto não-capitalistas, perante uma agricultura estruturalmente capitalista, são resultantes do próprio desenvolvimento contraditório do capital: "A minha hipótese – disse ele – é a de que o capitalismo, na sua expansão, não somente redefine antigas relações, subordinando-as à reprodução do capital, mas também engendra relações não-capitalistas igual e contraditoriamente necessárias à essa reprodução".[71]

(2) *As formas camponesas* por maneira ampla, continuaram substanciando um modo de produção (secundário), quer através dos camponeses proprietários (sitiantes, minifundistas, os fornecedores da grande exploração), quer através dos camponeses não-proprietários, dentre estes os pequenos arrendatários, os parceiros-trabalhadores, os agregados, os posseiros, os colonos, os contratistas (por exemplo na formação dos cafezais ou das roças de cacau).

E podendo estar dependentes, estruturalmente, do latifúndio ou assumir formas autônomas, elas marcaram no campo brasileiro, segundo Gorender, "duas linhas de desenvolvimento", a saber: a) a linha do latifúndio permeado de formas camponesas (plantagem ou latifúndio pecuário) que se transforma, com maior ou menor lentidão, em empresa capitalista; b) linha de pequena exploração de caráter camponês-familial independente (sitiantes, posseiros, pequenos arrendatários e parceiros autônomos), a qual (...) aumenta seu grau de mercantilização e, por consequência, diminui seu grau de economia natural."[72]

Relativamente ao primeiro quartel dos oitocentos, Koster informa sobre os mecanismos que recaiam sobre o aproveitamento de áreas dos latifúndios, nas sobras de terra que "dão lugar às habitações do povo livre...": "A posição que essas pessoas têm nessas terras ocupadas é insegura e essa insegurança constitui um dos grandes elementos de poder que um latifundiário desfruta entre seus moradores. Nenhum documento é escrito, mas o proprietário da terra autoriza verbalmente o morador a erguer sua casinha num terreno, habitando-a, sob condição de pagar uma renda mínima, de quatro a oito mil reis, um ou dois 'guinéus', ou pouco mais, e lhe permite cultivar o que possa fazer pessoalmente, mas a renda aumentará se for auxiliado por alguém. Às vezes na convenção verbal dispõe-se que o rendeiro deverá prestar certos serviços em vez de pagar o fôro em moeda. O serviço requerido é, por exemplo, levar recados, ou vir verificar se as matas estão sendo destruídas por pessoas que não obtiveram permissão do dono para cortar e carregar madeira, e outros encargos semelhantes."[73]

---

(71) MARTINS, José de Souza. *O Cativeiro da Terra*. São Paulo: Liv. Editora Ciências Humanas, 1979, p.19-20.

(72) GORENDER, Jacob. *Gênese e Desenvolvimento do Capitalismo no Campo Brasileiro*. Porto Alegre: Mercado Aberto, 1987. p. 41.

(73) KOSTER, Kenry. *Viagens ao Nordeste do Brasil*. São Paulo: Companhia Editora Nacional, 1942. p. 441.

O trabalho na terra sob *condição* era um dos limites entre a forma camponesa dependente do latifúndio e a forma camponesa autônoma. Tinha como referência o *morador-de-condição*, ou foreiro, aquele que pagava fôro anual para estar em terra alheia e que se submetia a um condicionamento de trabalho, além da paga referida ao proprietário da terra — qual o de prestar serviços a este, quando requisitado.

Tal *condição*, principalmente, é que delineava a forma de exploração pessoal desse camponês que produzia para si na terra alugada. Oferecia, também, uma linha divisória de categorias.

Conforme vimos no capítulo precedente, o *morador-de-condição*, podendo assinalar um gênero, ele abria compasso à caracterização de duas espécies distintas de trabalhador, em função das possibilidades de ganho: a) do que laborava a troco de um salário, por mais ínfimo que fosse, ao desígnio do proprietário; b) o que prestava serviços "no cambão", isto é, a troco de nenhum pagamento monetário que pudesse somar-se aos resultados do seu plantio – o que significava trabalho gratuito.

Clovis Caldeira também enxergou outra forma de trabalho gratuito, de muito interesse do fazendeiro, por causa do "número de enxadas" a seu favor — aquele prestado pelos familiares que coadjuvavam o seu cabeça, nos contratos acertados por este. Alberto Passos Guimarães, que despertou para a percepção daquele autor, alerta, entretanto, que "A categoria que desejamos aludir é a dos familiares não remunerados envolvidos nas relações contratuais entre o chefe de família e o dono da terra."[74]

Sem embargo de tais especificações, existiam ainda como formas camponesas dependentes, entre outras, as que tinham como figurantes o colono, o *contratista* da formação de cafezal ou das roças de cacau[75], o seringueiro da floresta amazônica, algumas modalidades de parceiros — como o meeiro da lavoura, o vaqueiro que recebia a terça, a quarta, e até a quinta dos bezerros, durante o balanço do gado, por ocasião da ferra anual, e outros exemplos pontuais que vigoraram no período, em várias partes do território brasileiro: o tropeiro, o carreiro e carreteiro, o seleiro, amansador, aguadeiro etc.

Essas figuras humanas são protótipos de verdadeiros empregados rurais, que vieram a formar o operariado agrário, ao lado dos empreiteiros e outros trabalhadores do campo. Aliás, sua mão de obra, na verdade, deveria ter sido regida por uma legislação especial, de locação de serviço, como existia em 1879, e que deveria ter sido aprimorada, não estancada em 1890.

As formas camponesas autônomas possuíam caráter diverso, (a) estimulando o trabalho familiar em benefício direto do próprio produtor, a exemplo dos sitiantes e posseiros,

---

(74)   Clovis Caldeira, *apud* Alberto Passos Guimarães: Quatro Séculos de Latifúndio. Rio, Ed. Paz e Terra, 1968, p. 193.

(75)   Alberto Passos Guimarães identifica o serviço de "formação" com o de "empreita", dizendo: "O sistema de formação ou de empreitada... esses trabalhos mais árduos antes entregues ao escravo, passaram a ser executados pelos 'caboclos'" (...) "Pouco a pouco o caboclo ia ocupando lugar ao lado do colono, em breve ascendendo à categoria de formador" — Alberto Passos Guimarães: Quatro Séculos de Latifúndio. Rio, Ed. Paz e Terra, 1968, p. 147.

bem como pequenos arrendatários e parceiros independentes, que controlavam a produção; (b) estimulando a exploração comunitária, calcada no associativismo de vários produtores familiares, como soía acontecer no caso das comunidades negras rurais.

Nesse particular das consequências da "ordem econômica e social emergente" sobre negros e mulatos, Florestan Fernandes interpretou que os mesmos "foram excluídos, como categoria social, das tendências modernas de expansão do capitalismo em São Paulo"[76] — ao que acrescentamos: no Brasil inteiro!

Na República, apesar da eclosão jurídica do princípio da liberdade pessoal de trabalho, incluindo o negro, *ipso facto*, porém tendo em vista as dificuldades causadas pela preferência dos serviços do imigrante europeu, tanto no campo como na cidade, o que restou para ele, segundo o notável professor paulista, foi "sua penosa ascensão ao trabalho livre". Em tal processo de inserção numa sociedade de classes, o que se viu foi a incorporação na plebe rural e urbana", sendo detectável, entretanto, o funcionamento de "reguladores econômicos". E esses reguladores, no que concerne "ao sistema de produção agrícola" (...) "compeliam o negro a desenvolver ajustamentos que os reintegravam como 'pequeno empreendedor', 'artesão', 'assalariado', 'dependente' ou 'produtor auto-suficiente'."[77]

Nesse último estágio pode-se enquadrar, perfeitamente, um vasto contingente de negros que permaneceram no meio rural, conforme chamamos a atenção pouco antes, ao falarmos, *en passant*, (e por enquanto em apertada síntese) sobre o caráter das formas camponesas autônomas.

(3) Na produção por via do trabalho assalariado o trabalhador põe-se a serviço de outrem, pronto a executar as tarefas que lhe forem ordenadas, com a venda do próprio labor, enquanto na produção agrária autônoma o camponês visa a despender trabalho pessoal e/ ou da família para obter os frutos da terra necessários à sua subsistência.

Como diz Erich Wolf, "...o camponês é a um só tempo um agente econômico e o cabeça de uma família. Sua propriedade tanto é uma unidade econômica como um lar. A unidade camponesa não é, portanto, somente uma organização produtiva formada por um determinado número de 'mãos' prontas para o trabalho nos campos, ele é também uma unidade de consumo, ou seja, ela tem tantas 'bocas' para alimentar quanto 'mãos' para trabalhar."[78]

Na sociedade burguesa, em que todos os trabalhadores se tornaram livres, no sentido de que nenhuma outra pessoa é dona de sua liberdade, eles passaram a ter novo caráter na atividade desenvolvida para terceiros: o de assalariamento monetário (ou pseudo monetário, nas contrafações, ou nos permissivos legais do pagamento *in natura*). Porém o fundamento teórico da contratação e da execução dos serviços dos obreiros estaria na imprescindibilidade do seu próprio querer, aferido no fato da liberdade existente em todos os grupos sociais no país.

---

(76) Florestan Fernandes: A Inserção do Negro na Sociedade de Classes, 1º v., cit., p. 34.
(77) *Idem, ibidem*, pp. 34 e 21.
(78) Erich Wolf: Sociedades Camponesas, Rio, Zahar Editores, 1970, p. 28.

Contudo, esses trabalhadores não se davam conta de que quem os remunerava se apropriava de parte de sua labuta, como exploradores do seu tempo, em relação ao preço do produto desenvolvido, criando para si a "mais-valia" dentro do lucro. Uma exploração que se patenteava tanto nos serviços itinerantes (ou autônomos, em função de terceiros), quanto nos serviços permanentes (ou subordinados a alguém).

No meio rural, exceção à regra iria ocorrer com os camponeses dotados de terra, os quais trabalhavam na conformidade de uma estrutura autárquica, para si mesmos, e com vínculos diretos junto ao mercado, se havia excedentes do que consumiam. De toda forma, esse modo de produção independente, porém secundário à produção capitalista dominante, mantinha e continua mantendo com esta última uma subordinação econômica e técnica.

CAPÍTULO VI

FORMAÇÃO E DISTRIBUIÇÃO ESPACIAL DO CAMPESINATO QUILOMBOLA NO BRASIL

6.1. Introdução

Este é um enfoque sobre a economia camponesa. Em função da mesma é que se distingue o trabalho auto suficiente sobre a terra que se possui, sem abranger o mercado de trabalho assalariado entre diferentes pessoas. Os serviços prestados por terceiros e para terceiros, tendo em frente a realidade campesina ampla, não serão abordados neste capítulo, cujo objetivo é tomar a questão de terras dos campônios brasileiros sob a condição de trabalhadores por conta própria, e deles colocando em relevo os camponeses negros na terra que seja de um pertencimento grupal.

Assim, abstrai-se, por um lado, a ideia de estudo sobre o trabalho de quem quer que seja, prestado, eventualmente, à comunidade negra, bem como a análise do trabalho do negro, enquanto obreiro livre, que venha a ser prestado a outrem, fora do seu grupo étnico denominado quilombola.

6. 2. Breve notícia sobre a origem dos camponeses no Brasil

A estrutura de classe, sob o feudalismo europeu, delineou-se na perspectiva do desenvolvimento da agricultura, bem como do artesanato que servisse às práticas agrícolas, à lida das batalhas e à intensificação do comércio entre as cidades. Os senhores tinham como substrato de atividades produtivas o feudo, isto é, áreas que lhes eram outorgadas pelos soberanos, como garantia e retribuição dos serviços da guerra. A essa propriedade territorial se vinculava a área dos servos camponeses.

Os senhores feudais constituíam a classe dominante no sistema feudal, que, do outro lado, apresentava como classe dominada principal aqueles camponeses servos. Estes eram donos dos seus petrechos de trabalho, detentores de parcelas de terra e dos produtos que ela gerava, dispondo-os para si ou em compartilhamento com o proprietário. Porém dedicavam "a maior parte do tempo ao trabalho para o senhor feudal, pelo qual não recebem qualquer contribuição. Aqui, o estímulo principal para o trabalho é o medo ao castigo, da repressão física, bem como a ameaça de perda de todos os bens pessoais, que podem ser tomados pelo latifundiário".[1]

---

(1)   V. Kuucinen *et alli*. Fundamentos do Marxismo Leninismo. Ed. Vitória, Rio, 1962, p. 135. Trad. Jacob

Ainda que particularidades da relação do camponês-servo com o senhor da área se diversificassem em diferentes países da Europa e fossem alvo de certas transformações no decorrer dos séculos que constituíram o Medievo Ocidental, a servidão foi um aspecto econômico-social generalizado em tal contexto que marcou o período (Sec. V a XV), caracterizando-o. Para a definição de feudalismo, segundo Maurice Dobb, o dado importante está na "relação entre o produtor direto (seja de artesão em alguma oficina ou camponês cultivador da terra) e seu superior imediato ou senhor, e no teor sócio econômico da obrigação que os liga entre si" – através de exigências sob "forma de serviços a prestar ou taxas a pagar em dinheiro ou em espécie"[2]. Havia uma "ausência de liberdade, que pode variar desde a servidão com o trabalho forçado até o ponto de uma simples relação tributária".[3]

"Tal sistema de produção", contudo – continua Dobb – "contrasta, por um lado, com a escravidão, no sentido de que (como Marx o exprimiu) 'o produtor direto acha-se aqui na posse de seus meios de produção, das condições materiais de trabalho necessárias à realização de seu trabalho e à produção do seu meio de subsistência. Ele empreende sua agricultura e as indústrias caseiras rurais a ela ligadas como um produtor independente', ao passo que 'o escravo trabalha com condições de trabalho pertencentes a outrem'."[4]

Basta esta descrição sucinta de tal regime histórico de produção, para que fique evidente que não tivemos no Brasil o feudalismo, eis que o modo dominante de obter os bens materiais entre nós foi o da produção escravista, isto é, da riqueza gerada pelo trabalho escravo e usufruída no comércio comandado, de início, pelo português; uma relação que exibiu como classe dominadora a dos senhores de escravos e como classe dominada a dos escravos, primeiro os escravos índios, depois índios e negros, e finalmente apenas os escravos negros.

Veja-se o exemplo de Marx, pertinente a isso, quando configurou na "Introdução de Para a Crítica da Economia Política", os diversos modos de produção segundo as condições históricas dos povos: "Quando se rouba o escravo, rouba-se diretamente o instrumento da produção. Mas também é preciso que a produção do país, para o qual tenha sido roubado, se encontre articulada de uma maneira que permita o trabalho escravo ou (como na América do Sul etc.) é necessário que se crie *um modo de produção que corresponda ao escravo*." (g.n.)[5]

As relações econômico-sociais do mundo escravista no Brasil eram, todavia, relações de feição dominante por um lado e relações de caráter secundário por outro. Esse realce é feito porque também no nosso passado colonial/imperial desenvolveu-se um diferente modo de produção, que foi secundário ao escravista, ao qual se convencionou adjetivar de *camponês*. No seu bojo, alguns estudiosos encontraram certos vínculos

---

Gorender e Mário Alves. V. também Vladimir Ilicth Lênin: O Desenvolvimento do Capitalismo na Rússia. Ed. Victor Civita, São Paulo, 1982, p. 123.

(2) DOBB, Maurice. *A Evolução do Capitalismo*, 8. ed., Rio: Zahar Editores, 1981. p. 44.

(3) *Idem, Ibidem*, p. 45.

(4) *Idem, Ibidem*, p. 45

(5) MARX, Karl. *Para a Crítica da Economia Política, Introdução*. São Paulo: Victor Civita, 1982. p. 13.

de coerção extra-econômica[6] e, por isso, julgaram tipificar o Brasil com uma formação feudal, a exemplo de Nelson Werneck Sodré.

Esse autor notável teve a percepção de que o Brasil, ademais de outras formas de produção, não escapou do feudalismo. Disse, numa de suas afirmativas sobre o assunto: "Coexistem, no Brasil, regimes de produção diferentes, de tal sorte que geram antagonismos por vezes profundos entre regiões do País. Quem percorre o nosso território do litoral para o interior, marcha, no tempo, do presente para o passado, conhece, sucessivamente, formas capitalistas de produção e formas feudais ou semifeudais, e pode mesmo conhecer a comunidade primitiva onde os indígenas conservam o tipo de sociedade peculiar, o mesmo que os colonizadores encontraram no século XVI. O fato de que tais regimes já não estejam nitidamente caracterizados, e o fato de que o escravismo, a rigor, esteja extinto, não invalidam tais contrastes." [7]

Contudo, o nosso campesinato decorre de situações marginais do próprio sistema escravista, e não do modo de produção feudal; ele surge a partir do contingente de trabalhadores originalmente livres e dos que se faziam livres, passando da condição de escravos para a de libertos, porém dentro, ainda, dum contexto em que o escravismo era o modo de produção dominante.

Segundo se depreende de Décio Freitas, a origem dos camponeses no Brasil estaria na desagregação da categoria dos pequenos sesmeiros, que existiam em quantidade antes da invasão holandesa. Assim, diz: "No período anterior à invasão holandesa chegou a haver uma classe mais ou menos numerosa de pequenos proprietários rurais, chamados 'pequenos sesmeiros'. A congênita e insuperável incompatibilidade entre a pequena propriedade familiar e o latifúndio escravista condenava-os ao desaparecimento. Por volta de 1630, o processo de decomposição desta categoria social já se achava adiantado e se completou rapidamente no curso da ocupação holandesa. Convertidos em agregados, rendeiros, parceiros e meeiros, anunciavam já na segunda metade do século XVII a futura massa de párias do quadro rural brasileiro. No dizer de Rocha Pombo, 'ficaram só os grandes proprietários e em volta destes a vassalagem mediante alguma coisa que não era propriamente salário, mas um parco cibo para o dia, esmola somítica e amarga'. Os livres pobres figuravam em último lugar na escala dos homens livres, acima, apenas, dos índios e dos escravos."[8]

Outro autor, José de Souza Martins, conclui que "as origens do campesinato tradicional" estaria na exclusão da herança territorial. Ele toma três grupos sociais do período colonial e deixa ver neles o começo do campesinato brasileiro, conformado da seguinte maneira:

---

(6) Coerção ou coação extra econômica foram expressões usadas por Marx de referência ao sistema feudal europeu, que fazia o camponês, mesmo como produtor do seu próprio lote, depender pessoalmente do senhor das terras, inclusive para prestar-lhe serviços gratuitos. Aquela coação, para Marx, estaria inserida na categoria da *renda do pagamento em trabalho*, e, para Lênin, comportava "os graus e formas...os mais diversos, da servidão ao estatuto jurídico inferior dos camponeses." – V. Vladimir Ilicht Lênin: O Desenvolvimento do Capitalismo na Rússia. Editor Victor Civita, São Paulo, 1982, p. 124.

(7) SODRÉ, Nelson Werrneck. *Formação Histórica do Brasil*. São Paulo: Brasiliense, 2. ed., 1963. p. 4.

(8) FREITAS, Décio. *Palmares* - A Guerra dos Escravos. Rio: Graal, 4. ed., 1982. p. 26.

O primeiro compõe-se dos *bastardos*: "(...) quem não tivesse sangue limpo, quem fosse bastardo, mestiço de branco e índia, estava excluído da herança. A interdição da propriedade, desse modo, alcançava não só o índio reduzido à condição de peça e escravo... alcançava também o filho de branco sem pureza de sangue."

"O segundo é formado dos *mestiços de índios e brancos, cessada a escravidão indígena*: "Cessada a legalidade da escravidão indígena (...) o índio e o mestiço entraram para o rol dos agregados da fazenda, excluídos do direito de propriedade, obrigados ao pagamento de tributos variados, desde serviços até gêneros, segundo a época, as circunstâncias e as condições do fazendeiro."

"Um terceiro grupo veio engrossar e diferençar o campesinato durante o período colonial: o dos excluídos e empobrecidos pelo morgadio, regime que tornava o primogênito herdeiro legal dos bens do fazendeiro. Isso fazia dos outros herdeiros uma espécie de agregados do patrimônio herdado com base na primogenitura." (...) "Justamente o morgadio indica uma das principais características mais importantes do regime de sesmarias: a formulação de critérios que impedissem a fragmentação da fazenda e a fragmentação da família. Mesmo após a extinção do morgadio [1835], os casamentos intrafamiliares não foram o único recurso que os fazendeiros utilizaram para impedir essa fragmentação. Usou-se largamente, em todas as regiões do país, o recurso à manutenção das terras induvidosas, em comum, entre os herdeiros, baseada no consenso sobre limites e direitos aproximados de cada herdeiro."[9]

Por sua vez, Jacob Gorender afiança que "Durante a vigência do escravismo colonial no Brasil, constituiu-se o que denominei modo de produção dos pequenos cultivadores não-escravistas, um modo de produção secundário na formação social escravista e na qual se agrupavam sitiantes minifundiários, os posseiros e os agregados ou moradores. Deles afirmei, outrossim, que foram a classe camponesa possível numa formação social escravista".[10]

Mário Maestri enxerga a formação do campesinato brasileiro com os imigrantes, e considera não ter havido um "substancial" campesinato constituído por pretos. Assim expressou-se:

"O surgimento do campesinato nacional propriamente dito deve-se sobretudo ao processo inicialmente marginal na ocupação e exploração do território brasileiro. Ou seja, a colonização de pequenos lotes de terra por imigrantes não-portugueses proprietários.

Após a tentativa fracassada de meados de Setecentos – continua – com colonos açorianos, em inícios do século 19, devido ao estabelecimento da administração lusitana no Rio de Janeiro, promoveu-se a formação da classe de pequenos agricultores proprietários que produzissem alimentos para as capitais; braços para os exércitos, e população livre e branca para o novo império escravista onde dominavam as populações escravizadas e mestiças.

---

(9) MARTINS, José de Souza. *Os Camponeses e a Política no Brasil*. Petrópolis: Vozes, 1981. p. 32 e 33.
(10) GORENDER, Jacob. *A Escravidão Reabilitada*. São Paulo: Ática, 1990. p. 223.

Sobretudo após a independência em 1822, camponeses europeus com pouca ou nenhuma terra, inicialmente suíços e alemães e, a partir de 1875, sobretudo italianos, mas também russos, judeus, poloneses etc. partiram para o Brasil atraídos pela promessa de terra, inicialmente gratuita e, depois, subsidiada."

Apesar do emérito historiador gaúcho admitir a realidade das "comunidades camponesas nascidas antes ou após a Abolição", suscetíveis, hoje, da "legalização da propriedade de terras", conclui também sobre a "inexistência de campesinato negro substancial..."[11]

De nossa parte, assinalamos que o campesinato no Brasil veio se formando desde a colonização do século XVI, com os próprios lusos e seus mestiços com índios, negros, e quaisquer estrangeiros em torno das sesmarias e terras públicas inicialmente – em geral pessoas empobrecidas que viviam em liberdade, mas dependentes do trabalho pessoal e da sua família em terra alheia que cultivassem, ou em terra que ocupassem como donos.

Assim, o campesinato surgiu à margem dos latifúndios coloniais e das áreas devolutas, cresceu depois à sombra das fazendas da burguesia e das frentes de expansão capitalista dos grandes produtores, aventureiros e grileiros. A massa dos posseiros e dos trabalhadores volantes compunha-se também de camponeses negros que se fizeram livres, também arraigados à terra.

Os negros podiam desenvolver um campesinato nas vizinhanças dos espaços assenhoreados por outros não necessariamente negros, firmando um conjunto camponês de uma prática de exploração da terra por modo individual em cada parcela. Mas, também, havia negros que, nessas vizinhanças ou ao longe, procuravam agregar-se entre si – eles próprios destacando um modo comunitário de exploração da terra ocupada.

Constituiu-se, assim, um campesinato negro, com duas categorias: o do camponês negro destacado na sua individualidade e no da sua família, que ordinariamente formava, e a dos camponeses negros que também trabalhavam para si, mas de uma forma conjunta, em virtude do que poder-se-ia formatar um agrupamento multifamiliar. Tais negros, que antes e depois da Abolição fixavam-se em comunidades para uma exploração econômica da terra, foram eles que deram origem ao campesinato negro do tipo quilombola; ou, simplesmente, "campesinato quilombola", porque na prática do quilombo já se intuía e se intui a gênese negra.

6. 3. O significado da expressão camponês (a) no Brasil. Identidade política

Talvez não seja difícil especular a partir de quando a expressão *camponês (a)* tenha tido uso corrente, como denominação genérica dos trabalhadores rurais sem terra ou com pouca terra; e, principalmente, de modo mais restrito, como indicativo dos que promoviam uma

---

(11) Mário Maestri: "Índios, caboclos, escravos e imigrantes na formação do campesinato brasileiro (1) – A Aldeia Ausente (II)" – Conferência ministrada em 21.11.2001, no II Colóquio Marx-Engels do Centro de Estudos Marxistas do IFCH da UNICAMP, colhido na Internet em 6.10.2009 no sítio <http://www.br.geocities.com.comunidade_kalunga/MarioMaestri.htm>

atividade autônoma de sobrevivência com o trabalho pessoal e de sua família. É evidente que era do léxico português – campônio, camponês, homem do campo – porém sem emprego frequente numa acepção mais ampla, que pudesse abarcar, com o devido potencial político, os colonos, os sitiantes, os agregados ou moradores, os empreiteiros, os pequenos parceiros, pequenos arrendatários etc.

A nosso juízo, a aplicação dos termos *camponês (a), campesinato*, em nosso país, se deu inegavelmente por influência do Partido Comunista, quando este, algum tempo depois de constituído no Brasil[12] passou a teorizar a necessidade da aliança operário-camponesa, como meio de estabelecer a luta contra a burguesia. Uma inspiração de Marx, um tanto tardia, pois este já havia tecido o seguinte comentário sobre os camponeses franceses, no século anterior: "Os interesses dos camponeses, portanto, já não estão mais, como no tempo de Napoleão, em consonância, mas sim em oposição com os interesses da burguesia. Por isso os camponeses encontram seu aliado e dirigente natural no proletariado urbano, cuja tarefa é derrubar o regime burguês."[13]

Nos Estatutos do Partido Comunista no Brasil, não havia qualquer menção à aliança operário-camponesa, que configuraria o binômio proletário da época. Dos seus 41 artigos, publicados no 7º número da revista *Movimento Comunista*, edição de 7 de julho de 1922, como resultado do I Congresso (Constituinte) do Partido Comunista do Brasil, apenas o art. 2º mostrava como um dos objetivos da entidade "a organização política do proletariado em partido de classe".[14]

Colhem-se daí duas impressões: ou o Partido deu cunho genérico aos trabalhadores, para envolver na classe proletária tanto os trabalhadores da cidade quanto os trabalhadores do campo, ou então – como depois se viu ter sido a posição teórica real, mas equivocada – aquela agremiação política imprimiu um conceito reducionista ao fenômeno, considerando como proletário apenas o conjunto operário urbano, e nele se resumindo.

Boris Koval demonstra que, na década de 20 do século passado, o problema agrário era "o problema crucial da vida econômica e social do Brasil" e que os camponeses não possuíam "quaisquer relações organizativas ou revolucionárias com os operários." A razão disso estaria em que, por um lado, as "organizações operárias, durante longo tempo, não concederam, de um modo geral, séria atenção ao problema agrário", e em que, de outro lado, "nem os socialistas, nem os sindicalistas revolucionários viram nos

---

(12) O emprego do termo não remonta, porém, à época da fundação, entre nós, do Partido Comunista, em março de 1922 – primeira organização de feição proletária que substituiria, com certo embasamento de ciência social, o anarquismo ou o anarco-sindicalismo e mesmo a ação de grupos marxistas que tentavam representar no país os interesses dos trabalhadores, até a década dos 20 do século passado. De toda maneira, as incipientes agremiações de trabalhadores que se formaram na primeira década do século XX, enfatizavam reivindicações do proletariado urbano, sem atentarem para a articulação operário-camponesa.

(13) MARX, Karl. *O 18 Brumário de Luís Napoleão, in* Os Pensadores. São Paulo: Victor Civita, 1978. p. 400.

(14) Estatutos do Partido Comunista do Brasil, *in* Edgard Carone: O PCB –1922/1943, 1º vol., São Paulo, Ed. Difel, 1982, p. 23; Eliezer Pacheco: O Partido Comunista Brasileiro –1922/1964, São Paulo, Ed. Alfa Ômega, 1984, p. 79-91.

trabalhadores agrícolas o aliado do proletariado urbano, isolando este último na luta com o capital e deixando os camponeses sem direção revolucionária."[15]

Tal ocorrência, de fato, era incompreensível, dado que Marx e Engels, desde 1882, já haviam feito uma importante revisão quanto ao "potencial revolucionário do campesinato". Observe-se o que esclarece Silvio L. Sant'Anna quando faz comentários sobre edições posteriores do Manifesto do Partido Comunista: "Após 35 anos, no *prefácio da edição russa de 1882*, os autores foram obrigados a reconhecer o potencial revolucionário do campesinato, bem como o papel que poderia desempenhar uma economia até então agroexportadora como a russa e nos Estados Unidos o surgimento do proletariado em uma economia capitalista periférica e emergente, nascida da concentração da renda agrária, que sequer eram vislumbradas no Manifesto." (g.n.)[16]

Somente em 1923 veio a se ter uma recomendação do V Congresso do Comintern[17] ao PC, revelando as primeiras preocupações com a desejada aliança operário-camponesa, como "tática dos partidos comunistas na luta cotidiana dos operários e camponeses". Daí era de esperar-se que, no Brasil, as duas categorias deixassem o recíproco isolamento e tomassem a peito uma luta conjunta. Mas já em 1925 o II Congresso Nacional do Partido Comunista do Brasil foi obrigado a constatar, dentre outros fatos negativos de sua ação (e da própria realidade nacional), "a ausência de estreitas ligações entre o movimento operário e a luta dos camponeses pela terra."[18]

Em 1929 deu-se, finalmente, a criação, pelo Partido Comunista, de um "Bloco Operário-Camponês", que complementou o pioneiro "Bloco Operário" fundado em 1927, o qual, segundo Everardo Dias, seria "um órgão de arregimentação eleitoral e luta política, de forma a poder atuar nas Câmaras e nos Conselhos municipais, com sua representação parlamentar como arma de combate e de conquista de novos direitos que viessem beneficiar os trabalhadores e as camadas pobres em geral".[19]

Portanto, a mais antiga referência de conteúdo político – que foi o móvel da qualificação do termo *camponês (a)* – vem do ano de 1923, como pretensão dos cuidados que estavam a merecer os grupos correspondentes e a necessidade de sua aliança com os operários. Do ponto de vista da efetividade de uma ação, vem do ano de 1929, com a criação do já citado "Bloco Operário-Camponês", o qual teve curta duração: foi extinto pelo Governo que se instalou em 1930 no país.

---

(15) KOVAL, Boris. *História do Proletariado Brasileiro* – 1857/1967. São Paulo: Alfa-Ômega, 1982. p. 175 e 176.

(16) Silvio L. Sant"Anna, na qualidade de organizador dos Prefácios do Manifesto do Partido Comunista, de Marx e Engels, na publicação de tal *Manifesto* pela Editora Martin Claret, São Paulo, 2ª reimpressão, 2008. p. 24, sendo de sua autoria o texto "Introdução", donde se extraiu a parte citada.

(17) A *Cominter* – Internacional Comunista– foi extinta em 1943 e substituída pela *Cominform (I.C.)* ou Informação Comunista. Um dos seus propósitos foi o de tentar, nos começos da difusão do comunismo no mundo, delinear autênticos partidos que podiam parecer-lhe verdadeiros primados de marxismo-leninismo, através da criação ou fortalecimento "das diferentes forças do movimento operário". Muito influiu para que o PCB considerasse a aliança operário-camponesa como representativa do proletariado.

(18) Boris Koval: *ob. cit.*, p. 176, 184 e 186.

(19) DIAS, Everardo. História das Lutas Sociais do Brasil. São Paulo: Alfa-Omega, 1977. p. 155.

Deixando a constatação desses acontecimentos propriamente teóricos para a demonstração das proposições na realidade concreta do País, vê-se que a união daquelas categorias se deveu não só às diretrizes do Comintern ao PC, em 1923, mas, também, das lições das greves no campo, que ocorreram em Pernambuco, em 1928. Provêm daí os seguintes fatos: a) o fortalecimento da "ligação entre operários e camponeses, com movimento armado pela terra"; b) a instituição, em Elisário, São Paulo, no mesmo ano, da "Associação Unida de Operários e Camponeses"; c) a fundação da Confederação Geral dos Trabalhadores do Brasil (abril de 1929); d) a tentativa do cumprimento dos objetivos do III Congresso Nacional do Partido Comunista do Brasil (dez 1928/jan 1929), dentre eles o de "fortalecer as relações entre o proletariado e o campesinato". [20]

São pistas soltas deixadas por Boris Koval, das quais não pode escapar a nossa ilação quanto à constituição e os limites daquela aliança.

Aquele autor salientou que, "pela primeira vez na história do Partido, o III Congresso discutiu em especial o problema camponês (...) manifestou-se pelo confisco das terras e sua entrega aos camponeses", firmando como princípio "a terra àqueles que a trabalham". Disse ainda que, além das "reivindicações concretas para cada região do país" e quanto "à devolução das terras confiscadas aos índios", o Congresso também pleiteou, dentre mais outros temas, a fundação de cooperativas agrícolas (...) e direitos políticos e liberdade para os sindicatos camponeses." [21]

Daí em diante, passamos a ter episódios que invocavam a aliança operário-camponesa e, mesmo só a questão camponesa pura e simples, como nos seguintes eventos: 1ª Conferência Nacional do Partido Comunista do Brasil (1934); criação da Aliança Nacional Libertadora (1935), que falava na "consolidação da união dos operários e camponeses"; 4ª Congresso Nacional do PCB (1954), com estabelecimento de "princípios exemplares", e V Congresso Nacional do PCB (1960), que destacou que a "questão da Reforma Agrária foi formulada com mais precisão."[22]

Contudo, queremos crer que os momentos políticos vinculados à organização de massas e à sua condução partidária, os mais decisivos para a defesa do campesinato brasileiro, emergiram com a criação das Ligas Camponesas – um braço da militância do PC entre os anos 40 e 60.

---

(20) KOVAL, Boris. *História do Proletariado Brasileiro*. São Paulo: Alfa-Ômega, 1982. p. 196, 208 e 219.

(21) *Idem. Ibidem*, p. 228/229.

(22) A 2ª e a 3ª Conferência Nacional do PCB (1943 e 1946, respectivamente) , não se aprofundaram em temática específica sobre o campesinato, e o programa do IV Congresso de 1954 formulava as seguintes resoluções: "1) em vez de nacionalização da terra, propunha-se a confiscação das propriedades dos latifundiários e a entrega aos camponeses como propriedade privada; 2) as empresas e capitais da burguesia nacional não estavam sujeitas à nacionalização; 3) o imperialismo norte-americano foi declarado inimigo fundamental; 4) A Frente Democrática de Libertação Nacional asseguraria "um regime democrático popular no Brasil", tendo ela própria, como base, "a união da classe operária com o campesinato". ☐ V. Boris Koval, *ob. cit.,* p. 398, 463 e 401.

Nessa última década citada[23], o termo *camponês (a)* ganhou mais importância e terminou adentrando o século XXI, consoante será apreciado adiante, tendo a sua configuração de *sujeito social*, assim como *sujeito social* também o é o operário (agrícola ou urbano), e ambos compondo, ao lado de outras vertentes, o *sujeito social global* da classe trabalhadora, que é o proletariado.

Em 1943, através da Consolidação das Leis do Trabalho, que proclamava direitos individuais e coletivos dos trabalhadores, o Governo instituiu dentre os últimos o direito à representação sindical, que, logo depois, estender-se-ia, também, aos trabalhadores rurais. Entretanto, de acordo com o testemunho de Clodomir Morais, "havia, *de facto*, uma rígida restrição ao sindicalismo rural". Desse modo, a liderança camponesa percebeu que a superação do "contexto político de governos comprometidos com os latifundiários" – e que influíam no processo – "residia em atuar dentro do âmbito do Código Civil, o mesmo que admite a organização de associações de caráter não especificamente trabalhista."[24] Era o caminho para as Ligas Camponesas, especialmente depois da queda da ditadura Vargas.

Clodomir Morais esclarece ainda que os ativistas do Partido Comunista realizaram "entre 1945 e 1947 uma mobilização massiva e organizada de trabalhadores agrícolas em quase todos os Estados brasileiros. Fundaram-se, então, centenas de Ligas Camponesas, que reuniram milhares e milhares de pessoas (...) eram organizações apêndices da estrutura unitária e centralizada do Partido Comunista. Seu líder era o mesmo do Partido, Luís Carlos Prestes, que não poucas vezes aparecia instalando Ligas Camponesas."[25]

Com a proscrição do PC em 1947, essas ligas desapareceram, algumas surgiram mais tarde, sob o comando do camponês José dos Prazeres, no Estado de Pernambuco, que as ia moldando para um trabalho clandestino. Até que ganharam maior coesão, a partir de 1955, com a fundação da Liga Camponesa Galiléia e outras, ocasião em que Francisco Julião passou a figurar como o presidente de honra das mesmas, seu advogado, disseminador e defensor dos seus objetivos na Câmara Legislativa.

Colhemos do próprio Julião, em livro, outras informações importantes: a) do ponto de vista formal, as ligas eram associações civis que se constituíram como tais devido às dificuldades burocráticas de se instituírem como sindicatos: b) a expressão *camponês(a)* se consolidou depois que se negou a uma colega deputada a solicitação para não empregá-la em seus discursos, a fim de não irritar os outros deputados que eram latifundiários. Disse, então: "Preferimos o nome *camponês* porque deriva de "campo"; era simples e tinha

---

(23) Teriam perdido vigor, a partir dos anos 60, os eventos do Partido Comunista que tangenciassem o tema sob comento, porque houve uma cisão partidária em 1961, cristalizada em 1962. Dum lado quedou-se o Partido Comunista do Brasil, formado por dissidentes da agremiação, que preservaram o nome original, com a sigla PC do B, e do outro ficou o Partido Comunista Brasileiro, com a sigla PCB. Decerto que ambos continuaram promovendo, na clandestinidade ou não, os seus Congressos e Conferências, mas já em ocasiões em que, conforme também já revelado, a expressão *camponês (a)* estava consagrada.

(24) MORAIS, Clodomir Santos de. *História das Ligas Camponesas no Brasil*. Brasília: Iattermund, 1997. p. 12.

(25) MORAIS, Clodomir Santos de. *História das Ligas Camponesas no Brasil*. Brasília: Iattermund, 1997. p. 12/13.

sentido radical. Hoje, a palavra que naquele tempo ofendia os usineiros e grandes senhores de terra de Pernambuco já é pronunciada por eles mesmos e escutada sem espanto, e com agrado do povo, na cátedra, no púlpito, no pretório, no rádio, na conferência e no comício."[26]; c) seu nome advém das centenárias ligas que organizavam o campesinato na Europa, especialmente as Ligas Camponesas da Alemanha, a que alude Engels em "Guerras Camponesas na Alemanha".[27]

É bem de ver, pois, que no contexto político-ideológico o emprego da expressão *camponês (a)*, aí contida, assim como da palavra *liga*, extraiu-se do sentido emblemático da história de tenacidade das lutas empreendidas pelos camponeses alemães, a que se associava o primado prático no Brasil, da aliança entre o operariado urbano e os trabalhadores do campo, em prol dos embates contra a burguesia e as oligarquias rurais de meados do século XX.

Dessa forma, o efeito foi mais daquela ordem do que de similitude econômica e social brasileira com os camponeses da Idade Média da Europa, nada evocando, pois, qualquer resquício de feudalismo no Brasil agrário – volta-se a dizer. Por via da utilização política, houve uma reestruturação semântica da palavra *camponês* no Brasil – com afastamento de qualquer influência do medievo, do camponês servo do modo de produção feudal – para a adoção da ideia de uma espécie de trabalhador rural por conta própria. Quer o do modelo típico de produtor autônomo que explora a terra que lhe pertence ou arrenda, com mão de obra familiar e eventualmente com ajuda de terceiro; quer o do modelo que, deixando a sua área em pousio ou no abandono de quem não tem como explorá-la, vai prestar serviços temporários a outros produtores rurais; quer, ainda o do modelo dos camponeses sem terra, que alvitram sua parcela para tirarem dela seu alimento e o de sua família, com a venda, fortuita ou constante, do excedente.

6.4. O Modo de Produção Camponês

Margarida Maria Moura não aceita que exista um modo de produção camponês, arguindo dificuldades "que começam no fato de que o processo de trabalho camponês é uma realidade subordinada a outra, mais poderosa, capaz de ditar as regras do jogo", além de que (...) "à economia camponesa faltaria um ingrediente crucial para a sua conceituação como modo de produção, justamente o de dominar, e, por isso, subordinar".[28]

Também José de Souza Martins, apesar de tecer comentários acerca da economia camponesa, campesinato em geral, e o camponês em particular, admitindo-os do ponto de vista político, não consente enxergá-los como figurações de um modo de produção camponês. Eis a sua explicação: "Um modo de produção é um modo de exploração que encerra

---

(26) JULIÃO, Francisco. *Que são as Ligas Camponesas?* – Cadernos do Povo Brasileiro. Rio: Civilização Brasileira, 1962. p. 29.

(27) Francisco Julião: *ob. cit.*, p. 60 e 13.

(28) MOURA, Margarida Maria. *Camponeses*. São Paulo: Ática, 1986. p. 62.

antagonismos de categorias sociais. Nesse sentido, a produção camponesa jamais poderia constituir um modo de produção, pois como todos nós sabemos ele se determina como produção familiar autônoma".[29]

Um e outro dos dois autores citados estão bem acompanhados pelo economista agrário polonês Jerzy Tepicht, o qual, apreciando a obra de Alexander Chayanov, sobre o campesinato russo, desprezou a economia camponesa como um modo de produção. As razões dele, segundo Ivan Otero Ribeiro, são as de que "Apesar de sua inserção em formações socioeconômicas pré-capitalistas, capitalistas e socialistas, a economia camponesa jamais deixou de ser subsidiária, nunca merecendo função dirigente ou determinante".[30]

Em contrapartida, no vai-e-vem de opiniões díspares, mas respeitáveis, Elizabeth Dore – professora da *American University*, de Washington – confirma ser a exploração da terra campesina uma forma produtiva, ao dizer, literalmente, que "a *produção camponesa tem lugar* fora das relações de produção capitalista", isto porque (na evocação de Dore e Weeks, 1979), "um Estado dominado pelo capital pode tomar medidas para preservar as *relações de produção não capitalistas características do campesinato*".[31] (g.n.)

De nossa parte, entendemos que, nem por ser secundário, o modo de produção camponês deixa de ser considerado como tal, conforme, aliás, já vimos em capítulos anteriores, e em função do estudo de Gorender sobre o mesmo, diante do escravismo colonial. O próprio Chayanov, que havia inspirado as análises de Tepicht, também o tinha como um induvidoso modo de produção. E Lênin também o viu, no período da Revolução e da estruturação do Estado soviético, dentre cinco diferentes modos de produção coetâneos na Rússia. São eles, segundo suas próprias palavras: "1) economia camponesa patriarcal, isto é, natural em grande medida; 2) pequena produção mercantil – esta categoria compreende a maior parte dos camponeses que vendem trigo; 3) capitalismo privado; 4) capitalismo de Estado; 5) socialismo."[32]

Ainda no século anterior, ao tempo de Marx, este classificou a economia camponesa nos lindes de modos de produção – não só entre povos antigos, e sim, também, em sociedades modernas, como, na época da sociedade inglesa que se impunha à irlandesa ou à indiana, no século XIX, fazendo valer seu modo de produção, mas podendo "*deixar subsistir o antigo modo*".[33] (g.n.)

Marx foi também explícito abordando ainda outra realidade moderna, como a da França com Luís Bonaparte. Ele disse que seus pequenos camponeses possuem a pequena propriedade como campo de produção e que eles constituem "uma imensa massa cujos

---

(29) MARTINS, José de Souza. *Os Camponeses e a Política no Brasil*. Petrópolis: Vozes, 1981. p. 172/3.
(30) RIBEIRO, Ivan Otero. *Agricultura, Democracia e Socialismo*. Rio: Paz e Terra, 1988. p. 160.
(31) DORE, Elizabeth. *Dicionário do Pensamento Marxista*. Org. Tom Bottomore. Rio: Jorge Kahar, Trad. Valtensir Dutra, 1983, verbete *Campesinato*, p. 43.
(32) Vladimir Ilicht Lenin: "O imposto em espécie" (artigo), *apud* Marta Harnecker: Os Conceitos Elementares do Materialismo Histórico, sem indicação de editora, 1971, p. 140.
(33) MARX, Karl. *Para a Crítica da Economia Política* — Introdução. São Paulo: Victor Civita, 1982. p. 12.

membros vivem em condições semelhantes, mas sem estabelecerem relações multiformes entre si" (...) "em que *seu modo de produção* os isola uns dos outros..." [34]

De toda maneira, chama-se a atenção para o fato de que Marx ainda estava em plena investigação sobre o fenômeno dos camponeses, quando morreu (1883), sem haver concluído o seu pensamento a respeito do campesinato.[35]

A ele se seguiram obras clássicas, abrangendo o assunto, como A Questão Agrária, de Karl Kautsky (1899), e Desenvolvimento da Agricultura na Rússia, de Lenin, tendo o primeiro abjurado, em 1918, o que escrevera antes, nas propostas de levar a teoria à prática, estando o segundo autor mencionado à frente da Política e do Estado em seu país.[36]

Porém os grandes marcos teóricos que praticamente dão foros de universalidade a princípios fundamentais da exploração econômica camponesa e à formulação de um conceito básico, essenciais ao delineamento do "modo de produção autônomo", são os escritos de A. Chayanov e de Eduardo Archetti, sem dúvida.[37]

Tomemos o texto de Chayanov, aqui brevemente apreciado e sobre o qual faremos pontificar os comentários de Archetti, que bem o interpretou.

Ele publicou, em 1825, o que se configuraria como uma teoria do campesinato, trazendo aspectos que poderiam ser detectados também no seio de outras nações, que não apenas a sua (URSS), a partir de suas respectivas famílias de pequenos produtores rurais.

Em que pese a intrincada variedade de dados estatísticos, gráficos e cálculos inerentes à realidade da União Soviética então se estruturando – o livro A Organização da Unidade Econômica Camponesa[38] e outros pronunciamentos de Chayanov tornaram-se imprescindíveis na teorização sobre o território da exploração camponesa, na qual ele visualizou a existência de um modo de produção específico, não-capitalista.

Disse, fundamentalmente, que sua investigação começa com uma análise "da constituição e leis que governam a composição do sujeito da unidade econômica camponesa: a família que a dirige". Denomina-a, também, de "unidade de exploração doméstica", porque ela se vale dos "membros capacitados da família"[39]; e porque o excedente do auto

---

(34) MARX, Karl. *O 18 Brumário de Luis Bonaparte, na coleção Os Pensadores*. São Paulo: Victor Civita, 1978. p. 396/397.

(35) Cf. Lawrence, citado por Eduardo Sevilla Guzmán e Manuel Gonzalez de Molina: Sobre a Evolução do Conceito de Campesinato, São Paulo, Ed. Expressão Popular, 2006, p. 45.

(36) Cf. Vladimir Ilicht Lenin: O Problema Agrário I, Belo Horizonte, Ed. História/Aldeia Global, 1978, p. 85, artigo "A revolução proletária e o renegado Kautsky".

(37) De acordo com Sevilla Guzmán e Gonzalez Molina, a "nova tradição de estudos camponeses" tem como "ponto de partida o ano de 1948, com Kroeber, seguido de Redfield, Steward, Friedman, Eric Wolf, Theodor Shamin, Norman Long e outros."

(38) Alexander Chayanov, em tradução para o espanhol, da 1ª edição de 1925, Moscou: La Organización de La Unidad Economica Campesina, Buenos Aires, Ed. Nueva Visión, 1974.

(39) Alexander Chayanov: *ob. cit.*, p. 47.

consumo (contraparte que o autor usa para a "auto exploração da força de trabalho")[40] é auferido como "retribuição pelo trabalho e não como lucro".[41]

Na apresentação desse livro para a edição argentina de 1974, Eduardo Archetti explana as ideias de Chayanov, que considera deverem ser conjugadas com as de Marx. Anotamos suas observações principais sobre a obra, cuja tradução para o português nos permitimos fazer:

1 – "(...) discute (...) uma teoria que parte do pressuposto de que a economia camponesa não é tipicamente capitalista, por isso que não se podem determinar objetivamente os custos da produção, em face da ausência de salários. Dessa maneira, o retorno que o camponês obtém, findo o ano agrícola (econômico)" (...) "não pode ser conceituado como lucro, mas como um excedente recebido a título de retribuição pelo trabalho".

2 – "(...) o trabalho da família é a única categoria de inserção possível para um camponês ou para um artesão, porque não existe o fenômeno social dos salários, e, por tal motivo, também está ausente o cálculo capitalista do lucro".

3 – "O núcleo principal de sua teoria passa pelo equilíbrio existente entre o consumo familiar e a exploração da força de trabalho."

4 – "O principal objetivo das operações e transações econômicas do camponês é a subsistência e não a obtenção de um percentual de lucro."

5 – Pode-se falar "um modo de produção camponês, ou melhor, uma economia camponesa" (...) "somente onde [ou quando] o campesinato se apropria integralmente do produto da terra em que trabalha." [42]

O próprio apresentador do livro manifesta a sua posição, segundo ele "A partir das ideias de Chayanov e Marx (...)", e diz que para estar constituída uma economia camponesa típica, "pelo menos duas características devem estar presentes: o uso da força de trabalho familiar e a falta de acumulação de capital" Contrapõe a isso as seguintes situações: a) "Atores que, apesar de usarem a força de trabalho familiar, acumulam capital por uma maior produtividade de seu trabalho, estão noutro patamar de desenvolvimento de um capitalismo agrário"; b) "Mais avançados estariam os produtores que combinam sua força de trabalho com força de trabalho alheio e acumulam capital".[43]

Já a esse passo, um economista brasileiro tenta uma classificação para as unidades de exploração das terras ditas camponesas, concebendo-as, no entanto, como figuras de empresa familiar capitalista. É o caso de Ivan Otero Ribeiro, que, embora não utilizando Archetti como fonte, busca inspiração em J. Trepich, mas para contrariar o mesmo. E assim vai estabelecer a sua dissimilitude com a teoria do polonês, mas que termina por coincidir,

---

(40) *Idem, ibidem*, p. 73.
(41) *Idem, ibidem, passim.*
(42) Eduardon Archetti: "Apresentação", *apud* A. Chayanov: *ob. cit.*, p. 8, 10 e 11.
(43) *Idem, ibidem, ob. cit.*, p. 20.

por outro lado, com a do argentino: "A diferença básica consiste em não se aceitar a possibilidade de que entre as explorações familiares camponesas sejam incluídas empresas familiares ou unidades de exploração capitalistas. Nos casos em que seja elevada a composição orgânica dos insumos, ou em que já existe acentuada combinação de trabalho doméstico e trabalho assalariado, a unidade familiar deve ser classificada como *empresa familiar* (g.o.). O mesmo acontece quando o emprego de mão de obra assalariada passa a representar um papel que não mais se considera como acessória, caso em que a empresa familiar adquire nítido traços capitalistas. Em ambos os casos, passa-se a acumular capital e supera-se a *auto-reprodução característica da exploração familiar camponesa.*" [44] (g.n.).

Tais são as premissas, os caracteres da configuração do campesinato, sendo evidente que as particularidades dos países ou das regiões levam a certas nuances diferenciadoras de comportamento, mas ajustadas àquelas assinaladas linhas mestras. Assim não fugirão ao conceito do modo de produção camponês.

No Brasil, por exemplo, assiste-se a um fenômeno social em que um grande contingente de trabalhadores rurais define-se como camponeses sem terra – na verdade operários agrícolas assalariados, destituídos dos meios fundamentais de produção, que se desempregaram; ou que deixaram de ser verdadeiros camponeses, que o eram, e que se viram destituídos da terra pela grilagem ou pela expulsão com violência; ou ainda, na melhor das hipóteses, uma massa trabalhadora que se mantém na alternância campesinato/operariado, isto é, metade camponeses – metade operários (agrários ou mesmo urbanos), que labutam a terra de que são proprietários ou posseiros, todavia terra insuficiente ou deficiente para a subsistência, e complementam o ganho de trabalho em fazendas de terceiros ou em cidades próximas. Isso comporta outras variantes, quer pela qualificação jurídica envolvendo relações de arrendamento, parceria etc., quer relativamente ao tamanho da área e a quantidade de seus ocupantes. Sociologicamente, Leonilde Sérvulo de Medeiros nota que, no Brasil, a partir dos anos 1990 "passou-se a falar numa 'nova categoria', a do 'agricultor familiar', colocado "no centro da discussão sobre políticas públicas", categoria essa que "rapidamente substituiu, no debate político e na linguagem sindical, o termo dominante até os anos 80 ('pequeno produtor')."[45]

Em termos legislativos, porém, o campesinato comum brasileiro já vinha definido, desde 1964, no Estatuto da Terra e em outros diplomas complementares, em ligação direta com a "propriedade familiar". Veja-se o seguinte dispositivo do diploma legal citado:

"Art.4º. Para os efeitos desta lei definem-se:

(*omissis*)

II – "Propriedade familiar", o imóvel rural que, direta ou pessoalmente explorado pelo agricultor e sua família, lhes absorva toda a força de trabalho, garantindo-lhes a subsistência e o progresso social e econômico, com área máxima fixada para cada região e tipo de exploração e eventualmente trabalhado com a ajuda de terceiros."

---

(44)   Ivan Otero Ribeiro: *ob. cit.,* 159 e 160.

(45)   Leonilde Sérvulo de Medeiros: "Os trabalhadores do campo e desencontros na luta por direitos", *in* O Campesinato na História – Vários autores, org. André Leonardo Chevitarese, Rio, Ed. Faperj/Relume Dumaré, 2002, p. 168/169.

Toda a legislação agrária subsequente acompanhou o uso da expressão, fazendo variações sobre a mesma, como nas locuções "agricultura familiar", "agricultor familiar" etc.

Não obstante, tal circunstância não impedia que, inclusive entre juristas, ficasse em voga a expressão *camponês (a)*, tão instigante ela se manifestava no contexto das liças provocadas pelo regime político ditatorial daquele então. Foi o que preferimos de nossa parte, numa tentativa de fazer uma diferenciação entre a propriedade familiar de maior porte (de conotação patronal, capitalista) e a pequena propriedade familiar (voltada para a produção e o próprio consumo das pessoas empobrecidas); e usamos, pois, aquela expressão, para compor o enunciado de um dos princípios do Direito Agrário brasileiro, o "Princípio da Proteção à Propriedade Familiar Camponesa."

O fato é que governantes responsáveis pelo conduto legislativo do país, seguidores que se tornaram do eufemismo legal adotado desde 1964 (propriedade familiar e não propriedade camponesa), no fundo quiseram mascarar o termo *camponês*, que tinha uma carga ideológica mais candente que "agricultor familiar" ou "pequeno produtor", e que era usual no passado, antes destes, ou mais que estes. Procuraram esvaziar a conotação incisiva que a expressão encerrava, para suavizá-la no simulacro "agricultor familiar", e, consequentemente, substituíram ainda a locução "agricultura camponesa" por "agricultura familiar". Apesar do acerto semântico que também exaram, sua atual preponderância, ao contrário dos vocábulos que logo estampam a campesinidade, denotam o propósito de arrefecimento das lutas camponesas, inclusive por parte dos muitos que antes propugnavam por elas.

Se agora colocamos foco em outra singularidade campesina de nosso País, qual seja a de grupos sociais marcados pela etnia negra, que procuram reviver o *tempo anterior*, ou *ancestral*, aí podemos nos deparar com o fenômeno quilombola. Este é ainda, em grande parte, quiçá em sua maioria, distinguido por camponeses de ascendência africana, que têm resistido ao cerco capitalista da sociedade brasileira, e que estão hoje amparados por associações que conseguem formar, e que pelejam para reaver as porções territoriais que lhes foram subtraídas e, afinal, para terem do Estado a titulação das áreas nas quais conseguem permanecer.

Porém é de se esclarecer, em tempo, que o campesinato negro não se ajusta aos dispositivos do Estatuto da Terra e legislação posterior, salvo de modo subsidiário, dado que o seu perfil especial, advém do art. 68 do ADCT e da legislação que trata das populações tradicionais, dos tratados internacionais recepcionados pelo Brasil e dos documentos legislativos federais ou estaduais, incluindo os relativos às providências para a titulação formal da propriedade quilombola – um complexo de normas *a lateri* daquele Estatuto.

Com tal tratamento jurídico diferenciado, pode-se logo perguntar que tipo de camponês é o campesino negro? Por quê ele é específico da "propriedade quilombola" dentro do gênero "propriedade camponesa"? Tudo começa, logicamente, com a constituição das comunidades negras rurais, conforme estudaremos a seguir.

6.5. Formação histórica do campesinato quilombola

6.5.1. O rumo dos libertados

A ênfase do capítulo que ora escrevemos está na apreciação do trabalho autossuficiente e grupal sobre terra própria, sem que nosso exame se estenda ao mercado de trabalho assalariado no campo, no qual o negro livre esteja dando o seu labor, em benefício do empreendimento econômico de terceiros.

Como síntese da metodologia adotada para essa apartação analítica, basta informar que tomamos o critério daquela clássica divisão, que até hoje perdura nas investigações agrárias e trabalhistas, a que põe, conceitualmente, de um lado o contingente social camponês e, de outro, o operariado agrícola. Eles se distinguem, dentre mais atributos, por um fator primordial: o primeiro remunera a si próprio, mediante a obtenção dos produtos com os quais subsiste; o segundo depende da remuneração paga por outrem. Aqui examinaremos, exclusivamente, o primeiro, e, dentro dele, o campesinato da espécie quilombola, destacado, sobremaneira, por uma composição étnica que particulariza sua organização social.

Para além da circunstância divisória entre essas figuras de negros trabalhadores, outra particularidade deverá ser posta aqui, chamando a atenção do leitor: o fato de que nossa abordagem sobre o rumo de sua localização no espaço, de passagem ou de modo permanente, independe de um tempo determinado. Tomando-se, por exemplo, a Abolição (1888) como um marco central, veremos que o caminhamento dos negros pelo território brasileiro, em busca de uma economia autônoma, pode ter ocorrido tanto antes quanto depois dela. Bastar-lhes-ia a sensação de liberdade, seja a formal, pela manumissão, segundo a lei, seja a não autorizada, que se angariou pela fuga, – ambos os casos podiam permear uma liberdade complementada pelo trabalho em redutos próprios.

A liberdade jurídica ou fática, que renderia quilombos históricos ou as comunidades negras rurais, plasmou a condição constitutiva fundamental do campesinato quilombola, qualquer que fosse o tempo. Só não seria admissível, conforme já vimos, se se pretendesse amalgamar num só fenômeno o "campesinato escravo", ou falar-se em "escravo camponês".

6.5.2. A espacialização dos quilombolas no território brasileiro

É bom recordar que a Abolição de 1888 não havia alcançado em cativeiro a maior parte dos negros do Brasil, e sim a sua parte menor. Ela beneficiou somente 5% deles[46], envolvendo-os (a) nas cidades, com empregos subalternos, equiparados a uma servidão, e com moradas precárias na periferia das zonas urbanas; (b) no meio rural, com uma vertente de intensa subordinação, em labor não formalmente escravista, nas velhas fazendas conhecidas, e outra vertente, firmada em trabalho autônomo, nas áreas as mais das vezes já cultivadas por antigos companheiros. Portanto, não há que se cogitar de que foi grande o contingente de negros livres por causa da Abolição – apesar da extraordinária importância do ato oficial –

---

(46) Emília Viotti da Costa, enquanto afiança que em 1888 a população livre no Brasil era "de quase quatorze milhões" de pessoas, diz que a população escrava atingira "pouco mais de setecentos mil em 1887." — A Abolição, 4. ed., Global Editora, São Paulo, 1956, p. 52.

tendo em vista que a maioria, bem ou mal, se havia arranchado antes disso. Assim, a lei de 13.05.1888, pelo aspecto socioeconômico, simplesmente consolidou o rumo do que restou do chamado "elemento servil", ele próprio tentando, atarantado, traçar o seu destino.

Podemos rememorar, também, na História brasileira, que várias tendências foram observadas em relação ao caminho que os negros seguiram após a Abolição, praticamente repetindo o mesmo rumo que antes já estabeleciam quando se tornavam libertos. Nenhuma grande novidade poderia ser esperada a tal respeito, porque os escravos liberados em 13 de maio conformavam um pequeno grupamento (cerca de 700 mil), em face da maior parte que já se encontrava desescravizada em 1888. Assim, talvez seja fácil estimar, e constatar, a propensão deles.

Quando os escravos se viram libertos, de uma vez por todas, tomaram a seguinte direção, repetindo tentativas anteriores:

1) Alguns poucos retornaram à África.

De acordo com as posses e interesses (inclusive afetivos), uns retornaram à África – uma experiência de vida conhecida de certos africanos emancipados anteriormente. Voltavam às origens, com ou sem acompanhamento de seus descendentes crioulos, sendo que lá (como cá) somente alguns poucos tiveram reais chances de prosperidade.

O livro de Manuela Carneiro da Cunha, *Negros, Estrangeiros*, bem evidencia o que aconteceu com muitos dos que preferiram deixar o Brasil.

2) Outros, no Brasil, que tinham sido objeto do tráfico interprovincial, voltavam à terra de origem, comprazendo-se a uma atividade qualquer, no meio rural ou no meio urbano.

3) Muitos foram aventurar-se nas cidades.

A localização nas cidades foi outra perspectiva para os negros do período pós-Abolição, repisando, aliás, antiga inclinação de um grande contingente, na segunda metade do século XIX.

Nina Rodrigues traz um informe sobre a atitude dos negros na Bahia, em seguida ao término da escravatura, que mostra a propensão maior quanto ao local em que preferiam desenrolar suas atividades: o meio urbano ou a sua periferia. O que pode ter sido também uma tendência nas grandes cidades brasileiras da época. Ele asseverou: "Depois da abolição em 1888, os africanos afluíram todos para esta cidade [Salvador, a "cidade da Bahia"] e nela se concentraram. Apenas um número muito limitado ainda vive nas cidades do centro, em Cachoeira, Santo Amaro, Feira de Santana, um ou outro engenho da zona açucareira do Estado. Passou para eles o período das grandes atividades. Limitam-se hoje ao pequeno comércio e aos fretes (...) alguns, pequenos lavradores ou criadores nos arrabaldes ou roças da vizinhança da cidade."[47]

---

(47) RODRIGUES, Nina. Os Africanos no Brasil, 6. ed. Brasília: Universidade de Brasília, 1982. p. 101.

É claro que, na condição de liberdade, o escravo emancipado pela "Lei Áurea" iria seguir um dos caminhos que já tradicionalmente tomava, no processo de fuga: a cidade. Mesmo que aí não coubesse aos fugidos, em termos de trabalho, mais do que era oferecido aos próprios escravos, conforme já o diagnosticou Maria Inês Côrtes de Oliveira[48], as transformações da sociedade brasileira, nos anos 80 do século XIX, animava-os, pelo menos. Tentaram então, segundo assinalou Ademir Gebara, "(...) entrar no mercado urbano que absorve pescadores, quitandeiros, tanto quanto trabalhadores nas docas e nas ferrovias."[49]

Joselice Jucá também afiançou que os libertos de 1888 saídos do trabalho rural para a busca de emprego nas cidades, como foi a inclinação da época, representavam uma mão de obra desqualificada, e isso constituiu "um dos aspectos mais dramáticos dos sérios problemas sociais ocorridos após a Abolição, o que teria trazido o "agravamento da situação financeira que reverberou tanto sobre as fazendas de café quanto sobre as plantações de cana..."[50]

Diferentemente da época de cessação do tráfico africano, em que "o movimento predominante do Brasil, como no Caribe" – segundo Gorender – "foi de transferência de escravos para as áreas rurais, e não o contrário"[51], agora (tanto quanto a partir da nova década dos 80, no século XIX), a grande proposta era o deslocamento deles para as zonas urbanas, supondo ser mais propício nelas encontrar trabalho, pelo qual receberiam remuneração.

4) Mas outro bom contingente preferiu o trabalho na agricultura, ensejando que se destacassem, os seguintes grupos, dentre outros possíveis:

* o de uns poucos que se transformaram em ricos fazendeiros ou em camponeses remediados;

* o de assalariados rurais, que se ligaram ao trabalho temporário ou permanente prestado a terceiros;

* o dos trabalhadores que aumentaram a massa dos forros sem terra, mas que, mesmo detendo um pequeno trecho, e não podendo competir com os antigos senhores, na região onde foram escravos (e mesmo fora dela), se agregavam a eles;

* o dos que puderam adquirir ou apossar-se de terras devolutas, tornando-se pequenos produtores autônomos – embora sob pressão das oligarquias, que os superavam pela força ou dominavam o mecanismo de aquisição da terra, pelo título formal (desde a Lei de Terras de 1850 e, notadamente, com a Constituição de 1891);

* o dos que foram constituir a comunidade religiosa-camponesa de Canudos, na Bahia.

---

(48)   OLIVEIRA, Maria Inês Cortes de. *O Liberto*: o seu mundo e os outros – Salvador, 1790/1890. São Paulo: Corrupio, 1988.
(49)   GEBARA, Ademir. *O Mercado de Trabalho Livre no Brasil*. São Paul: Brasiliense, 1986. p. 154.
(50)   Joselice Jucá: André Rebouças – Reforma & Utopia no Contexto do Segundo Império. Construtora Norberto Odebrecht S/A, Rio de Janeiro, 2001, p. 18.
(51)   GORENDER, Jacob. *O Escravismo Colonial*. São Paulo: Ática, 1992. p. 482.

* o dos que, também a partir do Nordeste, foram engrossar as levas de camponeses para a extração de borracha, no Amazonas (1890 – 1910).

* o dos que, em grupos, se instalavam nessas mesmas áreas de terceiros ou do Estado, sem ou com o consentimento deles, ou que eram desalojados das terras devolutas pelos particulares em disputa pela dominância fática das mesmas.

* o dos que ocuparam terras privadas, sem o consentimento dos legítimos proprietários, nas quais se tornaram posseiros ou ocupantes, tocando a exploração com ajuda dos membros da família;

* o dos que iam buscar subsistência em áreas negras já organizadas.

* o dos que, havendo se instalado em pequenas áreas próximas às cidades, terminaram sendo cercados pela expansão urbana, e vítimas da especulação imobiliária, cuja contrapartida de resistência determinou, também, o surgimento dos quilombos urbanos.

Em frente a tal complexo social, eram relevantes os grupos de negros oriundos das áreas onde se haviam formado os quilombos, propriamente ditos, ou outra espécie de apossamento comunitário da terra (terras de santo, terras de preto etc.).

E assim, rumando para uma vida comunitária no campo, decerto que uns optaram pelo desbravamento inicial em área que teriam resolvido ocupar, pela vez primeira, a partir de 1888, ao passo que outros teriam buscado viver e trabalhar em comunidades já instaladas antes mesmo desse ano.

Com atinência aos negros habitantes das regiões mais distantes dos centros político-administrativos, que permaneceram no meio rural até por inabilidade com os ofícios do meio urbano, não restou muito diferente o quadro socioeconômico que já se havia delineado para os forros dedicados ao exercício da atividade agrária – sem as benesses de acesso à terra mediante respaldo oficial.

Em síntese, do ponto de vista de sua localização, o contingente que ficou liberado em 1888 encontrou condições mais ou menos estabelecidas pela sociedade para os alforriados de antes, quer no espaço urbano – donde surgiriam ou se adensariam os cortiços e favelas, e se atribuíam aos negros tarefas degradantes ou fisicamente mais pesadas – quer no espaço rural, onde eles prestavam serviços nas fazendas dos mesmos senhores ou noutras fazendas da mesma região (permanentes ou temporários). Outra vertente de aproveitamento da terra (vale repetir) foi a de construir ou reconstruir condições para um trabalho autônomo onde melhor lhes aprouvesse, com a particularidade de se usar o espaço para a produção agrária de proveito próprio.

J. R. Russell-Wood, estudando "o papel das pessoas de cor nascidas livres ou alforriadas" na economia interna do país, em razão da importância de sua atividade no setor rural, em fins do século XVIII e começos do século XIX, diz que o negro se vinculava a um "campesinato livre que fornecia os alimentos básicos, como mandioca, milho e feijão. Os indivíduos de ascendência africana livres e libertos constituíam parte substancial desta população rural, e este setor cresceu consideravelmente entre as décadas de 1770 e 1820."

O autor enxerga dois fatores para a interiorização desse contingente: o desejo de possuir terras e o exercício da atividade minerária: "Pode-se atribuir isso, em parte, à migração dos libertos das cidades para as áreas rurais com o intuito expresso de obter acesso à terra, conquistando um certo grau de autonomia e tornando-se parte do campesinato (Lima, 2000 [A]"). A mineração do ouro foi outro incentivo à migração (Dantas, 2003: 274-5). Tal fato coincidiu com um período de expansão da agricultura brasileira e de aumento da urbanização, que abriu mercados para os produtos agrícolas."[52]

De toda maneira, tomado o imenso território brasileiro como campo de análise, e tendo em vista as dificuldades de locomoção dos negros em geral pelo mesmo, fosse por causas naturais, fosse por necessidades econômicas, a tendência dos libertos, antes ou depois de 1888, se não era de permanecer nos limites das microrregiões em que viviam ou em que passaram a viver, após esgotado o tráfico interno de escravos, pelo menos era de ficarem orbitando por elas. A despeito da constituição de muitos quilombos ou das comunidades negras em localidades distantes do ponto de origem dos escravos ou dos ex escravos, aquela era a regra, principalmente nos últimos anos da escravatura.

Para firmar a tese, mas resguardando-se as exceções, como no caso de retorno ao local de origem, no próprio País, ainda que longe, pode-se dizer que não havia porquê um escravo ou um grupo de escravos deixar a região em que hoje se localiza, por exemplo, o Estado do Pará, e ir para o do Rio Grande do Sul, sendo, contudo, factível um negro do primeiro Estado dirigir-se para comunidades negras do seu vizinho Maranhão e proximidades; ou um negro de Santa Catarina extrapolar as suas fronteiras e encaminhar-se para o Rio Grande do Sul, ali de junto.

Imaginava-se que em todo o Brasil houvesse agrupamentos de negros – o fator solidariedade entre eles sempre os levou à união: em sendo escravos amocambados, assim o foram como símbolo de resistência, antes de tudo, à sociedade escravista; e em sendo livres, o elo que os ligava poderia ser a labuta conjunta, para melhor garantia de sobrevivência de cada um. Todavia, atualmente se constata que os Estados do *Acre* e de *Roraima* não contam com aquelas comunidades enquanto tais. As alterações das fronteiras das nossas antigas Províncias, a divisão político-administrativa que transformou essas Províncias em Estados, na República, ou o próprio caminhamento dos negros, ao longo dos anos, talvez expliquem o fenômeno. Tome-se como exemplo os casos de Tefé e Barcelos, que antes pertenciam ao Pará, e que tinham recebido negros escravos, mas que hoje se encontram nos limites do Estado do Amazonas, onde até pouco não se cogitava da existência de quilombos. E nada custa especular também que, no passado, pudessem ter ocorrido em Roraima aglomerados de negros fugidos dos países vizinhos do Brasil mais próximos daquele Estado, como a Venezuela e a Guiana – mesmo sem os remanescentes que agora não se constatam. Da mesma sorte que era hábito escravos de Mato Grosso atravessarem a nossa fronteira oeste, fugindo para a Bolívia, Peru e Paraguai.[53]

---

(52) RUSSELL-WOOD, J. R. *Escravos e Libertos no Brasil Colonial*. Rio: Civilização Brasileira, 2005. p. 319/320.

(53) V. Monique Cristina de Souza Lordelo: "Escravos negros na fronteira entre Brasil e Bolívia", Disponível em: <http://www.snh2011.anpuh.org/resources/anais/14/1300712738_ARQUIVO_Trabalhocompleto_Monique_Lordelo.pdf, 2011>. Acesso em: 4 nov. 2017.

Os tempos da mobilização espacial dos escravos para mais longe, ainda a serviço dos senhores, depois de cessado o tráfico africano de 1850, colocaram os negros na cena de todas as Províncias, de modo mais intenso. Daí que o fato de não existirem, hoje, remanescentes de quilombos no Acre e em Roraima, significa simplesmente que eles não foram localizadas por lá, na condição de comunheiros em áreas da floresta ou da savana, ou seja, nos quilombos contemporâneos. O que não quer dizer, porém, que inexistissem negros, como tais, desligados entre si nas suas atividades, cujos descendentes criaram família e permaneceram na região; como na hipótese de muitos seringueiros que foram explorar a borracha em território boliviano, terminaram conquistando o Acre, que fazia parte da Bolívia, e aí formaram uma população negra dispersa.

De modo geral, o destino do negro foi inexorável: sem recursos, sem facilidades burocráticas como as que cercavam colonos estrangeiros, em relação à terras e a capitais, apesar de toda a sua experiência nas fainas agrárias e do seu conhecimento do *habitat*, não pôde formar requisitos materiais propícios a uma atividade econômica regular e própria, capaz de levá-lo a uma mobilidade social que superasse a do tempo da Abolição, ou melhor, a de todos os tempos. Enfim, foram negados aos negros, não só os das lides campesinas, mas aos de toda a raça, faina e cor, os elementos de valorização da própria liberdade.

No que concerne à conquista da terra e à prestação de serviços que ainda podiam cometer-lhe no campo, o negro liberto pôde subsistir com a sua determinação, e pôde adensar o campesinato comum – o da generalidade dos que cultivavam a terra ordinariamente em suas parcelas individuais ou unifamiliares – tanto quanto pôde intensificar o da subespécie quilombola, também de origem negra, mas de estilo comunitário ou base plurifamiliar. Embora ambas as alternativas pudessem estar calcadas, antes de mais nada, na necessidade de subsistência, pelo trabalho no campo, a segunda categoria também caracterizou-se pelo fato dos negros se agruparem para viver numa área comum, e para um fazer conjunto, mesclando os atos de solidariedade entre eles próprios.

Por outro aspecto, no que concerne à interação com a sociedade comum, releva notar que uns quantos contingentes negros se postavam mais próximos dos seus mercados, e uns tantos pautavam a vida em espaços mais distantes, pelo desejo de se tornarem "invisíveis" àqueles que os repeliam.

Vejamos, entretanto, as interferências deles nas regiões político-administrativas do País, principalmente no que tange à variação dos aspectos econômicos e sociais e da ocupação da terra.

6.5.2.1. Região Norte

Os primeiros esconderijos de negros fugidos no Norte do Brasil situaram-se no Amapá, haja vista que os primeiros escravos africanos da Amazônia foram trazidos para a Costa do hoje denominado Estado do Amapá e para a zona dos estreitos. Isso se deu e teve curso à conta de ingleses e holandeses, "nas últimas décadas do século XVI e na primeira metade do século XVII", para trabalharem para europeus que haviam invadido aquele território e ali faziam o plantio da cana para o fabrico de açúcar e de rum.

Referência comum a esse dado histórico por parte dos estudiosos da Amazônia é o livro de Arthur César Ferreira Reis, especialmente "O Negro na Empresa Colonial: os Portugueses na Amazônia" (Papelaria Fernandes, Lisboa, 1961) e "A Política de Portugal no Vale Amazônico" (Ed. Secult, Belém, 1993)[54]. Na segunda metade do século XVIII houve um grande aumento de incidência daqueles escravos, a serviço de portugueses e brasileiros, no Baixo Amazonas, depois que negros bantos foram trabalhar nas fazendas de gado e cacau em Óbidos e Santarém (PA).[55]

Com a intensificação da ocupação lusa naquelas bandas e com a expulsão dos outros estrangeiros, o tráfico negreiro ganhou ímpeto, ali, a partir do porto de Belém. A cidade de Santa Maria de Belém do Grão Pará foi a primeira povoação portuguesa na região (1615)[56] e dela se irradiava a distribuição dos negros para bem mais longe, como por exemplo Mato Grosso, hoje, ou para Barcelos e Tefé, que também eram parte do Grão Pará, e atualmente se acham no Estado do Amazonas, situadas além de Manaus, se tomada a direção Ocidente-Oriente.

Como se repara, a região norte também constituiu caminho da escravidão para a região centro-oeste do País, na sua divisão geográfica atual. Entre 1755 e 1778, por exemplo, segundo notícia de Manuel Nunes Dias, foram desembarcados cerca de 14.749 africanos no porto de Belém e 10.616 no porto de São Luís, sendo que 1/3 dos escravos enviados para Belém foram vendidos para Mato Grosso.[57]

Quanto à disposição territorial dos quilombos e mocambos, na chamada "Amazônia Colonial", como indicativa dos lugares dos primitivos homizios dos negros na região, não se pode deixar de assinalar o Quadro XIII, contido no livro de José Maia Bezerra Neto. Ele localiza, pela ordem de sua incidência e importância, naquela época, as seguintes sub-regiões quilombolas: Amapá, Baixo Amazonas, Ilha de Marajó, Baixo Tocantins, Belém, Rio Negro/Amazonas, Nordeste Paraense e Xingu.[58]

E por aí permaneceram ou se irradiaram as comunidades negras, incluindo o atual Estado de Tocantins, que foi desmembrado de Goiás e hoje figura como parte da Região Norte.

6. 5. 2. 2. Região Centro – Oeste

Também depois da Abolição, fosse em razão da permanência de ex escravos nos lugares citados no item precedente, fosse em razão de uma mobilidade espacial menos extensa

---

(54) V., respectivamente, as citações de Flávio Gomes/Jonas Marçal de Queiroz, *in* "Em outras margens: escravidão africana, fronteiras e etnicidade", *apud* Os Senhores do Rio (Org. Mary del Priore/Flávio Gomes, Rio, Ed. Campus-Elsevier, 2003, p. 141), e as de José Maia Bezerra Neto, no livro Escravidão Negra no Grão-Pará – Séculos XVII-XIX, Belém, Ed. Paka-Tatu, 2001, p. 21.

(55) Disponível em: <http://www.quilombo.org.br/html/prt_qui_hist.html>, Acesso em: set. 2003.

(56) José Maia Bezerra Neto: ob *cit.,* p. 58.

(57) Manuel Nunes Dias: Fomento e Mercantilismo – A Companhia Geral do Grão-Pará e Maranhão (1755-1778). Ed. UFPA, Belém, 1970, *apud* José Maia Bezerra Neto: *ob. cit.,* p. 28.

(58) José Maia Bezerra Neto: *ob. cit.,* p. 124.

ou mais extensa dos que foram embora, inclusive para o Centro-Oeste – o negro estava presente, formando comunidades próprias.

Mas, decerto, não tivemos no Brasil um só ponto regional donde se expandissem levas de negros escravos para dentro do próprio território. Historicamente, de norte a sul, pela vasta costa brasileira, tinham aportado escravos aqui e ali, que permaneciam ao longo do litoral ou adentravam pela hinterlândia colonial ou imperial, sendo então empurrados pelas fronteiras que vinham sendo ampliadas pela conquista à América Espanhola e, depois, às nações dela fragmentadas. Exemplo dessa interiorização, partindo de uma variada origem dos pontos brasileiros de chegada d'África ou, mais tarde, dos postos de venda daqueles já instalados ou nascidos por cá, encontra-se nos escravos destinados à mineração.

Malgrado a divisão político administrativa do Brasil de hoje coloque o estado de Minas Gerais, por exemplo, na região Sudeste, assim como Tocantins na região Norte, é de ver que, no passado, seus territórios ou parte deles integravam o Centro-Oeste ou interagiam fortemente com o mesmo, de modo especial por causa da atividade minerária. Estavam em conexão, portanto, com as províncias de Mato Grosso ou de Goiás, e todos necessitavam também das provisões de sobrevivência, bem como dos escravos para a produção do trabalho.

Tendo a mineração como foco de atividade econômica, é interessante notar, no Brasil, que havia fugas de escravos debaixo de duas perspectivas: dos que fugiam alhures, do Maranhão, Bahia e Pernambuco para o Centro-Oeste, onde poderiam ser pegados para o trabalho servil nos garimpos de Goiás, por exemplo[59], bem como os dos que fugiam dos próprios núcleos mineradores de sua escravização, para formar quilombos de vária ordem, até para a exploração pessoal do ouro que porventura haviam descoberto.[60]

Por causa do valor das riquezas minerárias, o objetivo, do ponto de vista dos escravos, era obter o produto com que poderiam comprar mais rápido sua alforria.

Em relação a Goiás, repara Mary Kranach: "O fenômenos do quilombo foi importante para o desenvolvimento de comunidades negras autônomas em Goiás, que se auto sustentavam por meio da mineração do ouro e cultivo de alimentos" – dizendo ela o mesmo, mais adiante, quanto à área que atualmente pertence ao estado de Tocantins, atualmente desmembrado de Goiás.

Num e noutro dos referidos estados despontaram, por exemplo, os quilombos de Arraias, Meia Ponte, Crixás, Pederneiras, Vão das Almas, Contendas, Calunga, Cavalcante e muitos outros.[61]

Em Mato Grosso (assim como em Minas Gerais), segundo Luiza Rios Ricci Volpato, foi também a descoberta do ouro o fator responsável pelo povoamento ("a partir de 1715"),

(59) KRANACH, Mary. "Os quilombos de Ouro de Goiás", *in* Liberdade por um Fio (Org. João José Reis e Flávio dos Santos Gomes), São Paulo: Companhia das Letras, 1996. p. 240.
(60) João José Reis e Flávio dos Santos Gomes: "Uma história de liberdade" – Introdução ao livro Liberdade por um fio, *cit.*, p. 19.
(61) Mary Kranack: *ob. cit.*, p. 241 e 258.

surgindo os primeiros escravos para atuar na mineração e, subsidiariamente, na agricultura, pecuária e obras públicas. Vinham comercializados de São Paulo ou trazidos pela Companhia Geral do Grão Pará e Maranhão, depois da "liberação da navegação dos rios da Bacia Amazônica", quando Minas Gerais se tornou Capitania (1748).[62]

No primeiro desses estados, de acordo, ainda, com Mary Karnack, as fugas do século XIX foram facilitadas pela Guerra do Paraguai, tendo os escravos "aproveitado as dificuldades enfrentadas pelas autoridades provinciais" e aumentado o número de quilombos existentes.

Distinguiram-se em Mato Grosso (envolvendo o atual estado de Mato Grosso do Sul) os de Quaritecê, do Rio Manso, do Roncador, de Sepotuba, de Diamantino, o de Carlota, Serra Dourada, dentre outros.[63]

Em mapa de Minas Gerais, Carlos Magno Guimarães aponta, dentre muitos, os quilombos, que passamos a nomear aleatoriamente: o de Ambrósio – que ali teria sido o maior de todos – do Brejo Grande, Araçuaí, de Tejuco, Sabará, Catas Altas, Mariana etc.[64]

6. 5. 2. 3. Região Nordeste

No início da colonização portuguesa, com uma das capitanias mais promissoras, a de Pernambuco, que só tinha similar a de São Vicente, atualmente parte do estado de São Paulo, o Nordeste veio a se tornar, com os saltos do tempo, numa das regiões mais áridas e pobres do Brasil. Essa pobreza teve como causas as más condições com que era explorada a terra, bem como as condições péssimas com que eram tratados os trabalhadores. Consequência disso foi que o Nordeste terminou se transformando em repositório de mão de obra destinada ao êxodo, em dado momento, por exemplo, para atender à exploração da borracha, nos seringais da Amazônia, no princípio do século XX, ou noutro instante para concretizar o crescimento do Sudeste, principalmente São Paulo, a partir de meados do século passado, sem esquecer a construção de Brasília, mais ou menos no mesmo período.

Hoje, ainda continua pobre, sujeito à desertificação, embora tenha evoluído na fruticultura empresarial, em detrimento das atividades de agricultores ribeirinhos, e tenha diminuído um pouco, também, a tendência às migrações.

---

(62) Luiza Rios Ricci Volpato: "Quilombos de Mato Grosso – Resistência negra em área de fronteira", *in* Liberdade por um Fio, *cit.,* p. 213/215.

– Interessante a caracterização dos quilombos de mineração (MG), feita por J.R. Russell – Wood, sob três aspectos, a saber: "O mais evidente era a sua frequência, de forma que nenhuma vila ou comunidade se sentia segura. Em segundo lugar, seu tamanho e sua duração eram incomuns, até pelos padrões brasileiros. O quilombo de Ambrósio, em Campo Grande, contava com cerca de 600 negros em 1746. (...) A permanência era indicada por construções, defesas e plantações de milho, feijão, melancia e algodão. Ironicamente, é possível que os quilombos permitissem um ambiente mais propício à estabilidade e às relações permanentes entre os escravos do que o ambiente caótico da mineração. Em terceiro lugar, a organização e a hierarquia social evidenciavam-se pelos títulos de rei, rainha, príncipes e postos emprestados das companhias de milícias". - J.R. Russell-Wood: Escravos e Libertos no Brasil Colonial. Ed. Civilização Brasileira, Rio, 2005, p. 183/4.

(63) Mary Kranach: *ob. cit., passim.*

(64) Carlos Magno Guimarães: "Mineração, Quilombo e Palmares – Minas Gerais no Século XVIII", *in* Liberdade por um Fio, *cit.,* p. 141.

No passado, a pretensão portuguesa quanto à colonização do Nordeste encaminhou--se, basicamente, para o cultivo da cana, associada ao fabrico do açúcar, para o plantio do algodão e do fumo, a proliferação dos currais de gado por todo o sertão e, naturalmente, em todos os rincões, a produção de mantimentos, de modo especial a farinha de mandioca. Houve, ainda a exploração mineradora, de modo especial na Bahia, após a descoberta de diamantes em Mucugê (1844), que então constituiu o núcleo das Lavras Diamantinas baianas, sem falar no ouro do piemonte da Chapada Diamantina.

Em todas essas atividades o braço escravo fazia-se presente, como sustentáculo dos latifundiários e das oligarquias, inclusive na pecuária, ao contrário da negativa de muitos, a tal respeito.[65]

Mas foi inegável, até a década dos 80 do século XIX, que a tônica da economia do Nordeste estava no plantio da cana e do fabrico do açúcar, tendo acontecido, porém, que já se apercebiam sinais de uma crise regional, desde a abolição do tráfico negreiro, em 1850. Uma crise inflacionária que abarcava todo o País (1857), combinada com o deslocamento da mão de obra escrava para as plantações do Centro-Sul.[66]

Isso implicou, segundo Joselice Jucá, num empobrecimento da região nordestina e na desimportância que ali passou a ter a escravidão, comparativamente às zonas produtoras de café, de modo especial porque "os sem-terra e meeiros que, vivendo do cultivo da cana, eram considerados os substitutos eventuais da força de trabalho apresentada pelos escravos dos canaviais, e porque não era mais interessante aos senhores continuar aplicando o seu capital no trabalho escravo."

Veio daí, segundo, ainda, a autora referida, que "os produtores de açúcar, que até 1880 rejeitavam a Abolição, tornaram-se aquiescentes, na medida em que planejavam a adoção de novos métodos que substituíam o trabalho escravo". A produção do açúcar ganhou novos equipamentos, com a compra de maquinaria moderna, em substituição aos obsoletos equipamentos do período colonial". Esse período corresponde à fase de transição do velho bangüê para a usina.[67]

Entretanto, nem mesmo a implantação de usinas centrais, financiadas pelo Governo do Segundo Império, em torno das quais se ativavam os produtores de cana, solucionou a crise. Esse "primeiro complexo agroindustrial brasileiro" teve o condão de acabar

---

(65) "Generalizou-se, entre nossos ensaístas, a ideia de que a formação social pecuarista prescindiu da mão de obra escrava africana, fato que hoje é posto em dúvida; assim, os vaqueiros que ficavam nos 'sítios' cuidando do gado, eram acompanhados de auxiliares, que tanto se dedicavam às fainas da pecuária, como também à produção agrícola de subsistência, compreendendo não só a mandioca, o feijão e o milho, como também a cana de açúcar, que alimentava pequenos engenhos rapadureiros e produtores de cachaça, engenhos que, muitos deles, sobreviverem até os nossos dias." – Manuel Correia de Andrade: "Transição do trabalho escravo para o trabalho livre no Nordeste açucareiro: 1850/1889", *in* Revista Estudos Econômicos, vol. 13, n. 1, jan/abr 1983 (dedicado à Economia Escravista Brasileira). Ed. Instituto de Pesquisas Econômicas/USP – São Paulo, p. 75.

(66) JUCÁ, Joselice. *Reforma & Utopia no Contexto do Segundo Império*. Rio de Janeiro: Edição da Odebrecht S/A, 2001. p. 18.

(67) Joselice Jucá: *ob. cit.,* p. 18

"com o velho engenho, exterminou o banguê e a engenhoca, mas produziu a concentração adicional de terras e comprimiu o povo pobre, quer como trabalhador volante, quer como parceiro precário da lavoura." [68]

Quanto aos que deixaram de ser escravos, impõe-se uma pergunta, que Manuel Correia de Andrade formula, num artigo para uma revista acadêmica, em número dedicado especialmente à economia escravista:

"Mas o que ocorreu, em consequência da abolição, na região canavieira do Nordeste? Aí não existiam terras devolutas, de forma expressiva, para nela se alojarem os ex escravos e estes, libertos, não tiveram alternativa senão a de venderem a sua força de trabalho aos engenhos existentes."[69]

E continua: "Houve, em consequência, uma redistribuição dos antigos nativos pelos vários engenhos e usinas, fazendo com que eles trocassem de senhores e passassem a viver com o magro salário que passaram a receber. O sistema utilizado, desde o começo do século, para os trabalhadores livres, foi aplicado aos escravos libertos, sendo os mesmos gradativamente absorvidos na massa da população pobre" (...) "Em outras regiões, como o Maranhão, em que a agricultura da cana de açúcar, do algodão e do arroz, feitas em áreas próximas umas das outras, constituíam-se de pequenas áreas cercadas por terras devolutas, ocupadas por florestas e por babaçuais, a abolição provocou grande impacto negativo para a grande lavoura, levando praticamente à falência a grande agricultura. É que, devido à proximidade de terras não apropriadas, os ex escravos migraram para elas, embrenhando-se nas matas, e passaram a viver de uma economia primitiva, amonetária, de caça e pesca, de coleta e do plantio de pequenas lavouras, sobretudo da mandioca. As grandes fazendas abandonadas, sem disporem de braços, paralisaram as suas atividades e a floresta se recompôs, avançando por áreas outrora cultivadas".[70]

Sem embargo disso, é preciso ter em mente que outros rumos foram tomados pelos libertos no Nordeste, não só em razão de áreas propícias a este ou aquele produto ou a quem prestar serviços. A busca pela subsistência envolveu o Nordeste como um todo, devendo aqui ser lembrada a densidade da população de cor em todas as Províncias nordestinas, depois Estados (com a República).

Note-se que foi justo no Nordeste que surgiram as insurreições escravas mais candentes da Colônia, pela própria natureza ou sua recorrência, de modo notável em Salvador e seu entorno, bem como no Recôncavo Baiano – sendo a mais comentada a Revolta dos Malês, de 1835.

Foi também no Nordeste que surgiu o maior dos quilombos no Brasil, o de Palmares, na realidade um conjunto de mocambos, localizado na Serra da Barriga, hoje território

---

(68) *Idem. Ibidem*, p. 5
(69) Manuel Correia de Andrade: "Transição do trabalho escravo para o trabalho livre", *ob. loc. cits.*, p. 81.
(70) *Idem. Ibidem*, p. 82.

alagoano. Além de muitos outros que se formaram nos estados nordestinos, quer como áreas de homizio ou de acomodação de forros, antes da Abolição, ou de fixação dos libertos de 1888.

Há que se considerar, ainda, para o Nordeste, como, aliás, para todas as regiões brasileiras, um outro dado espacial, de preferência ou de conveniência dos escravos beneficiados pela Abolição: tanto a continuidade de sua presença na área senhorial em que haviam prestado trabalho servil, numa ocupação intencional de serem donos, quanto o deslocamento para novas plagas, a fim de se apropriarem individualmente da terra, ou passarem a uma exploração coletiva, acomodando a sua liberdade e a necessidade de sobreviver comunitariamente.

6. 5. 2. 4. Região Sudeste

O café tinha sido introduzido no Brasil através do Pará, em 1724; cinquenta anos depois (1774), estava sendo plantado em clima mais propício, isto é, no Rio de Janeiro, espalhando-se pelo Vale do Paraíba e daí enveredou-se até São Paulo, onde, mais tarde, estendeu-se pelo chamado Oeste Paulista, onde se firmou promissoramente. Assim conta Darell Davi.[71]

Durante todo o século XIX – segundo, ainda, o autor retro citado – antes de dividir a preferência dos fazendeiros com a pecuária, no século XX, a cultura cafeeira tomou vulto na região Sudeste, chegando a "substituir o açúcar como principal produto de exportação brasileira", nos anos 30 daquela mesma centúria. Tão importante o produto nessa região, tomando a dianteira na pauta das nossas exportações, quanto a densidade da população negra, que ali, "nos últimos anos da escravidão e nas primeiras décadas da Abolição, se concentravam majoritariamente os negros libertos..."[72]

Em tal região, o processo colonial teve como tônica a utilização da mão de obra europeia pelos fazendeiros brasileiros, que faziam prosperar a economia por intermédio do café. Esse tipo de colonização, formada por *colonos–trabalhadores*, diferia daquela que, apesar de pontear em outras partes do Brasil, minimamente, foi mais marcante no Sul – isto é, a dos *colonos–pequenos proprietários rurais*. E como tinha por objeto a força de trabalho em si mesma, posta à disposição de terceiros, que era o que o liberto poderia oferecer, antes e depois da Abolição, já ficava ele em desvantagem ao concorrer com o imigrante, o qual ganhava a preferência de quem tinha o emprego para dar.

Além disso, de acordo com Florestan Fernandes, os negros haveriam de disputar também "com os chamados 'trabalhadores nacionais', que constituíam um "verdadeiro exército de reserva (mantido fora das atividades produtivas, em regiões prósperas, em virtude da degradação do trabalho escravo)". Ora: se os "antigos escravos... não estavam preparados para" enfrentar tais vicissitudes, "onde a produção atingia níveis mais altos"

---

(71) DAVI, Darell. A Família Prado. São Paulo: Ed. Cultura 70 – Livraria Editora S/A, 1977. Trad. José Eduardo Mendonça (Elite Brazilian Family in a Changing Society: 1840-1930), p. 158.
(72) *Idem. Ibidem*, p. 159

dessas zonas de maior prosperidade, imaginem-se então nas localidades "onde a produção se mantinha em níveis baixos". [73]

É bem de ver ainda, volvendo a Darell Davi, que "a imigração europeia trouxe não só trabalhadores do campo, mas hábeis trabalhadores e técnicos de origens urbanas". E aconteceu, assim, que " a Abolição de 1888 libertou o capital para o "investimento industrial", dando-se em São Paulo um "rápido crescimento da população" e uma "crescente urbanização", trazendo como consequência para o Estado a criação do "maior mercado interno do Brasil".[74]

A imigração havia-se tornado um obstáculo para o trabalho livre do negro. Tanto no setor urbano – mormente com as primícias da industrialização paulista, e até nos serviços menos qualificados nas cidades, também disputados pelos estrangeiros – quanto na agricultura.

Por isso que vários fazendeiros, após o 13 de maio, procuraram manter os negros "na fazenda ou pelo menos nas proximidades das áreas em que trabalhavam" (...) "um objetivo que muitos continuaram perseguindo por alguns anos, especialmente nas áreas do Rio de Janeiro e de Minas Gerais, que não dispunham de condições econômicas de concorrer com São Paulo pelas novas levas de imigrantes europeus que chegavam".[75]

Da parte dos negros, também havia uma "intensa circulação entre Rio de Janeiro e Minas Gerais, especialmente dos solteiros que trabalhavam contratados pelos companheiros casados, os quais atuavam como responsáveis gerenciadores dos cafezais, pelos quais respondiam em sistema de parceria e empreitada..."[76]

Contudo, por modo geral, não existia uma intensa oportunidade de emprego que levasse à efetiva melhoria de condições sociais. A Abolição promoveu a seguinte alternativa: "como os antigos libertos, os escravos tinham de optar, na quase totalidade, entre a reabsorção no sistema de produção, em condições substancialmente análogas às anteriores e a desagregação de suas condições econômicas, incorporando-se à massa dos desocupados e semi-ocupados na economia de subsistência do lugar ou de outra região." [77]

"Os que permanecessem na agricultura – conforme o diagnóstico de Florestan Fernandes – ou submergiam na lavoura de subsistência (como os caboclos), após penosas migrações para outras regiões do Estado de São Paulo ou do Brasil; ou tinham de contentar-se com as precárias compensações oferecidas aos elementos menos cotados dos 'braços

---

(73) FERNANDES, Florestan. "*A Integração do Negro na Sociedade de Classes*", 1º vol., São Paulo: Dominus Editora/Editora da USP, 1965. p. 2/3.
(74) Darell Davi: *ob. cit.,* p. 224/225.
(75) Hebe Matos: "Novos quilombos: re-significação da memória do cativeiro entre os descendentes da última geração de escravos", *in* "Memória do Cativeiro — família, trabalho e cidadania, de Ana Lugão Rios e Hebe Matos, Ed. Civilização Brasileira, Rio, 2005, p. 271.
(76) *Idem. Ibidem,* p. 269
(77) Florestan Fernandes: *ob. cit.,* p. 2/3

nacionais', não raro obtidas após peregrinações incertas por fazendas da localidade ou o deslocamento para as zonas agrícolas menos prósperas e em decadência econômica."[78]

Aquela desocupação dos negros, "com precárias compensações", ou a sua parcial ocupação na "economia de subsistência", refere-se à maior ou à menor intensidade da sua aplicação ao trabalho para o próprio sustento, o que, não obstante, veio a implicar, no âmbito agrário – tanto para São Paulo e a região Sudeste (Minas, Espírito Santo e Rio de Janeiro), quanto para o Brasil inteiro – em algo de suma importância até hoje. Que foi a alternativa de sobrevivência pela posse da terra, com a prática da "lavoura de subsistência", traduzindo-se na convicção de que os libertos eram ou poderiam ser donos dela, quer pelo desbravamento e labor da primeira geração dos possuidores, quer pela continuidade do trabalho das gerações seguintes, quer pela simples integração nas comunidades negras já existentes — a que se aliavam as características culturais do grupo, em suas diferentes épocas.

Ana Lugão Rios traz amostras da formação dessas comunidades na região referida, depois da Abolição, independentemente do ingresso de outros negros nos quilombos ditos "históricos".

Assim, por exemplo, no Rio de Janeiro, o povoado negro constituído na Fazenda São José, distrito de Santa Isabel, município de Valença. Com a libertação de 13 de maio, parte dos libertos preferiu não ir embora, permanecendo na área, com o consentimento do proprietário.[79] Também as comunidades de Cafundó, em São Paulo[80], dos Arturos e de Alegre, no Espírito Santo – ambas resultantes da compra de terras pelos recém libertos[81]. Ou ainda a da comunidade de Paiol, em Bias Forte, Minas Gerais, que surgiu em virtude de doação de terras, feita por um fazendeiro, a um grupo de escravos recém-libertos em 13 de maio.[82]

6. 5. 2. 5. Região Sul

Em relação à região Sul, a colonização europeia do século XIX, centrada na terra própria do colono, com sua exploração de base familiar, dinamizou a produção agrícola, liberando mão de obra escrava. Mas não só por isso o negro foi um auxílio secundário, quando eventualmente conduzido aos núcleos estrangeiros; e sim apenas tolerado ali, em face do racismo dos senhores da época e de outras gerações. De toda sorte, era um elemento necessário até para o agricultor nacional pobre. [83]

---

(78) Florestan Fernandes: *ob. cit.*, p. 29

(79) RIOS, Ana Lugão. "Filhos e netos da última geração de escravos e as diferentes trajetórias do campesinato negro", *in* Memória do Cativeiro – família, trabalho e cidadania no pós abolição. Rio: Civilização Brasileira, 2005. p. 213/214.

(80) *Idem. Ibidem*, p. 218.

(81) *Idem. Ibidem*, pp. 219 e 169/170, respectivamente.

(82) *Idem. Ibidem*, p. 212..

(83) Fernando H. Cardoso e Octavio Ianni: Cor e Mobilidade Social em Florianópolis. Ed. Nacional, São Paulo, 1960, p. 5, *apud* Ilka Boaventura Leite: "Descendentes de Africanos em Santa Catarina", *in* Negros no Sul do Brasil (Org. Ilka Boaventura Leite). Ed. Letras Contemporâneas, Ilha de Santa Catarina, 1996, p. 47.

Historicamente, podem-se fazer as seguintes apreciações sobre os três estados sulistas:

O *Paraná*, desmembrado de São Paulo desde 1853, teve como antigas atividades econômicas a mineração, a pecuária e as explorações extrativas de madeira e erva-mate, em todas empregando, evidentemente, a mão de obra escrava. E, na segunda metade do século XIX, enquanto "muitos braços estavam ocupados com a erva-mate", os colonos – proprietários vieram dedicar-se à produção agrícola, para "cuidar dos cereais e outros gêneros alimentícios que diminuíam no Paraná.[84]

No período da Abolição, Octavio Ianni diz que o contexto da sociedade paranaense mostrava um sistema industrial em começo, com engenhos de erva mate, "hidráulico e a vapor, que substituíram o engenho de soque à força humana escrava"[85] associado aos núcleos mais desenvolvidos da pecuária do município, ao artesanato e ao comércio...", no qual o negro será um trabalhador do tipo especial, dividido, "grosso modo", "em dois grupos principais". Um grupo era dos que tinham ganho a liberdade antes de 13 de maio de 1888, agora "favorecidos por antigos senhores, padrinhos políticos e intelectuais", já dispondo de "condições diversas do escravo", inclusive pelo diferente "horizonte cultural", as quais poderiam fazê-los "ajustar-se satisfatoriamente" à sociedade[86]. O outro grupo, dos recém libertos em 1888, "serão pessoas pouco socializadas para a função de trabalhadores num sistema em que o mercado de trabalho já é uma realidade, ainda que em formação. Nesse grupo encontram-se alguns artesãos, ou profissionais de alguma qualificação e experiência que poderiam ajustar-se com eficácia às ocupações disponíveis. Mas tanto os qualificados quanto a maioria daqueles sem qualificação, terão dificuldades em ajustar-se aos critérios de compra e venda da força de trabalho. Os requisitos do trabalhador livre estão em formação. Somente os seus descendentes, depois, estarão equiparados com os recursos essenciais ao ajustamento produtivo".[87]

De todo modo, segundo ainda o mesmo autor, nessa fase de reajustamento do ex escravo, "Os negros ajustam-se a mínimos vitais para sobreviver..."[88]

Em *Santa Catarina*, por tudo o que os portugueses intentaram realizar num território dependente de ocupação (povoamento), de sua defesa (construção de fortalezas), do transporte (embarcações, tropas de animais), do trabalho para a burocracia governamental, casas de família, o comércio etc., estava à sua disposição o trabalho escravo. No setor de alimentação e extração de óleo o negro também se ativava, assim como nas fazendas de gado e nas armações para pesca da baleia, e ainda nos serviços agrícolas – de todos os que mais o absorviam.[89]

---

(84) Octavio Ianni: As Metamorfoses do Escravo, 2. ed., Ed. Hucitec/Scientiae et Labor, São Paulo/Curitiba, 1988, p. 89/90.

(85) Octavio Ianni: *idem, ibidem*, p. 86

(86) Octavio Ianni: *idem, ibidem, passim.*

(87) Octavio Ianni: *idem, ibidem,* p. 249.

(88) Octavio Ianni: , *idem, ibidem,* p. 252.

(89) V. Fernando Henrique Cardoso, em parceria com Octavio Ianni: Cor e Mobilidade Social., *cit.,* p. 5

Dizem Joana Maria Pedro, Ligia de Oliveira Czesnot, Luís Felipe Falcão, Orivalda Lima e Silva, Paulino Francisco de Jesus Cardoso e Rosângela Miranda Cherem, juntos, que "a presença das populações escravas de origem africana foi incrementada" (...) "Com a chegada dos imigrantes procedentes das ilhas dos Açores e da Madeira, em meados do século XVIII..."[90] Tais imigrantes de origem portuguesa ali "se estabeleceram na pequena e média agricultura, e também nos serviços de navegação e cabotagem".[91]

Já no século XIX, a imigração europeia "visava também a ocupação e valorização de vastas áreas de terras virtualmente desabitadas, bem como a fixar uma população capaz de amparar, com homens e mantimentos, eventuais movimentos de tropas militares numa região de fronteira um tanto agitada".[92]

Essa imigração, contudo, diferentemente da açoriana do século XVIII, que havia promovido trabalho para a população negra escrava, terminou reforçando, desde meado do século XIX – segundo aqueles seis autores – "e mesmo após o fim da escravidão, as dificuldades encontradas pelos negros para uma efetiva incorporação social, na condição de trabalhadores livres e cidadãos".[93]

Tais dificuldades teriam sido encontradas pelos autores referidos especialmente no espaço urbano e por virtude de a Abolição ter-se dado "no interior de uma política segregacionista e racista". Não obstante, eles também aferiram como "outra decorrência singular da escravidão em Santa Catarina" – o que devemos tomar como aspecto positivo – "a longevidade das chamadas comunidades negras isoladas, isto é, as áreas de concentração de populações descendentes de escravos que sobrevivem, até os dias de hoje, em condições de total ou parcial afastamento da sociedade".[94]

O *Rio Grande do Sul*, que tinha sido (1760) a Capitania do Rio Grande de São Pedro, sempre mereceu um cuidado especial do governante português, em prol de sua defesa militar e de seu povoamento. Não só em razão das escaramuças naturais de regiões de fronteira, mas em virtude dos seus próprios interesses econômicos, segundo se extrai de Mário Maestri: a) já em 1680, com a fundação da Colônia do Sacramento, Portugal enveredara por diferentes territórios, a fim de ocupar parte do estuário do rio da Prata e "participar do rendoso contrabando local"; b) e veio a aproveitar, mais tarde, a "existência de grandes manadas selvagens" da própria terra rio-grandense, para criar "um importante mercado para gado vacum, muar e cavalar", que iriam abastecer os locais de grandes descobertas das minas no Brasil do século XVIII.[95]

---

(90)   Joana Maria Pedro *et alii*: "Escravidão e preconceito em Santa Catarina – história e historiografia", *in* Negros no Sul do Brasil (Org. Ilka Boaventura Matos), *cit.,* p. 238.

(91)   Fernando Henrique Cardoso: Cor e Mobilidade Social., *cit.,* p. 5, *apud* Ilka Boaventura Leite, *ob. loc. cits.,* p. 47.

(92)   *Idem, ibidem,* p. 240.

(93)   Joana Maria Pedro *et alli , ob. cit.,* p. 240.

(94)   *Idem, ibidem,* p. 243

(95)   Mario Maestri: "Pampa Negro: quilombolas no Rio Grande do Sul", *in* Liberdade por um Fio, *cit.,* p.291 e 292.

Tal processo de utilização estratégica do Rio Grande do Sul – tal qual um anteparo logístico e um corredor até o Prata — demandou a necessidade de manter-se o volume de alimentos compatíveis com o efetivo militar da região, tanto mais justificado quanto preciso era, também, dinamizar o povoamento rio-grandense, preservando as fontes produtoras, bem como os escravos que lhes davam sustentação.

A conquista da terra já se havia manifestado na apropriação de grandes tratos, por parte de tropeiros, militares e pelo deslocamento "de clãs patriarcais dos lagunistas", da mesma sorte – segundo, ainda, Fernando Henrique Cardoso – que na ocupação de "pequenos lotes", por imigrantes açorianos "chegados no século XVIII".[96]

Esses produtores agrários, poderosos uns, outros remediados ou simplesmente pobres, utilizaram-se do negro escravo nas estâncias de criatório, que substituíram os "currais", no comércio de mulas, no transporte de mercadorias por animais, nas charqueadas e curtimento de couros, na obtenção de sebos e graxas, nas lavouras, e ainda noutros setores, como as oficinas de construção naval, nos ofícios urbanos e serviços domésticos.[97]

Consoante ainda se vê em Fernando Henrique Cardoso, os grandes suportes da economia gaúcha em fins do século XVIII e nos primeiros quartéis do século XIX foram a lavoura do trigo e a exploração pecuária. Mas os negócios com o charque (carne prensada com sal para exportação e para alimento dos escravos também em outras partes do Brasil), assim como os negócios com os couros (também para exportação, vestuário, pelotas e surrões) não eram competitivos no mercado da vizinha região do Rio da Prata, já caracterizado pelo trabalho livre.[98]

Em decorrência disso, somado à mão de obra familiar dos novos imigrantes-proprietários, foi-se dando paulatina liberação do escravo, de tal modo que, com a Abolição de 1888, não havia mais escravos do Rio Grande do Sul. Entretanto, o negro teria um destino profissional e espacial de acordo com as alternativas já conhecidas, e que também se reproduziam naquela província: eventual trabalho livre em difícil concorrência com a mão de obra familiar estrangeira; a ociosidade provocada pelo preconceito e consequente desemprego causado pela preferência aos trabalhadores brancos; a miséria e o trabalho individual no meio urbano (serviços domésticos, ou de artesão, ou no setor público de baixa categoria)[99], e o trabalho individual no campo ou o autônomo coletivo em certas comunidades negras rurais, incluindo os quilombos históricos.

Quanto aos quilombos como redutos de escravos fugitivos, Mário Maestri constata que "eles teriam sido frequentes nas cercanias dos principais centros urbanos [...] e nas serras e matas próximas às principais concentrações de cativos – Serra dos Tapes e distrito do Couto. Seriam importantes redutos nos contrafortes da Serra Geral, próximo às aglomerações da

---

(96) CARDOSO, Fernando Henrique. *Capitalismo e Escravidão no Brasil Meridional*, 5. ed. Rio: Civilização Brasileira, 2003. p. 110.

(97) *Idem. Ibidem, passim.*

(98) *Idem. Ibidem,* pp. 66/67, 79 e 216.

(99) *Idem. Ibidem, passim*

depressão central, Porto Alegre, Santa Cruz do Sul, Santa Maria, Rio Pardo etc. A ocorrência de quilombos nos campos de cima da Serra e na campanha, propriamente dita, seria fenômenos excepcional."[100]

Como exemplo de comunidade negra rural podemos apontar a que se formou da fazenda Casca, situada ao Sul do Rio Grande, isto é, uma área doada em parte aos negros pela viúva de um fazendeiro, falecido em 1825. Segundo Josiane Abrunhosa da Silva, ela "doou um dos seus campos a escravos que nela viviam (11 adultos e 12 crianças). Atualmente [1996][101] vivem nessas terras mais de 400 pessoas, aproximadamente e 132 famílias."

De toda maneira, os negros fizeram-se presentes no Paraná, Santa Catarina e Rio Grande do Sul, seja através da colocação, embora dificultosa, de sua mão de obra, após a imigração do século XIX, seja pela inserção naquelas comunidades, para viverem como negros – botando distância à preconceituosa hostilidade ariana.

E onde quer que se vá, hoje, pelas cidades dos três estados, a população negra esparsa – por mais baixo que ocorra o percentual de negros em alguns rincões, segundo o Censo/IBGE – mostra sempre a sua marca. O que serve para evidenciar também os motivos pelos quais não se ajusta à realidade o clichê racista criado por alguns, quanto a ser o Sul o "Brasil-branco".

6.5.3. A quantificação das comunidades quilombolas nacionais

Para se ter a quantificação das comunidades de quilombos no Brasil, como um todo, isso implicaria em nele descortinar, como República federativa, a soma das comunidades de cada estado, mais o Distrito Federal. O que somente se consegue fazendo-se a conta das comunidades, segundo o critério da inteireza de sua existência real, isto é, dos visíveis quilombos contemporâneos que se somam uns com os outros, por todo o país.

Até agora, o que se vê nos estudos a respeito da existência das comunidades quilombolas, do ponto de vista estatístico, são: (a) os dados da Fundação Cultural Palmares[102] relativos à certificação delas, ou seja, a partir do momento em que cada comunidade interessada na titulação das terras, começa o procedimento, através da auto-identificação, ao declarar-se quilombola, aguardando que aquela Fundação ateste essa circunstância; (b) os dados do Instituto Nacional de Colonização e Reforma Agrária[103], relacionados à efetividade da titulação das áreas, após as tarefas pertinentes à identificação, delimitação, demarcação etc., o que significa que aqueles dados só abrangem as comunidades que oficialmente tiveram decretados os seus títulos de propriedade (titulação).

---

(100) Mário Maestri: *ob. cit.*, p. 323.

(101) Data da publicação do livro Negros no Sul do Brasil, obra já citada, onde se encontra o artigo da autora referida, intitulado "Herança e Territorialidade", p. 82/83.

(102) Fundação Cultural Palmares — http://www.palmares.gov.br/comunidades-remanescentes-de-quilombos-crqs.

(103) Instituto de Colonização e Reforma Agrária — http://www.incra.gov.br/estrutura-fundiaria-quilombos.

São tarefas diferentes as daqueles órgãos; e por isso, diante dos objetivos diversos, o resultado de comunidades certificadas não pode ser acrescido ao resultado de comunidades tituladas. Não se consegue soldar componentes diversos para obtenção do total dos quilombos brasileiros da atualidade. Fugiria da realidade de uma totalização estatística, sem embargo de valerem por si sós, isoladamente, um formando a realidade da certificação, outro exibindo a realidade da titulação. E cada um deles, por óbvios motivos técnicos, conforme já vimos, sendo incapaz de ser uma parte para o somatório concreto almejado. A FCP e o INCRA podem estar com elementos atualizados, todavia no âmbito restrito às suas competências, quando cumprem com o seu papel, computando os dados que institucionalmente lhes cabem. Mas ficará a cargo do órgão apropriado', que é o Instituto Brasileiro de Geografia e Estatística[104], a atividade de apuração da totalidade a que se quer chegar, ainda que seja por aproximação.

O IBGE, contudo, só recentemente prometeu realizar o censo territorial quilombola, o que prevê para o ano 2020[105], e assim percebemos que, enquanto tal atividade não se concretiza, fica difícil para os estudiosos do ramo tentarem compor um quadro em que elementos oficiais heterogêneos, se levados à soma, podem mais complicar a abordagem do que ajudá-la. Comprova-o a Internet, que hoje em dia é um eficiente instrumento de informação rápida, cuja constatação factual dos quilombos, segundo as fontes reveladoras, não é capaz de diminuir as contradições dos dados fornecidos, mas, antes, de evidenciá-las. De onde podem surgir realidades estatísticas diferentes e, em consequência, a falta de idoneidade dos resultados.

À parte do IBGE, apenas os esforços de certas ONGs[106] ou Departamentos especializados de Universidades poderiam fazer um levantamento aproximado das comunidades quilombolas espalhadas nas regiões geográficas brasileiras, mas algumas têm preferido reproduzir os quadros das entidades estatais a que já nos reportamos, ao passo que outras, apesar de um ingente trabalho de campo por conta própria e em Projetos de alto coturno, terminaram deixando a coleta de dados ficar irreal com o tempo, quer por defasagem, quer por discrepâncias entre elas.

Assim, nos dias atuais, após a comparação de elementos variados que muitos organismos, particulares ou públicos, como a Secretaria de Políticas de Promoção da Igualdade Racial (SEPPIR) e a Secretaria do Patrimônio da União (SPU), se deram ao trabalho de fazer, encontramos apenas estimativas sobre a quantidade de territórios quilombolas, podendo-se chegar, no entanto, ao apontamento de algumas características gerais que eles mostram no seu todo, reunidos.

Para não corrermos o risco de deixar aqui meras suposições – e até que os estudiosos especializados em demografia, cartografia, geografia ou estatística nos forneçam dados atualizados sobre a existência real de quilombos contemporâneos – como se espera que

---

(104) Instituto Brasileiro de Geografia e Estatística: IBGE
(105) Revista Retratos, publicação do IBGE, n. 2, de agosto de 2017, artigo de Maria Loschi: "Território e Tradição", p. 18-25.
(106) Organizações Não Governamentais.

principalmente o grande projeto do CIGA[107], à margem do IBGE, o faça – contentar-nos-
-emos com alguns informes genéricos que têm ficado livres de contestação, os quais foram
por nós extraídos de uma literatura a mais diversa:

1) A média das estimativas aponta que o Brasil possui, aproximadamente, três mil
comunidades quilombolas.

2) Das nossas unidades federativas, os estados do Acre e de Roraima não contam com
territórios remanescentes de quilombos.

3) Os estados por onde mais se espalham as comunidades de quilombos, são, atualmente, Bahia, Maranhão, Minas Gerais e Pará.

4) Os estados de menor incidência das comunidades são Amazonas, Rondônia, Santa
Catarina e Mato Grosso do Sul.

5) Consequência de um fato lógico, talvez, dentro do aspecto histórico-geográfico
brasileiro, é a apreciação de Rafael Sanzio Araujo dos Anjos de que o dado relativo às
"concentrações dos sítios [quilombolas] em algumas regiões do país, correspondem às
antigas regiões produtoras do 'Brasil Colonial'. Chama a atenção – continua o insigne
geógrafo – a faixa territorial iniciada no norte do Pará, passando por todos os estados da
região Nordeste, por Minas Gerais e Goiás, indo até o sul de São Paulo."[108]

6) Outra observação importante do mesmo autor é a de que "são relevantes as ocorrências nas zonas fronteiriças dos estados de Mato Grosso, Mato Grosso do Sul, Rondônia,
Pará e Rio Grande do Sul, por isso que sugere "alargarmos a compreensão espacial da
extensão dos territórios quilombolas formados no Brasil Colonial para além das fronteiras
do país."[109]

---

(107) Projeto Geografia dos Remanescentes de Quilombos do Brasil, do Centro de Cartografia Aplicada e
Informações Geográficas – Departamento de Geografia da UnB (Universidade de Brasília).
(108) "Rafael Sanzio Araújo dos Anjos: "A territorialidade dos quilombos no Brasil contemporâneo: uma
aproximação" – Cap. 8º do livro Igualdade Racial no Brasil – Reflexão no Ano Internacional dos Afrodescendentes, organizado por Tatiana Dias Silva e Fernanda Lima Goes e publicado pelo Instituto de Pesquisa
Econômica Aplicada (IPEA), Brasília, 2013, p. 149.
—V. também aqui, ob.cit. em nota 53, Monique Cristina de Souza Rabelo, sobre quilombos transfronteirços
(Bolívia), formados por negros brasileiros.
(109) *Idem, ibidem*, p. 150.

"Carlinda Silva (1905-1980)
Originária das comunidades negras dos garimpos de Lençóis-Bahia."

"Maria Conceição de Jesus – Senhorinha (1948 -   )
Originária das comunidades negras rurais de Santa Maria da Vitória – Bahia."

CAPÍTULO VII

ORGANIZAÇÃO SOCIAL E TERRITORIAL QUILOMBOLA

7.1. A organização social quilombola

A partir de 1870 os escravos, devagar, foram se tornando livres. Por isso que a experiência dos quantos já se encontravam alforriados alimentava uma certa esperança para os que ainda se encontravam no cativeiro, no sentido de um futuro ganho monetário e constante, quando se desescravizassem. O que seria mais propício nas cidades.

Contudo, se grande parte dos negros tentou buscar sua fonte de vida na remuneração do trabalho, prestado a terceiros, sob suas ordens, no meio urbano e até mesmo no campo, outra parte foi atender a outro tipo de experiência, vinculada ao trabalho por conta própria. É para esta última parcela que está direcionado este livro

No campo, quem não tinha a vocação (ou oportunidade) para o operariado agrícola, isto é, o que fica dependente de terceiros possuidores dos meios de produção, restava o caminho de cuidar de um trabalho às próprias custas na terra, individualmente ou acompanhado da família, ou ainda em associação com mais de uma família, ou outros indivíduos esparsos que se dispusessem à vivência comum em determinado território.

Isso podia se manifestar tanto pela convicção de que se alguém apossava da terra com um domínio factual incontrastável sobre o solo, quanto pela consciente ocupação da terra debaixo do reconhecimento implícito de que isso se dava "por favor" ou "contra as regras".

Assim, do mesmo jeito que havia a posse mediante o consentimento do dono por via de simples agrêgo, em muitos casos também existia a posse sem consentimento nenhum. De toda sorte, pode-se dizer que o posseiro negro era parte do campesinato nacional de caráter genérico, pois inserido no complexo de trabalhadores do campo, sem atenção à raça e cor. De um modo, construía-se uma atividade autônoma de cunho individual, com que, indistintamente, o próprio negro, o homem branco e qualquer mestiço exerciam sozinho ou com sua família. E de outra maneira se percebia que ele, negro, se incorporava a uma base social comunitária, passando a ser parte do campesinato propriamente quilombola, específico.

E então, historicamente, aos escravos fugidos que foram os primeiros a ocupar a terra com seus quilombos, seria possível juntar-se libertos da escravidão senhorial; os que, dentre situações outras, foram aquinhoados pelo Estado, antes do 13 de maio, como recompensa pelos serviços prestados; os trabalhadores de qualquer estirpe que não tinham como subsistir nas cidades, e finalmente o contingente da libertação de 1988, que preferiu viver dos frutos da terra. Todos eles que, uma vez reunidos em grupos, criando comunidades, vieram (ou continuaram) a ter a denominação de quilombolas, calhambolas ou mocambeiros.

Com a Abolição havia se rompido o sistema do escravismo, bem como o seu correspondente modo de produção, dando margem a que, também ao lado do modo de produção camponês das camadas empobrecidas, mas autônomas, se desenvolvesse (como já vinha sendo montado nos flancos da estrutura escravista), o modo de produção capitalista, que dependeria do trabalho livre e do contingente de trabalhadores assalariados sem instrumentos próprios de produção, totalmente dependentes do capital em processo de acumulação.

Porém essa trajetória do primeiro modo de produção dominante (o colonial escravista) para o segundo modo dominante de produção (o capitalismo) não se fez de inopino, como se a simples remoção do obstáculo "escravidão" desse origem repentina a ele. No campo, persistiram formas camponesas que já secularmente transcorriam à margem da produção escravista, e que, com novas particularidades, davam sustentação a milhares de famílias pobres, que viviam do trabalho da terra. O processo de substituição do modo de produção escravista pelo modo de produção capitalista, entendidos ambos como modos de produção dominantes — antes e depois da Abolição, respectivamente — sucedeu de maneira a não desconsiderar a produção camponesa, a qual, na verdade, os permeou; até hoje vigora, secundariamente, resistindo à capacidade de absorção do modo de produção capitalista.

De toda maneira, o que foi decisivo para o capitalismo enveredar pelo campo — sem que se possa precisar o momento disso, especialmente em face da diversidade das nossas vastas regiões — está visto no fato de haver desaparecido o trabalho escravo, e, a seguir, na substituição, a pouco e pouco, do salário *in natura* (amonetário) pelo salário em dinheiro. Uma prática que adveio, naturalmente, do fortalecimento da indústria no Brasil, e na medida em que o capital industrial completava, numa visão macro, o seu domínio sobre o setor agrário-exportador no conjunto da economia — conforme já havia diagnosticado Jacob Gorender.[1]

Apesar dos pontos coincidentes com o campesinato comum, podem-se enxergar traços distintivos no campesinato quilombola, de acordo com o que se perceberá adiante – basicamente em razão de uma identidade étnica, que conduziu a uma organização social peculiar.

Contudo, se a identificação do grupo[2] como quilombola aflora com fundamento no binômio organização social/campesinato, há de se ver que seus elementos marcantes são os seguintes: a) a identidade étnica, com substrato nas idiossincrasias da relação negro/escravo, de perfil afro-brasileiro; b) a identidade de classe, entrelaçada à primeira, cujo conteúdo exprime nas suas interações o confronto com o capital; c) a territorialidade, que

---

(1) GORENDER, Jacob. *Gênese e Desenvolvimento do Capitalismo Brasileir*o. Porto Alegre: Mercado Aberto, 1987, Prefácio, p. 9.

(2) – "Identidade é construção social, marca de pertencimento e, ademais, é sempre produzida em relação e por contraste": Lilia Moritz Schwarcz, Lima Barreto-Triste Visionário. São Paulo, Companhia das Letras, 2017, p. 336.

dá lastro à sustentação física, social e cultural dos quilombolas, e que remete ao conhecimento do modo de produção e do modo de consumo etno-camponês.

7.1.1. Identidade étnica

É consenso, dentre os antropólogos, que pelo menos a partir de Fredrik Barth, ficou mais adequado usar-se de uma diretriz sua, para encontrar melhor definição de "grupo étnico" e suas especificidades.

Para Barth, o critério da identificação étnica ou, no verso da medalha, os indicadores de diferenciação étnica, não devem ser procurados, primariamente, em traços que não estejam "naquilo que é *socialmente* efetivo" (g.o.)[3].

E eis que o "traço fundamental", nessa perspectiva, para categorizar um grupo como étnico (categoria étnica), ele o retira de uma lista de quatro designações expostas por Narrol, de acordo com a "bibliografia antropológica"; ou seja, "uma população que" (...) "possui um grupo de membros que se identifica e é identificado por outros como se constituísse uma categoria diferenciada de outras categorias do mesmo tipo".[4]

A realidade de grupos étnicos diferenciados segundo esse critério, resulta, naturalmente, em fronteiras étnicas ou limites sociais, por eles estabelecidos através dos elementos formadores da identidade de cada grupo, com a adoção de "meios para tornar manifestos a pertença e a exclusão" dos seus membros. O que somente é possível devido às razões básicas ou aos propósitos do ato de agrupar. Ou, de acordo com as palavras do próprio Barth: "Na medida em que os atores usam identidades étnicas para caracterizar a si mesmos e outros, *com objetivos de interação*, eles formam grupos étnicos nesse sentido organizacional".[5] (g.n.)

Chegou, pois, à conclusão de que os grupos étnicos "consubstanciam o que ele explicita como "uma forma de organização social" — que também denomina de "organização étnica" — e que se faz diferente pela "característica da auto-atribuição ou da atribuição pelos outros"[6], com aquela finalidade de interagir.

Nada obstante, permanecem ainda na literatura antropológica os estudos sobre os demais elementos constantes do levantamento de Narrol (1964), os quais, além daquele utilizado por Barth (reputado até agora como o fundamental para definir a identidade/ contrastividade étnica) dizem respeito a "uma população que: 1. perpetua-se biologicamente de modo amplo; 2. compartilha valores culturais fundamentais, realizados em patente unidade nas formas culturais; 3. Constitui um grupo de comunicação e interação".[7]

---

(3) BARTH, Fredrik. Grupos étnicos e suas fronteiras, acoplado em Teorias da Etnicidade, de Philippe Poutignat e Jocelyne Streiff-Fenart, São Paulo: UNESP, 1ª reimpressão, 1998. p. 193.
(4) Fredrik Barth: *ob. cit.* p. 193 c/c p. 189/190.
(5) *Idem. Ibidem*, p. 195 e 194.
(6) *Idem. Ibidem*, p. 191 e 193.
(7) Fredrik Barth: *ob. cit.,* p. 189/190.

Torna-se plausível cogitar, assim, d'outros descortinos que aqueles elementos propiciam; mas eles se embaralham num intricado jogo de opiniões sobre o quadro étnico, as quais, tão volumosas, não devem ser tratadas aqui.

Resguardado o critério de Barth, há dados importantes para a concepção da etnicidade, como as trazidas a lume por R. Cohen visto por Poutignat-Streiff-Renart, ou tratados por estes últimos, isoladamente.

Para o primeiro, decerto que analisando o conteúdo cultural dos grupos étnicos, "o que diferencia em última instância a identidade étnica de outras formas de identidades coletivas (religiosas ou políticas) é que ela é orientada para o passado e tem sempre uma aura de filiação".[8]

Os segundos dizem compor uma "definição mínima" (ou sintética), a qual transcreveremos, fazendo-a seguida de uma explanação dos seus autores — postas como "questões-chaves" da etnicidade, tão importantes quanto atuais:

"Há que convir, com Barth, que *a identidade étnica é uma forma de organização social, baseada na atribuição categorial que classifica as pessoas em função de sua origem suposta, que se acha validada na interação social pela ativação de signos culturais socialmente diferenciadores.*(g.n.)

Esta definição mínima é suficiente para circunscrever o campo de pesquisa designado pelo conceito de etnicidade como aquele do estudo dos processos variáveis e nunca terminados, pelos quais os atores *identificam-se e são identificados pelos outros* na base da *dicotomização* Nós/Eles[9], estabelecidos a partir de traços culturais que se supõem derivados de uma *origem comum* e *realçados* nas interações raciais. (g.o.)

Se tal definição — continuam os autores — não apresenta uma resposta *a priori* para a questão da gênese e persistência dos grupos étnicos, ela permite que se identifiquem os problemas-chaves que, qualquer que seja o tipo de abordagem utilizado, encontram-se de modo recorrente nas problemáticas da etnicidade:

* O problema da atribuição categorial, pelo qual os atores *identificam-se e são identificados pelos outros.*

---

(8) Poutignat/Streiff-Renart: *ob. cit.,* p. 162

— Pedro Viana fala de diferentes tipos de identificação coletiva, sob encaixe de "uma condição comum" : territorial, de gênero, étnica, de classe, religiosa, sexual, lúdica etc. — "Identidades (s): classe e proximidade". Artigo colhido na Internet em 8/2/2011, no sítio <http://viasdefacto.blogspot.com/2011/01/identidades-classe--e-proximidade.html>

(9) Com base em Jurgen Habermas (Para a reconstrução do materialismo Histórico, São Paulo, Brasiliense, 1983), e dizendo concordar com a proposta do mesmo sobre as "etnias-base", o antropólogo Edgar de Assis Carvalho afiança que "as construções identitárias teriam de eliminar, em primeiro lugar, a *condição de pertencimento* que funda a dicotomia nós/outros, para substituí-la por processos contínuos de aprendizagem, difusos, sub-políticos, porém capazes de intervir no sistema normatizado e criar uma memória social aberta no caminho de uma nova síntese, pós-convencional, fundada e orientada por princípios mais democráticos": "Marxismo, Etnia e Reprodução Social", Rev. Perspectivas, São Paulo, n. 11, pp. 21-32, 1988, disponível em <seer.fclar. unesp.br/perspectivas/article/download/1978/1542> (g.n.)

* O problema das fronteiras do grupo que servem de base para a *dicotomização* Nós/Eles.

* O problema da fixação dos símbolos identitários que fundam a crença na *origem comum*.

* O problema da saliência que envolve o conjunto dos processos pelos quais os traços étnicos são *realçados* na interação social." (g.o.)[10]

Outro dado importante a considerar neste item sobre os primeiros conhecimentos ao redor da matéria, diz respeito à natureza da identidade étnica, o que implica na sua colocação no quadro da estrutura social, amplamente considerada. Façamos uma abordagem disso, a partir, desta vez, do antropólogo e sociólogo brasileiro Roberto Cardoso de Oliveira.

Por via do artifício que utilizamos, de um encadeamento de suas assertivas, *ipsis litteris*, captadas em páginas variadas, pode-se compor, sinteticamente, um texto dele próprio, atingindo aquele objetivo conceitual. O ilustre professor da UnB fala da "identidade como uma representação de si, uma ideia ou *ideação de si mesma...*" e tem em conta a etnia como "um 'classificador' que opera no interior do sistema interétnico e ao nível ideológico, como um produto de *representações coletivas*, polarizadas por grupos sociais em oposição latente ou manifesta. Esses grupos *são étnicos* na medida em que se definem ou se identificam *valendo-se de simbologias culturais, 'sociais' ou religiosas*".(g.n.)[11]

Juntando as duas concepções (identidade e etnia) o A. vê a "identidade étnica como uma forma ideológica de representações coletivas...", em que "símbolos étnicos são significativos de sua pertinência a um grupo devidamente limitado por características específicas que lhe confere indiscutível univocidade..." E em resumo, tomando esse "contexto de simbologia e representações", Cardoso de Oliveira qualifica a identidade étnica pela *"natureza ideológica"*.(g.n.)[12]

Diante desse caráter, a identidade étnica surge como fenômeno de superestrutura da sociedade, cujo estudo envolve "ideologias", tema este "de maior interesse" para autores como Althusser, Balibar e Poulantzas.[13], e que permeia — completamos — todo o conhecimento antropológico.

Roberto Cardoso de Oliveira valoriza "essa recuperação das ideologias", à revelia do Marx de *A Ideologia Alemã*, não somente porque elas despertaram a atenção de pensadores daquele quilate, mas, ainda, pelo grande impulso que foi dado, segundo ele, desde 1962, às análises dos fenômenos da superestrutura, a partir da publicação de dois livros de Lèvi-Strauss.

Diz ele, pelo que lhe concerne, que *Le Totemism Aujourdhui* e *La Pensée Sauvage* chamaram sua "atenção para a inviabilidade de explicarmos as relações (sociais) interétnicas

---

(10) Poutignat/Streiff-Fenart: *ob. cit.,* pp. 141/142.

(11) OLIVEIRA, Roberto Cardoso de. *Etnia, Identidade e Estrutura Social*. São Paulo: Livraria Pioneira Editora, 1974, respectivamente p. 38 e p. XVII/XVIII do Prefácio,

(12) Roberto Cardoso de Oliveira: *ob. cit.,* respectivamente, pp. 48, 72 e p. XV do Prefácio.

(13) Roberto Cardosos de Oliveira: *ob. cit.,* p. XVI do Prefácio.

tomadas como 'fato social' local, sem apreendermos — ou ao menos isso tentarmos — *a dimensão ideológica daquelas relações, ou seja, suas próprias representações.*"[14]

Em todo caso, a rigor, não existe um enfrentamento ao que Marx asseverou quanto a se dever explicar a "evolução dos grupos sociais por causas propriamente sociais e não por representações conscientes dos indivíduos."[15]

O acerto disso não impede que também os fenômenos da superestrutura social constituam assuntos de investigação dos estudiosos, incluindo esse campo que, pondo em destaque simbologias distintivas de grupos sociais, vem caracterizar a ciência da Antropologia.

Transpondo essas noções para o caso concreto da formação dos grupos de camponeses negros no Brasil, é de se cogitar que variados foram os motivos que levaram à sua constituição e que ainda continuam determinando a permanência e a renovação da organização étnica. Causas relacionadas com um mesmo antepassado, ou com a cor, a raça ou com o tipo de atividade desenvolvida, ou com formas de expressão cultural etc. Entretanto, o ato de se ajuntarem não seria factível se os interesses dos grupos não estivessem montados numa pauta de razoável coesão. Daí resultou preservado um estilo de vida em torno da união de pessoas identificadas entre si por umas ou outras daquelas causas, e pelo motivo da fixação dessas pessoas num território que lhes propiciou meios de sobrevivência física e de conservação dos seus costumes e tradições.

Quaisquer que se apresentem, como marcos íntimos do grupo, são eles reguladores de sua organização social, devido ao "grau de coesão e senso de distinção"[16], característica que já desafiava historicamente a própria legislação brasileira na Colônia, no Império e na República – um conjunto normativo que sempre vinha posto a serviço dos senhores de escravos, grandes proprietários de terra e dos exploradores de mão de obra dos que eram livres. De todo modo, aquela força de coesão social que afrontou até a força de coação da lei, em torno do pertencimento de áreas, se achava fundada não só na condição étnica de raiz negra, mas na condição da liberdade frente à classe opressora, de que o território seria emblema, conforme veremos a seguir.

Os negros, no Brasil, eram provenientes dos mais diferentes lugares da África e aqui se reproduziram dentro de uma diretriz dos senhores de escravos, o que poderia demandar a variação de "etnias" nas uniões sexuais dos mesmos, evitando contatos entre indivíduos do mesmo grupo afro. Vale dizer, o regime escravista acionava mecanismos para evitar que

---

(14) Roberto Cardoso de Oliveira: *ob. cit.,* p. XIV do Prefácio.

(15) Cf. Armand Cuvilier: Manuel de Sociologie, Tomo I, Paris, Presses Universitaires de France, 1954, p. 22. — "É preciso reconhecer que Marx introduziu também em Sociologia que a evolução dos grupos sociais deve se explicar por causas propriamente sociais e não pelas representações conscientes dos indivíduos" (tradução livre do autor deste livro)

(16) Em inglês, *degree of cohesion and sense of distinctness* — expressão que tomamos aqui, *mutatis mutandi*, de David Makinson, ao referir-se a critérios que podem, ou não, definir "povos" que almejam o direito à sua auto-determinação: *"On attributing rights to all peoples: some logical questions"*. Cf. artigo publicado em *Law and Philosophy*, vol. 8, n. 1, pp. 53-63, 1989 – *Kluwwar Academic Publishers, Netherlands*, que nos foi gentilmente enviado pelo autor, por e-mail.

se agrupassem aqui os da mesma identidade étnica por acaso conhecida, a fim de eliminar o fator coesivo, e procurando manter entre os escravos em geral a identidade étnica diferenciada que já traziam desde África. Primava-se, pois, no Brasil, pela consolidação da diversidade étnica dos negros que os escravocratas adquiriam, onde quer que eles fossem trabalhar. Ainda que, apesar das tentativas de misturá-los no destino, muitos terminassem se identificando pela mesma "origem": pretos minas, os nagôs etc.

Entre os escravizados, perdia-se a própria língua, pela necessidade de aprender a língua dos senhores, a qual teria de preponderar no cotidiano de suas relações, fosse pela necessidade de maior comunicação com aqueles, fosse porque a crioulização ou mestiçagem tendia a homogeneizar o fator linguístico, destruindo os falares próprios (que se pensava serem correspondentes aos da "nações" dos pontos africanos de venda ou dos portos de partida pelo mar), priorizando a língua do dominador. Ademais, as desavenças que já existiam entre muitos grupos de escravos, diante do fator religioso ou das adversidades apuradas desde o Continente negro, e até pela falta de empatia entre os contingentes, contribuíram também para distanciar conjuntos de escravos uns dos outros, destrambelhando as respectivas "identidades africanas", quaisquer que fossem os critérios de sua aferição. Em tal perspectiva, os tumbeiros, vendedores e compradores de negros procuravam estimular a animosidade entre eles; e uma vez no local de prestação dos serviços, a mistura de indivíduos de "etnias" ou "nações" diferentes resguardava, na lógica do senhorinato, a possibilidade de tramarem sublevações.

A primeira referência a ser considerada vinha do hábito português de, ao batizar o cativo antes da saída da África, ou depois da chegada ao Brasil, apor-lhe um nome cristão e indicar a qual "nação" supostamente pertencia. "Na realidade — segundo a historiadora Regiane Augusto de Mattos — as chamadas "nações" nada mais eram do que nome dos portos de embarque ou dos principais mercados de escravos do continente africano. Muito raramente – prossegue – a etnia original do africano era identificada"[17]. Por essa forma, o seu significado tanto podia coincidir quanto não coincidir. Mas a nominação segundo a praxe brasileira de adoção de uma palavra europeia, terminou sendo aceita, para surpresa de Mary Kranach, como "palavra preferida" dos escravos e até *transformado em indicador étnico*, que os separava da nação crioula de negros nascidos no Brasil e de outros africanos com quem não partilhavam traços culturais."[18] (g.n.)

---

(17) MATTOS, Regiane Augusto de. *História e Cultura Afro-brasileira*, 2. ed., São Paulo: Contexto, 2011. p. 114.

— Jaime Rodrigues também esclarece: "Desde pelo menos a metade do século XVIII as fontes cartoriais cariocas passaram a designar os africanos batizados naquela cidade pela "nação", tomando por base o porto de embarque – embora de acordo com Mariza Soares em nenhum caso seja possível afirmar com certeza que a 'nação' correspondia a um grupo étnico." – *in* De Costa a Costa – Escravos, marinheiros e intermediários do tráfico negreiro de Angola ao Rio de Janeiro/1780-1860. São Paulo, Ed. Companhia das Letras, 2005, p. 311.

(18) Mary Kranach: "Minha nação: identidades escravas no Brasil", *in* Colonização e Escravidão. (Org) Maria Beatriz Nizza da Silva, Rio, Ed. Nova Fronteira, 1999, p. 134.

— A autora cita tese de doutoramento em História de Mª Inês de Oliveira (Univ. Paris, Sorbonne, 1992: *Retrouver une identitè: jeux sociaux des africains de Bahia/vers 1750 – vers 1890*, em cujo Quadro 7 (p. 111) figura uma lista de etnias com nomes de localidades como Angola, Cabinda, Congo, Mina, Moçambique, dentre outros, e também "indicadores étnicos mais específicos, como *haussás, geges e nagôs*" – *ob. cit.*, p. 134.

Mas a primeira daquelas escritoras diz ainda: "(...) apesar do sistema escravista ter proporcionado aos escravos uma situação precária de sobrevivência, eles conseguiram constituir as suas próprias famílias. Note-se que a escolha dos cônjuges era facilitada entre aqueles que tinham o mesmo proprietário. Além disso, havia preferência para uniões endogâmicas, isto é, os africanos casavam-se entre si, e muitas vezes escolhiam os cônjuges dentro de seus próprios grupos ou "nações". As relações conjugais eram menores entre africanos e crioulos".[19]

Vê-se, então, que os escravos no Brasil, na luta pela sobrevivência, e já se deparando com novas gerações, num meio diverso dos seus ancestrais, não estavam propriamente preocupados em resgatar a identidade africana originária: quer a étnica, que poderia tocar a sua genealogia, quer a "ficcional", que também se imiscuía no conceito de "nações".

A partir daí os negros tiveram o condão de transmudar uma identidade africana qualquer para uma identidade extraída das condições brasileiras, fundadas na raça e na cor, vistas por modo genérico — a genérica identificação do indivíduo como "negro", simplesmente — em que pese a possibilidade de, dentro desse contexto, falar-se em gêneses nagôs, jejes, mandingas etc. daquelas características.

A identidade étnica incorporada pelos negros antigos, em geral, tendo preservado muitos traços culturais das "nações" de uma África negra heterogênea, passa a delinear, então, no Brasil, uma certa homogeneidade, sincronizada de brasilidade, mostrando o indivíduo que Darcy Ribeiro concebeu como outra marca de crioulização, o "brasileiro": "Esses mestiços e mulatos, Zé ninguéns, já não sendo índios, nem afros, nem europeus, caem no vazio de não ser, de que só podem escapar assumindo outro ser, outra identidade, a de brasileiro"[20]. Esta, porém – interpretamos nós – deve ser entendida pelo seu contorno gentílico, dado o desdobramento da população "brasileira" em algumas etnias particularizadas.

A perda da identidade étnica matriz, com diversos etnônimos, segundo as regiões do grande continente africano, fez prevalecer no Brasil uma conjunção entre negros em geral e uma miscigenação, que também diluiu, no dia a dia, o conceito de "nações". Não obstante o amálgama biológico, persistiu nos quilombolas o recorte racial trazido da África negra. Em paralelo a isso, destacam-se a presumida origem comum que eles intuem ter existido, lá ou cá — além do valor atrativo do parentesco, do compadrio, da solidariedade e de outras marcas propícias a uma *re-união étnica*, que não significa, necessariamente, *re-unificação* de etnias ou de "nações".

A propósito ainda do fator racial, Eliane Cantarino O'Dwyer adverte que a "noção de raça" está "há muito banida das ciências sociais", mas admite que importa a "aparência exterior" (ou melhor, "só importa"), "quando sentida como característica comum, constituindo, portanto, uma fonte de contrastividade entre os grupos[21]. E Hebe Matos, falando de

---

(19)   Regiane Augusto de Mattos: *ob. cit.,* p. 175.
(20)   Darcy Ribeiro: "A invenção do Brasil", na introdução do livro A Fundação do Brasil, de Darcy Ribeiro e Carlos de Araújo Moreira Neto. Petrópolis, Ed. Vozes,1992, p. 32.
(21)   Eliane Cantarino O'Dwyer —"Os quilombos e a prática profissional dos antropólogos", que faz a "Intro-

uma comunidade de pretos que se diziam "remanescentes de quilombo", acentua: "Redefinindo os significados emprestados à memória do passado escravo, eles substituem hoje a antiga visibilidade por uma incisiva afirmação de sua *identidade negra*".[22] (g.n.)

Queremos crer que tal identificação, com os elementos que mais obviamente a distinguem, seja aquela que Sheyla Brasileiro e José Augusto Sampaio deixam patente, quanto a se constituírem os grupos étnicos "atores sociais" que classificam "a si mesmos e os outros de acordo com uma *identidade básica e mais geral*, supostamente determinada por sua origem e formação".[23]

Decerto que podemos falar, propriamente, em resgate da negritude[24]; porque, apesar do negro escravo e seus descendentes haverem-se mesclado com gente de toda estirpe (inicialmente brancos e índios, e logo de imediato, ainda na colônia, toda a mestiçagem), a cor da pele era (e continua sendo, por sua preponderância entre os quilombolas atuais) um dos valores ancestrais das comunidades remanescentes de quilombos, e que foi também, naturalmente, o vetor da designação das glebas que até hoje são conhecidas como "quilombos", "terras de preto" ou "comunidades negras".

O problemático será traçar uma designação reducionista que particularize a comunidade negra como possuidora de uma identidade étnica qualificadora, como seria o caso de uma "identidade quilombola". Isto é, embutindo uma adjetivação na própria identidade étnica, com toda a sua simbologia em caso concreto, específico.

A antropóloga Lúcia Andrade chama a atenção de que "as comunidades quilombolas são grupos sociais cuja identidade étnica as distingue do restante da sociedade. Identidade étnica envolve um processo de auto-identificação bastante dinâmico, que não se reduz a elementos materiais ou traços biológicos distintivos, como cor da pele, por exemplo. Tal identidade pode estar baseada em diversos fatores, como a ancestralidade comum, o compartilhamento de um território, em elementos religiosos, entre outros. *Cada grupo quilombola constrói sua identidade de forma específica*. A auto-identificação é elemento definidor essencial da condição de grupo étnico". [25] (g.n.)

Queremos crer, assim, que não se descarta considerar uma "identidade quilombola", em especial, a partir do critério da definição, como tal, pela própria comunidade negra, critério que vem estampado, aliás, em alguns diplomas legais. Impõe-se reconhecer, no

dução" do livro Quilombos – Identidade étnica e territorialidade, *ob. cit.,* p. 17.

(22) Hebe Matos: "Novos quilombos: re-significação da memória do cativeiro entre descendentes da última geração de escravos", *in* Memórias do Cativeiro, *ob. cit.,* p. 300.

(23) Sheyla Brasileiro e José Augusto Sampaio: "Santiuba e Riacho de Santana – uma comunidade negra rural no Oeste baiano", *in* Quilombos — identidade étnica e territorialidade, Eliane Cantarino O'Dwyer (org.), Rio, Ed. ABA/FGV, 2002, p. 84.

(24) Para aprofundar o estudo de tal particularidade, ver Kabengele Munanga: Negritude – Usos e Sentidos, 3. ed., Belo Horizonte, Autêntica Editora, 2009, Demétrio Magnoli: Uma gota de sangue – História do Pensamento Racial, São Paulo, Ed. Contexto, 2009 e Lívio Sansone: Negritude sem etnicidade. Salvador/Rio, EDUFBA/PALLAS, 2004.

(25) Carta de Lúcia Andrade ao autor, de 26 de março de 2012.

entanto, que muitos o questionam, em face do óbvio intuito em retardar ou anular a demarcação da terra comunitária.

Entre quilombolas irrompe uma organização social que, tendo traçado os critérios de integração pessoal dos seus membros, como por exemplo as regras costumeiras definidoras dos limites de inclusão e de exclusão entre eles, faz ainda subentender uma racionalidade sobre as funções e os objetivos do grupo; como por exemplo as maneiras de se utilizarem dos recursos da terra, de expressarem os eventos lúdicos e religiosos, o modo de representação de toda a comunidade, o contato com terceiros etc.

Em todo caso, há os elementos concretos e abstratos contidos na experiência dos negros e analisados pelos escritos antropológicos, sociológicos e históricos, que podem descortinar como se desenrola a identidade étnica em cada quilombo, a partir de dados essenciais.

7.1.2. Identidade de classe

A identidade de classe é, *também*, histórica e estruturalmente no Brasil, responsável direta pela formação das áreas quilombolas. No passado, considerando que a diversidade étnica proveniente das "nações" africanas era até determinante de animosidade entre os escravos, ficou fácil perceber que o fenômeno que terminou unindo-os para a conquista da terra foi, antes que a condição de negros, a solidariedade de oprimidos, resistindo aos opressores que os obrigavam ao trabalho e os subjugavam pela tortura física e mental. Assim, a diluição de uma identidade étnica que estava firmada nos longes da África, embora substituída pelo que foi imposto ou aceito aqui debaixo da noção de "nações", promoveu um outro delineamento: ela ficou contemporizada, primeiro, por uma identidade de classe, *ex-vi* da diferenciação social opressiva trazida pelos senhores de escravos; e, a seguir, fez nascer uma identidade étnica renovadora, forjada e homogeneizada por um outro *ethos* que surgiu da crioulização ou mestiçagem, isto é, das novas condições da realidade brasileira. Tratava-se da identificação do elemento dito afrodescendente, que se tornou genérica, no território nacional, através da expressão "negro".

Décio Freitas lembra a heterogeneidade étnica dos escravos que participaram da formação de Palmares, o que não impediu a conjunção dos mesmos naqueles quilombos. Diz, explicando, que o movimento palmarino "não tinha por base quaisquer tradições comuns aos escravos. Nem havia entre eles os laços de consanguinidade que pudessem justificar a tese de Nina Rodrigues de que se tratava de um 'movimento de regressão tribal'. O vínculo que havia entre os escravos era a desgraça comum, ou, em outras palavras, um vínculo de classe."[26]

Porém com o tempo, os quilombos de escravos fugidos, ou as terras de pretos forros, que antes se estruturaram por razões de opressão, culminaram numa formação étnica, com os negros oriundos de diversas procedências da África negra, no processo de o coesão para a auto-subsistência e vida cultural comum. Mas, com maior ou menor visibilidade, os negros etnicizados no Brasil mantiveram a identidade de classe, que havia nascido e

---

(26) FREITAS, Décio. Palmares. *A Guerra dos Escravos*. 4. ed., São Paulo: Graal, 1982. p. 51.

renascia nos embates com os capitães do mato, a soldo dos senhores de escravos e a mando das autoridades, antes de 1888; ou que passou a se manifestar em outro tipo de resistência, por virtude de fatos novos após essa data — fatos esses que podem ser resumidos nas arremetidas capitalistas no meio rural brasileiro, principalmente com a expulsão dos negros das áreas que vinham ocupando.

Hoje em dia, atentando-se para os quilombolas contemporâneos, vê-se que a espécie de produção de mercadorias agrárias simples e o destino que eles imprimem às mesmas, para o auto consumo ou para a venda dum pequeno excedente com que suprem outras necessidades básicas, são elementos que substanciam conteúdo de classe ao grupo que aproveita a terra e os recursos naturais, com o trabalho multifamiliar e que configuram, ao mesmo tempo, o confronto com o sistema capitalista dominante, de produção ampliada (para os consumidores) e de base salarial (para os trabalhadores).

Na estrutura conceitual de "classe", é essencial lembrar Marx, outra vez. Ao discorrer sobre os camponeses franceses do século XIX, ele não somente viu na prática do campesinato um modo de produção, mas nos seus membros a possibilidade de constituição de uma classe. Falou assim: "Na medida em que milhões de famílias camponesas vivem em condições econômicas que as separam umas das outras, e opõem seu modo de vida, os seus interesses e a sua cultura aos das outras classes da sociedade, estes milhões constituem uma classe". E ainda Marx, naturalmente, para melhor esclarecer em que "medida não constituem uma classe", diz que isso sucede quando "a similitude de seus interesses não cria entre eles comunidade alguma, ligação nacional alguma nem organização política..."[27]

É possível, pois, encontrar aquela coesão nos quilombolas, sujeita, entretanto, em termos de realidades extremas, a duas circunstâncias: uma que enfatiza a solidariedade dentro do próprio grupo (identidade étnica); outra que pode revelar conflitos de interesses fora dele (identidade de classe). A primeira ostenta feições interiores que fazem diferir o grupo do quilombo de outros grupos da sociedade nacional, ao passo que a segunda carrega sempre em si um antagonismo entre o grupo negro e os demais, no que se sobreleva a exploração econômico-social destes em relação àquele, bem como a dominação política.

De acordo com o poder de manipulação, ou não, dos meios de produção fundamentais, na economia, o desequilíbrio social em nosso país sempre se manifestou também em termos de constituição de classes: de um lado as elites dominadoras, aí se enxergando os escravocratas, os nobres, os burgueses sem nobreza, e os mandonistas de hoje; de outro lado, os escravos, trabalhadores em geral, os pequenos burocratas, até os operários e os camponeses pobres da atualidade.

Torne-se a recordar Marx, para quem os antagonismos de classes estavam sempre em curso nas sociedades em que a apropriação dos instrumentos básicos da produção material soia gerar as categorias de exploradores e explorados ou dominantes e dominados.[28]

---

(27) MARX, Karl. *O 18 Brumário de Luis Bonaparte*, 2. ed., São Paulo: Abril Cultural – Coleção Os Pensadores, 1978. p. 397.
(28) V. nosso Capítulo VI, bem como, fundamentalmente, Marx-Engels ao dizerem que "a história de todas as

A luta contra as mazelas do capitalismo, que fortalece a identidade de classe dos trabalhadores em geral, constitui um fator que é comum, também, a outros camponeses nacionais, não sendo um dado particular do campesinato quilombola; mas, de qualquer forma, é um dado também relacionado a este.

Não há como não considerar que os quilombolas formem também uma classe de indivíduos situados numa mesma posição dentro do âmbito econômico (no campesinato), e que isso deixe de ser concebido, se não como traço étnico, decorrente das suas formas de uso da terra (que enseja, inclusive, a pesquisa pela Antropologia Econômica), pelo menos como elemento de uma identidade de classe que se ajunta à identidade étnica, quando na percepção das relações de exploração/dominação.

Mesmo nos dias atuais, apesar do que se configurou como direitos quilombolas na Constituição Federal, continuaram em execução os avanços da sociedade envolvente por sobre o patrimônio material das comunidades. Quando não para efetivar-se o apoderamento integral das suas áreas, ao menos para suprimir partes delas, diminuindo os limites físicos tradicionais. Persistem ainda as pressões da sociedade comum para empobrecê-los, através de outros mecanismos, a fim de reduzir a sua capacidade de obtenção dos recursos vitais. Frustrada a barbárie da primeira situação, pode-se ver na segunda uma estratégia de (in) tolerância do sistema capitalista à presença do quilombo, isto se lhe convém manter seus membros como reserva de mão de obra barata, na qualidade de assalariados que podem necessitar de complementação dos ganhos que o uso da terra própria não permitiu.

Assim, na questão sobre um fator relativo à classe imbricar-se com a identidade étnica, quem sabe não ser bem posto o conceito de Hechter de que a etnicidade "é uma forma de solidariedade que emerge em resposta à discriminação e à desigualdade, e manifesta uma grande consciência política por parte dos grupos que buscam reverter uma situação de dominação"?[29]

---

sociedades que até hoje existiram é a história das lutas de classes." ("Manifesto", de 1848)

— Quanto à definição de "classe", ao rigor da composição conceitual, não chegou a ser formulada por Marx ou Engels, porém Lênin o fez, dizendo que "As classes sociais são grupos humanos, um dos quais pode apropriar-se do trabalho do outro por ocupar postos diferentes em um regime determinado de economia social". ("Uma grande iniciativa", *in* Marx, Engels, Marxismo. Moscou, Ed. Progresso, p. 479). Duas outras conceituações devem também ser transcritas por cá: a) a de Marta Hernecker, que citou Lênin, acima, e que fala: "As classes sociais são grupos sociais antagônicos em que um se apropria do trabalho do outro por causa do lugar diferente que ocupam na estrutura econômica de um modo de produção determinado, lugar que está determinado, fundamentalmente, pela forma específica em que se relaciona com os meios de produção" (Os Conceitos Elementares do Materialismo Histórico", 6. ed., Santiago, 1971, sem indicação da Editora, p.161); b) a de Max Weber, ao afirmar que a classe é um "grupo de pessoas" que "tem em comum um componente causal (...) "representado exclusivamente pelos interesses econômicos da posse de bens e oportunidades de renda." (Ensaios de Sociologia, 5. ed., Rio de Janeiro, Ed. Guanabara, 1979, p. 212. Ainda em função das relações de trabalho, porém tomado o aspecto referente às profissões exercidas por cada um, formam-se também grupos setorizados pelo tipo de atividade, como a classe dos advogados, a classe dos médicos, a classe dos comerciários, dos carregadores etc.

(29) Cf. Poutignat/ Streiff-Fenart, ob. cit. ,p. 103

Poutignat/Streiff-Renart, tentam separar uma coisa da outra, dizendo que "impõe-se cada vez com mais clareza a ideia de que o grupo étnico (a unidade que engloba os indivíduos definidos através de uma origem cultural comum)[30] chegou a concorrer com a classe (a unidade que engloba os indivíduos definidos pela posição comum dentro do circuito da produção), como categoria fundamental da diferenciação social". E citam outro antropólogo, que apesar de entrelaçar as duas categorias, consagra uma distinção: "A 'comunidade étnica', escreve Brass, 'é uma forma alternativa de organização social de classe, e a etnicidade é uma forma de identificação alternativa da consciência de classe."[31]

De curial importância é a diferença, que já se fez aqui, calcada na natureza da identidade, conquanto esteja instalada em base econômica e de exploração e dominância social (plano de infraestrutura), que constrói relações de classe, ou conquanto se situe na esfera ideológica (plano de superestrutura), que modela simbologias coletivas e organiza relações étnicas.

Sem embargo da diversificação, as duas espécies de identidade coletiva pressupõem formas de resistência, no caso quilombola brasileiro; ambas se opõem, de toda sorte, aos interesses do Capital: a) a identidade/resistência de classe responde, notadamente, às investidas contra as terras, destruindo o modo de produção camponês, ao mesmo tempo que força o quilombola camponês autônomo a transformar-se em trabalhador assalariado, dependente dos ditames patronais — mecanismo que, de uma só vez, conduz à desterritorialização e à exploração pessoal de cada um; b) a identidade/resistência étnica (se tomados os mesmos fatos exemplificadores acima), conduz, igualmente, ao processo defensivo da não expropriação do habitat tradicional e da não desarticulação do seu tipo de trabalho e postura de vida peculiares, inclusive a cultural, vindos de muitas gerações. De modo que não ficam dúvidas sobre a existência das duas identidades, maiormente quando se trata de populações tradicionais e, portanto, empobrecidas e vulneráveis.

A antropóloga Giralda Seyferth, disse que "a desigualdade étnica é permeada pela desigualdade social"[32] e Stefano Varese, analisando na década dos 1970 certos grupos indígenas da América Latina mais enredados com a sociedade envolvente, falou sobre a a implicação "que têm as relações interétnicas, no tocante às contradições *de classe que encerram...*" [33](g.n.)

A hipótese dele, naquela época, para a região, era de que "não somente as *relações interétnicas* são sempre e também relações de classe, mas que nela é mais fácil evidenciar, com poucas possibilidades de erro, os interesses em oposição de vários grupos que interagem."[34]

---

(30) Pode-se colocar como adendo a assertiva dos mesmos autores, na p. 37 da mesma obra, que "o que funda o grupo étnico 'é a crença subjetiva na comunidade de origem."
(31) J.Brass: *Ethnicity and Nacionalism Theory and Comparation*, Londres, Sage Publications, 1991, p. 19, *apud* Poutignat/Streiff-Fenart, *ob. cit.,* p. 26
(32) SEYFERTH, Giralda. verbete "Etnicidade", *in* Dicionário de Ciências Sociais, Rio: Fundação Getúlio Vargas, 1986. p. 437.
(33) VARESE, Stefano. "Estratégia étnica ou estratégia de classe", *in* Antropologia e Indigenismo na América Latina. Org. Carmen Junqueira e Edgard de A. Carvalho, São Paulo, 1. ed. Cortez Editora, 1981. p. 122.
(34) Idem, ibidem: p. 122.

Pelo que foi explicitado até agora, as duas identidades, a étnica e a de classe, são distintas, e entretanto elas se justapõem ou se entrelaçam, sem se confundirem. A esse respeito, uma conclusão de Grupo de Trabalho em Buenos Aires (1974), sobre Processos de Articulação Social, considerou que *há uma "relação entre classe social e etnia", e que existia "o fato de irredutibilidade de uma na outra,* ainda que as aparências pudessem indicar o contrário; *classe e etnia se interpenetram, submetidas a processos de interação social,* podendo inclusive — sobretudo a etnia — ficar encoberta, invisível aos nossos olhos, podendo igualmente ser ativada em contextos específicos e em situações determinadas."(g.n.)[35]

Todavia, é bem plausível, em tese, que um processo de fusão se manifeste em forma de anulação de uma pela outra, e, nesse caso — no caso quilombola — mais fácil cogitar-se sobre a diluição da identidade étnica na identidade de classe, diante da tendência manipuladora, dominadora e absorvente das condições capitalistas da sociedade nacional.

Mas, ao passo que o capitalismo reproduz as suas contradições, inclusive a de não promover por completo a destruição do campesinato em geral, pode-se também, em contrapartida, atribuir a mantença deste às formas de resistência do próprio campesinato quilombola — sendo uma delas, certamente, o de sua coesão étnica e de classe social.

Stefano Varese considera que, "na América Latina todo fortalecimento da consciência étnica implica também em fortalecimento de classe"[36]. E em data mais recente, já na década dos 2000, um jornalista (cuja referência, infelizmente, resultou-nos perdida), encontrou grupos índios do México (salvo engano em Chiapas), para os quais "Mesmo que as relações de produção sejam determinantes nas mudanças futuras da região, hoje a consciência étnica pode pesar mais do que a consciência de classe."

Mas esses são relatos de tempos atrás, ou afeitos a grupos étnicos não vivenciados no Brasil. Por cá, hoje em dia, se não estiverem bem formalizadas políticas públicas de apoio e uma forte legislação de valorização étnica, francamente aplicadas, não haverá como conter o estrangulamento da identidade que se lhe corresponde.

7.2. As alterações do significado de quilombo

Segundo Clóvis Moura, "o ajuntamento de negros fugidos" no Brasil chamava-se "mucambo", antes de também ser conhecido pelo nome de *quilombo*, que foi a designação consignada na Carta do Rei ao Conselho Ultramarino de Portugal, no ano de 1740. O documento reinol mostrava "o que deveria ser considerado como quilombo", coincidindo com a idéia geral de *mocambo*. De acordo, ainda, com aquele sociólogo, o termo quilombo generalizou-se na literatura histórica e antropológica, a partir do seu emprego por Francisco Adolfo Varnhagen[37], autor que publicara em 2 volumes a História Geral do Brasil, em 1854.

---

(35) Cf. Roberto Cardoso de Oliveira: Etnia, Identidade e Estrutura Social, *cit.,* p. XVII do Prefácio.

(36) Stefano Varese: *ob. cit.,* p. 128.

(37) MOURA, Clóvis. *Dicionário da Escravidão Negra do Brasil*, São Paulo: Edusp, 2004. p. 335.

A par dessas notícias históricas sobre as duas palavras que se reportavam ao mesmo fato, apesar da predominância, com o tempo, de "quilombo", sem desconstituição da outra — Clóvis Moura definiu os quilombos como "comunidades", e utilizou-se de uma derivação daquele termo, a expressão *quilombagem*, para ele indicativa do "Movimento histórico-social que no Brasil teve início no final do século XVI, e que se caracterizou, exatamente, "pela formação contínua de grupos de negros rebeldes e fugitivos, que constituíam comunidades próprias, os quilombos"[38]. Uma coisa se irmanava à outra, de uma parte como processo de formação de comunidades negras, para a vida cotidiana, de outra parte como movimento que iniciava a resistência à escravatura.

Pode-se também puxar uma outra ponta da literatura especializada, que produziu uma nova significação para a palavra-chave "quilombo", e dessa vez de cunho metafórico, oriundo da simbologia arquitetada por Abdias Nascimento. Este lhe imprimiu sentido bem mais amplo, com a sua teoria do *quilombismo*, nela envolvendo "enorme número de organizações afro-brasileiras que se intitularam no passado e se intitulam no presente Quilombos e/ou Palmares", como "essa rede de associações, irmandades, confrarias, clubes, grêmios, terreiros, centros, tendas, afochés, escolas de samba, gafieiras", os quais — segundo ele considera — "foram e são quilombos 'legalizados' pela sociedade dominante". Contudo, ele não enxergou também em organizações que-tais qualquer extensão, no tempo, de uma comunidade negra articulada com a terra, mas só reflexo do termo quilombo como valor, ou seja, à guisa do testemunho de "quanto o exemplo quilombista significa como valor dinâmico na estratégia e na tática de sobrevivência e progresso das coletividades de origem africana".[39]

Ainda a respeito do significado de quilombo, José Maurício Arruti lembra as pesquisas de Alfredo Wagner de Almeida que redundaram na ressemantização ligada aos quilombos rurais contemporâneos, as quais deram até com o proposital desuso da palavra por algumas comunidades negras, de maneira a camuflar o que o termo quilombo expressava na sua origem, um reduto ilícito, na concepção da sociedade comum. O que constituiria um "estigma" para seus habitantes, o "estigma de serem quilombolas".

Na conformidade da interpretação de Arruti sobre o texto de Almeida, de 1996, "o caráter repressivo que sempre marcou os termos quilombo e mocambo" (...) "teria levado os camponeses de terras de preto a negar tal vinculação — que fatalmente deslegitimaria as suas posses — e adotar as auto-denominações que remetem às modalidades de 'uso comum' (Terras de Indio, Terras de Santo, de Preto etc.)." [40]

Consoante os dois antropólogos referidos, teria havido depois um segundo momento, no qual, levantando-se os brios dos quilombolas, pela sua maior conscientização política,

---

(38) *Idem, ibidem*, p. 334 – verbete "Quilombagem".
(39) Abdias Nascimento: "O Quilombismo", *in* Revista Carta do Senador Darci Ribeiro, n. 13, Brasília, 1994, p. 22.
(40) José Maurício Arruti: Mocambo, São Paulo, Edusc/Anpocs, 2005, p. 88-89. c/c Alfredo Wagner Almeida: "Quilombos: sematologia face a novas identidades", *in* Frechal — Terra de preto, quilombo reconhecido como reserva extrativista, São Luís, SMDDH/CCN-PVN, 1996.

se fez restaurar a designação antiga, como condição de cidadania. Disse Arruti: que "a assunção do rótulo quilombo hoje, estaria relacionada não só ao que o grupo, de fato, foi no passado, mas à sua capacidade de mobilização para negar um estigma e reivindicar cidadania"[41]. Tinha dito Almeida: "A reivindicação pública do estigma 'somos quilombolas' funciona como uma alavanca para institucionalizar o grupo produzido pelos efeitos de uma legislação colonialista e escravocrata"[42]. Também havia assinalado, como que um arremate, quanto às novas dimensões do significado atual de Quilombos", que isso deriva de situações "caracterizadas sobretudo por instrumentos político-organizativos, cuja finalidade precípua é a garantia da terra e a afirmação de uma identidade própria."[43]

Com a Constituição Federal de 1988 fazendo remissão e trazendo garantia das terras de quilombo às comunidades remanescentes, a palavra quilombo veio qualificar, por analógica ampliação, outras áreas — ditas terras pertencentes aos pretos ou ocupadas pelos negros. Palavra que trouxe, portanto, para o conceito dado pela Lei Maior, as terras de toda espécie que se achavam na posse dos negros, tanto na época que antecedia a Abolição, isto é, os quilombos de homizio e luta ou as áreas das coletividades de negros alforriados ou livres — quanto depois da libertação oficial de 1888, ou seja, as comunidades negras rurais em geral. E, ademais, as comunhões sociais étnicas que habitavam as áreas urbanas e suburbanas em todos os tempos.

O grande escopo da Carta Política foi tentar corrigir as injustiças sociais referentes aos negros, tanto no meio rural quanto no âmbito das cidades. No primeiro, em virtude das perseguições de sempre, que lhes moviam os que eram ou se diziam proprietários; no segundo, principalmente após a Abolição, em razão do abandono a que se viram submetidos, e pela falta de moradia que os congestionava nos arrabaldes, ou carência de trabalho digno etc.

Por isso não estranha à exegese da Constituição o uso da expressão "comunidades remanescentes de quilombos" e outras locuções similares que possuem a ampla abrangência antropológica, econômica, social e jurídica do que está assim consignado:

"Art. 68. Aos remanescentes das comunidades de quilombo que estejam ocupando suas terras é reconhecida a propriedade definitiva, devendo o Estado emitir-lhes os títulos respectivos."

Numa exemplificação de Adolfo Neves de Oliveira Jr., considerando passado e presente no mesmo lugar de ocupação negra, pode-se ver na comunidade respectiva "que ela é, efetivamente, originária de um quilombo, isto é, de um agrupamento de escravos fugidos, constituído em oposição à ordem escravocrata vigente, como também que ela seja, efetivamente, a *atualização histórica daquela antiga comunidade de quilombo*"[44]. E

---

(41) José Maurício Arruti: ob.*cit.,* p. 89

(42) Alfredo Wagner Almeida: *ob. cit* acima, p. 17, *apud* José Maurício Arruti, *ob. loc. cits.*

(43) *Idem. Ibidem*, p. 11, *apud* José Maurício Arruti, *ob. cit.,* p. 92.

(44) Adolfo Neves de Oliveira Jr.: "Reflexão Antropológica e Prática Pericial", *in* O Quilombo do Rio das Rãs, Org. de José Jorge de Carvalho, Siglia Zambitti Dórea e Adolfo Neves de Oliveira Jr. Salvador, Ed. UFBA/CEAO, 1996, p. 197.

é até mesmo possível verificar algo contrário à origem histórica das comunidades referidas, como no exemplo encontrado por Alfredo Wagner Berno de Almeida, de outras comunidades negras cujas primícias vieram de terras oferecidas como recompensa a escravos que até fizeram parte das forças que combatiam negros refugiados nos quilombos.[45]

Esse parece ser a amostra mais extrema da variação da natureza do quilombo, que dilui a ideia que sempre se teve de ter sido o quilombo, historicamente, apenas reduto heroico de resistência à opressão e à repressão.

No entanto esses negros, mesmo tendo guerreado os de sua raça, passaram eles próprios, nas terras de recompensa, a dar uma nova dimensão ao seu sistema de vida, quer de modo individual, quer formando uma ordem comunitária, com autonomia de produção econômica e cultural — promovendo, pois, em suas áreas uma equiparação ao conceito de quilombo, que lhe era antípoda. A similitude conceitual d'agora nada teria a ver com o motivo da obtenção da terra (sendo ambas provenientes de causas díspares e contraditórias), mas da solidariedade que foi envolvendo os negros e suas gerações, ao sabor do delineamento étnico e classista no território.

Portanto, em que pese a variedade – e mesmo a contradição – dos motivos da conquista da terra por uma comunidade de escravos ou seus pósteros, tanto quanto a diversificação de denominações com que eles e suas áreas eram conhecidos, o certo é que os termos quilombo e quilombola funcionam como marcos na realidade brasileira, até hoje. Não perderam seu uso pelo fato de ter sido extinta a causa maior que os gerou — a escravidão; apenas absorveram o fenômeno da mudança do significado.

Percebemos, em conclusão, o ter-se impregnado o conceito de "quilombo", no Brasil, de um punhado de ideias, que se foram sobrepondo à palavra ou imagem equivalente: esconderijo, habitação, lugar de sobrevivência e trabalho, prêmio, ponto de contato com terceiros etc.

O tempo e as circunstâncias tornaram a palavra representativa de uma realidade mutante – que se queria modificar com o arrefecimento da opressão escravocrata, com o advento de novas condições do trabalho ou das espécies de punibilidade, ou com a ruptura, mesmo, da dominação, através da fuga. Um vocábulo, assim, que foi sendo alvo de camadas de significação, amoldando-se a situações concretas. As coisas mudam, e os seres. As palavras também. Mas há palavras que graficamente ou verbalizadamente permanecem as mesmas e, no entanto, sofrem alterações no seu sentido. Como no caso.

7.3. Organização territorial quilombola

A experiência dos negros e a confiança da sua vida em conjunto ficam mais realçadas por outro fator fundamental de união, que é a territorialidade. Da territorialização defluem as condições materiais de vida, de onde também se reproduzem os valores imateriais com que a memória coletiva se exercita.

---

(45) Alfredo Wagner Berno de Almeida: "Os quilombos e as novas etnias", *in* Documentos do Instituto Socioambiental, Brasília, n. 005, p. 14.

7.3.1. A etnicidade territorializada

Os quilombolas brasileiros fazem estampar, por um lado, sua identidade étnica na comunidade rural ou urbana em que habitam, e, por outra maneira, fortalecem essa própria identidade na sustentação da territorialidade coletiva. A questão quilombola, entre nós, envolve sempre uma etnicidade territorializada, eis que pressupõe um espaço sobre o qual os negros subsistam de alguma maneira.

As antropólogas Alessandra Schmitt, Maria Cecília Manzoli Turatti e Maria Celina Pereira de Carvalho também afirmam que "a condição de remanescentes de quilombo (...) enfatiza os elementos identidade e território", e que "este sentimento de pertença a um grupo e a uma terra é uma forma de expressão de identidade étnica e de territorialidade."[46]

O que se conclui deste item a respeito da territorialização, para identificar comunidades remanescentes de quilombo, é que o pertencimento de áreas se impõe como fator tão importante quanto imprescindível.

Ricardo Teles, examinando a situação atual dos aquilombados da região da Fazenda do Frexal, perto de Alcântara, no litoral norte do Maranhão, transcreve duas opiniões conceituais sobre quilombo, dadas por habitantes locais, e que são bastante elucidativas: "Se perguntarmos a um velho do Frexal qual o significado da palavra quilombo, teremos como resposta apenas *a terra, o lugar onde se vive'*. Fazer a mesma pergunta a um jovem é lembrar *o heroísmo de seus antepassados*."[47]

Nesses termos existem esclarecimentos de vivo acerto, pois que demonstram o sentir de membros do próprio grupo étnico em duas vertentes, ambas verdadeiras: uma que revive e cultua as forças ancestrais, como no exemplo do jovem negro, outra que vê essas forças enraizadas na área em que a comunidade vive e se mantém, como no exemplo do preto velho.

O sentimento étnico, dentre as populações tradicionais, está arraigado à terra, no Brasil, e, na hipótese da sua etnicidade firmada no território, como fonte de sobrevivência física, social e cultural. Expressivo exemplo trazido por Lúcia Andrade e Girolamo Treccani, mostra tal fator como demanda à titulação de áreas quilombolas em Oriximiná/PA, sobrepostas a terras devolutas da União e do Estado, e exigindo "se respeitar *a forma própria dos quilombolas explorarem o seu território*", o que — "debaixo da maior polêmica" — "significou titular extensas áreas de castanhais", pois a "coleta de castanha do Pará é a principal fonte de renda deste grupo." (g.n.)

---

(46) Alessandra Schimitt, Mª Cecília M. Turatti e Mª Celina P. de Carvalho: "A atualização do conceito de quilombo: identidade e território nas definições teóricas", *in* "Ambiente & Sociedade, n. 10, Campinas, jan/jul 2002, colhido no sítio da Internet http://www.scielo.br/pdf/soc/n10/16889.pdf

– No mesmo caminho, o jurista Raul Silva Teles do Vale: "Mineração em território quilombola: uma análise jurídica do problema", *in* O Direito para o Brasil socioambiental. Org. André Lima, ISA/Sergio Fabris Editor, Porto Alegre, 2002, p. 112 e 113.

(47) Ricardo Teles: "A Terra Prometida", *in* Revista Terra, n. 7, jun/1996, p. 73.

Segundo os mesmos autores, "todo o sistema econômico e social" tinha sido estruturado "a partir dessa atividade", atestando eles também que "este sistema produtivo constitui ainda forte elemento de identidade étnica do grupo". "Assim — continuam — a prática do extrativismo é concebida pelos quilombolas como delimitadora da fronteira étnica entre eles e os demais setores da população rural de Oriximiná."[48]

Situação semelhante, e até beirando a uma generalização designativa da palavra quilombola, terminou se concretizando no Brasil em 29.09.2018, quando o IPHAN – Instituto do Patrimônio Histórico e Artístico Nacional – reconheceu como patrimônio cultural brasileiro o Sistema Agrícola Tradicional Quilombola do Vale da Ribeira – SP. Com base em roças de coivara e respeito à floresta, esse sistema de cultivo é muito comum em outros sítios quilombolas espalhados noutros estados do país.

Em tais exemplos, quando se conclui pela existência de um sistema produtivo como elemento de identidade étnica da comunidade (um tipo de atividade econômica ou a exploração de um determinado produto segundo os meios próprios de vida entre os negros), deixam transparecer não só um modo típico de sobrevivência/produção quilombola, mas o próprio valor da sua etnicidade.

7.3.2. O território cultural. Identidade cultural

Maria Albenize Farias Malcher enxerga, apropriadamente, conotações outras no território quilombola. Diz: "A terra (território) torna-se um valor de vida, num espaço de relações vividas, fruto da memória e da experiência pessoal compartilhada. Nesse contexto, o território para essas comunidades não se constitui apenas como uma extensão territorial. Ela é uma porção do espaço geográfico onde ocorre tanto a produção material quanto a produção de significados simbólicos e culturais da comunidade, em que as várias dimensões da vida de ser quilombola se entrelaçam, e segundo Gusmão (1999), ela constitui também um patrimônio comum e, porisso, difere de outras terras e outros grupos."[49]

À sua vez, Neuza Maria Mendes de Gusmão, afiança que o território representa origem de um enraizamento ao lugar e ao grupo de que faz parte e no interior do qual se constrói uma memória e uma tradição que se comunicam e comunicam aos indivíduos de cada geração a própria história". E pormenorizando esses dois elementos básicos – memória e tradição – registra que "A memória é fundamental, posto que organiza a identidade pessoal e coletiva; ordena a percepção de si e do mundo; constrói e instaura o sentimento de pertença do lugar e à coletividade e informa o código simbólico de referência do espaço social e físico"[50]. Quanto à tradição, extrai-se da autora que o termo dá embasamento à "ação coletiva" não somente quando "diz respeito à condição de luta, frente a conflitos que inviabilizam a

(48) TRECCANI, Lúcia Andrade e Girolamo. "Terras de Quilombo", in Direito Agrário Brasileiro (Org. Raymundo Laranjeira), São Paulo: LTr Editora, 2000. p. 618.
(49) Maria Albenize Farias Malcher: "Identidade quilombola e território". Artigo colhido na Internet em 3.11.2012, no sítio <http://www.mftl.org/pdf/046.pdf>
  (Comunicações do III Forum Mundial de Teologia da Libertação, Belém, 21 a 25 de janeiro de 2009.
(50) Neuza Mª Mendes de Gusmão: "Terras de uso comum: oralidade e escrita em confronto", in Revista Afro-Ásia, Salvador, Ed. Ceao/UFBA, n. 16, 1995, pp. 118 e 119.

reprodução do grupo", mas quando "opera também na normalidade do cotidiano, através do trabalho cooperativo, do lazer coletivo e das festas" (...) "reeditando no dia a dia a tradição de práticas comuns e assegurando a possibilidade de práticas extraordinárias. A razão está no fato da tradição, ao mesmo tempo que reflete 'a relação com o passado em termos de nós' (cf. Nunes), mostra o passado não como retorno ao que passou, mas como meio de aferição coletiva e pública".[51]

Vem desse passado uma *identidade cultural*, pois que certamente as manifestação de espírito dos quilombolas estão arraigadas ao território, sendo integrantes dele. Foram ou são traços culturais que as comunidades negras conservaram dos ancestrais, embora modificando-os em certas circunstâncias – reelaborados, pois, no presente, ou no presente tendo criado outros para o futuro. Algo que evoca os versos alegóricos de T.S. Eliot:

"O presente e o passado

talvez se mostrem no futuro

e o futuro se ache no passado".[52]

De acordo com Manuel Diegues Jr., certos fatores determinaram não se haver trasladado para o Brasil a cultura negra da África em sua pureza: (a) porque a transculturação deve ser vista enquanto imanente ao negro na condição de escravo, fato que poderia ter mesmo deturpado a cultura original: "Não nos transmitiu o negro sua cultura inteiramente pura, mas perturbada ou desviada pela escravidão"[53]; (b) porque algumas manifestações culturais se estamparam aqui como u'a mescla de culturas provindas da África, a exemplo do traje de "baiana", que se tornou o padrão africano de indumentária; ele teria surgido da mistura "da cultura yoruba com a maometana, sobretudo do grupo haussá."[54]

Acrescentamos, dentre outras razões vinculadas à miscigenação dos escravos, a convivência com a variedade de etnias e de ambientes no Brasil, que os levaram a uma adaptação às condições locais e regionais, à guisa de preservação de certos elementos culturais do seu passado. O que conduziu, por exemplo, ao aprendizado quanto à utilização de plantas curativas brasileiras, a partir de saberem que o uso da biodiversidade da África era, igualmente, importante e necessário ao enfrentamento de algumas doenças.

Os elementos culturais que foram mantidos ou incorporados aos conhecimentos do "negro" — concebido este numa identificação genérica marcada pela raça e/ou pela cor — são provas de sua resistência cultural; e a permanência de poucos ou muitos dados de sua cultura confere uma identidade cultural a quantos os preservaram, a exemplo de muitas comunidades quilombolas, não importa de que culturas africanas tivessem proveniência. Principalmente quando o próprio negro considera que a "identidade cultural é a alma do negro".[55]

---

(51) Neuza Mª Mendes de Gusmão: ob. loc. cits., p. 119.

(52) Tradução livre deste autor para *"Time present and time past/ Are both perhaps present in time future/ And time future contained in time past.*— T.S.Eliot: Burnt Norton.

(53) Manuel Diegues Júnior: Etnias e Culturas no Brasil, Rio, Departamento de Imprensa Nacional, 1952, p. 36.

(54) Idem, *ob. cit.,* p. 41

(55) Equipe do Projeto Vida de Negro: Terras de Preto no Maranhão – Quebrando o mito do isolamento. São

Pode-se falar, inicialmente, de uma cultura crioula, a que se retransmitia do africano importado para os seus descendentes nascidos no Brasil, quer fossem filhos somente de escravizados, quer já fossem mesclados com o elemento nativo — mormente quando fugidos — ou, mais amiúde, com o português colonizador e outros brancos.

A palavra "crioulo" dos primeiros séculos das Américas "implica uma categoria social", conforme diagnóstico do historiador e diplomata cubano Julio Le Riverand[56]. Porém no Brasil, quiçá pela maior hibridez da sua população, foi perdendo essa particularidade semântica de uma estratificação. Mas persiste, vulgarmente, como sinônimo de negro, e eis assim que se fala entre nós de uma "cultura negra", ou "cultura afro-brasileira", não de uma "cultura crioula", como em grande parte dos países hispano-americanos.

O crioulo, como figura humana que permeou tanto a colonização espanhola quanto a portuguesa, no continente americano, é observado "com nitidez desde as últimas três décadas do século XVI", e é "então que começa o Século do Crioulo, concluído no final do século XVII. Depois se abre uma fase de transições, marcando o século XVIII, e se estende aos momentos dos processos de independência dos países, quando o crioulo realiza o *caminho de expressão definitivamente americana*." (g.n.)[57]

Trata-se, pois, de um elemento que se ajustou às condições do Novo Mundo, cuja definição como crioulo em geral, segundo ainda Venegas, "não vem tanto da mescla étnica como da cultural" e cuja acepção original se manteve "para o negro nascido na América e seus mestiços."[58]

Por tal aspecto, o crioulo dos primeiros tempos de Brasil foi a pessoa que veio a se caracterizar como "negro" nascido por cá e concebido de uma mistura de raças, o qual carregava dados da cultura dos antepassados africanos, enquanto também incorporavam legados da cultura local, a partir dos costumes e formas de viver e conviver da sociedade que o dominava, segundo as próprias circunstâncias desta. Mas sempre deixava nela, igualmente, por força da interação, elementos transculturados da África e – interessante – não apenas da "possível" "pureza" original das etnias africanas propriamente ditas, e sim, ainda, em alguns casos, os de uma cultura mesclada desde a própria África. Aqui, o negro adventício já podia vir portando outro tipo de cultura intercalada, ou de amálgama cultural, desde as localidades por onde se implantou a colonização portuguesa, que já vinha moldando uma cultura crioula de inspiração afro-lusitana. Constate-se isso, por exemplo com os centro-africanos do Congo, de Angola e de Benguela, o distante interior dos mesmos ou outros reinos próximos, segundo os relatos contidos em livro de Linda Haywood e outros.

Luís, Centro de Cultura Negra do Maranhão/Sociedade Maranhense dos Direitos Humanos, 2002. p. 208.
(56) Julio Le Riverand Bassone: *"Acriollamiento, criollo y criollismo (I)"*, in *Estudios sobre El Criollo*, de sua autoria e de HernanVenegas Delgado. La Habana, Ed. Política, 2005, p. 108.
(57) Cf. Hernan Venegas Delgado: *"Palabras introductorias"* ao livro *Estudios sobre El Criollo*: Julio Le Riverand&HernanVenegas Delgado. *La Habana, Ed. Política,* 2005, p. 11 (tradução livre deste autor)
(58) Hernan Venegas Delgado, *ob. cit.,* p. 1.
— Pode-se também, dentre os hispano-americanos, tomar a expressão *criollo* como indicativa do indivíduo pertencente às populações nativas, em geral.

Tomando-se como amostra o ensaio dela, relativo ao "processo de crioulização de Angola do século XVIII", e de cuja cultura crioula o Brasil, a seu ver, foi o país que mais recebeu sua influência[59], verifica-se que "a mistura biológica e a quebra de algumas distinções sociais entre portugueses e africanos não eram as únicas áreas em que a interpenetração de grupos sociais e ideias se concretizavam" (...) "...incluíam práticas e rituais religiosos, costumes de nominação [adoção de "nomes próprios" portugueses] (...) uso do *quibundo* e *umbundo* como línguas francas das duas regiões [reino de Angola e reino de Benguela], a cozinha, dança, música e outras práticas culturais da Colônia". (...) "Além disso, as máscaras e outras interpretações artísticas que vinham à tona durante os festejos públicos" (...) "...os inúmeros praticantes da medicina (curandeiros), que combinavam remédios e plantas medicinais locais e rituais católicos ao socorrer os necessitados".[60]

Manuel Diegues Jr., em meados dos anos 50 do século XX, e Regiane Augusto de Mattos, já na segunda década do presente século, são específicos sobre os traços culturais, extraindo-os do bojo das indicações genéricas que relacionam o Brasil ao legado dos escravos negros. Há de se reparar, inclusive, que eles, sempre que possível, fornecem as referências de origem da herança cultural dos negros, quer em função de provável lastro étnico africano, quer em razão da inventiva configuradora das "nações" que eles adotaram. Vejamos, primeiramente, Manuel Diegues Jr.:[61]

Manifestações religiosas — a realização de suas próprias festas religiosas, segundo diversas denominações no país ("ora candomblé, na Bahia, ora xangô, no Nordeste, ora macumba, no Rio"), ou como sincretismo da religião católica, ou, tempos depois, com o da doutrina espírita.

Contribuição na linguagem — Aquele autor entra no detalhe de que na língua 'nagô' se realizavam e se realizam "as cerimônias de culto, os cânticos dos terreiros, os atos litúrgicos", tendo ela passado para a língua portuguesa muitas de suas palavras; "o que igualmente sucedeu com o 'quibundo', a principal língua do grupo 'bantu', que espalhou muitos dos seus termos pelo Brasil".[62]

Confecção de objetos — Os negros influíram, também, na manipulação do bronze, do ferro e da madeira, para o fabrico de objetos de culto e de uso doméstico — ficando muito difundido, dentre eles, a figa.

---

(59) Linda Haywood *et alii*.: Diáspora negra no Brasil, São Paulo, Ed. Contexto, 2010, p. 122.

(60) Linda Haywood: "De português a africano - a origem centro-africana das culturas africanas crioulas no século XVIII", *in* Diáspora negra no Brasil, *ob. cit.,* pp. 115, 116, 108, 103,

(61) Ver, pela ordem disposta no texto principal acima, Manuel Diegues Jr.: *ob. cit.,* p. 37 e 39, 39 e 43, 41 e p. 40, 41 e 43.

(62) O Decreto presidencial n. 7.387, de 9.12.2010 instituiu o Inventário Nacional da Diversidade Linguística, "sob gestão do Ministério da Cultura, como instrumento de identificação, documentação, reconhecimento e valorização das línguas portadoras de referência à identidade, à ação e à memória dos diferentes grupos formadores da sociedade brasileira".

— V., pouco mais adiante, algumas palavras que foram entronizadas em nossa língua.

Música — Nesse campo relacionam-se instrumentos musicais, como "tambores, ataba-ques, o agogô, usados nas práticas religiosas", também a cuíca e o berimbau, entre outros.

Culinária — Diz o mesmo etnólogo sobre "os pratos da culinária afro-brasileira: "aí predominou, em particular na área baiana, a influência da cozinha nagô; (...) o uso do azeite de dendê, o vatapá, o acaçá, o bobó, o acarajé, o abará, o efó etc."

Folclore — Ficaram elementos da cultura jêje, "tais como nos ranchos e ternos (...) nas suas sobrevivências totêmicas e em contos populares, registrados entre negros baianos".

Danças — Grande a influência dos 'bantus' também "em danças, como os quilombos, os maracatus e em aspectos do bumba-meu-boi" (...) "igualmente o côco, o caxambu, sorongo, jongo, sarambu...", admitindo-se ainda a mesma origem para o samba..."

Além da informação muito sintomática sobre a dança denominada "Quilombos", que Câmara Cascudo esclarece ser particularizada em Alagoas, "como uma sobrevivên-cia dos Quilombos dos Palmares"[63] — Manuel Diegues Jr. traz outra referência ao quilombo como local de habitação dos negros, falando na "arquitetura do mucambo" traçada por eles mesmos.[64]

Regiane Augusto de Mattos também reúne exemplos de manifestações culturais negras, ora classificando-as, ora deixando-as soltas ali e acolá, no mesmo livro, o que nos incentiva a agrupá-los também nalgum rol de expressões da cultura afro-brasileira.[65]

Na catalogação sobre *linguagem* há palavras que se incorporaram ao português, como "mucama, dengo, caçula, xingar, dendê, bunda, cachaça, candomblé, samba, marimbondo, capanga, forró, cuíca, berimbau, jiló e muitas outras.

Curioso o destaque que a autora deu a um idioma, propriamente dito, gestado no Brasil, proveniente da mistura de "várias línguas africanas do grupo banto e da língua portuguesa", chamada *cucópia*. Teria sido inventada pelos antepassados dos habitantes de Cafundó, "uma comunidade rural localizada a 14 km do município de Salto de Pirapora, distante 30 km de Sorocaba e 150 km de São Paulo".

Na área da *música e danças*, a autora alinha "manifestações como as congadas, mara-catus, tambor de crioula, afoxés e blocos afros", o samba rural baiano, que deu origem ao samba urbano carioca, o maxixe, o batuque, bem como o lundu, mais conhecido como "umbigada", e que é dançado até em Portugal ao som de violões.

Historicamente apontada como originada no antigo reino do Congo, como "dança marcial", e, no Brasil, como prática de defesa contra "roubos de mercadorias que [os escra-vos] carregavam em cestos chamados capoeiras", a *capoeira* é ainda apontada como *luta, folguedo e dança*.

---

(63) Câmara Cascudo: Dicionário do Folclores Brasileiro, 5. ed., São Paulo, Ed. Melhoramentos, 1980, p. 523.

(64) Manuel Diegues Jr: *ob. cit.*, p. 44.

(65) Regiane Augusto de Mattos: *ob. cit.*, p. 182/183; 184; 178; 179; 185; 192/193; 112; 176/177; 157; 216; 168; 169; 171; 156; 158/159.

Quanto a *instrumentos musicais* — aqui tomados, indiferentemente, na sua serventia laica ou religiosa — são de inspiração africana os tambores, a viola de Angola, o berimbau, a marimba, o agogô e outros.

Na *culinária*, acham-se relacionadas não só as iguarias de base africana, mas ainda "as técnicas e os modos de cozinhar os alimentos", de que resultaram pratos como a moqueca de peixe ou de camarão, o angu, o acarajé, a feijoada etc.

Os *produtos comestíveis* considerados aqui *in natura* ou processados, podem ser vistos também por sua representação mercantil, e, nesse caso, a autora, assinala-os ao teor do comércio Brasil-África, referindo-se a produtos como azeite de dendê, óleo de amendoim, café, banana, pimenta malagueta, abóbora, quiabo, feijão fradinho etc.

O *curandeirismo* foi outra expressão cultural, que redundou de "técnicas medicinais", através do "uso de ervas, com a ajuda de métodos de adivinhação e possessão", avaliáveis desde a África, e por cá manifestadas de "uma mistura de costumes africanos, portugueses e indígenas". Quando essas práticas demandavam "venenos", "substâncias calmantes" ou outros componentes, voltadas para a obtenção de algum mal contra terceiros, dava-se o nome de *feitiço,* da mesma forma se provocassem, supostamente, algum tipo de atração ("encanto").

Outro legado dos escravos se vê nas espécies de sua *religiosidade.* Isso aparece:

a) nos cultos mais arraigados à origem africana, a exemplo dos candomblés — que são "rituais de possessão" (meio de comunicação com os ancestrais) e de "oferendas" a esses mesmos ancestrais ("chamados de *orixás,* se a origem é nagô ou iorubá, e de *voduns,* se a origem é jêje ou daomeana");

b) no sincretismo católico, muçulmano e espírita.

"O catolicismo era praticado pelos africanos, em especial no âmbito das irmandades negras", sendo ele, inclusive, uma religião cristã que adota no seu *panthèon* santos negros, como São Benedito, um italiano filho de escravos; Santa Ifigênia, que foi princesa da Núbia, na África, e Santo Elesbão, também africano, que foi imperador da Etiópia.

A *umbanda* começou a ser adotada no século XX na região sudeste do Brasil, sendo uma religião afro-brasileira, no entender da autora, como "mistura do candomblé baiano (...) com o espiritismo kardecista (...) e o catolicismo" (...) associada ainda "aos símbolos e espíritos dos rituais indígenas".

O sincretismo muçulmano ou malê, que também teria deixado suas marcas, podendo estar adstrito a qualquer "nação", desde que professasse o islamismo – algo raríssimo, hoje, dentre os negros brasileiro. Possuía como símbolos, segundo ainda Regiane Mattos, "os amuletos, patuás ou bolsas de mandinga", o "abada branco" ("utilizado na Bahia em cerimônias rituais"), além de barretes (chapéus), turbantes e anéis de ferro."

De resto, a herança negra escrava contém uma variedade de tradições, como preces e oferendas em lugares sagrados; enterros de acordo com os costumes rituais de preparação do corpo, ao velório e sepultamento, e tantas mais. Tais aspectos, levantados pela escritora, e que são hoje simples e corriqueiros, tão arraigados em nossa realidade, constituem amostras de uma cultura (negra), que é porção integrante da cultura brasileira.

Diga-se ainda, para arrematar, o seguinte: bem é verdade que as referidas manifestações culturais já são parte do cotidiano da população do país, em geral; todavia, elas se fazem mais características se vistas e sentidas na prática do aglomerado dos próprios negros, coesos na rotina de certos hábitos, como nas comunidades de terreiro, comunidades quilombolas e outros.

7.3.3. O território econômico: formas de utilização das áreas quilombolas

Se a organização étnica pôde ser examinada à luz do critério distinguido por Fredrik Barth, sem prejuízo de outros indicadores antropológicos, a organização territorial requer um estudo destacado, pela importância relacionada com a própria vida. É o que será feito agora; e em tal caso corresponderá aqui à proposição básica de Lewis Morgan, apoiado por Maurice Godelier, quanto aos estudos das sociedades primitivas e *rurais* perante as quais "as informações sobre a vida econômica" delas é tratada "sob o título de 'artes de subsistência'"[66]. (g.n.) Isto desperta também aspectos sociológicos, como o disposto por Rodolfo Stavenhagen[67], ao estudar o fenômeno dos camponeses que possuem terras, e quando, além de articular a apreciação dessas áreas quanto ao modo de se tê-las, confirma, igualmente, a necessidade de examinar as formas de explorá-las. As modalidades de utilização da terra, em Stavenhagen, possuem suas equivalências com as "artes de subsistência" de Morgan/Godelier, o que corresponde no Brasil às atividades de todos já conhecidas no campo e na floresta. Enquanto isso, as modalidades de se angariar a terra são variáveis entre nós e estão previstas na legislação elaborada pela sociedade comum — inclusive a que toca aos quilombolas, posto que não iria prevalecer, no caso, a força do seu Direito costumeiro.

Seja como for, o espaço geográfico e o trabalho constituem elementos fundamentais ao grupo quilombola, e vão armar uma organização social, consoante já examinamos antes, tanto quanto arquitetar uma organização territorial, consoante enfocaremos agora.

A despeito da posse da terra onde se desenrolem atividades produtivas ser também um dado relacionado à identidade étnica, quando esta realmente existe[68] (como, de ordinário, no caso quilombola) – nada impede que venha a ser estudada à parte, através do sua função econômica, abstraída a análise de sua estrutura jurídico-material, que mais seria compatível com os institutos da posse e da propriedade, conforme estudados pelo Direito Agrário e pelo Direito Civil.

A terra, em si mesma, do ponto de vista de sua materialidade, faz parte de uma noção de maior amplitude que ela – o território – sendo, entretanto, fator essencial para

---

(66) GODELIER: Maurice, "A antropologia econômica", *in* Antropologia: *ciência das sociedades primitivas?* — Lisboa: Biblioteca 70, 1974. p. 221/222.
(67) Rodolfo Stavenhagen: *"Campesinado y estratégias"*, *in* Antonio Garcia (org.): *Desarrollo agrário y la América Latina*, México, Fondo de Cultura Economica, 1981, p. 463.
(68) Alusão feita a propósito de também ocorrer identidade étnica sem co-existência da terra.

presumida garantia de sobrevivência do grupo étnico, principalmente pela sua suscetibilidade alimentar. A terra quilombola, em tal sentido, é instrumento biofísico de produção, importando para os quilombolas num valor de uso, portanto sem a conotação de mercadoria, ela mesma. Esse caráter de "bem de produção", como já se vislumbra, não é assentado, obviamente, no espírito capitalista, pela demanda da obtenção de lucro e da acumulação de capital a trôco da exploração de trabalhadores; e sim alicerça-se na ideia de bem de produção doméstica, que está montada no exercício de atividades produtivas do mesmo homem que as aproveita para a satisfazer necessidades prementes. Sua natureza, pois, toma a conotação de auto abastecimento, isto é, um conceito de que também participa o *homo economicus*. Nesse processo se encontra, sem dúvida, uma forma de economia e, por isso, a terra de uso tradicional não deixa de ter esse traço de bem de produção, em sentido alargado.

Nessa diretriz, a ideia da "terra" pode ser menos abrangente que a noção de "território", o qual extravasa da feição econômica e assume nos grupos étnicos uma dimensão de sacralidade, que é guardiã de toda uma história material ou imaterial de vida das gerações que abrigou, incluindo as ocorrências conflitivas.

A organização territorial, quanto às formas de utilização da terra, evidencia a feição camponesa do quilombola. Nele, estão presentes os mesmos elementos básicos que caracterizam o modo de produção camponês, conforme vimos anteriormente; mas aqui podem ser reveladas, também, algumas particularidades que fazem da locução "campesinato quilombola" – um dado agro-laboral que o distingue no conjunto dos camponeses brasileiros.

Nesse caso, a economia camponesa de cunho quilombola é desenvolvida num território concebido como unidade produtiva, antes de tudo, mas certamente dissociada de um arquétipo, o qual inexiste para todas as áreas brasileiras da espécie. Cada comunidade quilombola possui suas idiossincrasias e dependência dos meios naturais, podendo haver uma similitude de trato de um produto de norte a sul do país, ou podendo não havê-la de leste a oeste. E quando não se considere o mesmo produto, mas a diversidade deles, nas várias regiões e microrregiões que temos no Brasil, então aí passa a se reputar mais natural ainda que sejam bem diferentes as práticas ou técnicas de trabalho nos quilombos.

Mas é tônica para os quilombolas, em geral, qualquer que seja o tipo de atividade, em qualquer ponto do território nacional, que tenham eles de exercê-la nos moldes tradicionais, isto é, segundo os ensinamentos que vêm repassados de geração em geração. Colocados em prática, o objetivo é intentar o melhor proveito possível em termos de sustentabilidade; e esta vem consubstanciada, num polo, pelos costumes laborais dos quilombolas e por técnicas agrícolas porventura melhoradas com o tempo, e, noutro polo, pelo não desperdício dos mesmos. Tal sustentáculo está contido no auto-consumo e trocas internas da comunidade, ou na vendagem dalgum excedente produtivo, desaguado no mercado – resultado este que é revertido na aquisição de outros gêneros necessários à sobrevivência, não, primeiramente, canalizado à acumulação de capital.

Entretanto, é preciso assinalar uma advertência feita por Alfredo Wagner de Almeida, a qual demonstra a necessidade de singularizar cada território quilombola para defini-lo:

"(...) a noção de uso da terra tem que ser examinada exaustivamente, compreendida em pormenor, e não reduzida a uma situação que já sabemos qual é."[69]

Por isso mesmo vemos os antropólogos, principalmente, perscrutando sobre situações diferenciadas entre algumas comunidades — eles que são bem ciosos de suas investigações, prontos e ágeis no captar detalhes dos fenômenos que lhes incumbe observar e discernir.

Duas amostras, em duas diferentes comunidades quilombolas, são capazes de ilustrar essa tarefa antropológica quanto à verificação da forma de exploração da terra, vale dizer, do trabalho em torno da apreensão dos recursos providos pela mesma. Numa delas, Maria de Lourdes Bandeira e Triana Sodré Dantas relataram que "As famílias plantam as roças e hortas *em comum* e, às vezes, *individualmente*, como família nuclear"[70] (g.n.). Em outra, Alfredo Wagner de Almeida notou que "as chamadas roças ou tratos agrícolas que estão dispostas no cerne de uma certa maneira de existir socialmente, são *sempre individualizadas* num plano de famílias, pois as uniões familiares não dividem o produto da colheita de forma coletiva ou comunitariamente".[71] (g.n.)

Daí se depreende que informações, em geral, a respeito das unidades de produção e da classificação básica das atividades como exploração comunitária ou individual (familiar, privada), são informações que podem parecer díspares entre si, mas nem por isso destoantes da realidade quilombola; apenas retratam o que cada território negro é capaz de ter como peculiaridade naquele setor — fato que leva a se concluir que não existe um perfil estandardizado quanto às maneiras de aproveitamento das áreas. Não há, pois, como dissemos, um padrão para todas as formas de uso das terras de quilombo.

A diversidade, entretanto, não impede que apareçam dados comuns nos territórios quilombolas, suscetíveis de apresentar conotações entre elas, tanto do seu campesinato, quanto da sua propriedade territorial. Um é medida do outro, aliás — numa incitante reciprocidade de influências que os unem umbilicalmente.

Vejamos como depreendemos isso, após apresentarmos coordenadas de quatro autores: um antropólogo e um jurista, escrevendo isoladamente, cada; e um jurista e uma antropóloga, escrevendo em conjunto.

Do que relatou o antropólogo Alfredo Wagner Berno de Almeida pode-se construir o seguinte esquema, nele aplicando-se os mesmos termos que utilizou para definição de certos fatores que já tinha avistado:

— recursos da natureza não individualizados (não privatizados); ou seja, recursos hídricos, caça, pesca e extrativismo;

---

(69) Alfredo Wagner Berno de Almeida: "Os Quilombos e as Novas Etnias, *in* Quilombos – identidade étnica e territorialidade. Eliane Cantarino O'Dwyer (Org) Rio, Ed. ABA/FGV, 2002, p. 68.

(70) Mª de Lourdes Bandeira e Triana Sodré Dantas: "Furnas de Dionísio", *in* Quilombos – identidade étnica e territorialidade. Eliane Cantarino O'Dwyer (Org) Rio, Ed. ABA/FGV, 2002, p. 234.

(71) Alfredo Wagner Berno de Almeida: "Os Quilombos e as Novas Etnias, *in* Quilombos – identidade étnica e territorialidade. Eliane Cantarino O'Dwyer (Org) Rio, Ed. ABA/FGV, 2002, p. 68.

— serviços mantidos "sob formas de cooperação simples": caminhos, trilhas e poços;

— áreas privadas: pomar, roça ou tratos agrícolas (individualizados no "plano de família").

Nessa relação que existe entre os recursos naturais e as formas de seu aproveitamento, permeada pelos quilombolas, o autor enxerga "diferentes planos sociais" e os classifica como "de uso comum" e "de uso individual".[72]

O jurista José Heder Benatti, estudando as comunidades quilombolas e de seringueiros na Amazônia, também notou os contornos básicos desses povos tradicionais, delineados em duas modalidades de apossamento da terra: a) "da comunidade, que é de uso coletivo, no qual se manifesta o sistema de *uso comum da terra*" (g.o.); b) da família, que é o "apossamento familiar, apoiado na unidade de trabalho familiar (que pode ser entendido como 'privado')".

Área de uso comum, na descrição do autor, "são os rios, lagos, varadouros (caminhos reais), praias, barrancos e matas administradas pelo conjunto de moradores da área onde se desenvolve o usufruto coletivo", ou seja, "as atividades extrativistas, como a coleta de frutos, castanhas, cipós, madeiras e a exploração do látex", ou, ainda, a "caça de subsistência".

Os "espaços de apropriação familiar" — de acordo com passagens descontínuas do texto — são a casa, a horta, o sítio (com culturas permanentes e árvores frutíferas), os terrenos da casa de farinha e do "criatório de animais domésticos de pequeno porte", bem como "a estrada de seringa e castanha", ou "a capoeira aberta na floresta por determinada família", a fim de semear ou plantar por um ou dois anos, findos os quais é deixada em pousio para a reposição florestal".[73]

A antropóloga Lúcia Andrade e o jurista Girolamo Treccani também visualizaram, juntos, a dinâmica da terra quilombola na mesma perspectiva ampla de porções de uso coletivo e de uso familiar, assim pronunciando-se: "A convivência dos quilombolas em suas comunidades é regulada por normas consuetudinárias onde a terra é utilizada em comum. Cada família utiliza um espaço próprio, respeitado por todos. Existe, assim, uma individualização ideal do espaço de uso familiar (local da moradia, horta e roça familiar) ao lado dos espaços de uso coletivo do grupo (sobretudo onde realizam-se as manifestações religiosas e culturais, e mata onde pratica-se o extrativismo), que não leva, porém, ao parcelamento do imóvel".[74]

Como visto, em todo esse complexo de trabalho/atividade sobre a terra e de uso/ exploração dos recursos naturais renováveis, não se configura nos talhões individualizados por cada família quilombola uma determinada "propriedade familiar" isolada do território negro, nem se vai encontrar nas áreas de uso comum uma "propriedade comunal", que se

---

(72) Alfredo Wagner Berno de Almeida: "Os quilombos e as novas etnias", *apud ob. cit.*, p. 68.
(73) José Heder Benatti: "Posse coletiva da terra: um estudo jurídico sobre o apossamento de seringueiros e quilombolas" — Revista CEJ, América do Norte, 112 12 1997.
(74) Lúcia Andrade e GirolamoTreccani: "Terras de Quilombo", *in* Direito Agrário Brasileiro, *ob. cit.*, p. 616, nota 25.

isola do mesmo território. Ambas as porções devem ser consideradas partes de um só território, as quais, juntas, representam a "propriedade quilombola" como inteireza.

Considerando ainda que essa propriedade quilombola como tal se implanta nas fronteiras étnicas de um grupo social que dá curso a uma economia não capitalista, ela bem que se classifica como propriedade comunitária nesse caso, porque exibindo uma vida vivida por seus membros (coproprietários) em comunhão, com o que garante a sobrevivência do grupo na órbita camponesa de trabalho, exploração da terra e aproveitamento sustentável da biodiversidade.

Já no âmbito dos quilombos urbanos vamo-nos deparar com particularidades interessantes, que se aproximam, salvo pela localização, da natureza dos quilombos rurais (e, de regra, assim o foram no passado), ao exercitarem uma atividade definida como agrária, permitida pelo Plano Diretor das cidades, nos arrabaldes e subúrbios; a exemplo de terrenos que vinham sendo retalhados, e ora tendo uso para hortas, plantio de flores comerciais, granjas etc. Discutivelmente, porém, há outros exemplos que procuram guardar a mesma qualificação "quilombola", quando, na *urbs*, nem se apresentam como espaços com resquícios de agrariedade, nem se mostram eles compartilhados por pessoas em congregação de interesses, senão unidas, simplesmente, pela cor da pele. Podem até ser suscetíveis de apresentar os elementos do art. 216 da CF/88, mas não se enquadram, a rigor, no art. 68 do ADCT, que dá o tratamento jurídico da titulação da área, a partir da análise dos conceitos de "terra"-"território".

O que deverá prevalecer?

O detalhamento dessa equação escapa ao que foi preparado para o capítulo que ora escrevemos. Este não a comporta no mesmo item, porque fazer o contraponto dos quilombos urbanos aqui estenderia por demais o próprio capítulo. Assim, a funcionar qualquer escrito sobre eles de forma complementar, cindindo aquele em duas temáticas, será preferível aproveitá-lo num capítulo à parte, com as suas singularidades Mas fica o registro de um situação de confronto doutrinário entre as duas espécies, e que será objeto de apreciação num próximo livro, ao qual remetemos o leitor.

CAPÍTULO VIII

CAMINHOS PARA A CONQUISTA CONSTITUCIONAL DO TERRITÓRIO QUILOMBOLA

8.1. Os remanescentes de quilombos: conceito jurídico

Se "quilombo" não pode mais ser concebido apenas como a espécie historicamente primária ("quilombo histórico", visto como habitação local desenraizada da senzala), o termo "remanescentes" não pode também levar à concepção de que negros devam ser, necessariamente, descendentes biológicos dos primitivos quilombolas, que permaneceram no lugar em que tinham seu meio de vida.

Os quilombolas fizeram da sua realidade territorial uma engrenagem de mutações semânticas, como já vimos, e é isso o que se proclama, hoje em dia, no contexto antropológico e jurídico brasileiros.

A utilização pela lei do termo "remanescentes", no plural, é indicativa de grupo, o que remete a conceituação para a abrangência da comunidade, em si, e, consequentemente, para o exercício do direito à propriedade da terra por um conjunto de pessoas.

De acordo com o que examinamos em capítulo passado, o campesinato quilombola tem como uma de suas características a produção familiar ou multifamiliar, cujo manejo da terra pode exibir um traço étnico (formas de uso dos recursos), que de um lado reflete o trabalho do negro enquanto pluralidade de indivíduos, e doutro lado revela a solidariedade entre eles, em órbita interna, assim como uma ação interativa com grupos de outra estirpe, na esfera exterior.

De modo contrário, a posse individual da terra, por um negro, não reclama o conceito de remanescente de quilombo, em termos constitucionais, ainda que todo negro, no Brasil, a princípio, seja descendente de pretos escravos, e ainda que tenha havido (como houve) a possibilidade de um negro, no *status* de proprietário rural, ser também descendente de um habitante de quilombo. No entanto, para um sujeito jurídico de tal espécie, mesmo que a obtenção dos recursos seja realizada através do seu desforço pessoal, aliado ao dos membros de sua família, se o trabalho não se reveste do encape étnico, as condições legais agrárias já são diferentes. Para ele, as perspectivas no campo do Direito são as mesmas dos possuidores e proprietários de terra comuns, não as especiais reservadas para os quilombolas. Juridicamente, pela exegese constitucional, o que se sobreleva é a condição camponesa e étnica do coletivo das pessoas negras, que não se ajusta ao camponês como indivíduo ou à família camponesa, vistos separadamente, sem os símbolos étnicos.

Outrossim, pelo aspecto da composição do agrupamento étnico negro e camponês, delineadora do perfil dos "remanescentes de quilombos", é preciso ver que estes não são apenas os que simplesmente descenderam dos escravos, mas que se mesclaram com índios, brancos, mulatos e cafuzos, e os que, também chegados de outras brenhas e terem sido aceitos pelo grupo, permaneceram na terra em coalizão, reproduzindo-se fisicamente e, ao mesmo tempo, mantendo e remanejando sua economia, seus traços culturais e seus valores.

Três organizações ligadas à defesa dos interesses negros construíram, dentre outras orientações, o que entendemos serem três regras básicas para um melhor entendimento a respeito da matéria. Assim disseram a *Soweto* — Organização Negra, a *Unegro* — Organização de Negros pela Igualdade e a *Comissão Pró-Índio de São Paulo,* sobre o alcance do art. 68 do ADCT:

a) "No que tange à definição de remanescente de quilombo, observamos que esta não deveria referir-se aos indivíduos remanescentes de quilombo, mas à comunidade em seu conjunto, ou seja, aquela que será a detentora do título de propriedade".

b) "(...) o pertencimento a uma comunidade remanescente de quilombo não se dá apenas pelo critério da descendência. A identidade do indivíduo enquanto membro do grupo pode dar-se por outras vias, como a do casamento."

c) "(...) quanto à definição do conceito de comunidade remanescente de quilombo... corresponde ao de grupo...[uma conceituação] "que se baseia em critérios antropológicos, ressaltando a importância da auto definição."[1]

A influência do fator étnico é tão incisiva que se têm colhido observações como a seguinte, partida de uma organização das próprias comunidades quilombolas: "Mesmo aqueles moradores que não são remanescentes, mas vivem em comunidade, *segundos os costumes dos remanescentes*, podem permanecer na área coletiva."[2]

Trata-se de uma diretriz antropológica, no sentido de que pode-se figurar no grupo conforme as peculiaridades deste e como opção política. É o que explica Glória Moura, que faz a amostra com os negros de Osório, os quais "são mestiços, mas o são enquanto origem e cultura."

Ela afirma, em se utilizando de um exemplo entre índios, para a devida comparação, que, da mesma maneira que viu em aldeia indígena dos *Pankararé* alguns não-índios terem optado "por viverem no mesmo local dos índios, por necessidade de sobrevivência", deduz

---

(1) Publicação em folha impressa, isolada, sem demais referências. São Paulo, 1997, no arquivo deste autor.
(2) "Minha Terra" — publicação da ARQMO — Associação das Comunidades Remanescentes de Quilombos do Município de Oriximiná, Pará/Comissão Pró-Índio de São Paulo, SP, p. 18.

que também há casos de negros que escolheram viver nas comunidades negras em virtude da "identidade étnica, mesmo quando se sabe que não têm referência a sua real origem africana e/ou na cor da pele."[3]

É que, de acordo com outra fonte, Adolfo Oliveira Jr., a composição de uma comunidade "muda com o correr do tempo, não apenas pela substituição de seus membros pelos descendentes, mas também com indivíduos 'de fora' sendo admitidos no seu interior, através da parentela de alguém ligado a um membro da comunidade, por laços de afinidade, e integrando-se no conjunto desta. A comunidade assim sobrevive no tempo, ainda que a sua continuidade não se dê, necessariamente, através de descendentes biológicos das gerações mais antigas".[4]

Pela sua interioridade mesma, a comunidade étnica se caracteriza — segundo o autor citado acima — pelo fato dos seus habitantes "manterem um fluxo contínuo de relações sociais entre si, na forma de obrigações recíprocas, devidas a laços de parentesco e relações de vizinhança. Estas obrigações implicam não apenas em fluxo contínuo de bens e pessoas, entre as diversas residências das várias localidades que formam a comunidade, como também um forte sentimento de unidade entre essas pessoas e entre as mesmas e a área por eles ocupada."[5]

Pergunta-se, finalmente: como conceituar, então, os "remanescentes de quilombo"?

Para um pronunciamento que se restrinja ao ato conceitual, deverão ser tomadas duas compreensões como parâmetros, as quais não colidem entre si, e até fornecem elementos para que este autor formule uma outra concepção; não para repelir a ambas ou uma delas, mas para torná-las convergentes e mais claras em sua mescla.

Primeiro, o da Associação Brasileira de Antropologia , cujo próprio Grupo de Trabalho sobre Comunidades Negras Rurais elaborou, em 1994, um estudo a respeito dos remanescentes de quilombo, para entendê-los em sede constitucional. O documento resultante diz: "Contemporaneamente, portanto, o termo não se refere a resíduos ou resquícios arqueológicos de ocupação temporal ou de comprovação biológica. Também não se trata de grupos isolados ou de uma população estritamente homogênea. Da mesma forma, nem sempre foram constituídos a partir de movimentos insurrecionais ou rebelados, mas, sobretudo, consistem em grupos que desenvolveram práticas de resistência na manutenção e reprodução de seus modos de vida característicos num determinado lugar."[6]

A segunda noção é oriunda do Decreto n. 4.887/2003, art. 2º, que estampa o seguinte: "Consideram-se remanescentes das comunidades de quilombo, para fins deste decreto, os grupos étnico-raciais, segundo critérios de auto-atribuição, com trajetória histórica própria,

---

(3) Glória Moura: "Ilhas negras num mar mestiço", *in* Revista Carta, Brasília, n. 13/1994, p. 141.

(4) Adolfo Neves de Oliveira Jr.: "Reflexões Antropológicas e Prática Pericial",*in* O Quilombo do Rio das Rãs, *cit.,* p. 211.

(5) *Idem, ibidem*, p. 200.

(6) Associação Brasileira de Antropologia, *apud* Lúcia Andrade & Girolamo Treccani: "Terras de Quilombo". *In* Direito Agrário Brasileiro (Org. Raymundo Laranjeira), LTr Editora, São Paulo, 2000, p. 597.

dotados de relações territoriais específicas, com *presunção de ancestralidade negra* relacionada com a resistência à opressão histórica sofrida." (g.n.)

A intercalação que nos parece importante efetuar entre as duas ideias é a que vem adiante, aproveitando o termo empregado pelo art. 68 do ADCT, para ajustá-la, ao fim e ao cabo, ao senso de comunidade, como um todo, e não de cada indivíduo que a compõe ou de cada indivíduo que, tendo sido integrante da mesma, esteja isolado dela.

Afirmamos, pois: remanescentes de quilombo são os descendentes de escravos africanos que viveram tanto nas áreas de esconderijo e resistência à opressão, quanto nas áreas conquistadas ou adquiridas por outros meios, os quais, na atualização social desses territórios, ainda resistindo às pressões de terceiros, construíram seu destino com novos aderentes, formando uma comunidade preponderantemente negra e fazendo das suas áreas uma fonte autônoma de vida, através de uma organização diferenciada da sociedade comum.

De passagem, podemos abordar a questão da raça/cor, inserida no conceito. Trata-se de considerar que tendo sido o ancestral comum do quilombola brasileiro o escravo negro, e apesar dos vários tipos de influência de cor e raça que tornaram mestiça a comunidade de quilombo, a hipótese encontrada acima é também de uma "identidade racializada" (usando uma expressão de Sansone), dada à predominância de "fenótipos africanos".[7]

Faz-se até desnecessário aprofundar estudo sobre a discussão que alcança as expressões "remanescentes de quilombo", "remanescentes das comunidades de quilombo", "comunidades remanescentes de quilombo" e outras. A opção do legislador constituinte foi pela expressão "remanescentes de quilombo", entendidos estes, no art. 68 do ADCT, como beneficiários da propriedade da terra a ser titulada. Mas tal circunstância não pode levar à interpretação gramatical, tomada ao pé da letra, que se restringe a uma descendência de conteúdo biológico. O verdadeiro entendimento vem de fonte antropológica, que oferece subsídios à compreensão do jurídico. E o elemento orientador dessa recepção pelo Direito é o próprio fato de existir o grupo social quilombola contemporâneo, reconstituído de quilombos do passado em suas várias acepções, e que permanece vívido enquanto agrupamento étnico. Dessa maneira, observada a condição do coletivo dos quilombolas — não a dos indivíduos, em si mesmos, que o configuram — tanto faz dizer-se "remanescentes de quilombo" ou "comunidades remanescentes de quilombo", ou "remanescentes de comunidades quilombolas". Estas expressões, aliás, tendem a ser substituídas, simplesmente, por algo mais genérico e sem complicação, no processo de alterações semânticas: a) "comunidades quilombolas", como indicativas dos grupos localizados num dado território; b) "quilombolas", como pessoas que pertencem às respectivas comunidades.

Seja como for, as áreas dos negros, que hoje são protegidas constitucionalmente, não devem estar limitadas àquelas que, por origem, foram refúgio dos escravos fugidos; mas, também, as que serviram como albergue e meio de vida dos libertos e dos negros livres, antes e depois da Abolição, e ainda, por extensão, as que passaram, até agora, pela

---

(7) Lívio Sansone, *ob. cit.,* p. 225.

atualização histórica. Aliás, Adolfo Neves Oliveira Jr., reportando-se a um dos momentos da Constituinte de 1988, diz que "Durante a discussão que se seguiu, pairava no ar, como uma sombra para seus participantes, a apreensão de que, se seguida a noção tradicional de quilombo, como grupo de negros fugidos, dificilmente se encontrariam remanescentes atuais a ocupar suas terras (à exceção de um e outro caso), de forma que o preceito constitucional seria pouco mais que inócuo".[8]

De resto, não nos preocupa explicar a expressão-síntese "comunidade quilombola", na medida em que ela não se encontra na dicção constitucional; porque a mesma se acha subentendida na organização social composta pelos "remanescentes", ou seja, por aqueles que, perpassando gerações, se fazem sobreviver de forma comunitária: as coletividades negras.

'Enfim, o senso de proteção jurídica direcionado aos "remanescentes de quilombo", como está na Constituição, leva em conta, em primeiro lugar, a origem da ocupação territorial e mostra, em regra, dois aspectos: a) o do velho esconderijo e convivência dos antepassados, com vínculos na perseguição & local de sobrevivência e/ou de luta libertária; b) o do lugar em que eles buscaram subsistir pelo exercício da atividade econômica — quer pela sucessão na posse da terra, secundando os senhores que a legavam ao grupo de negros, ou pelo repasse fático de religiosos, que abandonavam as áreas de suas Ordens; quer pela entronização espontânea em terras devolutas ou particulares, por modo comunitário, ou mesmo por iniciativa individual, com posterior incorporação de outras pessoas; quer por compra, aforamento etc., deixando-se a uma comunidade de negros solidários a possibilidade de sua reprodução física, social, econômica e cultural.

8.2. A essencialidade da imbricação étnica-territorial

Vale ressaltar que a etnicidade, como componente da categoria organização social quilombola, sendo móvel decisivo dela, requer que a passo igual do seu estudo, no Brasil, seja examinado o elemento territorial que lhe dá lastro. Relembre-se Fredrik Barth, que, ao frisar que se deve "consagrar atenção às fronteiras sociais", advertiu que elas poderiam ter "contrapartidas territoriais".[9] Dessarte, embora possa haver uma etnicidade sem território, como por exemplo em decorrência do esbulho dos quilombos, parece-nos indissociável uma coisa da outra em situações ordinárias, já que a condição de negros agrupados para o trabalho torna indispensável a ocupação de uma área rural ou urbana. Ademais, as comunidades quilombolas do Brasil têm uma concreta existência em dado território. Por isso, quando seus membros são expulsos do lugar, podem continuar a desenvolver hábitos da sua tradicional cultura; porém, com a destituição do território, a tendência é dissolver-se o grupo como tal. Os negros vão se diluir, as mais das vezes, nas camadas mais empobrecidas da população, arrefecendo sua identidade étnica, e fazendo catapultar a identidade de classe que carregavam, para segmentos sociais outros, sob novas nuances, eis que não perdendo na sociedade brasileira a condição de pessoas oprimidas, em face exclusão social e do racismo.

---

(8) Adolfo N. Oliveira Jr: *ob. loc. cits.*, p. 226.
(9) Fredrik Barth: ob. loc. *cit.,* p. 195.

Três categorias — a etnicidade (matriz da organização social), a territorialidade (matriz da organização territorial) e a identidade de classe (desdobramento das duas primeiras) — se interagem sempre, no caso quilombola, ficando os fatores étnicos do grupo deambulando no espaço utilizado pela comunidade negra. Daí resulta ser o território respectivo vetor imprescindível à preservação da etnia, o que revela uma relação contínua entre ambos, propícia a um dinamismo de ações renovadoras, mutantes, e entretanto mantenedoras do cariz grupal. Deve-se juntar a isso aquela identidade de classe, onde se entranham pontos de vigilância e resistência às investidas que a sociedade envolvente promove, em termos da exploração do homem, desde a atração dos comunheiros como mão de obra barata, até as incursões usurpadoras do próprio território.

O território quilombola é situado como condição identitária da comunidade quilombola, pelo seu espaço-tempo de (in) formação da memória coletiva dos remanescentes dos quilombos, quer em razão dos lineamentos culturais professos, quer em função do aproveitamento dos recursos vitais, dele extraídos e/ou reelaborados.

Por outro lado, se o território é algo que transcende o conceito de terra, que goza de um sentido material, em termos de identificação/delimitação/demarcação, ambos possuem também suas respectivas fronteiras, que não são necessariamente coincidentes. Há as fronteiras sociais ou étnicas, para o primeiro caso, e as fronteiras propriamente físicas para o segundo. Quando se consegue delinear, adequadamente, estas últimas, de ordinário é porque as primeiras resultaram estabelecidas. E ainda que estas possam estar consagradas como território étnico, nem sempre as fronteiras físicas se fixam concretamente.

Poutignat/Streiff-Fenart, na esteira de Barth, elucidam que "a pertença étnica não pode ser determinada senão em relação a uma linha de demarcação entre os membros e não-membros. Para que a noção de grupo étnico tenha um sentido, é preciso que os atores possam se dar conta das fronteiras que marcam o sistema social ao qual acham que pertencem e para além das quais eles identificam outros atores implicados em um outro sistema social."[10]

8.3. Características antípodas da atividade econômica quilombola: a confraternidade interna e as adversidades exteriores

O que aqui será examinado concerne aos comportamentos quilombolas no trato interno entre os comunheiros, em razão do labor cotidiano, assim como à qualificação das relações estabelecidas com terceiros, no mundo exterior, quando põem o excedente dos bens produzidos à disposição do mercado, ou quando sofrem daqueles, sem nenhuma contrapartida, a inibição da própria atividade produtiva. Enfim, aspectos que, a par das vicissitudes que cercam a própria posse territorial, inclusive por ingerência do Estado[11], são inerentes à produção de bens e à troca dos mesmos. Produção e intercâmbio de bens materiais constituem sistemas que formam a base de toda atividade econômica e social,

---

(10) Poutignat/Streiff-Fenart: *ob. cit.,* p. 152.
(11) Ver o item 8.5., adiante.

conforme já haviam diagnosticado Marx e Engels. Este resume: "Fora precisamente Marx quem primeiro descobrira a grande lei da marcha da história, a lei segundo a qual todas as lutas históricas que se processaram no domínio político, religioso, filosófico ou qualquer outro campo ideológico, são na realidade apenas a expressão mais ou menos clara de luta de classes sociais, e que a existência, e, portanto, também os conflitos entre as classes são, por seu turno, *condicionados pelo grau de desenvolvimento de sua situação econômica, pelo seu modo de produção e pelo seu modo de troca,* este determinado pelo precedente." (g.n.)[12]

Nesta hora, queremos deixar patente que a apreciação a ser feita sobre tais sistemas econômico-sociais se ajustam a duas posições do antropólogo francês Maurice Godelier, inspirado no velho diagnóstico acima, e de quem adotamos as seguintes coordenadas:

a) a definição de economia, feita pelo próprio Godelier, por Marshall Sahlins, Jonathan Friedman e Emmanuel Terray. Eles designam "por modo de produção (em sentido estrito) a combinação, suscetível de se reproduzir, das forças produtivas e das relações sociais de produção específicas que determinam a estrutura e a forma do processo de produção *e de circulação dos bens materiais*, no seio de uma sociedade historicamente determinada." [13]

b) as indicações de Godelier, contidas em outra obra sua, de que a circulação de bens não se dá, apenas, na sua forma mercantil, mas que há, também, formas não mercantis, como a circulação do produto social no próprio seio das sociedades primitivas e rurais.[14]

Nas relações internas do trabalho, existe no agrupamento quilombola uma constante orquestração de atitudes, visando a prática solidária de tarefas, tanto para produzir-se, quanto para distribuir-se o resultado da produção entre eles mesmos. Nesse passo, podemos fazer um esboço duma realidade que dá relevo à instituição da reciprocidade, que é a própria confiança mútua existente entre os comunheiros negros, a mutualidade de suas dádivas. Isso pressupõe permutas positivas, ou, mais concretamente, auxílio recíproco que leva à troca de serviços e à troca de bens, havendo também os casos do auxílio puro e simples, como nas "doações sem volta" a membros mais necessitados do grupo.

Consoante as próprias designações acima já indicam,

a) a troca de serviços denota a ajuda mútua no desenvolvimento dos trabalhos, cada membro capacitado do grupo podendo trabalhar em área de sua própria produção (família) com o auxílio de companheiro ou companheiros vinculados a outro núcleo familiar, para depois devolver sua cota de auxílio a este noutro dia; ou então os membros dum núcleo, em

---

(12) Frederich Engels: Prefácio para a 3ª edição do livro de Marx, O 18º Brumário de Luís Bonaparte, publicado em Hamburg, 1885, encontrado na coleção brasileira de Os Pensadores, Ed. Abril Cultural, São Paulo, 1978.
(13) Grifo nosso, bem como a tradução do texto de Maurice Godelier: Horizon, trajets marxistes en Anthropologie, Paris, Ed. François Maspero, p. 18: *"par mode de production (au sens restreint), la combinaison, susceptible de se reproduire, des forces productives et des rapports sociaux de production spècifiques qui dèterminent la structure et la forme du procès de production et de circulation des biens materiels, au sein d'une società historiquement déterminèe."*
(14) Cf. seu ensaio "A Antropologia econômica", *in* Antropologia: ciência das sociedades primitivas? — Lisboa, Editora Biblioteca 70, p. 283 c/c 290.

conjunto, praticando o trabalho cooperativo nas áreas de uso comum, ou mesmo nas áreas familiares, através do mutirão. Assim, usam fórmulas de se servirem uns dos outros, para dispensa da mão de obra de fora, salvo numa eventualidade;

b) a troca de bens deve ser configurada, igualmente, como prática intra-comunitária, o que não impede — por circunstâncias outras — que se venha a adotar o mesmo procedimento com vizinhos da propriedade quilombola. Normalmente abrange a permuta dos excedentes de cada família, que interessam a umas e a outras, as mais das vezes gêneros alimentares (feijão, milho, doces, farinha) e utensílios domésticos — produtos artesanais elaborados com matéria prima de cada região, como objetos feitos de barro (potes, moringas, panelas), de palha (peneiras, bocapios, côfos), de cipó (balaios, caçuás), de sementes (pulseiras, colares), de madeira (gamelas, colheres de pau) etc.

c) as doações a membros do grupo em estado de precisão, requerem, evidentemente, a existência de produção que sobra de cada família após o seu consumo, ou, por maior desprendimento, o partilhar com aqueles os artigos fundamentais.

Como as observações constatam, não são incomuns as hipóteses de sub-produção nas áreas familiares, o que pode ensejar o benefício assistencial dentro da própria comunidade: "Nesses casos, práticas culturais fundadas no princípio comunitário da reciprocidade lhes garantem a circulação de bens, especialmente alimentos, que lhes permitam superar as dificuldades".[15]

A precisão que tem *o outro*, e que pode levar ao sentimento de solidariedade (especialmente nos meios comunitários), eis a "pedra de toque" em redor da qual — saindo do círculo menor do comportamento quilombola, para o âmbito maior do alcance das leis em todo o território nacional — também o Direito pode traçar medidas protetoras, à conta dos direitos humanos fundamentais. As ocorrências da realidade social podem influenciar a ordem jurídica nesse sentido, conforme bem se depreende de Jacques Távora Alfonsín, para quem na "relação humana de reciprocidade" (...) está contida a consciência da necessidade alheia (...)" — o que é capaz de sensibilizar o legislador, em tal reconhecimento e, sobretudo, no estabelecimento de ações positivas, se não sofrer os obstáculos das forças reacionárias do País.[16]

Arremate disso se vê ainda na obra do mesmo jurista, pela citação que faz (e ele próprio traduzindo) de Javier de Lucas: "A solidariedade implica consciência conjunta de direitos e responsabilidades — no Direito Romano a *obligatio in solidum* — consciência de que a necessidade recíproca entre o eu e o outro/os outros, deve ser posta a serviço do desenvolvimento livre e compartilhado das possibilidades de todos os membros do grupo e isso devido à igualdade básica dos homens: o outro é outro-eu."[17]

---

(15) Mª de Lourdes Bandeira e Triana Sodré Santos: "Furnas de Dionísio", *ob. cit.*, p. 235.
(16) Jacques Távora Alfonsín: O acesso à terra como conteúdo de direitos humanos fundamentais à alimentação e à moradia — Porto Alegre, Sergio Antonio Fabris Editor. 2003, p. 57.
(17) Javier de Lucas: *El concepto de solidariedad.* Mexico, Distribuciones Fontamara S.A., 1998, p. 102, *apud* Jacques Távora Alfonsín, *ob. cit.,* p. 152/153.

É o quanto nos deparamos com o sentido da consciência comunitária, malgrado as desavenças individuais que normalmente eclodem. Essa consciência se manifesta, sobretudo, na necessidade de se possuir o território, no querer abrir o leque do repositório cultural, até na realização de pequenos intentos em grupo, como nos "cantos de trabalho", para amenizar-se a canseira das tarefas, no uso lúdico de certos malabarismos com os instrumentos de labor, na forma de utilização de ferramentas, na maneira de evitar-se o desperdício de matérias primas. Mas esses são hábitos que, todavia, não configuram uma visão idílica da realidade quilombola, pois que são ocorrências embutidas nas agruras de vida da sua gente.

Contudo, os princípios da propriedade comum e solidária, como necessários aos quilombolas (e, por extensão, às comunidades tradicionais), são suscetíveis a uma crítica feita em caráter genérico para as alternativas "de produzir riqueza em enclaves, dentro da própria ordem do capital", as quais "acabam sendo contaminadas pelo mercado."

A tese é da inocuidade de uma "economia solidária" e está bem posta pela professora alagoana Cristina Paniago, que, em resumo, afiança ser aquela espécie uma economia meramente paliativa. Diz, com efeito: "Economia solidária é uma alternativa paliativa, desmobilizadora e que tenta conciliar com o mercado as necessidades de emancipação do trabalho." (...) "A economia solidária não questiona a propriedade privada: ela tenta transformá-la em um meio coletivo de propriedade privada. É uma confusão de conceitos, inclusive: ser proprietário dos meios não garante a emancipação daquele proprietário porque ele continua proprietário para competir com outros coproprietários do mercado. Proprietários individuais competindo com proprietários coletivos: isso mantem a mesma lógica do capital." (...) "A autogestão só é possível numa outra sociedade, onde a autodeterminação seja possibilidade de uma sociedade igualitária, sem classes".[18]

Apesar do desacerto, *data vênia*, do entendimento de que "a economia solidária *não questiona* a propriedade privada" (g.n.), porém sem embargo da correta afirmativa de que "a economia solidária é uma alternativa paliativa", quando no cerco capitalista dominante, temos visto no Brasil que as comunidades quilombolas têm feito de sua fraqueza forças. Elas vêm resistindo praticamente sozinhas, apenas com o apoio do movimento social derivado de suas idiossincrasias e de algumas organizações que se colocam como aliadas. Podendo fazer parte tanto de um "movimento negro" (em sentido alargado), quanto de um "movimento camponês"[19], os quilombolas brasileiros se arraigam de uma disposição tal para a defesa dos seus recursos e de seu modo de vida, que, se não conseguem edificar uma barreira definitiva, pelo menos têm conseguido retardar a penetração

---

(18)   Cristina Paniago: "Toda a luta pela emancipação humana só pode se dar contra o capital". Entrevista (trecho) dada a André Nunes, publicada no jornal Brasil de Fato, ed. 12/18 de fevereiro de 2015.
(19)   V. Bernardo Mançano Fernandes. "O fim do campesinato?" – item 1.3. do documento "Delimitação Conceitual do Campesinato", do mesmo autor, *in* Via Campesina (org.): O Campesinato no século XXI – Possibilidades e Condicionantes de Desenvolvimento do Campesinato no Brasil. Curitiba/Brasília, nov.2004, colhido no sítio <www2.fet/Unesp.br.../bernardo/.../0%20CAMPESINATO%20NO%SECULO%20xxi...>.

in totum[20] do capitalismo, com sua característica predatória, nas áreas que eles têm sob seu controle.

De outro modo, os quilombolas têm ainda contra si, a par dos percalços da sua pequena produção e baixa produtividade, o fator exógeno dos atravessadores, gente estranha à sua organização social e que tiram vantagem deles, quando os produtos do seu trabalho alcançam um nível de excedente que demanda sua colocação no mercado e não se faz possível (máxime pela distância) a venda direta produtor – consumidor. Esse é um constrangimento de que se tornam vítimas, ou porque o frete de transporte dos produtos têm o preço elevado, propositadamente, se eles optam por se deslocarem para vendê-los diretamente nas feiras locais; ou porque (em decorrência disso ou não) os intermediários, em proveito próprio, e outros especuladores que atuam na circulação dos produtos, a serviço de proprietários concorrentes, adquirem-nos dos quilombolas na fonte produtora destes, "fazendo o preço" e forçando-o para baixo.

É a mesma situação da luta contra os percalços da vida que atingem o pequeno camponês comum, consoante se repara em Erich Wolf: "O eterno problema da vida do camponês consiste, portanto, em contrabalançar as exigências do mundo exterior, em relação às necessidades que ele encontra no atendimento às necessidades dos seus familiares".[21]

Afortunadamente, porém, estão aprendendo por modo geral, no país, lições práticas da própria interação com os segmentos econômicos e sociais da sociedade comum, pelo que se encorajam em arrostar o poderio do setor produtivo ou em enfrentar a concorrência da área de circulação de mercadorias. O que bem significa que, para melhor adaptação às condições modernas da existência, frente à sociedade maior intensamente competitiva, eles terão de sobreviver com o ajuste às características de tal interação. Por isso que é essencial o aprendizado com o mercado dominador, a partir dos reclamos assistenciais ao Estado e dos aportes técnicos deste, ao lado da fundação de associações e cooperativas, visando à melhoria do quê-fazer cotidiano. E eis, pois, que já despontam comunidades quilombolas que aprimoram a produção agrícola pelo uso de pequenos tratores ou que colocam produtos elaborados em "mercadinhos", ou os vendem diretamente ao consumidor, em melhores arranjos de higiene e de acondicionamento, utilização de matéria prima melhor tratada etc. Com o que vêm conquistando uma freguesia que atende à sua vocação econômica e mercantil, mas da qual não se espera, infelizmente, maiores impulsos para eles, dentro da ampla e dominadora ciranda comercial brasileira.

8.4. Síntese das pressões fundiárias históricas e dos seus resultados atuais

Inseridos os ex-escravos na massa empobrecida da população, os negros tiveram de enfrentar as dificuldades com a sobrevivência.

---

(20) Agnes Heller considera que a tradição, como 'orientação para o passado', não se destrói, necessariamente, pelo 'capitalismo desenvolvido', admitindo que ela 'pode, ao contrário, ser até mesmo dominante nas camadas sociais em que o capital penetrou *apenas de modo relativo*. É o caso, por exemplo, dos pequenos camponeses, ainda que mesmo aqui o fenômenos esteja em regressão" (g.n.) – O Cotidiano e a História, 4. ed., Trad. Carlos Nelson Coutinho e Leandro Konder. SP/Rio, Paz e Terra, 1979, p. 90.

(21) WOLF, Erich. Sociedades Camponesas. Rio: Zahar Editores, 1970. p. 31.

Não se podia cogitar da possibilidade de colocação de mão de obra negra nas províncias mais desenvolvidas porque os trabalhadores estrangeiros já haviam sedimentado o seu trabalho no sudoeste e as terras do sul do País estavam sendo ocupadas por outros colonos de fora. Estes se estabeleciam em pequenas propriedades, que exploravam através da mão de obra familiar.

Considerando, também, que as províncias do Oeste e do Nordeste não ofereciam nenhum atrativo para a absorção expressiva dos negros libertados, não se poderia falar que, em decorrência da Abolição, tivesse ocorrido um movimento migratório pelo País. Contingencialmente no Norte, nas regiões dos seringais, tinha havido um surto de ascensão econômica dois anos após a Abolição (1890), em torno da produção de borracha, cujo declínio, no entanto, surgiria mais cedo do que se esperava, ou seja, em 1910.

Aos novos negros livres restariam os caminhos do mercado semi-assalariado ou da atividade de auto consumo, mediante as seguintes deliberações, que valem a pena recapitular: 1) inserção nas cidades, na expectativa do seu aproveitamento nos setores urbanos;2) perambulação entre as propriedades rurais, à procura de emprego na região de sua própria origem; 3) maior penetração para o interior, em busca de terras adequadas a uma atividade agrária autônoma; 4) inclusão nas áreas dos quilombos; 5) o aproveitamento em terras deixadas pelo senhor a grupos de pretos forros e que porventura acolhiam os negros dispersos, carentes de trabalho.

Já vimos isso com detalhes, mas vale a pena esquematizá-lo neste resumo, para ficarmos mais próximos do entendimento sobre as consequências fundiárias dele aferidas, que serão expostas abaixo.

Enquanto os dois primeiros casos mencionados acima redundaram, praticamente, na assimilação social dos negros, tendo agravado as suas mazelas — inclusive pelas manifestações cotidianas de racismo — as outras hipóteses promoveram ou os mantiveram nalguma forma de distanciamento da sociedade comum. Ou seja: a hipótese terceira por ensejar ora a posse individual da terra, ora a posse coletiva; a quarta e quinta hipóteses por serem expressões destacadas da posse coletiva, propiciando um desenvolvimento comunitário.

Assim, os casos 3, 4 e 5, por estarem mais à distância da sociedade comum, foram os que, concretamente, deram início ao que hoje veio a se conhecer como as comunidades negras rurais. O fato da permanência negra em tais áreas só poderia acontecer, na maioria das vezes, à distância. Supostamente vivendo melhor, por estarem mais livres de temores, naqueles lugares ermos. Em contrapartida, as comunidades negras próximas aos núcleos urbanos estariam submetidas a uma quase total assimilação, ressalvadas as sobras territoriais que vieram a configurar os quilombos urbanos, principalmente a partir dos arrabaldes das cidades maiores.

Foi o que sucedeu com o quilombo de Jabaquara, em São Paulo, consoante se depreende do seguinte trecho de Clovis Moura, calcado em Martins dos Santos: "As próprias autoridades santistas não tinham nenhum interesse em travar um choque com aqueles quilombolas. Por isto mesmo 'criou-se um pequeno comércio de varejo e, como por encanto, surgiu da noite para o dia a mais desconchavada e pitoresca das cidades, toda cercada de roças, com o azulado fumaçar dos fornos de carvão vegetal a cobri-la permanentemente".[22]

Foi o que também aconteceu nas áreas que hoje constituem o bairro da Liberdade, dentre outros, em Salvador da Bahia.

Não seria de estranhar que a sociedade escravocrata, que aceitava em alguns casos a integração da comunidade negra, a partir do comércio de seus produtos, terminasse engolfando os quilombos de fácil contato.

Mas deve-se atentar para o fato de que se houve áreas quilombolas que facilmente estabeleciam a comunicação com a sociedade escravista, em especial quando o próprio sistema escravista já estava desgastado (dele se aguardando apenas que, mais dia menos dia, fosse abolido, oficialmente), outros quilombos existiram na mesma época e, não obstante, evitaram comercializar os excedentes, permanecendo restritos ao auto consumo.

Tal foi a hipótese do Quilombo dos *Kalunga*, localizado no alto da Serra da Contenda, Goiás, em área próxima dos Estados de Tocantins e da Bahia. Fundado há 250 anos por escravos fugidos das bandeiras paulistas, teve sua miscigenação com os índios avá-canoeiros e fez os primeiros contatos com a população nacional urbana somente depois de 1920[23]. Este é um, dentre muitos outros exemplos, que se apuram acerca da miscigenação de índios com negros, formando comunidades negras.[24]

A divergência apurada nas informações dos autores, não chegam, propriamente, às fronteiras da polêmica, eis que todos eles estão no mundo dos fatos. A constatação histórica é que pode pender para um lado ou para outro das afirmativas díspares. Assim, devido às circunstâncias de cada época de formação e desenvolvimento dos quilombos, alguns deles poderiam ter sua localização mais distante e também mais próxima de fazendas, povoados e cidades. Da mesma forma que, em relação às inter-relações econômicas e ao comportamento das autoridades, uns poderiam manter-se mais arredios, outros com maior desenvoltura para intercâmbio.

Cremos, entretanto, que os quilombos de fácil contato terminaram assimilados em pouco tempo, ao passo que outros puderam preservar-se melhor, na sua realidade. Os de localização intermédia, como do Rio das Rãs, na Bahia, foram sendo grilados, na medida

---

(22) Clovis Moura, Os Quilombos e a Rebelião Negra, Brasiliense, 7. ed., São Paulo, 1987, *ob. cit.,* p. 90.

(23) Cf. Iara Viotti: "Nação Calunga", Revista Isto É-Senhor, n. 1.083, ed. 20 de junho de 1990.

— Para Clovis Moura, "calcula-se que a comunidade Calunga existe há mais de 150 anos e atualmente tem cerca de 5 mil habitantes. Está dividida em três núcleos, nos vãos das Almas, Moleque e Calunga-Contenda. A principal hipótese sobre a origem é a de serem descendentes de escravos fugidos do Espírito Santo, Bahia e Goiás, e de ali permanecerem isolados, conservando características culturais próprias.": Dialética Radical do Brasil Negro. Ed. Anita, São Paulo, 1994, p. 34

(24) Para o conhecimento de quilombos escondidos, v. José Alípio Goulart (Da Fuga ao Suicídio. Rio, Ed. Conquista, 1972, p. 187), Alfredo Wagner Berno de Almeida ("Terras de Preto, Terras de Santo, Terras de Índio – Uso Comum e Conflito", *in* Na Trilha dos Grandes Projetos, Org.: Edna M.R. de Castro e Jean Hébette, Cadernos NAEA – Núcleo de Altos Estudos Amazônicos, n. 10, Universidade Federal do Pará, Belém, 1989, p. 171) e Décio Freitas (Escravos e Senhores de escravos, Mercado Aberto, Porto Alegre,1983, p. 62).

em que a sociedade comum os envolvia mais, ficando só à mercê de que, já no século XX, pudessem ganhar respaldo judicial, como ocorreu no caso concreto.

As comunidades rurais negras, que de ordinário mantinham-se mais fechadas que abertas, em relação à sociedade comum, contavam com um desassossego menor, a despeito das carências educacionais e de saúde. Não só porque estavam mais ao longe, e sim também porque o tipo de sua produção, suprindo-as quase que exclusivamente com mantimentos – culturas de sobrevivência – não se faziam parecer "nobres" à sociedade dominante, para despertar-lhe maiores cobiças.

Porém, quando expandiu-se a fronteira agrícola, com a atração de aventureiros a partir dos anos 50 do século XX, e com o estímulo, principalmente, à colonização empresarial dos anos 70 do mesmo século, o fenômeno foi arrastando componentes perversos: a grilagem, em face das fraudes para a "legalização" de terras, e a violência, diante do assassinato, escorraçamento e insultos de toda ordem contra os negros de comunidades e contra demais camponeses em geral. Deu-se então que a burguesia agrária, originada nas oligarquias dos coronéis e sofisticada no capital financeiro trazido das grandes empresas urbanas (bancos e complexos industriais) espichou o seu poder de domínio em redor das comunidades negras. E essa nova força econômica "modernizadora", que se acoplava ao poder político, e, portanto, ao mandonismo sem barreiras, pouco a pouco foi alterando aspectos sociais daquelas populações e/ou conseguindo afugentá-las de suas áreas tradicionais.

Mas os sustos modernos infligidos aos negros não foram devidos só aos avanços da agropecuária das zonas de expansão, efetivados via Cerrado e outras fronteiras da Amazônia, quando era cogitada a plantação da soja e a implantação da bovinocultura. Eram resultantes também do prosseguimento mais intenso da marcação de áreas para concessões de exploração de minérios, que os gringos de diversas origens continuavam a mapear. Além disso, esparramavam-se missões religiosas e ONGs comprometidas com organismos públicos e privados estrangeiros, interessados na obtenção de vastos recursos da biodiversidade brasileira — um repositório fantástico de elementos úteis ou necessários à biotecnologia moderna, de alta rentabilidade financeira. Ao lado das concessões aos particulares para proveito do solo e do subsolo, várias indústrias apropriavam-se dos conhecimentos tradicionais dos povos da florestas e de outras comunidades locais, também situadas fora do eixo amazônico — mas possuídos, também, de saberes de diversa ordem — e se locupletavam com isso, para sortir sua confecção de alimentos processados, de remédios para o homem, de substâncias para combate às pragas da lavoura e doença de animais, e até de venenos que supostamente iriam beneficiar o solo e os produtos da terra em geral.

A reboque da ação dos pecuaristas, das madeireiras, das empresas de mineração – e de modo especial nas regiões de menor densidade demográfica – surgiam os garimpeiros, os serradores, os posseiros deslocados das áreas de tensão social, todos que desagregavam as comunidades negras, tanto quanto as comunidades indígenas. Viria, ainda, a própria ação do Estado (independente da sua proverbial omissão), ao criar, mais tarde, unidades de conservação ambiental sobrepostas às terras dos negros, restringindo a sua sobrevivência, quando não impondo a expulsão das áreas em que já se encontravam.

Diante, pois, das maciças ameaças que significavam pressões de toda espécie para forçar os negros – em meio ao segmento social mais fraco – a irem abandonando suas terras, ou a se conformarem com as expulsões, urgia que aproveitasse, nos anos 80, ainda no passado século, um melhor caminho para os mais vulneráveis se fortalecerem: uma lei de qualificação inquestionável, que seria a Constituição Federal então reclamada num processo político em curso no País, pela sua redemocratização, após anos de ditadura militar.

A nossa história antiga e a nossa história mais recente por essa época, foram determinantes para a elaboração da Carta Política.

8.5. Tentáculos do Estado sobre a organização quilombola

Dentro das influências e contatos exteriores que permeiam a realidade dos quilombos, há também as ocorrências para eles agressivas sobre a posse territorial, por obra dos órgãos oficiais, não só por parte dos entes privados, conforme vimos sucintamente no item precedente. Um dos exemplos mais fortes da ação desagregadora direta pela intervenção do Estado brasileiro, pautou-se na construção da Base Aeroespacial de Alcântara, no Maranhão, trazendo como consequência alterações significativas na vida econômica de dezenas de famílias negras lá assentadas secularmente. Existem, porém, outras formas de desarticulação da economia quilombola, como a que as comunidades de Jamari dos Pretos (em Turiaçu) e de Itamatatina (em Alcântara) denunciaram, num documento impresso. Lá se diz: "Mas não são apenas os grileiros quem ameaçam essas comunidades. Elas enfrentam também a política do IBAMA[25],que passou a impedir-lhes o acesso às matas, rios e animais, com o argumento de que esses 'recursos naturais' precisam ser protegidos do homem. Parecem esquecer que esses 'recursos' só existem ainda porque aquelas populações estão ali, utilizando-os de forma equilibrada, há mais de cem anos. Em lugar de proteger, essa política parece ser apenas uma forma de criar reservas de 'recursos naturais' para uso futuro das grandes empresas atraídas para a região".[26]

Na condução prática dessa política, o aparato oficial criou, por exemplo, a Instrução Normativa n. 26, de 4.7.2012, do Ministério do Meio Ambiente/Instituto Chico Mendes de Conservação da Biodiversidade, a qual "estabelece diretrizes e regulamenta os procedimentos para a elaboração, implementação e monitoramento de termos de compromisso entre o Instituto Chico Mendes e populações tradicionais residentes em unidades de conservação *onde a sua presença não seja admitida* ou esteja em desacordo com os instrumentos de gestão." (g.n.)[27]

Os Estados-membros também costumam privilegiar unidades ambientais, numa política conservacionista equivocada, quando em detrimento das necessidades vitais de

---

(25) Instituto Brasileiro do Meio Ambiente e dos Recursos Naturais Renováveis.

(26) Texto sem indicação de autoria, publicado no "Boletim Territórios Negros", n. 4, Ed. JUL/AGO 2001, p. 3, na matéria referente a "O Projeto Vida de Negro" do Maranhão — *apud* Raymundo Laranjeira: "Amazônia e Áreas Etno-camponesas dos Quilombolas", Revista Direito Agrário, Ambiental e de Alimentação, JUL 2002 a JUN 2005, p. 46.

(27) Em 5.9.2012 adveio a Instrução Normativa n. 29, do MMB/ICMCB, com diretrizes, requisitos e procedimentos administrativos para elaboração e aprovação do Acordo de Gestão em Unidades de Conservação de Uso Sustentável federal com populações tradicionais, disciplinado no âmbito do Instituto Chico Mendes.

empobrecidas que vivem na área. Em muitos casos, a ação estatal é tão danosa para esses grupos sociais quanto a ação dos usurpadores, com a diferença de que estes atuam imediatamente em seu proveito, na qualidade de particulares, enquanto o Estado age de modo a resguardar os interesses deles mesmos para o futuro, por via de dificultar o acesso dos pobres àquelas unidades.

Foi o acontecido no Paraná, desde 1979, com a criação do Parque Estadual de Lauráceas, cuja gestão, nos seus de mais de 20 mil hectares, tem interferido na vida dos quilombolas da região. Segundo Edinubia Ghisi, aquele Estado-membro age assim: (a) "dificulta a implantação de rede elétrica e impede a construção de estradas", tornando mais longo o acesso a vias públicas para outras cidades, e, consequentemente, o alcance da educação e da saúde; (b) desvia as atividades dos quilombolas na floresta diminuindo o volume do seu sustento e os tornando assalariados dos fazendeiros; (c) obriga as respectivas famílias a passar por fazendas de búfalos que contaminam a água de sua serventia e que ameaçam a passagem das crianças pela área particular de terceiros. Isso destrambelhou especialmente as comunidades quilombolas de Areia Branca, em Bocaiuva do Sol, Estreitinho, Três Canais, Córrego do Franco e São João, em Adrianápolis. [28]

Dessa forma, quando os quilombolas não são expulsos da área pelos particulares, o Estado brasileiro dá-se ao servilismo de atender aos interesses das empresas que, naturalmente, já fizeram uma investigação sobre as possibilidades futuras das terras (solo, acessórios do solo e subsolo). De tal maneira, manipula formas de marginalizar os negros, instituindo unidades de conservação das quais deverão afastar-se.

A isso corresponde um mito: o de que se deve deixar a natureza intocada, segundo a percepção de Antonio Carlos Diegues, inclusive com forte conteúdo opressor, como por exemplo o ato de criação de um parque parecer às populações prejudicadas em seu território como sendo "pertencente à polícia florestal e aos administradores do parque."[29]

Não há dúvida nas razões do referido autor de que "Existe aí uma visão conflitante entre o espaço público e o espaço comunitário segundo perspectivas distinta e até opostas: a do Estado representando interesses das populações urbano-industriais e a das sociedades tradicionais. Na verdade, o que está implícito é que estas deveriam 'sacrificar-se' para dotar as populações urbano-industriais de espaços naturais, de lazer e 'contato com a natureza selvagem'. Ou ainda, segundo uma versão mais moderna dos objetivos das áreas naturais protegidas de uso restrito – proteger a biodiversidade."[30]

Também, segundo ele, "Essa usurpação é ainda mais grave quando a 'operacionalização de um neomito' (áreas naturais protegidas sem população) se faz como justificativa

---

(28) "Quilombolas são prejudicados por área de proteção ambiental", in Jornal Brasil de Fato, Ed. 13-19 de janeiro de 2011.

Para esclarecimentos do próprio Estado do Paraná, através de sua Secretaria do Meio Ambiente, v. <https://www.google.com.br/search?q=PARQUE+ESTADUAL+DE+lAUR%C3%81CEAS&ie=utf-8&oe=utf-8&rls=org.mozilla:pt-BR:official&client=firefox-beta&gws_rd=cr&ei=tFBuUsDrAcagkQeOkoCIDA>

(29) DIEGUES, Antonio Carlos. *O mito da Natureza Intocada*, 3. ed., São Paulo: Hucitec, 2001. p. 65.

(30) *Idem, ibidem*, p. 66.

da necessidade da criação de espaços públicos, em benefício da 'nação', na verdade, das populações urbano-industriais. Essa atitude é vista pelos moradores locais como um roubo do seu território, que significa uma porção da natureza sobre o qual eles reivindicaram direitos estáveis de acesso, controle ou uso da totalidade ou parte dos recursos aí existentes."[31]

Para além, entretanto, das consumições provocadas pelos agressores da sociedade que rodeia as comunidades quilombolas, vê-se que o Estado brasileiro também opera contra eles, com as ações comissivas, bem como com as omissivas, estas que se retratam no descaso dispensado às populações empobrecidas em geral, nas quais aquelas se inserem.

Nesta hipótese, a falta de assistência oficial de toda ordem (educacional, de saúde e saneamento básico, técnica etc.), propicia amiúde a necessidade premente dos quilombolas dividirem seu tempo de trabalho na área de seu pertencimento para irem prestar serviços fora; o que abrange serviços agrários em terra alheia, a troco de salário, ou mesmo serviços urbanos, a que vão se adaptando nas cidades da vizinhança, principalmente na construção civil (pedreiros, carpinteiros, ajudantes etc.), no emprego doméstico, no mercado informal (camelôs, biscateiros) — com o que obtêm um pouco mais de renda para atender às necessidades prementes.

Certas instituições brasileiras, que deveriam cuidar dos quilombos de hoje, na qualidade de representações socioeconômicas e culturais da nossa formação e desenvolvimento histórico, vêm se descurando do dever constitucional de observar e fazer observar os seus direitos; antes procuram desconhecer as suas mazelas, ao dar prioridade aos interesses de terceiros. São sintomáticas, por exemplo, as declarações e as omissões do Poder Executivo Federal, quanto às carências dos quilombolas, inclusive por parte dos Governos que se diziam da mais elevada "sensibilidade social". Um deles, por exemplo, chegou a declarar que os quilombolas, junto com outros, constituíam entrave ao desenvolvimento econômico do País[32]. O governo que se lhe seguiu efetuou um mínimo de ações pró demarcação das terras, e teria obtido o menor índice de titulações por parte de todos os responsáveis pela aplicação da Constituição de 1988, não tivesse sofrido um *impeachment*[33]. Some-se a esse componente na esfera do Estado brasileiro o Poder Judiciário, cujo Supremo Tribunal Federal veio a julgar somente em 2018 uma ação de inconstitucionalidade que lá ingressou em 2004, e que envolvia o procedimento de titulação territorial dos quilombos, na conformidade do que já abordamos no Prefácio.

---

(31) *Idem, ibidem: ob. cit.,* p. 65.

(32) Pronunciamento do então Presidente Lula, noticiado por toda a mídia, em discurso no dia 21 de novembro de 2006, durante a inauguração da usina Barra dos Bugres, em Mato Grosso.

(33) O Instituto Socioambiental, mostrando a lentidão dos processos de titulação das terras quilombolas, noticiou que o ex-presidente Lula da Silva havia titulado apenas 12 áreas em oito anos, que alcançaram cerca de 40 mil hectares, e a ex-presidente Dilma Rousseff titulou somente 16 territórios quilombolas, correspondendo a 11,7 mil hectares, em quase cinco anos e meio. – É de se notar que o primeiro cobriu temporada presidencial de 1/1/2003 a 1/1/2011, em dois mandatos, e a segunda de 1/1/2011 a 31/8/2016, sem concluir seu 2º mandato, por causa de impedimento decretado pelo Congresso Nacional: <www.socioambiental.org.pt-br/noticias-socioambientais/o-que-o-governo-dilma-fez-e-não-fez-pelos-territorios-quilombolas>

A esse outro tentáculo de constrição dos direitos quilombolas, acrescente-se mais um, que também se atrela ao Estado: o Ministério Público, nos seus momentos de desassistência aos quilombolas, de acordo com o que se vislumbra nas informações de César Augusto Baldi. Este, com o olhar nos quilombos contemporâneos, constatou que "outras comunidades, por sua vez, só vêm sendo atendidas em função da existência e da atuação da Defensoria Pública, porque nem sempre o Ministério Público é o aliado desejável".

Observe-se que, no art. 68 ADCT, a despontar em 1988, havia repousado uma atestação do instituto da propriedade para os negros fixados nas áreas, feito ele para conjurar uma indefinição jurídica, mormente no campo da hermenêutica. Até a data da Carta Magna, tal indefinição alimentava mais conflitos fundiários, provenientes de certos fatos que deixavam atarantados principalmente os advogados dos pobres, no seu jogo intelectual de tentarem descobrir os instrumentos processuais seguros para controlar aquelas lides, principalmente utilizá-los em defesa das áreas negras. Contudo, tendo ficado bem acesos na Constituição qual o sujeito e qual o objeto de direito nos territórios habitados pelos quilombolas, produziu-se a definição que faltava, tendente a formar o lastro de segurança jurídica para os "remanescentes de quilombos".

Sucedeu que, mesmo com o auxílio conjugado dos arts. 215 e 216 da CF, ao lado dos outros que dizem respeito aos negros, para obter-se maior reforço interpretativo do art. 68, muitos profissionais do Direito continuaram escorregadios na perspectiva da aplicação do dispositivo legal, e ambivalente permaneceu a máquina administrativa ao seu atendimento. O que resulta na necessidade, hoje, de novas estruturas jurídicas a que certa legislação, no interregno, foi inútil, a fim de vencer a burocracia retardadora dos órgãos de terra, o despreparo e/ou a carência humanista de juízes e, sobretudo, a falta de vontade política para levar adiante o benefício territorial quilombola.

Juntem-se a essas dificuldades outros empecilhos detectados por César Augusto Baldi. Uns resultantes do interesse particular, que busca "combater demarcações de terras indígenas e reconhecimento de direitos de quilombolas", desde que as terras extra comércio, como elas, "são terras por demais cobiçadas", onde desponta "a maldição da abundância: locais bem preservados ('territórios verdes'), riquezas minerais, madeira boa para indústria de celulose etc."

Mais outros contratempos de origem estatal, segundo ainda aquele autor, são decorrentes de um "relacionamento complexo" dos quilombolas como o Poder Público. Assevera, assim, que lhes faltam "serviços públicos" os quais "não chegam ou estão presentes de forma absolutamente seletiva"; que eles se sujeitam às "Forças Armadas", que constituem "o maior antagonista de suas lutas" (como em "Marambaia, Alcântara e Rio dos Macacos"); que tendo em vista, ainda, "o fim das áreas rurais de muitas localidades" sofrem conturbações das prefeituras, que se deram "a exigir o IPTU", ao considerá-las "territórios urbanos". [34]

_____

(34) César Augusto Baldi: *ob. cit.*

8.6. Gestação do art. 68 do Ato das Disposições Constitucionais Transitórias: a construção da proteção constitucional-territorial dos quilombos contemporâneos

Aproveitando-se da vibração nacional pelo advento de uma Constituição nova, os líderes de vários movimentos pela valorização do negro, no Brasil, conscientes da fragilização da defesa das comunidades negras, em geral, pensaram na constitucionalização de alguma norma defensiva de suas terras e da sua cultura, além de outros mecanismos jurídicos para melhoria da condição social, bem como o combate ao racismo, ao preconceito e à intolerância às suas crenças, que jamais desapareceram do Brasil. Conseguiram inserir na Carta de 1988 dispositivos da maior importância, pela sua interferência no todo ou em parte na elaboração dos mesmos, durante o processo constituinte.

Veja-se, inicialmente, o quadro geral dos preceitos que se fizeram mais próximos aos interesses dos negros e que se incrustaram no texto da nova Constituição. Depois volveremos à consideração particular do dispositivo específico sobre as terras quilombolas. Ei-los:

1) Dos princípios fundamentais:

a) Art. 3º. Constituem objetivos fundamentais da República Federativa do Brasil:

(...) IV – promover o bem de todos, sem preconceitos de origem, raça, sexo, cor, idade e quaisquer outras formas de discriminação

b) Art. 4º. A República Federativa do Brasil rege-se, em suas relações internacionais, pelos seguintes princípios:

(...) VIII – repúdio ao terrorismo e ao racismo

2) Dos direitos e garantias fundamentais

a) Dos direitos e deveres individuais e coletivos

a') Art.5º. Todos são iguais perante a lei, sem distinção de qualquer natureza, garantindo-se aos brasileiros e aos estrangeiros residentes no País a inviolabilidade do direito à vida, à liberdade, à igualdade, à segurança e à propriedade, nos termos seguintes:

(...) XLII – a prática do racismo constitui crime inafiançável e imprescritível, sujeito à pena de reclusão, nos termos da lei.

b) Dos direitos sociais

b') Art. 7º. São direitos dos trabalhadores urbanos e rurais, além de outros que visem à sua condição social:

(...) XXX – proibição de diferença de salário, de exercício de função e de critério de admissão por motivo de sexo, idade, cor ou estado civil

3) Da ordem social

a) Da educação, da Cultura e do Desporto

a') Da cultura

Art. 215. O Estado garantirá a todos o pleno exercício dos direitos culturais e acesso às fontes da cultura nacional, e apoiará e incentivará a valorização e a difusão das manifestações culturais.

§1º. O Estado protegerá as manifestações populares, indígenas e afrobrasileiras, e de outros grupos participantes do processo civilizatório nacional.

§2º. A lei disporá sobre fixação de datas comemorativas de alta significação para os diferentes segmentos étnicos nacionais.

Art. 216. Constituem patrimônio cultural brasileiro os bens de natureza material e imaterial, tomados individualmente ou em conjunto, portadores de referência à identidade, à ação, à memória dos diferentes grupos formadores da sociedade brasileira, nos quais se incluem:

I – as formas de expressão;

II – os modos de criar, fazer e viver;

III – as criações científicas, artísticas e tecnológicas;

IV – as obras, objetos, documentos, edificações e demais espaços destinados às manifestações artístico-culturais;

V – os conjuntos urbanos e sítios de valor histórico, paisagístico, artístico, arqueológico, paleontológico e científico.

(...) §5º. Ficam tombados todos os documentos e os sítios detentores de reminiscências históricas de antigos quilombos.

4) Das disposições constitucionais gerais

Art. 242, § 1º. O ensino da História do Brasil levará em conta a contribuição das diferentes culturas e etnias para a formação do povo brasileiro.

5) Das disposições constitucionais transitórias

Art. 68. Aos remanescentes das comunidades de quilombo que estejam ocupando suas terras é reconhecida a propriedade definitiva, devendo o Estado emitir-lhes os títulos respectivos."

Salvo este último dispositivo, os demais transcritos poderiam até ser do agrado dos corifeus do complexo econômico-financeiro e político, que não enxergavam incômodo neles, e que continuariam tratando das questões neles embutidas como substrato folclórico, ou de utilidade inexpressiva ou de religiosidade inócua. O fato que na realidade importunou tal complexo foi a inserção do art. 68 do Ato das Disposições Constitucionais Transitórias, referente a que o Estado deveria resguardar a ocupação das terras quilombolas, conferindo de plano a sua propriedade às comunidades respectivas.

Rememorando agora, o episódio técnico-legiferante a respeito do "art.68", é de se dizer, em primeiro lugar, que, no Anteprojeto da Comissão Provisória de Estudos Constitucionais, destinados à Assembleia Nacional Constituinte de 1988[35], nada constava sobre o item "terras", na temática relativa aos "Negros".

No levantamento documental que realizamos, pessoalmente, vimos que a referência às terras quilombolas, carreada aos textos em discussão na Assembleia Nacional Constituinte, surgiu na etapa dos trabalhos da "Subcomissão dos Negros, Populações Indígenas, Pessoas Deficientes e Minorias", que fazia parte da "Comissão da Ordem Social (VII)". Ali apareceu, de início, no Anteprojeto do Relator (art.7º), depois no Anteprojeto Substitutivo na mesma Subcomissão (art. 6º), e, a seguir, no Anteprojeto da própria Comissão, cujo teor, em nova onda repetitiva, foi aquele que mencionamos atrás.[36]

No que toca às influências interiores que cercaram aqueles favoráveis efeitos, especialmente quanto ao acesso à terra e a preservação das áreas possuídas como domínio quilombola, devem ser imputadas às sugestões que os próprios negros, como é óbvio, e os seus aliados encaminharam à ANC, destinadas à pauta técnica de solução legislativa.

Nesse passo, há que distinguir a ação da chamada bancada negra da Constituinte, formada por Paulo Paim, Benedita da Silva, Edmilson Valentim e Carlos Alberto de Oliveira, conhecido por Caó, bem como a daqueles outros que, fora do Parlamento, se destacaram no processo de mobilização, vale dizer, "um grande número de entidades enfim representativas dos quilombolas, entidades do movimento negro e entidades de assessoria, sob as mais diversas denominações".[37]

Natália Neris, entretanto, escolheu só a denominação "Movimento Negro" para abranger todas as atitudes e ocorrências que, de indiferente origem, fizeram desaguar palavras de apoio à causa negra, em nossa Constituinte. Isto porque a referida expressão – segundo ela explica – designa "(...) o conjunto de iniciativas e organizações que possuem como objetivo a promoção da igualdade racial e/ou combate ao racismo, criado por negros e negras" (...). de acordo com o modo usual "de se referir ao movimento social [...] entre os ativistas (Gonzalez, 1981; Rufino, 1985)", e sem ignorar "a pluralidade de matrizes ideológicas, estratégias de ação e concepções políticas e culturais existentes entre os seus integrantes."[38]

Por nossa parte, entendemos que a questão negra não impõe somente promover a igualdade racial e/ou combater o racismo, que estariam compondo o objetivo do "Movimento Negro", nada impedindo que outros autores sejam comedidos no uso da cognominação,

---

(35) Convocada pela Emenda n. 26 à Constituição Federal de 1967, datada de 27.11.1985, e sendo instalada em 1.2.1987, dela resultou a Constituição Federal de 1988, que foi promulgada em 5.10.1988.

(36) Cf. documentos *in* <http://www2.camara.gov.br/atividade-legislativa/legislacao/Constituicoes-Brasileiras/constituicao-cidadao-processo-constituinte/comissoes-e-subcomissoes/comissao7/subcomissao7c>

(37) Luís Pedrosa: "Notas sobre a (in) constitucionalidade do Decreto 4887", *in* Revista de Direito Agrário, n. 20, Ano 20, Brasília-INCRA, 2007, p. 29.

(38) Natália Neris da Silva Santos: "Vozes negras no Congresso Nacional": o Movimento Negro e a Assembleia Nacional Constituinte de 1987-1988", 39º Encontro anual da ANPOCSs – GT32 – "Relações raciais, desigualdades, identidade e políticas públicas", outubro de 2015.

adotando-a, certamente, mas dando destaque também a outras fontes sociais de inspiração, como os agentes ligados aos problemas da terra, por exemplo.

De qualquer forma, Natália Neris não olvidou tal faceta territorial daquela questão mais ampla, tanto que situou a demanda sobre a terra no rol das sugestões enviadas sob beneplácito do "Movimento". Tema que estaria sistematizado da seguinte forma: "1) Será assegurado às populações pobres o direito à propriedade urbana e rural, devendo o Estado implementar as condições básicas de infra-estrutura, em atendimento às necessidades dos Homem; 2) Será garantido o título de propriedade da terra às comunidades remanescentes de quilombos, quer no meio urbano ou rural; 3) Que o bem imóvel improdutivo não seja transmissível por herança e que o Estado promova a devida desapropriação." [39]

Em frente aos documentos partidos do Movimento Negro, a ilustre jurista terminou identificando o "acesso à terra" como um dos pleitos "relacionados a problemas gerais, que incidem majoritariamente sobre a população negra", enquanto "a garantia de título de propriedade às comunidades de quilombo" seria reivindicação atrelada "mais estritamente com o pertencimento racial, e que possuíam objetivos de caráter coercitivo, promocional e didático". Este fazia parte da relação preparada para a "emenda popular" proposta pelo Centro de Estudos Afro-brasileiros-DF, Associação Cultural Zumbi-AL e Associação José do Patrocínio-MG, e que foi subscrita pelo deputado Carlos Alberto Oliveira-Caó. A redação do dispositivo era assim: "Fica declarada a propriedade definitiva das terras ocupadas pelas comunidades remanescentes de quilombos, devendo o Estado emitir-lhes os respectivos títulos. Ficarão tombadas as terras, bem como documentos referentes à história dos quilombos no Brasil."[40]

A versão final viria pela forma que já abordamos, e que demandou um desdobramento de texto. Basta conferir, na tábua de dispositivos constitucionais, que atrás confeccionamos, o que dizem o §5º do art. 216 e o art. 68 do ADCT.

Diga-se, afinal, que o território cuja formação em quilombos (históricos) consubstanciava uma *infração legal*, veio a ser considerado, séculos depois, território configurado *de acordo com a lei maior* do País. O Constituinte agiu de modo específico e induvidoso, tendo deixado aclarado o que apenas ficava implícito no Código Civil de 1916, que tinha valorizado o instituto da posse, todavia de forma generalizada e suscetível a intensas discussões jurídicas.

8.7. Função maior e características gerais da norma protecionista do território quilombola

A garantia territorial dada pelo art. 68 significou que a legislação ordinária brasileira, então em vigor, ou a interpretação da mesma pelos Tribunais, nos casos concretos da posse

---

(39) Natália Neris da Silva Santos, *ob. cit.*, p. 14.
(40) *Idem, ibidem*, p. 17/18.

negra secular, levados a julgamento, não estava conferindo aos negros o devido protecionismo jurídico. Assim, pois, o reforço constitucional em prol da segurança de território para as comunidades negras, tendeu a frear, de alguma sorte, as pressões contemporâneas adversas que as afligiam. Pelo menos por chamar a atenção de todos para o fato de ter vindo a se conter numa Carta Magna de um País retrógrado.

Antes da Carta de 1988, buscava-se uma garantia legal para os habitantes das terras negras, em geral, no livro do Direito das Coisas, contido no Código Civil, referente à posse, como direito real, já que o possuidor o exerceria *erga omnis*. Nestas condições, todos seriam "obrigados a respeitá-lo", pois, segundo Orlando Gomes, "só os direitos reais têm essa virtude", tanto assim que os interditos destinados a protegê-lo, apesar de se apresentarem "com certas qualidades de *ação pessoal*, "hão de ser qualificados como *ações reais*, ainda que de tipo *sui generis*"[41] (g.o.) Porém era através de uma figura jurídica incrustada no direito possessório que este mais se manifestava, pelo sentido de galgar efetividade maior, ou seja, a propriedade em si mesma. Tratava-se da usucapião (a quarentenária, em relação ao tempo que antecedeu esse Código, em 1916[42]; ou aquela instituída no mesmo Código, como modo de aquisição da propriedade imóvel; ou então, a usucapião laboral, após a Constituição Federal de 1934, com o mesmo propósito aquisitivo — e mais, ainda, por intermédio do art. 98 do Estatuto da Terra, a partir de 1964, bem como por via da usucapião agrária, disciplinada em 1981). Todavia, em 1988, a situação jurídica melhor definiu-se para os negros, vindo a ter as suas comunidades solução mais adequada, através da Lei Maior do País, por um dispositivo bem específico, sem embargo da usucapião continuar sendo ministrada na legislação brasileira.

A garantia constitucional envolve não só os lugares supérstites das manifestações libertárias e de resistência ao sistema escravista, mas, também, outros locais em que os negros ficaram assentados, por diferentes motivos. Já vimos isso. Mas o que deve ser ressaltado é que não importam as causas, em sua diversidade — salvo por uma questão de prova específica, caso por caso, em processo concreto, e se necessário — pois a Constituição deu a essas causas um desenho unívoco, ao levar em conta apenas o fenômeno delas resultante, ou seja, o fato, em si, da ocupação da terra. Assim, há que se colocar no mesmo naipe de abrigo e favorecimento as áreas de diferentes etiologias e denominações, populares ou não. Elas significam, juridicamente, a mesma coisa, isto é, o espaço sob utilização coletiva por descendentes de africanos. Simples assim.

Portanto, uma maior sensibilidade tocou o legislador constituinte, num dos raros momentos de um desvio humanista que não estava nos seus propósitos. Com efeito, o

---

(41) Orlando Gomes, *in* Direitos Reais, 7º ed., Forense, Rio de Janeiro, 1980, p. 31.
(42) Considerando a anterioridade do CC/2016, Benedito Silvério Ribeiro diz que as "Ordenações consagraram uma prescrição imemorial" — "modalidade de prescrição sem prazo fixado, mas de cujo começo da posse não havia memória entre os vivos", também existindo "A prescrição de quarenta anos — *quadriginta annorum praescriptio* — [que] era prevista para os bens do Estado, das cidades ou vilas (ou Fisco) ou do Imperador (ou Príncipe), imóveis da Igreja e lugares veneráveis (vilas e estabelecimentos 6yupios). A focada prescrição atingia os bens de uso especial e os dominicais." (Tratado da Usucapião, 1º vol., São Paulo, Ed. Saraiva, 1998, p. 150/151). Outros juristas, entretanto, discutem se não teria acabado a prescrição dessas terras do Estado desde a Lei 601/1850, cujo art. 1º proibia aquisição de terras devolutas por outro modo que não fosse o de compra.

Parlamento conservador, como o brasileiro, porém recém saído duma época de exceção, subestimou o sentido da norma que se desenhava desde a "Emenda Popular" e os trabalhos internos da "Subcomissão dos *Negros*, Populações Indígenas, Pessoas *Deficientes* e Minorias". Surpreendeu-se, pois, com a compreensão de que a garantia é esta: a que se estende como um todo, não só as áreas tocadas pela rígida expressão de esconderijo, da concepção inicial de quilombo, mas também outras áreas – essas que, por motivos diversificados, chegaram à posse de grupos descendentes de escravos e seus aderentes.

O art. 68 do ACDT, em suma, buscou fazer o seu jogo justo: com fundamento na simples ocupação, transformou posse em propriedade. E o fez por simples reconhecimento de domínio, que não implica em alienação por quem quer que seja/ a quem quer que seja — e que antes se fundamenta na ocupação originada do componente étnico de ascendência africana como elemento social da nossa formação.

Para terminar, é mister fazer ainda um outro tipo de revelação sobre o artigo 68 do ADCT, saindo do seu interior para uma abordagem que seria um tanto periférica, pelos aspectos gerais que serão mostrados, não fosse encontrar também nesses aspectos impressões jurídicas que tocam o próprio núcleo do dispositivo constitucional. Assim apresentamos facetas destacadas do mesmo, variadas em sua natureza jurídica, que são da lavra de Luís Antonio Câmara Pedrosa, jurista maranhense dedicado à causa dos direitos humanos em geral, as quais vêm pinçadas dum artigo seu, ora aqui, ora acolá. Tais particularidades ora são ditas com suas próprias palavras, em transcrição; ora recebem a nossa interferência redacional, no todo ou em parte, interpretando-as, todas funcionarão como apontamentos que antecipam uma apreciação mais pormenorizada, a ser feita em livro próximo. Para Luís Pedrosa, pois, o "artigo 68" importa ser:

*"Norma de direito fundamental porque também umbilicalmente ligada a dignidade de um grupo social de significado relevante para o sistema constitucional" (p. 33)

* Dispositivo que indiferentemente recai sobre terras públicas e também sobre terras privadas. (p. 30)

* Dispositivo de "ligação não apenas com o reconhecimento implícito da multiculturalidade do Estado brasileiro, mas também com a garantia do direito à diferença e do princípio democrático pluralista" (p. 33) – explicando-se que "O direito à diferença é o correspondente implícito do direito à igualdade" [e que] "Afirmar as diferenças significa perseguir a igualdade entre os grupos, daí a ideia de ação afirmativa" (p. 35).

* "(...) Também norma aberta, no sentido de que precisa ser atualizada de acordo com os avanços sociais". (p. 34)

* Expressa o significado de que alcança "não apenas indivíduos, mas sim coletividades". (p.36)[43]

---

(43) Luís Antonio Câmara Pedrosa, *ob. loc. cits*.

E, assim, com toda a narrativa que elaboramos para contar a conquista da terra pelo negro no Brasil, de ordem fática e de ordem legal, damos por ultimado este livro, alvitrando que se comece a fazer, no país, estudos jurídicos mais aprimorados, que conduzam, talvez, à sistematização de um denominado Direito Quilombola, tanto quanto de um Direito Indígena, ou de um mais abrangente Direito dos Povos Tradicionais.

"Quilombo de Juauri – Oriximiná (PA)

Fonte: www.quilombo.org.br/territorios

REFERÊNCIAS BIBLIOGRÁFICAS

ALENCASTRO, Luís Felipe de. *Trato dos Viventes*. São Paulo: Companhia das Letras, 2000.

ALFONSÍN, Jacques Távora. *O acesso à terra como conteúdo de direitos humanos fundamentais à alimentação e à moradia* — Porto Alegre, Sergio Antonio Fabris Editor. 2003.

ALMEIDA Alfredo Wagner Berno de. "Quilombos: sematologia face a novas identidades", *in* Frechal – Terra de preto, quilombo reconhecido como reserva extrativista, São Luís, SMDDH/ CCN-PVN, 1996.

ALMEIDA, Alfredo Wagner Berno de. "Os quilombos e as novas etnias", *in* Documentos do Instituto Socioambiental, Brasília, n. 005.

ALMEIDA, Alfredo Wagner Berno de. "Terras de Preto, Terras de Santo, Terras de Índio – Uso Comum e Conflito", *in* Na Trilha dos Grandes Projetos (Org.: CASTRO, Edna M.R. de; HÉBE-TTE, Jean). Cadernos NAEA – Núcleo de Altos Estudos Amazônicos, n. 10, Universidade Federal do Pará, Belém, 1989.

ALMEIDA, Cândido Mendes de. *Codigo Philipino ou Ordenações e Leis do Reino de Portugal*. 14. ed., Rio de Janeiro: Typografia do Instituto Philomathico, 1870.

ALVES, Daniel. "As Coutadas Reais nos séculos XVIII-XIX" – artigo *on line*. Disponível em: <http://naturlink.pt/article.aspx?menuid=7&cid=14400&bl=1>. Acesso em: 20 ago. 2017.

AMARAL, Braz do. "As Tribos Negras Importadas", *in* Estudos sobre a Escravidão Negra: Silva, Leornado Dantas (Org), Fund. Joaquim Nabuco/Editora Massangana, Recife, 198.

AMIR, Samir. O Desenvolvimento Desigual. São Paulo: Forense, 1976.

ANDRADE, Lúcia & TRECCANI, Girolamo. "Terras de Quilombo", *in* Direito Agrário Brasileiro (Org. LARANJEIRA, Raymundo), São Paulo: LTr, 2000.

ANDRADE, Manuel Correia de. *Agricultura e Capitalismo*, São Paulo: Ática, 1979.

ANDRADE, Manuel Correia de. "Transição do trabalho escravo para o trabalho livre no Nordeste açucareiro: 1850/1889", *in* Revista Estudos Econômicos, vol. 13, n. 1, jan/abr 1983. Ed. Instituto de Pesquisas Econômicas/USP – São Paulo.

ANDRADE, Manuel Correia de. A Questão do Território no Brasil. São Paulo/Recife, Ed. IPESP/ HUCITEC, 1995.

ANDRADE, Manuel Correia de. *Abolição e Reforma Agrária*. São Paulo: Ática, 1987.

ANJOS, Rafael Sanzio Araújo dos. "A territorialidade dos quilombos no Brasil contemporâneo: uma aproximação" – Cap. 8º do livro Igualdade Racial no Brasil – Reflexão no Ano Internacional dos Afrodescendentes, *in* SILVA, Tatiana Dias e GOES, Fernanda Lima (org.), Ed. Instituto de Pesquisa Econômica Aplicada (IPEA), Brasília, 2013.

ANJOS, Rafael Sanzio Araujo dos. Territorilidade Quilombola – Fotos e Mapas. Mapas Editora & Consultoria/ Projeto Geografia Afro-Brasileira: Educação e Planejamento do Território/ Centro de Cartografia Aplicada e Informação Geográfica da Universidade de Brasília, 2011.

ANPOCS – GT32 – "Relações raciais, desigualdades, identidade e políticas públicas", outubro de 2015.

ARAÚJO, Nabuco de. Revista Brasileira, ed. 01.02.1897, *in* Carta de André Rebouças a Joaquim Nabuco, *apud* GUIMARÃES, Alberto Passos: Quatro Séculos de Latifúndio. Ed. Paz e Terra, Rio, 1968.

ARCHETTI, Eduardo. "Apresentação", *apud* CHAYANOV Alexander, cit. abaixo.

ARQMO. "Minha Terra" — Associação das Comunidades Remanescentes de Quilombos do Município de Oriximiná, Pará/Comissão Pró-Índio de São Paulo, SP.

ARRUTI, José Maurício Mocambo, São Paulo, Edusc/Anpocs, 2005.

ASSEMBLEIA NACIONAL CONSTITUINTE: 1987-1988.

ASSIS, Machado de. *Memorial de Aires*. São Paulo: Martin Claret, 2007.

ASSOCIAÇÃO BRASILEIRA DE ANTROPOLOGIA: pronunciamento de 1994.

ASSUNÇÃO, Mathias R.: "Quilombos maranhenses", *in* Liberdade por um fio...*cit.*

ATIENZA, Manuel; MONERO, Juan Ruiz. *Marxismo y Filosofia Del Derecho*, 2. ed.. Mexico: Distribuciones Fontamora, 1998.

AZEVEDO, Elciene. *O Direito dos Escravos* (na "Introdução"), Campinas: Unicamp, 2010.

BALDI, César Augusto "Quilombolas do país inteiro aguardam julgamento do TRF-4", *in* Revista Consultor Jurídico, pub. o*n line* de 25.11.2013, www.conjur.com.br, Internet, 27.11.2013.

BANDEIRA, Mª de Lourdes; DANTAS, Triana Sodré. "Furnas de Dionísio", *in* Quilombos — identidade étnica e territorialidade. Eliane CantarinoO'Dwyer (Org) Rio: Ed. ABA/FGV, 2002.

BARATA, Mário: *Poder e Independência no Grão Pará* – 1820/1823. Belém: Conselho Estadual de Cultura, 1975.

BARBOSA, Francisco de Assis. "Abolição": verbete na *Encyclopaedia Britannica*, São Paulo, 1966.

BARTH, FREDRIK. Grupos étnicos e suas fronteiras; POUTIGNA, PHILIPPE E STREIFF-FE-NART, JOCELYNE. Teorias da Etnicidade, de, São Paulo, Editora UNESP, 1ª reimpressão, 1998.

BASILE, Marcelo Otávio N. de Campos – "A reforma agrária cidadã: o plano do Grande Fateusim Nacional", *in* Estudos, Sociedade e Agricultura, n. 10 (Universidade Federal Rural do Rio de Janeiro), abril de 1998, colhido na Internet em 22.06.2009, no sítio <http://bibliotecavirtual.clacso.org.ar/libros/brasil/cpda/estudos/primeira.htm>

BASILE, Marcelo Otávio N. de Campos. "Luzes a quem está nas trevas: a linguagem política e radical nos primórdios do Império", *in* Revista TOPOI, reprodução na Internet em 1.7.2009, no sítio <http://www.revistatopoi.org/numeros_anteriores/topoi03/topoi3a4.pdf>.

BASSONE, Julio Le Riverand. *"Acriollamiento, criollo y criollismo (I)"*, *in Estudios sobre El Criollo*. La Habana: Ed.Politica, 2005.

BASTOS, Tavares. *Cartas do Solitário*, São Paulo: Cia. Editora Nacional, 1938.

BENATTI José Heder. "Posse coletiva da terra: um estudo jurídico sobre o apossamento de seringueiros e quilombolas" — Revista CEJ, América do Norte, 112 12 1997.

BIANCHI, Álvaro. *Arqueomarxismo*: comentários sobre o pensamento socialista. São Paulo: Alameda, 2013.

BOLETIM TERRITÓRIOS NEGROS, n. 4, Ed. JUL/AGO, São Luís, MA, 2001.

BONIFÁCIO, José. *"Apontamentos sobre as sesmarias do Brasil"*: *apud* Míriam Dolhnikoff, Cit.

BONIFÁCIO, José. "Os índios são muito imaginativos", *apud* Míriam Dolhnikoff, Cit.

BONIFÁCIO, José. "Os índios são preguiçosos e voluptuosos" e "Apontamentos para a civilização dos índios bravos do Império do Brasil", "Os índios são muito imaginativos", *in* Projetos para o Brasil — Org. DOLHNIKOFF, Miriam. Companhia das Letras, São Paulo, 1998.

BONIFÁCIO, José. "Representação à Assembleia Geral Constituinte e Legislativa do Império do Brasil sobre a Escravatura", *apud* Dolhnikoff, Míriam, Cit.

BONIFÁCIO, José. "Representação à Assembleia Geral Constituinte e Legislativa do Império do Brasil sobre a Escravatura", *in* (Org) Dolhnikoff, Míriam: José Bonifácio de Andrada e Silva - Projetos para o Brasil Ed. Companhia das Letras, São Paulo, 1998.

BONIFÁCIO, José. Projeto de Controle da Escravidão, *apud* Dolhnikoff, Míriam, Cit.

BONIFÁCIO, José. "Regulamento sobre a escravatura", *apud* Míriam Dolhnikoff, Cit.

BONIFÁCIO, José. "Colônia de Pretos...", *apud* Míriam Dolhnikoff, Cit.

BONIFÁCIO, José. "Avulsos", *apud* Míriam Dolhnikoff, Cit.

BRANDÃO, Brás. "José Bonifácio e o sábio por trás do príncipe", *in* Revista "História Viva", ed. out/ 2004.

BRASILEIRO, Sheyla; SAMPAIO, José Augusto. "Santiuba e Riacho de Santana – uma comunidade negra rural no Oeste baiano", *in* Quilombos — identidade étnica e territorialidade, O'DWYER, Eliane Cantarino (org.), Rio, Ed. ABA/FGV, 2002

BRASS J. *Ethnicity and Nacionalism Theory and Comparation*, Londres, Sage Publications, *apud* Poutignat/Streiff-Fenart, Cit.

BRITO, Luciana da Cruz. "Sob o rigor da lei – os africanos e a legislação baiana no século XIX", artigo Disponível em: <w.w.w.sities.google.com/site/revistasankofa/sankofa2/sob-o-rigor-da-lei,>.

BUENO, Silveira. *Vocabulário Tupí-Guaraní-Português*. São Paulo: Brasilivros, 1982.

CALAZANS, José. *Cartografia de Canudos*. Salvador: Empresa Gráfica da Bahia, 1997.

CALDEIRA, Jorge. *História da Riqueza no Brasil*. Rio: Estação Brasil, 2017.

CAMELY, Nazira Correia. "Cooperativas e trabalhadores da pós-modernidade – o estudo de caso das quebradoras de castanha da Usina Chico Mendes". Dissertação de mestrado na Universidade de Niterói, Rio de Janeiro, 2001.

CARDOSO, Ciro Flamarion. *Escravo ou Camponê*s – O Protocampesinato Negro nas Américas. São Paulo: Brasiliense, 1987.

CARDOSO, Ciro Flamarion. *Agricultura, Escravidão e Capitalismo*. Petrópolis, Vozes, 1979.

CARDOSO, Fernando Henrique. *Capitalismo e Escravidão no Brasil Meridional*, 5. ed., Rio de Janeiro: Civilização Brasileira, 2003.

CARNEIRO, Edison> *Ladinos e Crioulos* - Estudos sobre o Negro no Brasil. Rio: Civilização Brasileira, 1964.

CARONE, Edgard. O PCB –1922/1943, 1. vol., São Paulo: Difel, 1982.

CARTA de um morador de Tucano, perto do local do morticínio de Canudos, ao Barão de Jeremoabo, *in* José Calazans, Cit.

CARVALHO, Edgar de Assis. "Marxismo, Etnia e Reprodução Social", Revista Perspectivas, São Paulo, n. 11, 1988, artigo em disponibilidade na Internet, sítio <seer.fclar.unesp.br/perspectivas/article/douwnload/1978/1542>

CASCUDO, Câmara. *Dicionário do Folclores Brasileiro*, 5. ed., São Paulo: Melhoramentos, 1980.

CASTRO ALVES. *Os Escravos*. Salvador: Livraria Progresso Editora, 1956.

CHALOUB, Sidney. *Visões da Liberdade*. São Paulo: . Companhia das Letras, 2003.

CHAUÍ, Marilena. "Cultura e Racismo", Aula Inaugural na FFLCH-USP, 10 de março de 1993.

CHAYANOV, Alexander. *Organización de La Unidad Economica Campesina*. Buenos Aires: Ed. Nueva Visión, 1974. Tradução para o espanhol, da 1. ed. de 1925, Moscou.

CHIAVENATTO, José Julio: *O Negro no Brasil*. São Paulo: Ed. Brasiliense, 1980.

CONRAD, Robert. *Os últimos anos da escravatura no Brasil*, 2. ed., Rio: Civilização Brasileira, 1978, Trad. Fernando de Castro Ferro.

CONSOLIDAÇÃO DAS LEIS CIVIS, 3. ed., Rio de Janeiro, Garnier Livreiro Editor, 1896.

COSTA, Emília Viotti da. *Da Senzala à Colônia*. São Paulo: Difusão Europeia do Livro. 1966.

COSTA, Emília Viotti. *A Abolição*. São Paulo: Global Editora, 4. ed., 1988.

COSTA, Emília Viotti da. "O início do fim", artigo *in* Revista História Viva, ano VI, n. 66, Edição Especial da Duetto Editora, "Dossiê Tráfico Negreiro".

COSTA, Emília Viotti. *Da Monarquia à República* – Momentos Decisivos. São Paulo: Ed. Brasiliense, 1987.

CUNHA, Antonio Geraldo da. *Dicionário Etimológico da Língua Portuguesa*. Rio: Nova Fronteira, 1982, p. 525 e 655, respectivamente.

CUNHA, Antonio Geraldo da. *Dicionário Etimológico*. São Paulo: Ed. Nova Fronteira, 1982

CUNHA, Euclides da. *Os Sertões*. São Paulo: Ed. Nova Cultural, 2003.

CUNHA, Manuela Carneiro da. *Negros, estrangeiros*. São Paulo: Brasiliense, 1985.

CUVILIER, Armand. *Manuel de Sociologie*. Tomo I, Paris, Presses Universitaires de France, 1954.

DAVI, Darell. *A Familia Prado*. São Paulo: Ed. Cultura 70 – Livraria Editora S/A, 1977. Trad. MENDONÇA, José Eduardo (Elite Brazilian Family in a Changing Society: 1840-1930).

DELGADO, Hernan Venegas. *"Palabras introductorias"*, *in Estudios sobre El Criollo* de BASSONE, Julio Le Riverand La Habana, Ed.Politica, 2005.

DIAS, Manuel Nunes. Fomento e Mercantilismo – A Companhia Geral do Grão-Pará e Maranhão (1755-1778). Ed. UFPA, Belém, 1970, *apud* José Maia Bezerra Neto, Cit.

DIEGUES, Antonio Carlos. *O Mito da Natureza Intocada*, 3. ed., São Paulo: Hucitec, 2001.

DIKE, Onukwa Kenneth. *Trade and Politic in Niger Delta (1830-1855)*, Oxford 1956, *apud* Pierre Verger, *cit.*,

DOBB, Mauride: *A Evolução do Capitalismo*, 8. ed., Rio: Zahar Editores, 1981.

DOLHNIKOFF, Míriam. José Bonifácio-1783/1823. Campinas: Unicamp/Fapesp, 1999.

DOLHNIKOFF, Míriam. José Bonifácio. Projetos para o Brasil. São Paulo: Companhia das Letras, 1999.

DORE, Elizabeth. Dicionário do Pensamento Marxista. Org. BOTTOMORE, Tom. Rio, Jorge Kahar Ed., Trad. Valtensir Dutra, 1983, verbete *Campesinato*.

ENGELS, Frederich. Prefácio para a 3. ed. do livro de Marx, O 18º Brumário de Luís Bonaparte, Cit.

ENGELS, Frederick, nota à edição inglesa de 1888 do Manifesto do Partido Comunista, cf. referência n. 3 da p. 45 do *Manifesto* de Marx e Engels, Editora Martin & Claret, São Paulo, 2. ed., 2008.

EQUIPE do Projeto Vida de Negro. Terras de Preto no Maranhão – Quebrando o mito do isolamento. São Luís, Centro de Cultura Negra do Maranhão/Sociedade Maranhense dos Direitos Humanos, 2002.

FAORO, Raymundo. Os Donos do Poder. 3. ed. São Paulo: Globo, 2001.

FERNANDES, Bernardo Mançano: "O fim do campesinato?"/ "Delimitação Conceitual do Campesinato", *in* Via Campesina (org.): O Campesinato no século XXI – Possibilidades e Condicionantes de Desenvolvimento do Campesinato no Brasil. Curitiba/Brasília, nov.2004, visto em: <www2.fet/ Unesp.br.../bernardo/.../0%20CAMPESINATO%20NO%SECULO%20XXI>.

FERNANDES, Florestan. *A integração do negro na sociedade de classes* (2 vols.), São Paulo: Editora da USP, 1965.

FILHO , Ivan Alves. "Vinte de Novembro ou Treze de Maio"? *in* Revolução. Carta 13, pub. Gabinete do Senador Darcy Ribeiro, Brasília, 1994.

FILHO, João Dornas. *A Escravidão no Brasil*. Rio: Civilização Brasileira, 1938.

FILHO, Luís Viana. *O Negro na Bahia*, 4. ed., Salvador: EDUFBA/Prefeitura de Salvador, 2008.

FLORENTINO, Manolo. *Em Costas Negras*, São Paulo: Companhia das Letras, 2010.

FOOT, Francisco; LEONARDI, Victor. História da Indústria e do Trabalho no Brasil. São Paulo: Global Editora, 1982.

FONSECA, Aleilton. *O Pêndulo de Euclides*, 2. ed. Rio de Janeiro: Bertrand do Brasil, 2017.

FRANCO, Maria Sylvia de Carvalho. *Homens Livres na Ordem Escravocrata*. Ed. Unesp, S.P., 4. ed., 1997.

FREIRE, Gilberto. *Casa Grande e Senzala*. José Olympio Editora, Rio: 1954, 1. vol.

FREITAS, Décio. *Escravos e Senhores de Escravos*. Porto Alegre: Mercado Aberto, 1983.

FREITAS, Décio. *Palmares* – A Guerra dos Escravos, 4. ed., São Paulo: Ed. Graal, 1982.

GALIZZA, Diana Soares de. *O Declínio da Escravidão na Paraíba* (1850-1888). João Pessoa: Universitária/UFPB, 1979.

GEBARA, Ademir. *O Mercado de Trabalho Livre no Brasil*. São Paulo: Brasiliense, 1986.

GENOVESE, Eugene. *Da Rebelião à Revolução*. São Paulo: Global Editora, 1983, *apud* Mary Kranach, Cit.

GODELIER, Maurice. "A antropologia econômica", *in* Antropologia: ciência das sociedades primitivas? — Lisboa, 1974, Ed. Biblioteca 70.

GODELIER, Maurice. *Horizon, trajets marxistes en Anthropologie*. Paris: Ed. François Maspero.

GÓES, Joaci. *51 personalidades (mais) marcantes do Brasil*. Rio de Janeiro: Topbooks, 2014.

GOMES, Flávio; QUEIROZ, Jonas Marçal de, *in* "Em outras margens: escravidão africana, fronteiras e etnicidade", *apud* Os Senhor es do Rio (Org. PRIORE, Mary del /

GOMES, Flávio dos Santos. "*Quilombos*: Sonhando com a terra, construindo a cidadania", *in* História da Cidadania (Org. Jaime Pinsky e Carla Bassanezi Pinski), São Paulo: Contexto, 2003.

GOMES, Flávio dos Santos. "Protesto Negro e História", O Liberal, Belém, ed. 13 de maio de 1997.

GOMES, Orlando. *Direitos Reais*. 7. ed., Rio de Janeiro: Forense, 1980.

GORENDER, Jacob. *A Burguesia Brasileira,* São Paulo: Brasiliense, 1991.

GORENDER, Jacob. *A Escravidão Reabilitada*. São Paulo: Editora Ática, 1990.

GORENDER, Jacob. *Gênese do Capitalismo no Campo Brasileiro*. Porto Alegre: Mercado Aberto, 1987.

GORENDER, Jacob. *O Escravismo Colonial*. São Paulo: Editora Ática, 6. ed., 1992.

GOULART, José Alípio. *Da Fuga ao Suicídio*. Rio: Conquista, 1972.

GRAHAM, R.. *Grã-Bretanha e o inicio da modernização do Brasil*. São Paulo: Brasiliense, 1973, p. 82, *apud* Francisco Foot e Victor Leonardi, Cit.

GRINBERG, Leila. *O Fiador dos brasileiros*. Rio: Civilização Brasileira, 2002.

GUIMARÃES, Alberto Passos. *Quatro Séculos de Latifúndio*. Rio: Paz e Terra, 1968.

GUIMARÃES, Carlos Magno. "Mineração, Quilombo e Palmares – Minas Gerais no Século XVIII", *in* Liberdade por um Fio, Cit.

GUSMÃO, Neuza Mª Mendes de. "Terras de uso comum: oralidade e escrita em confronto", *in* Revista Afro-Ásia, Salvador: Ceao/UFBA, n. 16, 1995.

GUZMÁN, Eduardo Sevilla; MOLINA Manuel Gonzalez de. *Sobre a Evolução do Conceito de Campesinato*. São Paulo: Expressão Popular, 2006.

HAYWOOD, Linda et *alli*: "*De português a africano* — a origem centro-africana das culturas africanas crioulas no século XVIII", *in* Diáspora negra no Brasil. São Paulo: Contexto.

HELLER, Agnes. *O Cotidiano e a História*. 4. ed., Rio/S.P., 1970. Ed. Paz e Terra, Trad. Coutinho, Carlos Nelson e Konder, Leandro.

IANNI, Octavio. *As Metamorfoses do Escravo*. Hucitec/Scientia et Labor, São Paulo, 1988,

IPANEMA, Cibelle Monteiro de. *História da Ilha do Governador*. Rio: Mauad Ed., capítulo sobre "A Real Coutada da Ilha do Governador".

ISABEL, Princesa. Carta ao Visconde de Santa Victoria, no Memorial Visconde de Mauá, organizado pelo Comendador Eduardo André Chaves Nedehf, *apud* LEAL Priscila, Cit. abaixo.

JUCÁ, Joselice; REBOUÇAS, André. *Reforma e Utopia no Contexto do Segundo Império*. Rio de Janeiro: Edição da Construtora Odebrecht, 2001.

JUCÁ, JOSELICE. Estudo Introdutório ao livro de André Rebouças, Agricultura Nacional (Estudos Econômicos), ed. fac-similar (2ª) da Editora Massagana/Fundação Joaquim Nabuco, Recife, 1988.

JULIÃO, Francisco. *Que são as Ligas Camponesas?* – Cadernos do Povo Brasileiro, Rio: Ed. Civilização Brasileira, 1962.

JÚNIOR, Manuel Diegues. *Etnias e Culturas no Brasil*. Rio: Departamento de Imprensa Nacional, 1952.

JUNIOR, Adolfo Neves de Oliveira. "Reflexões Antropológicas e Prática Perícial",*in* O Quilombo do Rio das Rãs, Cit.

JUNIOR, Adolfo Neves de Oliveira. "Reflexão Antropológica e Prática Pericial", *in* O Quilombo do Rio das Rãs, Org. de CARVALHO, José Jorge de, DÓREA, Siglia Zambitti e JUNIOR Adolfo Neves de Oliveira. Salvador, Ed. UFBA/CEAO, 1996.

JUNIOR, Caio Prado. *História Econômica do Brasil*. 34. ed., São Paulo: Brasiliense, 1986.

JUNIOR, Manuel Diegues. *População e Açúcar no Nordeste do Brasil*. Rio: Ed. Comissão Nacional de Alimentação, 1952.

KABENGELE, Munanga. *Negritude* – Usos e Sentidos, 3. ed., Belo Horizonte: Autêntica Editora, 2009.

KOSHIBA, Luiz; PEREIRA, Manz Denize. *História do Brasil*. São Paulo: Atual Editora, 1994.

KOSTER, Kenry. *Viagens ao Nordeste do Brasil*. São Paulo: Companhia Editora Nacional, 1942.

KOVAL, Boris. *História do Proletariado Brasileiro – 1857/1967*. São Paulo: Alfa-Ômega, 1982.

KRANACH, Mary. "Os quilombos de Ouro de Goiás", *in* Liberdade por um Fio (Org. João José Reis e Flávio dos Santos Gomes), São Paulo: Companhia das Letras, 1996.

KUUCINEN *et alli*: Fundamentos do marxismo-leninismo. Ed. Vitória, Rio, 1962, Trad. Gorender, Jacob e Alves, Mário.

LARANJEIRA, Raymundo. "Amazônia e Áreas Etno-camponesas dos Quilombolas", Revista Direito Agrário, Ambiental e de Alimentação, JUL 2002 a JUN 2005.

LARANJEIRA, Raymundo. *Propedêutica do Direito Agrário*, 2. ed., São Paulo: LTr, 1983.

LEAL, Priscila. "Diário Intimo da História Imperial", box da reportagem, *in* Revista "Nossa História", n. 31, maio de 2006.

LEITE, Ilka Boaventura. "Descendentes de Africanos em Santa Catarina", *in* Negros no Sul do Brasil (Org. Leite, Ilka Boaventura). Ed. Letras Contemporâneas, Ilha de Santa Catarina, 1996.

LENIN, Vladimir Ilicht. "Esboço inicial das teses sobre a questão agrária para o Congresso Internacional Comunista a ser realizado em 15/7/1920, *in* O Problema Agrário II. Cit.

LENIN, Vladimir Ilicht. "O imposto em espécie" artigo *in* Marta Harnecker: Os Conceitos Elementais do Materialismo Histórico, sem indicação de editora, 1971.

LENIN, Vladimir Ilicht. Texto do livro A Revolução Proletária e o Renegado Kaustky, tradução brasileira da obra *La Alianza de La Clase Obrera y El Campesinado* (*Ediciones em lengua Estranjeras*, Moscou, 1957), e aproveitado no Brasil em Coletânea pelas Editoras Vitória e Aldeia Global (Belo Horizonte, 1979), com o título Problema Agrário I.

LENIN, Vladimir Ilicht. O Desenvolvimento do Capitalismo na Rússia. Ed. São Paulo: Victor Civita, 1982.

LEPKOWSKY, Tadeusz.Haiti, tomo I, Ed. Casa de las Americas, La Habana, 1968, *apud* Cardoso, Ciro Flamarion: Escravo ou Camponês? – O Protocampesinato Negro nas Américas. Ed. Brasiliense, São Paulo, 1987.

LOPES, Nei. "Onomástica Palmarina". *In* Revista Carta, Gabinete do Senador Darcy Ribeiro, Brasília.

LORDELO, Monique Cristina de Souza. "Escravos negros na fronteira entre Brasil e Bolívia", Disponível em: <http://www.snh2011.anpuh.org/resources/anais/14/1300712738_ARQUIVO_ Trabalhocompleto_Monique_Lordelo.pdf, 2011>. Acesso em: 4 nov. 2017.

LUCA, Javier de. El concepto de solidariedad. Mexico, Distribuciones Fontamara S.A., 1998, *apud* ALFONSÍN, Jacques Távora, Cit.

LUNA, Francisco Vidal e COSTA, Iraci Nero da. "A presença do elemento forro no conjunto dos proprietários de escravos", *in* Revista Ciência e Cultura, vol. 32 (7), julho de 1980 – Separata.

LUZ, Nícia Vilela. *A Luta pela Industrialização do Brasil*. São Paulo: Ed. Alfa-Ômega, 1978.

MAESTRI, Mário. "A Aldeia Ausente (II): índios, caboclos, escravos e imigrantes na formação do campesinato brasileiro" – Conferência ministrada no II Colóquio Marx-Engels, do Centro de Estudos Marxistas do IFCH da Unicamp, Campinas, 21/11/2001. Disponível em <http://www.br.geocities.com.comunidade_kalunga/MarioMaestri.htm>. Acesso em: 6 out. 2009

MAESTRI, Mário. *A Servidão Negra*. Porto Alegre: Mercado Aberto, 1988.

MAESTRI, Mário. *O Escravismo no Brasil*. 6. ed. São Paulo: Atual Editora, 1997.

MAESTRI, Mario. "Pampa Negro: quilombolas no Rio Grande do Sul", *in* Liberdade por um Fio, Org. João José Reis e Flávio dos Santos Gomes, cit.

MAGNOLI, Demétrio. *Uma gota de sangue* – História do Pensamento Racial, São Paulo: Contexto, 2009.

MAKINSON, David. "*On attributing rights to all peoples: some logical questions*", *in Law and Philosophy*, vol. 8, n. 1, 1989 – Ed. *Kluwwar Academic Publishers, Netherlands*.

MATTOS, Regiane Augusto de. *História e Cultura Afro-brasileira*, 2. ed., São Paulo: Contexto, 2011.

MALCHER, Maria Albenize Farias. "Identidade quilombola e território". Artigo colhido na Internet em 3/11/2012, <www.mftl.org/pdf/046.pdf> (Comunicações do III Forum Mundial de Teologia da Libertação, Belém, 21 a 25 de janeiro de 2009.

MALHEIROS, Perdigão. *A Escravidão no Brasil*, 3. ed., Petrópolis: Editora Vozes, II. vol.

MAMIGONIAN, Beatriz Gallotti. "Revisitando a 'transição para o trabalho livre': a experiência dos africanos livres", *in* Tráfico, Cativeiro e Liberdade – Rio de Janeiro, séculos XVII–XIX (Org. Manolo Florentino), Rio, Ed. Civilização Brasileira, 2005.

PRESIDENTE GERAL DA FRENTE NEGRA BRASILEIRA, folheto (1931), Manifesto à Gente Negra Brasileira, *apud* Florestan Fernandes, Cit.

MARTINS, José de Souza. "Comentários sobre a insurreição zapatista em Chiapas", publicação via Internet, dez. 2000.

MARTINS, José de Souza. São Paulo: *O Cativeiro da Terra*. Livraria Editora Ciências Humanas, 1979.

MARTINS, José de Souza. *Os Camponeses e a Política no Brasil*. Petrópolis: Vozes, 1981.

MARX, Karl. *O 18 Brumário de Luis Bonaparte*, 2. ed., São Paulo: Abril Cultural – Coleção Os Pensadores, 1978.

MARX, Karl. *O Capital*, Vol. I, Tomo 2, trad. Regis Barbosa e Flávio Kothe. São Paulo: Ed. Victor Civita, 1984, Cap. XXIV.

MARX, Karl. *Para a Crítica da Economia Política, Introdução*. São Paulo: Victor Civita, 1982.

MARX, Karl; ENGELS, Frederik. *Manifesto do Partido Comunista*. São Paulo: Editora Martin Claret, 2ª reimpressão, 2008.

MATOS, Gramiro de. *Influências da Literatura Brasileira nas Literaturas Africanas de Língua Portuguesa*. Salvador: Empresa Gráfica da Bahia, 1996.

MATOS, Hebe. "Novos quilombos: re-significação da memória do cativeiro entre descendentes da última geração de escravos", *in* Memórias do Cativeiro, Cit.

MATOS, Hebe: "Novos quilombos: re-significação da memória do cativeiro entre os descendentes da última geração de escravos", *in* "Memória do Cativeiro — família, trabalho e cidadania no pós Abolição, de Ana Lugão Rios e Hebe Matos, Ed. Civilização Brasileira, Rio, 2005.

MATOSO, Katia de Queirós. *Ser Escravo no Brasil*. São Paulo: Brasiliense, São Paulo, 3· ed., 1982.

MATOSO, Kátia M. de Queiroz. *Bahia* - Século XIX, Uma Província no Império, 2· ed., Rio: Nova Fronteira, 1992.

MEDEIROS, Leonilde Sérvulo de. "Os trabalhadores do campo e desencontros na luta por direitos", *in* O Campesinato na História – Vários autores, org. CHEVITARESE André Leonardo, Rio: Ed. Faperj/Relume Dumaré, 2002.

MELO, Afonso Toledo Bandeira de. O Trabalho Servil no Brasil, *apud* Afonso D. Taynay, Cit.

MENDRAS, Henry. *Sociedades Camponesas*. Rio: Zahar Editores, 1978.

MILLER, Joseph. Entrevista: "O tráfico de Escravos", *apud* A Era da Escravidão, da Coleção Revista Histórica de Bolso, Org. Luciano Figueiredo, Rio, 2009.

MOMDZHIÁN, Jáchik. Etapas de la Historia. Moscou: Editorial Progreso. 1980.

MORAIS, Clodomir Santos de. *História das Ligas Camponesas no Brasil*. Brasília: Iattermund, 1997.

MOURA, Carneiro de. *Historia Administrartiva, Colonial e Política de Portugal*, Lisboa: Typografia do Anuário Commercial, 1913.

MOURA, Clovis. *Dicionário da Escravidão Negra no Brasil*. São Paulo: Universidade de São Paulo, 2004.

MOURA, Clóvis. *Os Quilombos e a Rebelião Negra*. São Paulo: Ed. Brasiliense, 1987.

MOURA, Clovis. *Sociologia Política da Guerra Camponesa de Canudos*, São Paulo: Expressão Popular, 2000.

MOURA, Glória. "Ilhas negras num mar mestiço", *in* Revista Carta, Brasília, n. 13/1994.

MOURA, Margarida Maria. *Camponeses*. São Paulo: Ática, 1986.

MURARO-SILVA. *Legislações Agrárias do Estado de Mato Grosso*. 1. ed., Cuiabá: Jurídica Mato-grossense, 2001.

NABUCO, Joaquim. Discurso proferido num *Comício*, na Praça de São José de Riba Mar, a 5 de novembro de 1884.

NABUCO, Joaquim. *O Abolicionismo*. Brasília: Ed. UnB, 2003.

NABUCO, Joaquim. Segunda Conferência (Theatro Santa Isabel, 1.11.1884), *in* Campanha Abolicionista. Ed. Massangana, Recife, 1988.

NABUCO, Joaquim. Trecho oriundo dos Anais da Câmara dos Deputados, sessão de 1 de setembro de 1879, *apud* LAMOUNIER, Maria Lúcia: Da Escravidão ao Trabalho Livre. Ed. Papirus, São Paulo, 1988.

NASCIMENTO, Abdias. "O Quilombismo", *in* Revista Carta do Senador Darci Ribeiro, n. 13, Brasília, 1994.

NASCIMENTO, Benedicto Heloiz: "Integração do Brasil na América Latina", artigo na Internet, 2008, no sítio <http://www.abpha.org.br/congresso 1999/textos/benedict/pdf>.

NAVES, Márcio Bilharinho. "As figuras do Direito em Marx", artigo na Revista Margem Esquerda, n. 6, set/2005.

NETO, José Maia Bezerra. *Escravidão Negra no Grão-Pará* – Séculos XVII-XIX, Belém: Paka-Tatu, 2001.

NEVES, Mª de Fátima Rodrigues das. *Documentos sobre a Escravidão no Brasil*. São Paulo: Contexto, 1996.

NEVES, Maria de Fátima Rodrigues das. *Escravidão no Brasil*. São Paulo: Contexto, 1966.

O'DWYER, Eliane Cantarino —"Os quilombos e a prática profissional dos antropólogos", que faz a "Introdução" do livro Quilombos – Identidade étnica e territorialidade, *Cit.*

OLIVEIRA, Maria Inês Cortes de. *O Liberto*: seu mundo e os outros – Salvador, 1790/1890 Ed. Corrupio, São Paulo, 1988.

OLIVEIRA, Roberto Cardoso de. *Etnia, Identidade e Estrutura Social*. São Paulo: Livraria Pioneira Editora, 1974.

ORDENAÇÕES FILIPINAS. Fundação Calouste Gulbenkian, Lisboa, Portugal, 1985.

OSCAR, João: "Curukango e outros Quilombos", *in* "Carta" (Informe de Distribuição Restrita do Sen. Darcy Ribeiro), n. 13, Brasília, 1992.

PACHECO, Eliezer. *O Partido Comunista Brasileiro –1922/1964*, São Paulo: Alfa Ômega, 1984.

PANIAGO, Cristina. "Toda a luta pela emancipação humana só pode se dar contra o capital". Entrevista dada a André Nunes, Jornal Brasil de Fato, ed. 12/18 fev 2015.

PARREIRAS, Adriano. Dicionário Glossográfico e Toponímico da Documentação sobre Angola. *Apud* Nei Lopes, *Cit.*

PEDREIRA, Pedro Tomaz. Os Quilombos Brasileiros. Prefeitura de Salvador, 1953.

PEDRO, Joana Maria *et alii*: "Escravidão e preconceito em Santa Catarina – história e historiografia", *in* Negros no Sul do Brasil (Org. Ilka Boaventura Leite), *Cit.*

PEDROSA, Luís Câmara. "Notas sobre a (in) constitucionalidade do Decreto 4887", *in* Revista de Direito Agrário, n. 20, Ano 20, Brasília-INCRA, 2007.

PÉRONNET, Michel. *Revolução Francesa em 50 Palavras-Chaves*. São Paulo: Brasiliense, 1988.

PIERONI, Geraldo. *Os Excluídos do Reino*, Brasília: UnB, 2000, p. 18.

PINSKY, Jaime. *Escravidão no Brasil*. São Paulo: Global Editora, 2. ed., 1991.

PIO, Fernando. "Senhores de Engenho e Negros Cativos", *in* Estudos sobre a Escravidão Negra, 1 vol. Fund. Joaquim Nabuco/Ed. Massagana, 1988.

PIRES, Ana Flávia Cicchellis. "A abolição do comércio atlântico de escravos e os africanos livres do Brasil": Disponível em: <www.cea.unc.edu.ar/africa-orientemedio/librobahia/07pire.pdf>

PIRES, Homero. Prefácio ao livro Os Africanos no Brasil, *Cit.*

QUEIROZ, Rachel de. *Memorial de Maria Moura*. São Paulo: Siciliano, 1992.

RAMOS, Artur. *O Negro Brasileiro*. Rio: Civilização Brasileira, 1934.

RAMOS, Donald. "O quilombo e o sistema escravista em Minas Gerais no século XVIII" *in* Liberdade por um Fio (Org. João José Reis e Flávio dos Santos Gomes).*Cit.*

REBOUÇAS, André. Agricultura Nacional – Estudos Econômicos (Propaganda Abolicionista e Democrática). 2ª edição fac-similar. Fundação Joaquim Nabuco/Editora Massangana, Recife, 1988.

REBOUÇAS, André. Carta a Alfredo E. Taunay, de 21 de julho de 1893, *apud* Joselice Jucá: "Estudo Introdutório ao livro Agricultura Nacional, *Cit.*

REBOUÇAS, André. Carta a Joaquim Nabuco, de 23 de março de 1884, *apud* Joselice Jucá, *Cit.*

REBOUÇAS, André. Diário e Notas Autobiográficas, *apud* Guimarães, Alberto Passos: Quatro Séculos de Latifúndio. Ed. Paz e Terra, Rio, 1968.

REIS, João José; GOMES, Flávio dos Santos. "Uma história de liberdade" – Introdução ao livro Liberdade por um fio, *Cit.*

REIS, João José. "Abolicionismo e Resistência Escrava", *in* Revista da Bahia, n. 14, set/nov. 1989.

REZZUTTI, Paulo. *D. Pedro* – A História não contada, 1. ed., São Paulo: Leya, 2015.

RIBEIRO, Benedito Silvério. *Tratado da Usucapião*, São Paulo: Saraiva, 1. vol., 1998.

RIBEIRO, Darcy. "A invenção do Brasil", na introdução do livro A Fundação do Brasil, de RIBEIRO, Darcy e NETO, Carlos de Araújo Moreira. Petrópolis, Ed. Vozes,1992.

RIBEIRO, Ivan Otero. *Agricultura, Democracia e Socialismo*. Rio: Paz e Terra, 1988.

RIOS, Ana Lugão. "Filhos e netos da última geração de escravos e as diferentes trajetórias do campesinato negro", *in* Memória do Cativeiro – família, trabalho e cidadania no pós abolição. De Ana Lugão Rios e Hebe Matos, Ed. Civilização Brasileira, Rio, 2005.

RODRIGUES, Jaime. "Liberdade, humanidade e propriedade: os escravos e a Assembleia Constituinte de 1923", artigo colhido na Internet em 2016, <www.ieb.usp.br/revista/revista039/rev039/jaimerodrigues.pdf>

RODRIGUES, Jaime. *De Costa a Costa* – Escravos, marinheiros e intermediários do tráfico negreiro, de Angola ao Rio de Janeiro (1780-1860). São Paulo: Companhia das Letras, 2005.

RODRIGUES, Nina. *Os Africanos no Brasil*, 6 ed., Distrito Federal: Universidade de Brasília,1982.

RUSSELL-WOOD, JJ. *Escravos e Libertos do Brasil Colônia*. Rio: Civilização Brasileira, 2005

RUY, José Carlos. "Internacionalização, Imperialismo e Globalização", Revista Princípios, n. 58/2000.

SALVADOR, José Gonçalves. *Os Magnatas do Tráfico Negreiro*. São Paulo: Pioneira/ Edusp, 1981.

SAMPAIO, Coelho. Preleções, t. 48 § 179, nota (a). *Apud* Cândido Mendes de Almeida, *Cit.*

SANSONE, Lívio. Negritude sem etnicidade. Salvador/Rio, EDUFBA/PALLAS, 2004.

SANT'ANNA, Silvio L.: *"Introdução" aos Prefácios da publicação do Manifesto do Partido Comunista.* São Paulo: Claret, 2008.

SANTOS, Cláudia Andrade. "A Carta e seu Tempo", *in* Revista Nossa História, julho de 2006.

SANTOS, Joaquim Felício dos. *Memórias do Distrito Diamantino*, 5. ed. Petrópolis: Vozes, 1978.

SANTOS, Joel Rufino dos. "Pedro Cem", *in* Revista Caros Amigos, ed. n. 172, 2011.

SANTOS, Natália Neris da Silva. "Vozes negras no Congresso Nacional": o Movimento Negro e a Assembleia Nacional Constituinte de 1987-1988", 39º Encontro anual da ANPOCSs/2015.

SANTOS, Joel Rufino dos. "Negros são afros?", *in Revista Caros Amigos*, São Paulo: Abril de 2011.

SAYERS, Raymond. *O Negro na Literatura Brasileira*. Rio: O Cruzeiro, 1968.

SCHIMITT, Alessandra, TURATTI, Mª Cecília M. e CARVALHO, Mª Celina P. de: "A atualização do conceito de quilombo: identidade e território nas definições teóricas", *in* "Ambiente & Sociedade, n. 10, Campinas, jan/jul 2002. Disponível em: <http://www.scielo.br/pdf/soc/n10/16889.pdf>

SCHWARCZ, Lilia Moritz. *Lima Barreto* - Triste Visionário. São Paulo: Companhia das Letras, 2017.

SECRETARIA DO MEIO AMBIENTE DO ESTADO DO PARANÁ: <https://www.google.com.br/search?q=PARQUE+ESTADUAL+DE+lAUR%C3%81CEAS&ie=utf-8&oe=utf-8&rls=org.mozilla:pt-BR:official&client=firefox-beta&gws_rd=cr&ei=tFBuUsDrAcagkQeOkoCIDA>

SEYFERTH, Giralda. Verbete "Etnicidade", *in* Dicionário de Ciências Sociais, Rio: Editora Fundação Getúlio Vargas, 1986.

SIDNEY, Mintz. *The origens of reconstituted peasanties*; *in* MINTZ, Sidney: *Caribbean Transformations*. Aldine, Chicago, 1974, p. 146-156, *apud* CARDOSO, Ciro Flamarion: Escravo ou Camponês?. Cit.

SILVA, Alberto da Costa e. "Um Brasil, muitas Áfricas", artigo *in* Revista de História da Biblioteca Nacional, n. 78, março de 2012.

SILVA, Alberto da Costa e. *A Manilha e o Libambo* – A África e a Escravidão de 1500 a 1700. Rio: Nova Fronteira/MinC, 2002.

SILVA, Alberto da Costa e. *Francisco Félix de Souza* – Mercador de Escravos. Rio: UERJ/Nova Fronteira, 2004.

SILVA, Ana Rosa Cloclet da. *Construção da Nação e Escravidão no Pensamento de José Bonifácio*. Campinas: Unicamp/Fapesp, 1999.

SILVA, Eduardo. "Zumbi ou Pai João?", *in* Negociação e Conflito – a resistência negra no Brasil escravista, SILVA, Eduardo e REIS, João José, Ed. Companhia das Letras, São Paulo, 1989.

SILVA, Eduardo. *As Camélias do Leblon e a Abolição da Escravatura* – uma investigação de história cultural. São Paulo: Ed. Companhia das Letras, 2003.

SILVA, Moraes e. *Diccionário da Língua Portugueza*, 9. ed. Lisboa: Literária Fluminense, s/d, II vol.

SILVA, Nuno J. Espinosa Gomes da. "Lei e suas espécies", *in* História do Direito Português, 1º vol. Fontes do Direito – Lisboa, Fundação Calouste Gulbenkian, 1985.

SLEMIAN, Andréa. "O senso de dever da Imperatriz do Brasil", *in* Revista História Viva, n. 13, nov/2004.

SOARES, Francisco Sérgio Mota; GOMES, Henriette Ferreira; PASSOS, Jeane dos Reis. Documentação Jurídica sobre o Negro. Empresa Gráfica da Bahia, 1989, n. 0844.

SODRÉ, Nelson Werrneck. *Formação Histórica do Brasil.* 2. ed., São Paulo: Brasiliense, 1963.

SOLAROLI, Marcelo de. *Publicidade Registral Imobiliária.* São Paulo: Saraiva, 2010.

SOUZA, Galante de. Introdução à edição de Memórias Póstumas de Brás Cubas, publicado junto com outros romances de Machado de Assis, em edição comemorativa da Ed. Garnier, Rio, 1993.

SOUZA, Maria Aparecida Silva de. *A Conquista do Sertão de Ressaca* – povoamento e posse da terra no interior da Bahia. Vitória da Conquista: UESB, 2001.

SPIX, J.B. von e MARTIUS, C. F. P. von: Viagem pelo Brasil, 2º vol., Imprensa Nacional Ed., Rio, 1938

STAVENHAGEN, Rodolfo. "Campesinado y estratégias", *in* GARCIA Antonio (org.): Desarrollo agrário y La América latina, México, Fondo de Cultura Economica, 1981.

SUNDFELD, Carlos e equipe da Fundação Sociedade Brasileira de Direito Público: Comunidades Quilombolas – Direito à Terra, Brasília, Ed. Abaré/MC-FCP, 2002.

SUPIOT, Alain. *Homo Juridicus*: Ensaio sobre a função antropológica do Direito. Trad. Maria Ermantina de Almeida Prado Galvão. São Paulo: Martins Fontes, 2007.

SZMRECSÁNYI, Tamás. *Pequena História da Agricultura no Brasil*, São Paulo: Ed. Contexto, 1990.

TAUNAY, Afonso Escragnole. Subsídios para a História do Tráfico Africano no Brasil Colonial. *In* Estudos sobre a Escravidão, vol. I, Org. Leonardo Dantas Silva. Fundação Joaquim Nabuco/ Editora Massagana, Recife, 1988.

TAUNAY, Afonso Escragnole.: "História da Cidade de São Paulo - Sec XVIII", Anais do Museu Paulista, Tomo IV, *apud* José Alípio Goulart, Cit.

TAVARES, Luis Henrique Dias. Prefácio à obra de Luis Viana Fº , Cit.

TAVARES, Luis Henrique Dias. *Comércio Proibido de Escravos*. São Paulo: Ática, 1988.

TEIXEIRA, Antonio Braz. "Rumos da filosofia jurídica luso-brasileira", artigo na Revista Brasileira de Direito Comparado, n. 34, 1º semestre de 2008, publicada em 2010 pelo Instituto de Direito Comparado Luso-Brasileiro.

TEIXEIRA, Cid: "Ruy Barbosa e a Resistência Escravocrata na Bahia", *in* Ruy Barbosa - 150 anos, publicação da Academia de Letras Jurídicas da Bahia/ Faculdade de Direito da Universidade Federal da Bahia - Org. PINTO, José Augusto Rodrigues - FILHO, José T. Cavalcanti, Salvador, 2000.

TELES, Ricardo. "A Terra Prometida", *in* Revista Terra, n. 7, jun/1996.

TEPICHT, Verzy. *Marxisme et agriculture.* Paris: Ed. Cahir, 1973.

TORRE, Angel Sanchez de la; MOLERO, Rachel Lopez. Estudios de Arquelogia Jurídica. Madrid: Editorial Dickinson, 1988.

TRECCANI, Girolamo. *Violência & Grilagem* – Instrumentos de aquisição da propriedade da terra no Pará. Belém: Ed. UFPA/ITERPA, 2001.

UNIVERSIDADE FEDERAL DO RIO GRANDE DO NORTE: Coleção Textos Acadêmicos, n. 171, março de 1982.

VALE, Raul Silva Teles do. "Mineração em território quilombola: uma análise jurídica do problema", *in* O Direito para o Brasil socioambiental. Org. André Lima, ISA/Sergio Fabris Editor, Porto Alegre, 2002.

VARESE, Stefano: "Estratégia étnica ou estratégia de classe", *in* Antropologia e Indigenismo na América Latina. Org. JUNQUEIRA Carmen e CARVALHO, Edgard de A., São Paulo, 1. ed. Cortez Editora, 1981.

VERGER, Pierre. *Fluxo e Refluxo do Tráfico de Escravos entre o Golfo de Benín e a Bahia de Todos os Santos*. 3ª ed., São Paulo: Corrupio, 1987.

VIANA, Pedro. "Identidades (s): classe e proximidade". Disponível em: <http://viasdefacto.blogspot.com/2011/01/identidades-classe-e-proximidade.html>. Acesso em; 8 fev. 2011.

VIDAL, Luiz. *Repertório de Legislação Servil*. Rio de Janeiro: Ed. Laemmert, 1886, *cit.* por Manuela Carneiro da Cunha.

VILHENA, Luis dos Santos. A Bahia no Século XVIII, vol. III, Ed. Itapuã, Salvador, 1969.

VIOTTI, Iara. "Nação Calunga", Revista Isto É-Senhor, n. 1.083, ed. 20 de junho de 1990.

VOLPATO, Luiza Rios Ricci. "Quilombos de Mato Grosso – Resistência negra em área de fronteira", *in* Liberdade por um Fio, Cit.

WOLF, Erich. *Sociedades Camponesas*. Rio: Zahar Editores, 1970, p. 28.

ZORZETTO, Ricardo. "A África nos genes do povo brasileiro": artigo publicado na Revista "Pesquisa FAPESP *on line*", edição n. 34, abril de 2007, colhido na Internet em 7.4.2009.

Produção Gráfica e Editoração Eletrônica: PIETRA DIAGRAMAÇÃO
Projeto de capa: FABIO GIGLIO
Impressão: BOK2